Foodservice Operations and Management

외식산업경영학

우문호 · 김병일 · 김옥란 · 김윤민 · 이성윤

지식인

외식산업경영학

2017년 7월 20일 초판 1쇄 인쇄
2017년 7월 25일 초판 1쇄 발행

지은이 | 우문호 · 김병일 · 김옥란 · 김윤민 · 이성윤
펴낸이 | 김종욱
펴낸곳 | 지식인
등 록 | 제301-2013-134호
주 소 | 서울시 도봉구 도봉로 180길 20 투웨니퍼스트 102동 602호
전 화 | 02)2266-8606 (대)
팩 스 | 02)2266-8607
E-mail | jisikin2013@naver.com
홈페이지 | www.jisikinbook.co.kr

ISBN 979-11-88105-03-8 (93320)

값 22,000원

외식산업경영학

Foodservice
Operations and
Management

외식산업경영학

PREFACE

우리는 '외식'이란 용어에 익숙해져 있지만 아직도 '먹는장사'라는 인식의 테두리를 벗어나지 못하고 있다. 그러나 고객의 요구와 욕구 및 기업의 경제 규모로 급성장하고 있는 외식산업을 절대로 과소평가해서는 안 된다. 따라서 보다 체계적인 계수관리가 선행되지 않고는 갈수록 심해지는 경쟁 환경에서 살아남기 어려운 것이 현실이다. 또한 세계화가 급속히 진전된 상황에서 우리는 보다 많은 매뉴얼을 보유하고 노하우를 가진 외식관련 전문가를 더욱더 많이 필요로 하고 있다.

전문 인력을 양성하는 대학에서 외식분야와 관련된 학과가 대부분 개설되어 있다는 것은 그만큼 우리의 외식산업이 발전의 정점에 있다는 사실이다. 다만, 증가추세에 있는 외식관련학과와 시장 규모에 비추어 볼 때 국내 외식산업은 아직까지 기반이 미비하며 경영구조가 취약하다는 문제점을 내포하고 있다. 따라서 앞으로의 외식산업은 과학적이고 효율적인 경영에 의해서만 가능할 것이다. 외식산업의 과학화와 효율화를 달성하고 외식산업을 성공으로 이끌기 위해서는 입지나 자본, 기술보다는 외식산업에 대한 경영자의 진정한 열정이 필요하다.

이 책은 이러한 '열정'을 가지는데 필요한 기본지식을 제공할 것이다. 저자들은 충분한 실무경력과 아울러 대학에서 외식관련 과목을 강의, 연구경력 및 연구소와 실무 컨설팅의 이론을 바탕으로 외식소비자들의 행동을 파악하는 근거가 되는 밑바탕적 차원에서 이 책을 구성하고자 하였다.

독자들이 이 책을 통해서 외식산업경영에 관한 이론과 실제를 조금이나마 이해할 수 있다면, 이는 우리들의 능력이라기보다는 지금까지 외식산업경영 전반에 관하여 연구해 온 수많은 학자들의 노력의 결실일 것이다. 선행 연구를 일부 적용 및 편집한 부분과 외국서적을 참고하여 내용면에서 달리 편집하기 위하여 노력을 경주하였지만, 아직은 부실함이 많음을 고백하지 않을 수 없다.

이 책이 관련 업계에 종사하는 분들과 관련 분야에 대해서 연구하는 학생들에게 조금이라도 도움이 되었으면 하는 바람으로 업계와 학계의 선배님들과 동료, 후배 여러분들의 질책과 조언을 부탁드립니다.

마지막으로, 편집에 지원을 아끼지 않으신 지식인의 모든 분들께 감사드립니다.

저자 일동

CONTENTS

CHAPTER 1 외식산업이란 무엇인가 ···················· 009

01. 외식산업의 의의 ···················· 010

02. 외식산업의 기원 ···················· 014

03. 외식산업의 현황 및 과제 ···················· 018

04. 외식산업의 분류 ···················· 055

05. 우리나라의 외식산업 과제 ···················· 066

CHAPTER 2 외식기업의 생산과 운영 ···················· 077

01. 주방관리 ···················· 078

02. 식자재관리 ···················· 085

03. 위생과 안전 ···················· 093

04. 메뉴경영 ···················· 113

CHAPTER 3 외식산업의 원가관리와 재무관리 ···················· 133

01. 원가관리 ···················· 134

02. 재무관리 ···················· 140

CHAPTER 4 외식산업 경영관리 ···················· 157

01. 외식마케팅의 개념과 의의 ···················· 158

02. 서비스경영 ···················· 182

03. 서비스품질 ···················· 185

04. 외식산업의 경영환경 ···················· 192

CHAPTER 5 외식산업의 인적자원관리와 조직 ······ 211
01. 인적자원 조직관리 ······ 212
02. 인적자원관리의 의의 ······ 240
03. 외식산업 조직구성 ······ 244
04. 외식산업의 인적자원관리 활동 ······ 249

CHAPTER 6 외식산업의 프랜차이즈 ······ 261
01. 프랜차이즈 경영 ······ 262
02. 프랜차이즈 본부의 통제, 지원, 교육 ······ 272

CHAPTER 7 외식산업의 창업 ······ 281
01. 창업의 정의 및 개인적 특성 ······ 282
02. 창업가정신 ······ 290
03. 사업계획서의 작성 ······ 301

CHAPTER 8 외식산업의 관련 법률 ······ 331
01. 일반 세무상식 ······ 332
02. 세금고지서를 받은 경우 ······ 336
03. 주류구매 전용카드 ······ 337
04. 기록 및 관리 의무 ······ 338

참고문헌 ······ 362

Foodservice Operations and Management

외식산업경영학

CHAPTER 01

외식산업이란 무엇인가

01 외식산업의 의의

1. 외식산업의 유래

외식산업Food Service Industry이란, 용어를 사용하기 시작한 것이 언제부터인지는 정확하지 않으나, 미국은 1960년대, 일본은 1970년대 초에 전문지나 매스컴에서 사용하면서부터 정착되었다. 우리나라에서는 1979년 10월 '롯데리아'가 일본 롯데리아의 기술지원을 통해 국내에 도입되면서 1980년대 초 MBC 방송과 각종 언론매체에서 외식산업이라는 용어를 사용하기 시작했으며, 1980년대 초반에 '맥도날드' 등 미국 유명브랜드의 도입이 활발하게 진행되면서 기존의 요식업 · 식당업 · 음식업의 명칭이 외식산업이란 단어로 통일되어 전 사회적으로 자연스럽게 보편화되고 인정되어 왔다.

하지만 일본의 경우는 요식업, 식당업, 음식업 등의 형태가 산업화와 급속한 공업발전을 계기로 1970년대 초반부터 외식산업으로 불렸으며, 1969년 3월 자본 자유화를 근간으로 한 음식업 자유화 선언 이후 1970년을 기점으로 하여 미국의 외식산업이 일본에 상륙하면서부터 일반화되어 외식산업이란 단어가 용어로서의 고유영역을 확보하게 되었다.

2. 외식산업에 대한 용어의 정의

1) 외식의 의의

외식은 인간의 식생활 여러 가지 생활 현상 중에서 가장 기본적인 요소로서, 민족이나 지역에 따라서 다양한 형태로 발전되었다. 식생활이 사회, 경제, 문화, 교육, 종교 및 전통적인 관습 등에 직접 또는 간접적인 영향을 받기 때문이라고 할 수 있다.

인류의 존재와 함께 시작된 식생활은 생존을 위한 수단에서부터 삶의 질과 가치를 높이고 삶을 윤택하게 하며 삶을 풍요롭게 하고 있다. 또한 식생활과 식문화를 잉태하면서 오늘날 일상생활과 사회생활 측면에서 가정이라는 범위뿐만 아니라 가정 이외의 체험이나 욕구를 요구하게 되었고, 시대별 · 국가별로 다양하게 변모하며 변화와 발전을 거듭해 왔다. 특히 음식이나 식사를 주체로 한 식생활은 동물적 본능인 배를 채우는 기능과 역할에서부터 맛에 대한 강한 욕구, 다양한 소비행태를 통해 식생활을 발전시키면서 외식이란 형태로 접근해 왔다.

이러한 외식의 일상화는 경제발전과 소득증대에 기인하고 있으며, 국민 1인당 GNP의 증가와 가처분소득이 증대되면서 우리나라의 외식산업도 거대한 시장으로 발돋움하고 있다. 하지만 외식산업의 시장 규모나 발전 속도에 비해 실용학문적인 개념 연구가 미흡한 실정이며, 외식산업의 전반에 걸친 체계화 역시 부족한 상태에서 전개되고 있는 것이 현실이다.

『국어사전』에서는 일상적으로 외식이라는 용어를 "자기 집이 아닌 밖에서 식사하는 것"으로 정의하고 있다. 국내 대부분 학자들의 경우 '가정 밖에서 행하는 식사행위의 총칭'으로 개념 정립을 하고 있지만, 일본의 도이토시오(土井利雄)는 보다 구체적으로 외식의 정의를 설명하고 있다. 즉 식생활 중에는 가정 내의 식생활인 '내식'과 가정 밖의 식생활인 '외식'으로 구분하고 있는데, 내식의 경우 내식적인 내식과 외식적인 내식, 외식의 경우 내식적인 외식과 외식적인 외식으로 구분하면서, 외식적인

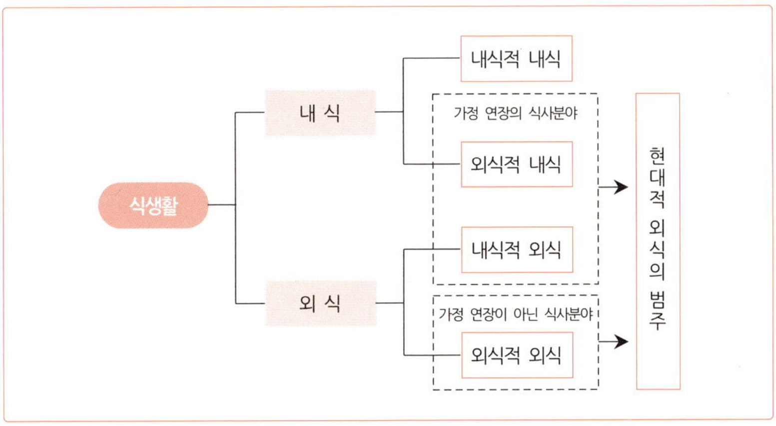

그림 1.1 내식과 외식의 범주

내식과 내식적인 외식을 가정의 연장선에서 보고 있는데 반해, 외식적인 외식에 대해서는 가정의 연장선이 아님을 나타내고 있다. 또 내식적인 내식을 제외한 나머지를 현대적 외식 개념의 범주로 보고 있으며, 이를 정리하면 그림 1.1과 같다. 일본의 미야에이지(三家英治)는 "내식을 가정 내에서 식사를 하는 것, 외식을 외부에서 식사를 하는 것으로 정의하고, 직장 및 학교 등에서의 식당도 외식에 속한다."고 하였다.

결과적으로, 상업성이 있든 없든 외식이란 가정 밖에서 이루어지는 식사 행위를 총칭한다. 또는 가정 밖의 식생활 전체를 총칭한다고 정의할 수도 있다.

3. 외식산업의 개념

외식산업 관련의 영어 표기는 약간의 차이가 있으나, 보편적으로 외식은 Eating Out, 내식은 Eating In, 음식점 혹은 식당은 Restaurant, 외식사업은 Food Service Business, Food Service Industry, Dining Out Industry, Eating Out Industry로 표기하고 있다.

외식산업의 근간을 이루고 있는 것은 식당, 즉 음식점이라고 하는 점포공간을 통해서 이루어지고 있으며, 이 같은 영업장소를 유통산업에서는 점포나 매장, 호텔에서는 업장이라고 부르고 있고, 외식산업에서는 대부분 점포라고 부르고 있는데, 현실적으로 점포라는 용어가 가장 적합하다고 볼 수가 있다. 현대적으로 광의의 외식산업이라는 용어가 출현하기 전에는 식당업, 요식업, 음식업 및 외식업으로 불려왔지만, 서양에서는 음식을 판매하는 장소를 레스토랑이라고 부르고 있다.

식당 혹은 음식점의 어원을 살펴보면, 1765년경 프랑스의 'De Restaurer'에서 파생하여 1794년경 미국에서 'Restaurant'로 변했다. 'Restaure'의 의미는 수복 · 복구 · 부흥의 뜻으로 '심신을 회복한다', '기력을 회생시킨다', '원상태로 복구된다'라는 의미였지만, 현대적인 표현으로는 '공복을 채운다', '음식을 즐긴다', '음식을 먹는다'로 유추해석을 할 수가 있다. 이 레스토랑의 사전적 의미는 표 1.1과 같다.

표 1.1 레스토랑의 사전적 어원

구 분	내 용	번 역
Larouse Duxxe Siecle사전	establishment public oúl'onpeut marger (restaurant áprix fixe : restaurant ála carte)	사람에게 음식을 판매하는 시설(판매점, 일품요리점)
Webster사전	an establishment where refreshments or meals may be procured by the public (a public may be obtained)	사람에게 식사나 음료를 제공하는 시설물 혹은 일반 대중음식점
Oxford사전	a place where you can buy and eat a meal	식사나 음료를 제공하는 장소
국어사전	식당	식사를 하도록 설비된 방, 간단한 음식물을 파는 가게
	음식점	음식을 파는 가게
	음식물	먹고 마시는 물건(음식의 준말)
	요식업	요리 · 음식을 파는 영업
	외식	자기 집이 아닌 밖에서 식사(또는 그 식사)

자료 : 홍기운(1990), 최신 외식산업개론, 대왕사, p.26로 연구자 재작성

외식산업의 개념 정립에 대해서 선행연구자들은 많은 차이를 보이고 있다. 임경인은 "식사를 조리해서 제공하는 식품제조업, 소비자에게 직접 소매하는 소매업, 서비스가 중추를 이루는 서비스산업적 성격이 강한 복합산업"이라고 정의하였고, 임붕영은 "식당업, 요식업, 음식업으로 불리는 것이 표준화 · 매뉴얼화 · 시스템화 · 체인화의 원리를 바탕으로 기업화시킨 형태"라고 말하고 있다. 손일락은 "인간의 외식행위에 대응하여 성립된 일단의 사업군"이라고 했으며, 김헌희는 "가정 밖의 식사 혹은 이에 따르는 서비스를 제공하는 상업시설"이라고 하였다. 진양호는 "생리적인 목적과 또 다른 목적을 충족시키려는 의지를 가진 자를 위하여 법적 기준의 음식과 시설을 갖추어 음식과 식행위에 부수되는 것을 제공 · 이용하게 하는 업의 총체"라고 정의하였다.

외식산업 그 자체는 생산과 판매 또는 제조와 소비라는 동시성을 내포하는 의미이기 때문에, 산업이라는 사전적 용어 자체에는 생산을 하는 사업, 즉 상업적인 성격을 띠고 있다고 볼 수 있다. 가정 밖의 식생활 전체를 총칭하는 외식의 정의에서는 가정에서 만들어 가정 밖에서 식사하는 내식적인 외식의 형태처럼 상업성이 없지만, 현대적 외식 개념의 범주에 속하는 것을 고려한다면, 현실적인 외식산업은 기업이든 개인

업소이든 금액 지불을 통한 영업행위가 이루어진다는 개념을 도입할 필요가 있는 것이다. 따라서 전술한 외식의 정의와 관련지어 외식산업의 개념을 정리하면, "가정 밖에서 이루어지는 상업적인 식생활 전체를 총칭한다."고 정의할 수 있다.

또 협의의 외식산업은 "일반적으로 일정한 장소에서 조리 · 가공된 음식물을 상품화(요리, 인적서비스, 물적서비스, 분위기, 편익성, 가치 등의 토털서비스)하여 금액 지불을 통해 고객에게 제공되는 가정 밖의 식생활 전체를 총칭한다."라고 규정지을 수 있다. 음식점에서 상품의 주체는 요리품이지만 인적서비스, 물적서비스, 분위기, 편익성, 가치 등 토털서비스를 제공하기 때문에 금액 지불을 통한 가정 밖의 식생활 전체라고 정의함이 타당할 것이다.

따라서 요식업 · 식당업 · 음식업 · 외식업이라는 구태의 전문용어는 지금부터 현대적인 산업적 특수성과 시대적인 조류 및 감각에 맞춰 앞으로는 보다 넓은 의미인 '외식산업'이란 명칭을 사용해야 한다. 특히 분류상 음식 주체와 음료 주체로 구성되어 있는 외식산업의 경우, 기존의 요식업 · 식당업 · 음식업 · 외식업의 개념은 음식점이나 식당으로 대변되는 급식 주체의 성격이 강한 반면, 음료 주체인 찻집 · 술집 · 요정 · 바 등의 의미가 축소될 수 있기 때문에, 외식산업에 있어서는 식당이나 음식점이란 호칭보다는 포괄적 개념인 점포로 표현하는 것이 바람직하다.

02 외식산업의 기원

1. 숙박과 관련된 식당

여행자들을 위한 숙박과 식음료 시설은 분리될 수가 없으므로, 숙박시설과 관련한 역사와 더불어 식음료시설에 관한 식당의 발자취를 알아본다.

1) 고대의 여인숙

우리가 알고 있는 오늘날의 호텔Hotel이나 모텔Motel의 식당은 여행객을 위한 여인숙이나 다른 숙박시설에서부터 유래되었다. 오늘날의 여행객과 마찬가지로 고대의 여행객들은 침대와 식탁이 필요했다. 숙박시설에서는 고객을 위해서 음식과 더불어 술, 음료와 여흥을 제공했다. 여인숙 주인은 가능한 모든 재료로 식사를 준비했는데, 보통 충분한 와인과 맥주, 치즈, 채소 그리고 여러 가지 케이크와 건포도가 든 롤빵이 있었다. 고기를 구할 수 있다면 염소, 돼지, 양고기나 생선도 준비하였다. 로마제국 때에는 여인숙에 이러한 시설이 어디에나 흔하게 있었다. 또한 여인숙이 어느 지역에나 일반적으로 관광시설이었다.

2) 로마 가톨릭교회

중세의 로마 가톨릭교회에서는 숙박시설의 한 형태인 'Hospice', 수도원과 여행자들을 위한 안식처인 종교적 시설을 운영하였다. 이러한 종교적 양식의 건물인 예루살렘의 The Knights of Saint John(1048)에서는 예루살렘으로 여행하는 성지순례자들을 보호하기 위해서 많은 대성당과 수도원을 세웠다. 이러한 교회가 처음으로 실제 호텔체인을 운영하였다.

3) 영국의 여인숙

영국에는 BC 1400년 초에 방을 빌려주는 여인숙 혹은 맥주집Alehouse이라 불리는 것이 있었다. 큰 도시나 주 교차로, 나루터 그리고 잘 알려진 여행길 등에 위치해 있었다. 도보로 여행하거나 말을 타거나 역마차, 혹은 수로를 이용한 선박으로 가든지 여행자들은 먹고 쉬어야 했다. 여인숙은 이러한 여행자들을 위한 필요한 서비스를 제공했다. 어떤 여인숙은 한두 개 여분의 침대를 가진 일반 가정이었고, 다른 곳들은 20개나 30개의 방을 가진 큰 숙박시설이 있었다.

4) 미국의 여인숙

미국의 여인숙이나 선술집의 발달과정은 영국과 비슷하다. 음식은 간단한 반면에 풍족한 것이 특징이다. 'Cole's Ordinary'라 불리는 선술집은 Samuel Cole이 보스턴에서 개업했는데, 미국 식민지시대 최초의 선술집이었다. 미국 역시 다른 곳들과 마찬가지로 숙박시설과 음식을 제공하는 시설들이 여행자들을 따라다녔다.

5) 20세기의 호텔

1900년대 초 미국의 대도시에 큰 현대식 호텔이 세워졌다. 이 호텔들은 여행자들에게 매우 큰 인기가 있었다. 지역사회의 특별한 행사는 종종 호텔에서 집중되어 개최되었고, 식당에서 주로 파티가 열렸다. 1950년대에는 호텔식당의 질이 다소 떨어졌지만, 1970년대 중반부터는 다시 음식서비스의 질이 나아졌다.

호텔식당은 많은 숙박시설에서 이익을 내는 중요한 부분이며, 로비(중앙 홀) 같은 호텔의 공간은 음식과 음료를 위한 공간으로 배치되었다. 경험 많은 조리사, 고급음식과 음료 제공, 서비스 그리고 많은 지역단체의 프로모션 행사는 호텔식당의 운영에 새롭고 긍정적인 이미지를 창출하는데 큰 도움이 되었다.

2. 독립적인 식당

1) 초기의 식당

초기의 식당 형태인 커피하우스는 1600년대 중반 영국에서 생겨났다. 이후 18세기 초반까지는 대략 런던에 3,000여 개의 커피하우스가 있었다. 우리가 알고 있는 식당은 프랑스 파리에서 1765년에 시작되었다.

제일 처음 생겨난 대중식당의 소유주에 대한 아주 재미있는 일화가 있다. 1765년 이전에는 대중음식의 서비스가 여인숙이나 단체급식시설에 의해 제공되었다. Traiteurs

라 불리는 단체급식 운영자들은 한정된 멤버십을 가지는 길드를 구성하였다. 수프를 파는 행상이 양의 다리와 와인, 소스로 수프를 만들 때는 엄격한 경쟁이 있었기 때문에 길드에 의해서 법정에 가게 되었다. 그러나 그 법정에서는 이러한 특별한 음식이 길드에 의해 제공된 다른 것들과 경쟁이 되지 않는다면서 그 행상은 계속하도록 판결을 내렸다. 행상은 그 수프를 'Le restaurant divin' 즉 신성한 원기회복의 약으로 팔았다. 이것이 널리 알려지면서 그 수프 행상의 주방은 유명하게 되었고, 심지어 프랑스 왕도 이러한 소동을 일으키게 한 그 특별한 음식을 맛보길 원했다고 한다.

2) 최초의 미국식당

미국에서 처음 세워진 식당에 대한 공로는 1827년에 뉴욕에 세워진 Delmonico's에게 주어진다. Delmonico家는 1923년까지 9개의 식당을 운영하였다. 이 식당들은 화려한 연회와 광범위한 메뉴(371가지 메뉴)로 널리 알려졌다. 상대적으로 Delmonico家처럼 이러한 식당들을 운영할 수 있는 도시들이 없었고, 이것으로 인해 높은 가격에 좋은 요리를 만들 수 있었다. 그러나 지금은 대다수의 미국식당들은 간단하고 값이 싼 음식들을 많은 고객에게 제공하고 있다.

3) 체인식당

최초의 체인으로 운영한 것은 1912년 Free Harvey인데, 12개의 대형 호텔과 65개의 열차식당, 60개의 식당차를 운영하였다. Jo Thompson은 또 다른 체인식당의 경영자였다. 1926년에 중서부와 남부에서 126개의 셀프서비스 식당을 운영하였다.

조직은 실제로 더 많은 목표를 달성하기 위해 만들어진다. 상업적 외식은 이윤을 극대화하길 원하고, 단체급식은 비용의 최소화를 추구한다. 마찬가지로 다른 분야에서도 목표를 가질 수 있다. 음식과 음료의 질, 고객 수, 인간관계 그리고 종업원 교육이 그 예이다.

조직구성의 방법은 조직이 목표를 달성할 수 있는 조직의 능력에 영향을 미친다.

예를 들어, 관리자가 너무 많은 종사원의 일을 지시해야 한다면, 종업원과 효율적인 상호관계를 발전시키는데 필요한 개인적 관심을 제공할 수 있는 가능성이 적어지고, 인간관계적 목적 달성은 어려울 것이다.

외식산업의 큰 목표는 조직이 계속적으로 발전되는 것에 관심을 기울여야 한다. 예를 들어, 몇몇 병원의 목표는 모든 식사의 필수영양소가 충족되어야 하고, 환자와 관련자들에게 적절한 영양교육이 행해져야 하며, 식이요법 상 그 지역사회로 확산시키려는 노력이 필요하다.

조직은 이런 책임을 수행할 수 있도록 종업원에게 직위를 만들어 주는 것이 필요하다. 지역사회를 대표하는 식당에서 지역주민을 대상으로 올바른 식사와 서비스 예절교육을 지속적으로 실시하는 경우, 또는 공장이나 학교식당에서 휴일에는 지역주민들의 예식 등 이벤트 장소로 무료대여를 함으로써 지역주민과의 연대를 통한 식당조직의 유연성을 확보할 수 있다.

03 외식산업의 현황 및 과제

1. 우리나라 외식산업의 성장과정

외식이 산업으로 정착되기 시작한 것은 1980년대 후반으로 볼 수 있다. 1979년 '롯데리아'가 첫선을 보였으며, 1984년 'KFC'가 국내 기업과 손을 잡고 국내에 체인점을 개설하면서 단순한 브랜드의 도입 또는 기술제휴 등의 합작투자 형태로 외국브랜드가 국내시장에 상륙하기 시작했다.

이 같은 다국적 브랜드의 패스트푸드 업체들은 자영업 형태의 소규모 외식업소에 의해 명맥을 유지했던 외식산업에 대형화의 계기를 제공하게 되었다. 특히 1988년 서울올림픽을 전후하여 국내에 불기 시작한 외식산업의 움직임은, 이제 외식을 단순히 먹는장사에서 하나의 시스템화 된 미래형 산업으로 변화되어가는 과정에 있다고 볼 수 있다. 곧 외식시장에 대기업이 진출하면서 과거 소규모 식당에서 벗어나 법인(法人) 위주의 경영 형태를 띠게 되었으며, 이것은 바로 체인화로 이어지게 되었다. 최근에는 외국 유명브랜드들도 잇따라 국내시장을 개척하려 하고 있어 국내시장이 국내 · 외 업체 간의 각축장으로 변모하고 있다.

그러나 이러한 외국의 패스트푸드 업체 속에서도 '놀부보쌈', '한우리외식산업' 등 보쌈, 냉면, 각종 탕 종류 등의 전통음식들이 패스트푸드화하거나 체인점 형태로 운영하는 모습을 보이는 등 외식업의 전문화 · 대형화 추세를 보여주고 있다.

국내 외식산업은 1992년 이후 시장개방이 가시화되면서 강력한 자본력과 마케팅 능력을 갖춘 유명 해외브랜드들이 패스트푸드 시장에 대거 진출하고 있어, 동일상권 내에서 동일업종, 유사업종과의 다각화된 시장경쟁 상태에 놓이게 되었다.

외식업계는 상호 밀월관계에서 벗어나 무한경쟁시대에 접어들어 기존의 단순화, 전문화, 표준화의 개념에서 앞으로는 다양화, 개성화, 차별화의 개념으로 그 콘셉트의 변화도 예견된다. 이는 리엔지니어링Re-engineering 또는 이노베이션Innovation 없이는 살아남지 못하는 시대가 도래하고 있음을 의미한다. 또한 범세계적인 전략에 따른 국가 간 장벽의 철폐와 시장개방의 촉진, 불공정거래행위 규제 등으로 국지적 · 부분적 경쟁관계에서 다국적기업과의 경쟁은 피할 수 없는 현실로 다가오고 있다.

2. 성장배경

국내의 외식산업은 특히 86아시안게임과 88서울올림픽을 계기로 변화하기 시작하였다. 음식은 양에서 질로써 변화하고 있으며, 직장인들의 외식뿐 아니라 주말을 이용한 가족단위의 외식도 증가하였다.

여가시간의 증가로 1~2시간 이내의 근교로 먹거리 여행을 떠나는 사람들이 증가하고 있으며, 외식업소를 소개하는 책자의 발간이 증가하고 있을 뿐만 아니라 각 외식업소들도 마케팅의 차원에서 인터넷 홈페이지나 스마트폰 웹을 구축하여 업소를 홍보하고 있다. 또한 외식산업과 관련된 잡지와 인터넷 사이트도 대거 출현함에 따라 어디서든 외식업소에 대한 관련정보를 찾기가 용이해졌다. 각 대학이나 대학교에서는 외식산업의 발전 잠재성을 인식하여 전문 외식경영자를 배출하기 위한 외식산업 관련학과가 많이 생겼다.

외식이란 일상적인 생활 속에서 가장 평이한 용어가 되었으며, 휴식을 줄 수 있고 기분전환의 계기도 마련해 주며 생활을 윤택하게 만들어 주고 있다. 또한 음식의 소비형태도 양Quantity의 시대에서 질Quality의 시대로 전환되고 있다.

외식산업은 우리의 산업구조가 고도화·전문화되면서 더욱 비중이 커지고 있는 추세이며, 특히 경제적인 측면과 가장 밀접한 관련을 맺고 있다. 즉 국내 외식산업이 성장할 수 있었던 요인들을 보면, 표 1.2와 같이 경제성장에 따른 소득증대, 사회·문화적 변화, 인구통계학적 변화 등 외부환경 요인과 기술개발에 따른 주방기기의 자동화, 그리고 선진화된 체계 등 내부환경 요인으로 정리할 수 있다.

표 1.2 외식산업의 성장 배경

성장 요인	내 용	
경제적 요인	• 국민소득의 증가 • 세계화	• 가처분소득의 증가
사회적 요인	• 여가생활의 증가 • 핵가족화	• 여성의 사회진출 • 자동차의 대중화
문화적 요인	• 외식에 대한 가치관의 변화 • 문화생활의 증가	• 식생활패턴의 변화
인구통계학적 요인	• 신세대의 출현 • 고학력 인구의 증가	• 고령층 인구의 증가 • 지역적 인구이동
기술적 요인	• 네트워킹시스템의 도입 • 포장기술의 발달	• 주방기기의 발달
경영적 요인	• 시스템화 • 교육훈련	• 매뉴얼화

1) 성장요인

(1) 경제적 요인

① 국민소득의 증가

국내 외식산업이 급속도로 성장할 수 있었던 가장 큰 원동력이 되었으며, 국내 여러 연구기관들을 종합해 보면 2016년 말 기준 우리나라의 1인당 국민소득은 2014년(2만8,180달러)보다 소폭 감소한 2만7,200달러 대에 머물렀다. 1인당 국민소득이 전년보다 줄어드는 것은 글로벌 금융위기 직후였던 2009년(2008년 2만463달러 → 1만8,303달러) 이후 6년 만이다. 흔히 국가 간 부의 잣대로 통용되는 1인당 국민소득은 연간 국민총소득을 그 해 중간일(7월 1일) 기준 인구수로 나눈 뒤 달러화로 환산하는 구조이다. 1인당 국민소득이 이상적으로 늘어나려면 인구와 환율이 안정적인 상태에서 성장률이 일정수준 이상 높아져야 한다.

반면, 2016년엔 우리나라의 인구(5,061만7,000명)가 전년보다 늘었고, 성장률(2.6%)이 낮은 수준에 머문 데다 환율마저 크게 상승(2014년 평균 달러당 1,053.12원 → 2015년 1,131.52원)하면서 오히려 전년보다 1인당 국민소득은 감소하였다.

② 외식시장의 대내 · 외적인 환경변화

2016년은 국내 외식산업은 전년도 경기둔화에 대한 기저효과 등으로 소폭 회복되었으나, 내수경기 침체 장기화, 규제이슈, 경쟁강도 심화 등으로 부진한 업황이 이어졌다. 2015년 메르스 사태 이후 연초 예상 대비 빠른 회복세를 나타냈으나, 2016년 3분기에는 「부정청탁및금품등수수의금지에관한법률청탁금지법」(이하 「청탁금지법」) 시행 등의 영향으로, 외식업 경기전망지수는 메르스 사태 이후 최저치인 67.5를 나타냈다.

외식업 전반의 저하국면이 이어지고 있으나, 그 영향은 업태 및 개별 업체별로 차별화되어 나타났다. 외식소비트렌드 변화에 따라 업태별 수요 사이클이 차이를 나타내는 가운데, 신규 브랜드 출시 여부, 차별화 된 마케팅정책 등 업체의 자체 사업경쟁력에 따라 개별업체의 실적변동이 크게 나타나기 때문이다.

주요 업태별로 살펴보면, 패밀리레스토랑FR은 시장 규모가 축소된 가운데 소비라이프스타일이 변화하는 과정에서 선두권 업체들도 매장수가 감소하였다. 그동안 FR 업계는 가성비 추구 기조에 따라서 '애슐리', '빕스', '자연별곡' 등 뷔페형 무한리필 브랜드를 중심으로 업계가 재편되어 왔다.

반면, 메뉴 주문형 업체들은 가족단위의 외식 감소, 정체된 메뉴 구성과 높은 가격 등으로 집객력이 저하된 가운데, 이 중 브랜드력이 미흡하고 사업규모가 열악했던 '베니건스', '마르쉐' 등은 영업을 중단하기도 하였다.

최근에는 저가 외식업체들이 다수 등장하는 등 경쟁이 심화된 데다가, 불황형 마케팅 장기화로 소비자들의 준거가격Reference Price이 감소하면서 뷔페Buffet형 브랜드들도 저수익 점포를 정리하는 추세가 이어졌다.

부진한 업황을 타개하고자 FR업계에서는 트렌드에 맞춰 새로운 메뉴/브랜드 출시 등 마케팅 강화 노력을 이어가고 있다. 1인 가구 증가 기조에 따른 혼밥족, 혼술족을 겨냥한 1인 세트, 테이크아웃 메뉴/브랜드 출시를 하는 업체가 다수 등장하였으며, 다양한 메뉴를 선호하는 소비자들의 선호를 반영하여 메뉴개발 주기 단축, 브랜드 제휴 등의 노력도 이어지고 있다. 업계 외형이 침체된 가운데 경쟁이 심화되고 있어 소비트렌드 대응 및 마케팅 확대에 따른 비용부담이 개별업체 수익성에 부담요인으로 작용하고 있다. 커피전문점은 경기위축에도 불구하고 원두커피에 대한 높은 수요성장세가 이어지면서 공격적인 신규출점을 하였으며, 외식업종 내에서 상대적으로 높은 성장세를 나타내고 있다.

2014년 커피전문점에 대한 출점 규제가 폐지되면서 가맹점과 직영점 위주로 영위하는 업체 간 성장성 편차는 축소되고 있으나, 최근에는 브랜드 역량 및 신제품 도입 능력에 기반으로 한 집객력의 차이로 인한 성장성 차이가 나타나고 있다. '이디야'는 소규모 점포를 통한 저가 콘셉트로, '스타벅스'는 차별화에 중점을 둔 마케팅을 기반으로 큰 폭의 성장세를 이어가고 있는 반면, '카페베네', '엔제리너스' 등 일부 브랜드는 매장수가 지속적으로 감소하고 있다.

2016년에는 중저가 커피프랜차이즈의 약진이 두드러졌으며 '이디야', '빽다방', '커피니' 등은 1억 원 내·외의 초기 가맹비용과 정액청구 방식의 로열티 수익구조를 통해 높은 점포증가율을 시현하였다. 다만, 중저가 커피시장을 선점한 '이디야'를 제외한 대부분 브랜드의 경우 맛/메뉴, 서비스 체험 등에서 차별화 정도가 낮아 사업안정성이 다소 미흡한 것으로 판단된다. 또한 낮은 진입장벽에 따라 신규진입이 가속화되고 있어, 향후에는 브랜드력, 마케팅 능력, 가맹점 모집 능력, 규제대응력 등에 따라 업체 간 실적이 차별화될 것으로 보인다.

③ 세계화

세계경제는 WTO와 각국의 FTA 체결로 글로벌화 되어감에 따라 국내 서비스산업의 시장개방이 불가피하게 되었다. 따라서 외식산업 분야에도 해외브랜드의 외식기업들이 경영 노하우와 자본으로 국내시장에 진출함에 따라 우리나라 외식산업에 있어서 긍정적 또는 부정적인 영향을 초래하고 있다.

(2) 사회적 요인

① 여가생활의 증가

경제가 발전하고 소득수준이 향상됨에 따라 국민의 가치관은 여유로운 생활로 인생을 즐기려는 여가생활에 대한 욕구가 한층 증가하게 됨에 따라, 특히 주말이나 공휴일에 근교에서 맛있는 음식을 먹으려는 외식문화가 발전하게 되었다.

② 여성의 사회진출

여성의 사회생활이 증가함에 따라 맞벌이부부가 지속적으로 증가하고 있으며, 이로 인해 부인이 가정에서 식사할 시간이 줄어들어 자연적으로 외식에 대한 소비성향이 높아졌으며 편의식품, 테이크아웃, 택배 등을 선호함으로써 중식의 시장 규모가 확대되고 있다.

③ 핵가족화

우리나라의 사회구조가 도시화되고 선진국으로 발전하면서 가족구조도 대가족에서 핵가족으로 변해가면서 부모님을 모시지 않는 관계로, 자연히 편리성을 추구함으로써 외식의 기회가 늘어나고 있다.

④ 자동차의 대중화

각 가정마다 자동차 보유대수가 증가함에 따라 여행이 보편화되면서 가족단위 또는 연인들이 자동차를 이용하여 외식업소를 찾는 경우가 늘어나고 있다. 이러한 자동차 이용고객을 유치하기 위해 일부 외식업소가 주차장 확보가 용이한 도시 인근의 간선도로에 입점하는 사례가 증가하고 있으며, 도심의 업소들도 주차장 확보를 위해 노력하고 있다.

(3) 문화적 요인

① 외식에 대한 가치관의 변화

과거에는 단지 공복을 채우기 위한 생리적 욕구의 충족이라는 양적인 기능이 중시되어 왔으나, 생활수준이 향상되어짐에 따라 건강식 욕구의 증대, 식생활의 레저화와 같이 외식에 대한 가치관이 변화되고 있다. 다이어트 음식이나 테마레스토랑 등이 인기를 얻고 있는 점이 이러한 변화를 잘 반영해 주고 있다.

② 식생활 패턴의 변화

6·25전쟁 후 식량사정이 어려워 정부에서는 분식장려운동 등으로 밀가루 음식에 대한 소비가 늘어났으며, 국민소득이 향상되고 여가시간이 확대됨에 따라 식생활의 패턴이 다양화되었다. 이에 따라 한식 위주의 외식산업이 이러한 변화에 맞춰 업종과 업태가 다양하게 발전되었다. 즉 이제는 어떠한 분위기에서 어떤 서비스를 받으며 어떤 음식을 먹어야 하느냐? 하는 생각을 갖게 되었다.

③ 문화생활의 증가

국민소득 수준이 높아짐에 따라 자연히 문화생활의 향유를 갈구하게 되었으며, 여가에 대한 새로운 가치관의 정립과 더불어 다양한 문화 및 레저활동에 참여함으로써 외식으로의 참여기회가 증대되었다. 또한 세계의 교류가 빈번해짐으로써 선진 외국의 식생활 및 문화를 받아들이게 되었다.

(4) 인구통계학적 요인

① 신세대의 출현

편의와 기능을 추구하는 신세대가 출현함에 따라 세련된 감각과 청결한 분위기를 갖추고 비교적 저렴한 가격에 음식 자체뿐만 아니라 시간과 서비스를 함께 판매하는 서구식 패스트푸드의 업태가 생겨났으며(원융희, 1997), 현재 피자 · 햄버거 · 치킨을 주요 메뉴로 한 해외브랜드와 국내브랜드의 프랜차이즈화 된 패스트푸드 업체들이 이를 대상으로 치열한 경쟁을 하고 있는 상태이다.

② 고령층 인구의 증가

지난 10여 년간 국내 인구 연령구조의 변화 중 눈에 띄는 것은 아동층(14세 미만) 인구의 감소와 고령층(65세 이상) 인구의 증가이다. 향후에도 지속적으로 이러한 고령층이 늘어날 것으로 예상되어지는 만큼 실버산업Silver Industry에 대한 외식산업계의 대응도 강구되어야 할 것이다.

③ 고등교육 인구의 증가

4한국 성인(만 25~64세) 중 · 고등교육 이수자 비율은 45%이다. 성인 인구 10명 중 5명 정도가 고등교육을 이수하였다고 볼 수 있다. 이는 OECD 국가 중 가장 높은 것이라 할 수 있다. 2007년 35%였던 고등교육 이수율은 매년 1~2%씩 증가해 2014년에는 45%까지 증가하였다. 1980년대 이래 30년 간 고등교육의 비약적인 양적 성장으로 우리나라 고등교육이 보편화 단계에 이르렀음을 보여준다고 하겠다. 반면에 고등교육 이상의 인구증가는 외식에 대한 새로운 인식과 소비성향이 매우 까다로워졌다.

④ 지역적 인구이동

교통수단의 발달, 도심지 지가의 폭등, 정부의 신도시 개발 등으로 인구의 교외 이동이 증가하였고, 주거양식의 변화(아파트 거주자의 증가)와 함께 도심에 비해 지가가 비교적 저렴한 교외에 이러한 유형을 표적으로 한 외식업소들이 무더기로 생겨났다.

(5) 기술적 요인

① 컴퓨터시스템의 도입

IT기술의 도입으로 메뉴의 주문 및 생산을 효율적으로 운영하게 했을 뿐만 아니라,

회계관리 · 판매분석 · 고객관리 · 원가관리 등 과학적인 경영이 가능하게 되었다. 또한 급속히 확산된 인터넷의 보급으로 각 업소는 홈페이지 구축을 통해 고객들에게 인터넷 마케팅이 가능하게 되었다.

② 주방기기의 발달

첨단 과학기술은 주방기기의 현대화를 가져왔으며, 대량생산을 가능하게 했을 뿐만 아니라 주방직원의 작업 효율화를 가져왔다.

③ 포장기술의 발달

첨단 조리기법, 기계설비 등과 함께 포장기술이 발달함으로써 테이크아웃이나 택배 등 외식산업의 중식시장이 급속도로 성장할 수 있는 계기가 되었으며, 먹고 남은 음식을 포장해 줌으로써 최근에 환경문제가 되고 있는 음식물쓰레기를 줄일 수 있는 한 방편이 되고 있다.

(6) 경영적 요인

① 시스템화

해외브랜드가 국내에 진출함에 따라 그들의 선진화된 경영기법들이 과학적이고 체계적인 운영시스템을 바탕으로 우리나라의 패스트푸드와 패밀리 레스토랑을 중심으로 프랜차이즈를 전개하고 있고, 이런 경영 노하우를 축적한 외식업체가 증가하고 있다.

② 매뉴얼화

오늘날 외식산업에 있어서 서비스와 품질의 향상은 표준화된 매뉴얼에 따라 종업원을 교육시킴으로써 가능해졌으며, 각 외식업소나 체인본부에서는 그 점포의 콘셉트에 맞춰 서비스 매뉴얼과 조리 매뉴얼을 만들어 생산성을 향상시키고 있다. 표 1.3은 매뉴얼화의 기본요소와 이에 따른 장 · 단점을 설명하고 있다.

표 1.3 매뉴얼화의 장 · 단점

구 분	장 점	단 점
매뉴얼	• 품질관리가 용이하다. • 품질향상이 용이하다. • 미경험자도 가능하다. • 작업이 효율적이다. • 위생관리가 용이하다. • 인건비가 절감된다. • 조리기술이 비교적 적게 필요하다.	• 작업이 단조롭다. • 조리기술 습득이 어렵다. • 독창성이 떨어진다. • 작업에 대한 열의가 떨어진다. • 우수한 인재의 직무만족이 떨어진다. • 기계적으로 친근성과 음식의 손맛이 떨어진다.

자료 : 三家英治, 외식비즈니스, 1992, p.54.

③ 교육훈련

외식산업은 인적 서비스산업으로 외식업소가 경영의 최종 목표를 달성하기 위해서 결국 인적관리의 서비스에 대한 개선을 통한 고부가가치의 창출을 시도하고 있다. 외식업소 경영자들은 교육의 가치를 정확히 측정한다는 것은 어려운 문제지만, 종업원을 교육시킴으로써 그들의 능률을 최소한 25%까지 향상시킬 수 있다는 데에 의견을 모으고 있다. 또한 교육방법에는 여러 가지가 있으나, 직무지식의 90%는 OJT를 통해 얻게 된다.

3. 우리나라 외식산업의 현황

1) 외식산업의 시장 규모

외식산업에 대한 범위 설정이 명확하지 않아 외식시장 규모를 정확히 파악하는 데는 어려움이 따른다. 그래서 우리나라 외식산업에 관한 시장 규모에 대해서 발표되는 문헌마다 통계수치가 약간씩 차이를 나타내고 있으며, 통계청의 통계자료에 의한 전체 시장 규모를 기준으로 하여 전체 외식산업의 시장 규모와 외식업소 현황을 연도별로 살펴보면 다음과 같다.

표 1.4 외식산업의 시장 규모 (단위 : 조 원, %)

구 분	2005	2006	2007	2008	2009	2010	2011	2012	2013	2014
매출액	46.3	53.7	59.4	64.7	69.9	67.6	73.5	79.5	79.5	83.8
증감률	90.0	98.1	107.5	119.9	130.7	131.3	113.7	152.4	156.8	163.7

자료 : 한국음식업중앙회, 통계청

우리나라 전체의 외식산업 규모는 1980년대까지는 10조 원 미만의 외형을 보이고 있었으나, 1990년대에 들어와서는 고도성장을 계속하여 1995년도부터는 20조 원을 넘어서 1997년도에는 25조 원의 규모로 성장하였다. 그러나 1997년 말에 IMF사태로 경기가 침체됨에 따라 1998년도의 시장 규모가 오히려 1993년도의 수준으로 규모가 줄어들었으며, 1999년대 이후부터 다소 활력을 되찾아 외식산업의 매출액이 증가되어가고 있는 추세로 2016년도 '식품산업주요지표'에 따르면, 국내 식품산업은 2014년 기준 163조7,452억 원으로 전년 대비 4.4% 성장했다. 국내 식품 · 외식산업 규모는 164조 원으로 지난 10년간 무려 78.2%나 성장한 것으로 집계됐다.

2) 시장 규모의 성장

농림축산식품부와 한국농수산식품유통공사가 지난 7일 발표한 '2016년도 식품산업주요지표'에 따르면, 국내 식품산업은 2014년 기준 163조7,452억 원으로 전년 대비 4.4% 성장했다. 이는 지난 2004년 91조8,959억 원보다 무려 72조 원이 증가한 규모이다. 이 가운데 식품 제조업은 79조9천억 원, 음식업점 및 주점업(이하 외식업)은 83조 8천억 원을 기록했다.

2014년 기준 식품산업 규모는 약 164조 원으로 전년대비 약 4.4% 성장한 것으로 나타났으며, 음식료품 제조업이 3.4% 증가한 약 80조 원, 외식업은 5.4% 증가한 약 84조 원으로 나타났다. 즉 2004년도에 약 92조 원 규모였던 식품산업이 지난 10년간 72조 원 늘어난 164조 원으로 78.2% 성장했으며, 부문별로 식품제조업이 36.4조 원, 외식업이 35.5조 원 증가했다.

산업별로 보면, 기타 식품첨가물 제조업이 6천211억 원을 기록했다. 이는 전년도

보다 62.7% 성장한 것으로 가장 높은 성장세를 보였다. 이어 건강기능식품 제조업 1조1,416억 원으로 59.7%, 수프 및 균질화 식품 제조업은 3,932억 원으로 41.5% 증가했다.

반면, 차류 가공업은 3,679억 원으로 지난해보다 -39.7%나 시장 규모가 줄었다. 식품첨가물 제조업의 종목별 감소 순위는 제과용 혼합분말 및 반죽제조업(4,450억 원, -26.4%), 식초, 발효 및 화학조미료 제조업(1,928억 원, -25.4%), 커피가공업(1조2,063억 원, -2%) 등의 순이다.

외식업의 경우 사업체수는 65만1천 개, 종사자수 189만6천 명, 매출액 83조8천억 원으로 2004년 대비 8.5%, 21.9%, 73.3% 각각 신장했다. 음식점 업체 당 매출액은 1억2,900만 원, 종사자 1인 당 매출액 4,420만 원, 건물 연면적 당 매출액은 126만5천 원을 기록, 10년 동안 59.8%, 42.1%, 39.1% 증가했다.

외식업 중 가장 높은 매출액 성장세를 보인 업종은 비알코올 음료점업으로 전년보다 17.8% 늘어난 4조2,942억 원의 규모를 보였다. 이는 최근 커피숍의 창업이 급증한 데 따른 결과로 풀이된다. 또 기타 외국식 음식점업(4,547억 원, 17.5%), 기관구내식당업(5조5,828억 원, 13.9%) 등이 뒤를 이었다. 반면, 주점업은 지속적으로 매출이 감소하고 있다. 업종별로는 무도유흥 주점업의 감소폭이 가장 컸고(3,361억 원, -15.1%), 일반유흥주점업(3조2,372억 원, -1.3%)은 소폭 하락했다.

규모별 외식업체는 5인 미만 소규모 업체가 87.4%를 차지하는 등 지난 10년간 평균 0.4%씩 증가했다. 또한 2014년 기준 1억 원 이하의 매출을 올린 외식업체가 70.4%로 2004년 81.9%에 비해 11.5% 감소했으나 여전히 영세한 규모를 벗어나지 못하였다. 외식업 종사자 분포는 5인 미만 소규모업체 종사 비중이 전체의 63.1%를 차지했고, 매출액 비중은 52.4%로 나타났다. 반면, 사업체 중 2.5%를 차지하는 10인 이상 대형 외식업소의 매출액 비중은 22.7%로 나타났다.

외식업체의 지역별 분포는 서울(11만9,655개)과 경기도(13만0,697개)가 분포했고, 종사자와 매출액도 각각 42만6,023명으로 2조0,258억6천만 원, 40만4,959명으로 1조8,574억 원으로 가장 많았다.

표 1.5 국내 식품산업 규모(2005~2014년) (단위 : 10억 원)

구 분	2005	2006	2007	2008	2009	2010	2011	2012	2013	2014
제조외식(A+B)	89,920.7	98,082.8	107,514.4	119,923.6	130,636.5	131,290.8	143,715.2	152,435.1	156,870.1	163,745.2
• 음식료품제조업(A)[1]	43,668.2	44,381.4	48,149.1	55,211.7	60,771.3	63,725.0	70,208.2	75,149.9	77,320.5	79,925.3
– 사료제외	39,058.7	39,797.8	42,414.2	47,319.5	52,598.6	55,574.4	61,157.2	64,410.5	66,009.2	69,461.4
• 음식점업(B)[2]	46,252.5	53,701.3	59,365.4	64,711.9	69,865.2	67,565.8	73,507.0	77,285.2	79,549.6	83,819.9
식품유통(C+D)	90,224.3	97,606.9	107,744.1	117,414.5	123,840.6	150,550.8	163,134.3	173,485.4	175,155.6	179,552.9
• 음식료 및 담배도매업	50,520.0	55,589.3	61,976.8	68,337.4	70,753.9	88,527.0	94,598.4	100,310.5	100,606.5	103,435.3
– 담배제외(C)	47,566.4	52,461.0	58,612.4	64,748.4	67,076.9	85,386.9	91,432.8	96,996.3	97,330.0	100,048.6
• 음식료 및 담배도매업	8,957.9	9,647.3	10,147.4	11,169.1	12,228.3	12,674.1	13,677.3	13,575.1	13,475.1	13,882.7
– 담배제외	8,835.7	9,503.0	10,011.5	11,086.2	12,154.6	12,583.0	13,587.4	13,494.0	13,398.7	13,787.9
• 식품소매업(D)[3]	42,657.9	45,145.9	49,131.7	52,666.1	56,763.8	65,163.9	71,701.5	76,469.1	77,825.6	79,504.3
제조외식유통(A+B+C+D)	180,145.0	195,699.6	215,258.6	237,338.1	254,477.1	131,290.8	306,849.5	325,900.5	332,025.7	344,298.1
농림업[4]	36,272.9	36,389.3	35,837.2	39,662.6	42,995.1	63,725.0	43,214.1	46,357.1	46,648.0	47,292.2

자료 : 1) 통계청 공업제조업조사(종사자수 10인 이상 사업체)

2) 통계청 도소매업조사 매출액(음식점 및 주점업)

3) 통계청 소매판매액 통계(2005~2009년은 2005년 기준, 2010~2014년은 2010년 기준)

4) 농림축산식품부 농림업 생산액

주 : 2005년과 2010년 자료는 통계청 경제총조사(특성편, 광업 및 제조업 자료임)

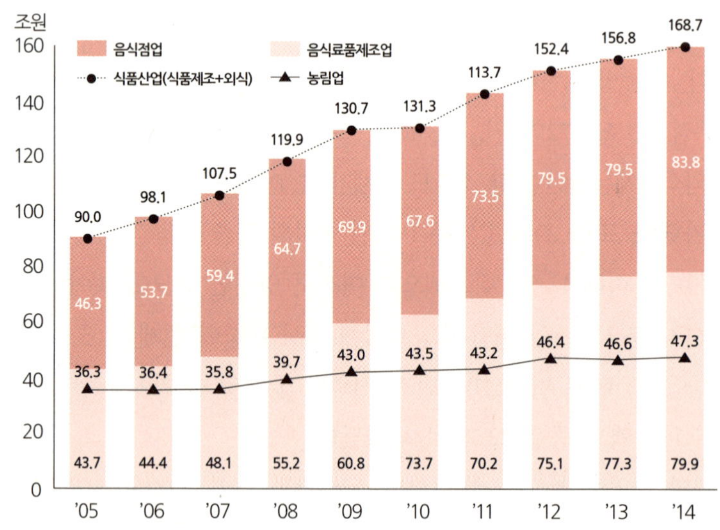

그림 1.2 국내 식품산업 성장 추이(2005~2014년)

(1) 한식시장

예로부터 한식의 맛에 길들여진 우리나라 사람들이 외식을 할 때는 연령이나 계층에 관계없이 가장 대중적인 메뉴로 선호되고 있는 것이 갈비, 불고기, 찌개류, 탕류, 면류 등으로 들 수 있다. 현재까지도 외식산업의 규모면에서 50% 이상의 시장을 차지하고 있는 업종이지만, 대부분이 조직적이고 체계적인 경영형태를 갖추지 못한 영세적인 가족중심으로 운영되어 왔다.

하지만 1990년대 들어 해외브랜드의 국내시장 진출과 함께 외식산업으로 정착되어감에 따라 기존의 인식제고와 함께 한식시장은 전문음식점들을 중심으로 과거의 경영방식에서부터 탈피하여 대형화·조직화되고 있는 상황이다. 또한 족발, 보쌈, 닭고기 등 식자재 공급이 용이한 업종들을 위주로 중앙공급식 주방을 갖춘 업체들이 체인화를 서둘러 많은 체인점들이 나타났으며, (주)놀부는 보쌈전문점을 시작으로 부대찌개전문점, 솥뚜껑삼겹살이라는 한식브랜드를 개발하여 체인화 성공과 함께 전형적인 한국의 외식기업으로 성장하였고, 국내 토종 프랜차이즈로서는 최초로 모건스탠리프라이빗 에쿼티아시아에 지분을 매각하여 해외진출 등 글로벌시장을 적극적으로 공략하고 있다.

1990년대 후반에 들어서는 외식업계의 치열한 경쟁체제 하에 IMF를 맞아 외식산업에도 경쟁력을 갖추지 못한 업체들이 문을 닫기도 하였으나, '봉창이 해물칼국수', '함흥냉면', '해물철판구이' 등의 체인화가 잇따랐다. 이러한 위기상황은 오히려 고객위주의 사고전환을 가져왔으며, 한식업계가 고객의 다양한 기호에 맞춰 업태 분화 및 맛의 차별화를 기하게 했다. 일찍 과학적인 경영기법을 도입한 업체들은 해외시장의 문을 두드리고 있는 한편, 일상적인 메뉴에서 벗어나 색다른 음식을 체험하고자 하는 고객들을 위한 건강식, 전통음식점, 북한음식점들이 생겨나기도 했다.

앞으로도 한식이 해외 브랜드에 맞서 꾸준히 발전하기 위해서는 철저한 고객 위주의 과학적인 경영방식을 통해 대응해 나가야 한다.

(2) 분식시장

업소의 규모가 작고 영세적이어서 이 시장의 전체 규모를 명확하게 밝히는 데는 어려움이 있으나, 골목상권에서 동네분식점의 형태로 운영되고 있는 한식 패스트푸드 업소라고도 말할 수 있다. IMF 이후 소자본 창업으로 인기를 얻고 있는 김밥전문점과 분식점 등이 이에 속한다. 특히 타 업종보다 IMF의 타격이 크지 않았으며 오히려 이런 시련 속에서 점포수는 꾸준히 증가하였다. 최근 몇 년간 분식을 위주로 하는 다양한 체인업체들이 등장하기도 했지만, 몇몇 업체들을 제외한 다른 업체들은 그렇게 오래가지는 못했다.

이 시장에도 IMF 이후 무엇보다 동네분식점들이 몇몇 이름 있는 브랜드의 체인점으로 전환이 활발하게 이루어져 왔다. 이 중에서 업계에 가맹사업을 펼치고 있는 업체를 살펴보면 '종로김밥', '압구정김밥', '신포우리만두', '김가네' 등이 사업영역을 구축하고 있으며 '바르다 김선생' 등 프리미엄 김밥도 시장에서 열풍이 불고 있다.

(3) 도시락시장

현대인의 라이프스타일의 변화와 함께 중식시장이 확대됨에 따라 오피스家를 중심으로 바쁜 직장인을 대상으로 하는 도시락 업체가 생겨나기 시작하여 테이크아웃시장을 개척하고 있다. 또한 IMF 이후 경기불황과 소비심리 위축으로 저가의 음식을 찾는 고객들이 증가함으로써 도시락 시장이 확대되고 신규 도시락전문점들이 생겨나게 됨에 따라 경쟁이 치열해지고 있으며 편의점도 도시락 시장에서 한 몫을 하고 있다.

한편, 다른 업체와 달리 중저가의 가격으로 다양한 고객층을 확보한 테이크아웃 전문점인 '한솥도시락'은 이러한 시장 상황에서도 성장을 계속하여 업계의 1위 자리를 구축하였으며, 상권을 오피스뿐만 아니라 학교 앞, 주택가 등지와 지방으로 꾸준히 확대하여 크게 사업영역을 늘려갔다.

(4) 일식시장

전체 외식 규모에서 볼 때 3%에 못미치는 일식시장은 과거 가격이 호텔에서나 볼 수 있었던 초밥이나 우동전문점으로, 지난 1990년대 중반부터 중저가의 저렴한 가격대의 메뉴로 일식우동 전문점이 꾸준히 성장해 왔다. 특히 일식우동은 상대적으로 적은 투자비와 손쉬운 운영 노하우만 갖추면 시장진입이 쉬워 '어우미', '방방곡곡',

'후지우동', '세미락', '다림방', '관서옥' 등의 브랜드로 동네 분식점에서 제공하는 우동 시장에 사업영역을 확장하였으며, 일본의 대중메뉴인 각종 해물구이, 덮밥, 샤브샤브 등의 전문점들도 국내에 들어왔다.

(5) 퓨전푸드

IMF 이후 동·서양의 음식문화를 혼합한 신조류의 음식문화를 선보이며, 외식업계에 급속도로 확장되고 있는 퓨전음식은 서울의 강남 청담동을 중심으로 발달하였으며 세계적인 추세로 떠오르고 있다. 초기의 퓨전음식이 과거 특급호텔을 중심으로 소개되기도 하였으나 그 뿌리는 불고기버거, 김치햄버거, 불고기피자 등에서도 찾아볼 수가 있다.

이런 음식을 제공하고 있는 레스토랑은 한국의 대표주자격인 '시안'을 위시하여 힐튼호텔의 '실란트로', 신라호텔의 '캑터스', 노보텔 앰버서더 강남 호텔의 '델리카티슨 뿌미슈' 등과 '누벨퀴진 궁', '라인클럽', '와사비비스트로', '원스인어블루문' 등 수없이 많은 레스토랑이 생겨났으며, 1999년 1월에 있은 외식경제신문의 설문조사에서 올해 유망한 업태 중의 하나로 추천되었으며, 이러한 추세는 계속적으로 지속되었다.

3) 업태별 시장 규모

우리나라 외식산업에 있어서 최근에 나타나는 경향은 미국, 일본 등의 예와 같이 업종 중심의 성장이 점차 성숙기에 접어들면서 업종 간의 경쟁이 더욱 치열해지고 있을 뿐만 아니라, 같은 업종 내에서도 고객의 다양한 취향에 맞춘 차별화로 외식업체에서 제공하는 메뉴의 가격, 서비스, 서비스 제공시간, 분위기 등 음식을 판매하는 방법을 다양화 한 업태가 나타나고 있다. 또한 기존의 업태가 고객의 새로운 욕구변화에 따라 다시 분화되어지면서 또 다른 신업태가 나타나곤 했다.

특히 우리나라의 경우는 대기업의 외식사업 진출로 이러한 업태 분화를 촉진시켜 패스트푸드 레스토랑Fast Food Restaurant부터 분화가 시작되어 서양식 패밀리 레스토랑Family Restaurant과 캐주얼 다이닝 레스토랑Casual Dining Restaurant 등이 들어옴에 따라 각 업종들마다 업태의 분화가 더욱 심화되었다. 현재 일반적으로 인정되고 있는 업태의 분류는 최고급 음식과 서비스이미지를 가지는 파인다이닝 레스토랑Fine Dining Restaurant의 업태를 추가하여 4종류로 구분되고 있으며, 외식산업이 지속적으로 성장 · 발전해 나감에 따라 테마 레스토랑과 같은 새로운 형태의 레스토랑의 형태가 나타나고 있다.

(1) 패스트푸드Fast Food시장

우리나라의 외식산업은 1970년대 말까지 분식점을 비롯한 대중음식점을 중심으로 전개되어오다가, 1979년 롯데리아가 처음으로 설립되어 영업을 개시한 후, 외국의 유명 외식기업체들의 본격적인 진출과 함께 국내 업체들은 이들 외국기업과의 기술제휴 또는 자생적 발전 등을 통해 패스트푸드를 중심으로 발전을 계속해 왔다. 이처럼 패스트푸드가 발전한 데에는 우리나라의 1인당 GNP가 외국 체인기업들이 해외진출 시 기준으로 삼는다는 2,500달러 시대가 되었고, 서구식 식생활 패턴이 함께 확산되면서 편의와 기능을 중점으로 찾는 젊은 세대의 증가 및 라이프스타일 변화의 외식문화가 발전하게 된 것이다.

1984년 7월 「외자도입법」이 개정되어 다국적 외식기업의 진출이 용이해짐에 따라 이들은 점포 전개, 점포의 레이아웃Layout, 상품의 품질, 서비스, 종업원교육 등에 대한 뛰어난 노하우로 급속히 점포망을 확대함으로써 패스트푸드뿐만 아니라 외식산업의 선진화 · 근대화를 선도하였다.

패스트푸드시장은 1979년 '롯데리아'의 개점을 시작으로 1985년을 전후한 시기에 집중적으로 외국의 유명 외식산업이 진출하였으며, 동시에 86아시안게임, 88서울올림픽 이후에 더욱 급성장하였다.

1990년대에 들어와 패스트푸드시장의 주종을 이루는 햄버거, 치킨, 피자, 아이스크림의 매출 추이를 살펴보면, 1993년도에 5,500억 원의 매출 규모로 전년대비 120% 성장했으며 전체 외식시장 중에서 3.5%의 점유율을 보였다(대한상공회의소, 2000). 이 중에서 햄버거 업체의 시장점유율은 점차 감소되는 추세인데 비해, 피자 업체의 점유율은 점차 증가하는 추세이고, 치킨 업체는 일정한 수준을 유지하였다.

꾸준한 성장을 기록하던 매출이 IMF를 맞아 1998년 매출 성장률이 15%로 1997년도 19.3%의 성장에 비해 마이너스 성장률을 기록하였으며, 이 성장률도 신규 패스트푸드점의 개설로 인해 외형상 확대된 것으로, 동일매장의 평균매출은 하락하였다. 1999년도에는 소비회복세를 타고 소규모 소상권 콘셉트의 공격적인 영업을 전개함으로써 총 1조4백억 원의 시장을 형성하여 전년 대비 28% 성장했고, 당시의 패스트푸드 업계의 경쟁은 어느 때보다도 내수경기 침체가 지속되면서 저렴한 가격에 한끼 식사를 대체할 수 있는 패스트푸드 업계의 외형 확장이 이어졌다. 이와 더불어 몇 년간 이어진 프리미엄 메뉴 강화, 24시간 매장 운영 및 배달서비스 런칭, 지역 한정 메뉴 출시 등이 집객력 강화에 영향을 미친 것으로 판단된다. 실제로 국내 패스트푸드점의 외형 지표를 살펴보면, 점포수가 지속적으로 늘어나는 가운데 매출액도 성장하여 전반적인 점포 당 매출액이 증가하는 모습을 보였다.

한편, 직영점을 위주로 영업하던 맥도날드와 버거킹도 적극적인 가맹사업을 펼치고 있다. 버거킹은 2018년까지 직영점과 가맹점을 포함하여 300여 개의 매장 확보를 목표로 하고 있으며, 맥도날드 역시 가맹점 비율을 지속적으로 늘려갈 계획을 발표하였는데, 이는 1~2인 가구 급증, 저성장 기조 등에 힘입어 당분간 패스트푸드 업황이 상승세를 지속할 것이라는 전망에 기반으로 한 것으로 분석된다. 향후 가맹점 확대에 따른 업계 외형 확대가 기대되는 가운데, 각 업체의 시장지위가 변동될 가능성이 높아 시장변화에 대한 모니터링이 필요하다.

(2) 햄버거Hamburger시장

1979년에 일본과 합작으로 국내에 도입된 '롯데리아'는 맥도날드McDonald's, 버거킹Burger Kin, 웬디스Wendy's, 하디스Hardees's 등 국내에 진출한 세계 4대 햄버거업체와 더불어 국내 햄버거 시장을 주도하고 있으며, 이 중에서 롯데리아는 꾸준히 햄버거 시장의 주도권을 잡고 있다. IMF 이후 대폭적으로 판촉비용을 50%나 늘려 판촉행사를 벌여왔으며, 회사 이미지관리 마케팅과 조식메뉴 및 어린이메뉴 등을 출시하고 10대 청소년층을 타깃으로 스타마케팅과 파격적인 가격할인 행사로 1999년 창업 20주년을 맞으며 3,500억 원의 매출과 총 470개 점포수를 기록하여 여전히 햄버거 업계의 시장을 50% 이상 점유하면서 안정적으로 점포수를 넓혔다.

'맥도날드'의 경우 (株)맥안산업이 국내 최초로 브랜드를 도입하였으나 신맥으로 경영주체가 변경되었고, 현재 대전 이북지역은 신맥, 대전 이남지역은 맥킴의 별도 법인에 의해 운영되고 있으며, 1999년 175개 매장에서 9백억 원의 매출을 올렸으며 지속적인 가격할인과 캐릭터인형 판매 등 판매행사와 TV광고를 통해 괄목할 만한 매출성장을 이루어냈다. 또한 점포확장면에서도 지속적인 가치정책으로 업계 1위 자리를 노리며 강원도 및 전라도지역 등을 개발하고 있다.

(주)한암에 의해 운영되어온 '버거킹'이 1993년 (주)일경식품에 인수되었으며 1998년 또다시 두산에 의해 전격 인수되었다. 버거킹은 서울, 부산, 대구 지역으로만 제한되어 있는 점포개발 대상지역을 전국적으로 확대하여 활발히 본격적인 점포 확장을 계획하였으며, 2000년에는 38개의 신규점포 오픈과 850억 원 매출액을 달성하였다.

'하디스'는 직영점 운영만을 해오던 중 부실매장 정리 이후 가맹사업을 본격화해 신규점포를 개설하였으며, 미국 본사가 칼스주니어와 합병함에 따라서 '스타하디스'로 전격 재출범하여 매장 디자인 및 로고는 물론 직화구이 시설설비와 음료 바를 도입해 새로운 형태의 패스트푸드점을 시도하였다.

'웬디스Wendy's'는 외국 브랜드 중에 유일하게 점포수나 매출액이 감소한 업체로서 1993년 6개의 부실점포를 정리한 바 있으며, 1997년에 영업실적의 저조로 폐점되어 독립 브랜드의 '위너스'를 재출범시켰으나 빅웨이, 아메리카나 등과 같이 IMF 이후 업계에 불어닥친 불황으로 매출 하락과 점포 확장에 어려움을 겪었으며 찰리스스테이커리나 칼스주니어 등 해외브랜드들이 한두 개 오픈했으나 정착하지도 못하고 철수하기도 했다. 이외의 (주)지언유통의 '서브웨이Subway'는 미국 서브웨이와의 로열티 지급 문제로 미국 본사와 상표권 분쟁이 발생하여 계약이 파기된 후 서브샌드위치의 국내브랜드로 재출발했다.

이처럼 치열한 경쟁 속에서 햄버거 업계는 해외브랜드의 업체가 매출상위를 이루고 있으며, 국산브랜드가 주종을 이룬 중·하위 브랜드의 햄버거 업체들은 여전히 원가상승과 자금난 등으로 어려움을 겪고 있다. 또한 기존의 햄버거 업체와 치킨 업체는 자사의 상품력을 제고하기 위해 각각 치킨 메뉴와 햄버거 메뉴를 개발하거나 이 두 주력 메뉴를 혼합한 형태의 메뉴콘셉트로 영업전략을 구축하였다.

(3) 치킨Chicken시장

치킨은 '치느님(치킨과 하느님의 합성어)'이라 불릴 정도로 대중적인 음식이다. 한 설문조사 결과, 응답자의 절반 가까이가 1주일에 1회 이상 야식을 먹는다고 답했고, 78%가 가장 즐겨먹는 메뉴로 치킨을 꼽았다.

한국소비자원의 설문조사에선 응답자의 54.5%가 한 번에 치킨 반 마리를 먹는다고 말했다. 11.6%는 '1인 1닭'을 실천하고 있으며, 1마리보다 더 먹는다는 응답도 2.8%나 나왔다. 치킨 1마리 가격이 약 1만6,000원인 점을 감안하면, 야식으로 치킨을 시킬 때 10명 중 7명은 8,000원 이상을 쓴다는 뜻이다. 그래서 한국에서 치킨집은 '한 집 건너 한 집'이라는 말이 나올 정도로 많다. KB금융지주경영연구소의 2013년 통계에 따르면, 호프집 등 다른 업종과 함께 영업하는 곳까지 포함하여 치킨집은 전국에 3만 6,000곳이나 있다. 전 세계 맥도널드 매장수(3만5,429개)보다 많다.

10월 국경절 연휴기간 교촌치킨 홍대점을 찾은 중국인 관광객들이 치킨을 찾았다. '별에서 온 그대' 등 한류드라마의 영향으로 중국에서 한국식 치킨이 인기를 끌고 있는 것이다. 이렇게 치킨집이 많지만 한국은 전 세계적으로 보면 경제수준에 비해 닭고기 소비량이 적은 나라다. 한국의 1인당 닭고기 소비량은 1년에 15.4kg으로, 경제협력개발기구OECD 회원국 평균(27.5kg)의 절반 수준이다. 닭고기를 기름에 튀긴 프라이드치킨이 탄생한 미국(44.5kg)과 비교하면 3분의 1에 불과하다.

뒤집어 말하면, 치킨산업의 성장잠재력이 여전히 크다고 볼 수 있다. 농림축산식품부는 "1인당 국내총생산GDP 3만 달러 이상 국가에선 닭고기 소비량이 다른 육류보다도 많다. 건강에 대한 큰 관심으로 소비자의 백색육 선호가 두드러지기 때문"이라며, "우리나라도 1인당 GDP가 높아지면 향후 닭고기의 소비량이 크게 증가할 가능성이 크다."고 말했다. 이미 소득이 늘면서 한국의 1인당 닭고기 소비량도 매년 늘고 있다. KB금융지주경영연구소에 따르면, 국내 치킨시장 규모는 2002년 3,000억 원에서 2011년엔 3조1,000억 원으로 빠르게 성장했다. 음식점 창업자 100명 중 7명이 치킨전문점을 선택할 정도로 선호도도 매우 높다.

치킨집을 창업할 때는 치킨 프랜차이즈 가맹점을 내는 쪽으로 생각하는 경우가 많다. 별다른 홍보가 필요하지 않고, 기술도 제공해 주기 때문이다. 그러나 치킨 프랜차이즈 가맹점이 많다는 게 소비자들이 선호한다는 뜻은 아니어서 매출이 이에 비례하진 않는다.

한국공정거래조정원에 따르면, 2014년 기준으로 전국에 가장 많은 가맹점을 보유한 치킨 프랜차이즈 브랜드는 '비비큐(1,684개)'이다. 비비큐는 서울 · 부산 · 광주 · 경기 · 충북 · 경남 · 제주 등에서 치킨 프랜차이즈 중 가맹점수가 1위이다. 1980년대 양념치킨을 선보이며 치킨업계 혁신을 이끈 페리카나는 인천 · 대전 · 세종 · 강원 · 충남에 가맹점이 가장 많다. 공정거래조정원은 가맹점수가 많은 상위 15개 브랜드를 선정해 분석하였다.

한 마리 가격에 치킨 두 마리를 제공하는 '호식이 두 마리 치킨'은 대구에서 1위이다. 대구에서 탄생한 치킨 프랜차이즈는 호식이 두 마리 치킨 외에 교촌치킨 · 맥시칸치킨 · 멕시카나 · 처갓집양념통닭 · 땅땅치킨 등이 있다. 대구에선 치킨업체가 치열하게 경쟁을 벌여 다양한 아이디어가 치킨메뉴 개발에 도입되고, 이것이 전국적으로 퍼진다고 한다. '치맥의 성지'라는 슬로건으로 7월에 열린 '대구치맥페스티벌'엔 92개 업체가 참여했고, 100만 명의 관광객이 방문했다.

가맹점수는 비비큐의 독주이지만, 가맹점 한 곳 당 연평균의 매출액은 비비큐와 교촌치킨이 양강체제를 이룬다. 가맹점 전국 평균 매출액은 교촌치킨이 4억1,946억 원으로 가장 많다. 교촌치킨은 서울 · 인천 · 광주 · 경기 · 강원 · 충북 · 충남 · 전북 · 전남 등 9개 지자체에서 치킨 프랜차이즈업체 중 평균매출액 1위를 기록했다. 비비큐는 부산 · 대구 · 울산 · 경북 · 경남 · 제주 · 세종 등 7곳에서 1위이다. 호식이 두 마리 치킨은 대전에서 평균 매출액이 다른 업체를 제치고 가장 많았다. 다만, 일부 업체는 전국 평균 매출액이 1억 원에도 미치지 못했다. 전체 매출액은 또래오래가 5,078억 원으로 가장 많고, 교촌치킨(2,279억 원), 비비큐(1,913억 원), BHC(1,088억 원), 굽네치킨(890억 원) 순이다.

(4) 피자Pizza시장

피자시장에 지각변동이 일어나고 있다. 도미노피자가 기존 3강 구도를 깨뜨리고 확실한 1강으로 자리매김하고 있다. 공정거래위원회의 자료에 의하면 도미노피자,

미스터피자, 피자헛 등 3대 피자전문 프랜차이즈는 2014년 총 1,504개 매장에서 4,885억 원의 매출을 올린 것으로 나타났다.

가장 많은 매출을 올린 곳은 도미노피자였다. 도미노피자는 2014년 1,806억 원의 매출로 2위권 업체들보다 30% 이상 많은 매출을 올리며 독주체제를 가동했다. 2012년만 해도 피자헛과 미스터피자에 뒤쳐진 3위였던 도미노피자는, 피자시장의 불황 속에서 '나홀로 성장'을 거듭했다. 샐러드 바와 피자를 함께 즐기는 유행이 지나고 모바일 주문이 늘면서 배달 전문인 도미노피자가 다시 한 번 주도권을 잡게 된 것이다. 도미노피자의 점포관리도 돋보였다. 최근 몇 년 동안 매년 10여 개의 매장을 신규 오픈한 반면, 폐점은 연평균 1~2개 수준을 유지했다. 2013년에는 1개이고 2014년에는 4개의 매장이 문을 닫았을 뿐이다. 2015년에는 단 1개 매장도 폐점하지 않았다. 영업이익도 3년 연속 100억 원 이상을 유지하며 7%대의 영업이익률을 지켰다. 도미노피자 관계자는 "소비자들의 니즈를 파악해 독창적인 맛과 스타일의 신제품을 지속적으로 선보이고 있다."며 또한 "가맹점과의 상생 협력을 위한 돈독한 관계유지에도 만전을 기하고 있다."고 말했다.

반면, 피자헛과 미스터피자는 2년 연속 매출이 감소했다. 미스터피자는 피자헛의 추락에 2위를 유지했지만, 그 속을 들여다보면 안도할 수는 없는 상황이다. 2012년 8개, 2013년과 2014년에 각각 20개씩을 기록한 신규 오픈 매장수가 2015년에는 '0'개이다. 반면, 상반기에만 4개 매장을 폐점하며 6월 말 기준으로 429개의 매장을 운영하고 있다. 2012년 1,767억 원, 2013년 1,746억 원, 2014년 1,440억 원, 2015년 1,224억 원으로 -10.24% 감소하였다.

미스터피자는 대신 글로벌시장에 사활을 걸고 있다. 2015년에만 중국에서 19개 매장을 오픈, 매장수를 85개로 늘렸다. 2014년에는 중국에서만 125억 원의 매출을 올리며 '피자한류'를 노리고 있다. 미국에도 3개의 직영 매장과 1개의 가맹점을 보유했고, 필리핀에도 2개의 매장이 있다.

(5) 패밀리 레스토랑Family Restaurant시장

국내 패밀리 레스토랑 업계는 큰 지각변동이 있었다. 패밀리 레스토랑 최강자 자

리에 있던 아웃백 스테이크 하우스가 위기를 맞았기 때문이다. 최근 아웃백은 실적 부진으로 불안한 모습을 보였다. 그러던 중 최고경영자까지 교체되기도 했다.

아웃백의 사라진 자리에는 토종 브랜드들이 자리를 메우고 있다. 대표적인 브랜드는 CJ푸드빌의 '빕스'와 이랜드의 '애슐리'이다. 아웃백의 위기는 성공에 안주하여 새로운 메뉴구성과 경영전략 등에서 실패했다는 분석이다. 이러한 외식사업 분야에서 한 번 떠난 고객의 마음을 다시 잡기란 쉬운 일이 아니다.

빕스와 애슐리 외에도 최근에는 한식뷔페 브랜드가 빠르게 성장하고 있다. 이랜드의 '자연별곡'은 2014년 4월 첫 매장을 오픈한 뒤, 지난해 기준 48개 매장을 오픈하여 두 배 수준으로 성장했다. CJ푸드빌의 '계절밥상' 역시 2013년 7월 첫 매장을 오픈한 뒤 최근에는 매장수를 33개로 늘렸다. 신세계푸드의 '올반'도 매장수가 13개이다. 올반은 매장수가 적지만, 대부분의 메뉴를 현장에서 직접 조리하여 고객들에게 사랑을 받고 있다.

토종 브랜드들의 선전은 고객들의 취향을 발빠르게 간파하고 각종 메뉴 등에 적용했던 점이 주효했다. 하지만 모기업인 대기업의 든든한 지원이 없었다면 성공은 쉽지 않았을 것이다. 이런 가운데 생맥주 프랜차이즈 '치어스'의 행보는 외식업계에서 주목을 받고 있다. 치어스는 '패밀리레스토랑'과 '펍'의 개념을 합해 '레스펍'이라는 트렌드로 15년째 프랜차이즈사업을 펼치고 있다.

전국에 200여 개 매장을 운영하고 있는 치어스는 대기업의 지원 없이 자력으로 성장해 온 강소기업이다. 이 강소기업이란 '규모는 작지만 강한 경쟁력을 가진 우수기업'을 뜻한다.

생맥주 프랜차이즈 치어스의 대표적인 경쟁력은 조리아카데미, 직영 물류시스템 등이다. 주방인력 육성을 위해 운영하는 조리아카데미는 주방장 구인부터 교육, 관리까지 원스톱으로 진행되는 치어스 주방관리시스템의 핵심이다. 특히 조리경력이 없는 초보자의 경우 2주 기초교육과 1주 실무교육, 1주 재교육 등 총 4주에 걸쳐 교육을 제공한다. 이러한 조리아카데미는 실제 예비 창업주들로부터 가장 큰 인기를 얻고 있다.

프랜차이즈 사업에서 직영 물류시스템은 필수이다. 신선한 식자재를 전국의 매장에 공급하기 위해서는 위탁이 아닌 본사 직영만이 확실한 품질과 서비스를 보증할 수 있기 때문이다. 하지만 대다수의 신생 프랜차이즈 브랜드들은 물류를 하청 주는 경우가 많다. 15년의 오랜 경영 노하우가 있는 치어스는 전국 직영 물류서비스시스템을 구축하여 가맹점주의 만족을 위해 노력하고 있다.

(6) 기타시장

① 아이스크림Ice Cream

새로운 시장에 진입하는 것은 기업의 사활이 걸린 문제이다. 식품산업과 같이 대규모 생산설비 투자와 이에 합당한 대규모 마케팅 캠페인 비용 투입이 필요한 소매제조업의 경우는 특히 그러하다.

어떤 시장에 진입해야 할까? 경영전략 분야의 석학인 하버드 경영대의 마이클 포터 교수는 그 전략적 의사결정의 출발점을 다음과 같이 직관적으로 이야기하고 있다. "시장 요인이 불균형 상태인 업계를 찾아라!" 시장 요인이 불완전 상태인 업계란 무엇을 의미하는가? 다음 다섯 가지 중에서 서너 가지에 대해 '아니다'라고 답한다면 그 시장에 신규진입을 고려해 볼 만하다.

첫째, 그 시장 내에서 업체들 간의 경쟁이 아주 치열한가?

둘째, 해당 업계의 업체들에게 주요 원료를 제공하는 공급자들의 협상력이 지나치게 강력하여 원료수급에 차질이 있을 확률이 큰가?

셋째, 해당 업계의 업체들이 자신의 제품을 주로 판매하는 구매자들의 협상력이 지나치게 강력하여 판로확보 등에 어려움이 있는가?

넷째, 해당 제품군의 대체재의 위협이 우려되는 수준인가?

다섯째, 이 시장에 누구나 들어올 수 있을 정도로 진입장벽이 낮은가?

이 다섯 가지 질문에서 '아니오'라는 대답이 서너 개 나오면 그 산업은 신규진입을 고려해 볼 만한 산업이다. 네댓 가지가 '아니오'라면 아주 긍정적으로 신규진입을 검토해야 할 산업이다. 하지만 단 하나도 '아니오'가 없거나, 하나 정도만 '아니오'가 있으면 그 시장은 신규진입 시장으로의 매력이 없다.

예컨대, 국내 흰우유 시장과 요거트 시장에 이 질문들을 던져보면, 단박에 신규진입

시장으로 매력이 없다는 것을 알 수 있다. 흰우유 시장과 요거트 시장은 시장 요인이 완전한 상태로 신규 진입으로서는 매력적이지 않은 시장이다. 이처럼 배달 프라이드 치킨업계는 시장 자체는 포화하였지만, 이 질문들을 던져보면 여전히 신규진입을 고려해 볼 만한 산업임을 알 수가 있다.

프리미엄 아이스크림은 어떤가? 내가 생각하는 가장 매력적인 신규진입 시장에 바로 프리미엄 아이스크림 시장이 있다. 국내 프리미엄 아이스크림 시장은 시장요인이 매우 불완전한 상태에 놓여있다.

신규시장에 직접 진입할 때 고려해야 할 요소를 살펴보자. 먼저 시장 요인이 불완전 상태에 있는 산업을 찾았다면, 포터 교수는 그 산업에 다음과 같은 다섯 개의 잣대를 들이대보고 면밀한 검토가 필요하다고 이야기한다.

첫째, 불균형 상태에 있는 산업이라면 신규진입에 긍정적이다. 불균형 상태에 있는 산업이란, 예컨대 신규산업으로 산업구조가 확립되어 있지 않아서 진입에 큰 대가를 치르지 않아도 되는 산업이거나, 시기적으로 지금 진입장벽이 높아지기 시작하는 산업을 의미한다.

둘째, 우리가 해당 시장에 신규진입했을 때 그 시장에 존재하는 기존 기업의 보복이 빠르지 않거나 효과적인 보복을 할 수 없는 상황이라면 신규진입은 긍정적이다.

셋째, 우리 기업의 특성상 타 기업보다 진입장벽을 쉽게 넘을 수 있는 시장이라면 신규진입은 긍정적이다.

넷째, 우리 기업이 해당 신규시장에 진입했을 때 경쟁의 구도를 우리가 변화시킬 수 있을 가능성이 크다면 신규진입은 긍정적이다.

다섯째, 이 신규시장 진입을 통해 우리 기업의 기존 사업에 시너지효과가 발생하게 된다면 신규진입은 긍정적이다.

유니레버Unilever는 그래서 한국의 프리미엄 아이스크림 시장에 진입을 결정한다. 국내 아이스크림 시장은 전반적으로 보았을 때 포화상태이다. 2012년에 2조 원을 찍은 후 계속 하락세이다. 하지만 국내 프리미엄 아이스크림 시장은 오히려 빠르게 성장하고 있다.

프리미엄 아이스크림 시장은 보통 두 가지로 구분한다. 일반 소매점, 즉 편의점 등지에서 주로 유통되는 '편의점 프리미엄 아이스크림 시장'과 독립적인 소매점포 체인을 가진 '체인 프리미엄 아이스크림 시장'이 있다. 전자의 마켓 리더는 하겐다즈이며, 그 뒤를 롯데의 나뚜루가 추격하고 있다. 마켓 리더는 단연코 SPC의 배스킨라빈스이다. 배스킨라빈스를 이어 CJ의 콜드스톤과 이태리 정통 젤라또를 표방하는 빨라쪼가 추격하고 있지만, 시장 상황은 완전히 배스킨라빈스 중심으로 돌아가고 있다.

'편의점 프리미엄 아이스크림'의 리더 하겐다즈와 나뚜르 역시 '체인 프리미엄 아이스크림 시장'으로 확장하였으나, 프랜차이즈 형태인 배스킨라빈스에게 밀리고 있다. 하겐다즈의 체인 매장은 주로 수도권에 국한되어 있다.

마이클 포터가 제안하고 있는 위 분석방법에 따르면 소위 '편의점 프리미엄 아이스크림' 시장은 신규시장으로 매력적인데 반해, '체인 프리미엄 아이스크림' 시장은 신규진입 시장으로서는 만만치가 않다.

하겐다즈는 국내 주요 편의점에 자신의 브랜드가 붙은 고급 냉장고를 설치해 주며 명실상부한 편의점 프리미엄 아이스크림의 최강자 자리에 올라섰다. 롯데의 나뚜루가 추격하지만 '수입 프리미엄 아이스크림'인 하겐다즈의 아성을 깨고 1위의 자리에 올라서는 것은 거의 불가능해 보인다. 오히려 국내에 영업망이 이미 깔려 있는 글로벌 기업이라면 한국의 편의점 프리미엄 아이스크림 시장은 진입해 볼 만하다.

유니레버Unilever는 이 기회를 잡았고, 한국의 편의점 프리미엄 아이스크림 시장에 '매그넘'이라는 브랜드로 진입하였다. 매그넘은 유니레버의 대표적인 아이스크림 브랜드이다. 유럽에서 출발하였으며, 영국 시장에서 마켓리더이다. 국내에서의 가격은 하겐다즈와 나뚜루보다도 싸다. 매그넘의 편의점에서 판매 위치는 일반 냉동고가 아닌 타워형 고급 냉동고이다.

롯데의 또 다른 고급 브랜드인 본젤라또는 일반 냉동고에서 팔리고 있다. 편의점의 타워형 냉장고의 가장 좋은 눈높이에는 하겐다즈가, 그 아래엔 나뚜루, 가장 아래엔 매그넘이 진열되어 있다.

프랑스에서 제조 수입된 하겐다즈(원래 브랜드의 시작은 미국 뉴욕)가 10%가 넘는 풍부한 유지방을 자랑한다면, 영국에서 제조 수입된 매그넘은 2% 정도의 낮은 유지방을 가지고 있다. 유지방함량으론 매그넘은 프리미엄 아이스크림으로는 실격이다.

하지만 그들의 푸드테크놀로지로 고유지방함량의 식감을 내고 있다. 이는 단가가 낮다는 이야기이기도 하고, 젊은 여성들에게 어필할 가능성이 크다는 것을 의미한다.

아이스크림의 식감을 결정하는 또 다른 지표인 오버런Over-run : 아이스크림 내 공기 함유량을 하겐다즈는 20~22% 정도로 공시하고 있다. 낮을수록 묵직하고 고급스러운 느낌의 식감이 난다. 저렴한 아이스크림과는 구분되는 특징이다. 매그넘은 오버런 값을 공시하지 않았지만, 역시 묵직한 느낌의 아이스크림이다.

하겐다즈 바의 초콜릿 코팅은 아이스크림에 단단하게 붙어 있는 형태로 만들어져 있다. 실제 많은 소비자들은 하겐다즈 바에 코팅된 고급 초콜릿의 향에 강한 충성도를 보이는데, 매그넘의 코팅 초콜릿 역시 고급스러우며 코팅은 더 두꺼우나 깨물면 '따닥' 하는 경쾌한 소리와 함께 깨지며 아이스크림 표면에서 쉽게 떨어져 나온다. 이건 분명히 의도된 제조기술이다. 코팅된 초콜릿으로 매그넘은 과연 차별화를 이룰 수 있을까?

매그넘의 포장에는 초록색 개구리 마크가 찍힌 '열대우림동맹인증Rainforest Alliance Certificate'이 붙어 있다. 열대우림동맹인증은 지속 가능하며 환경친화적인 생산, 생태계 보존, 농부와의 정당한 계약과 적절한 노동조건 보장에 대해 비영리 단체가 해주는 인증으로, 유니레버사는 유니레버의 모든 제품이 이 인증을 받겠다고 공언을 하고 있다. 국내에서 판매되는 유니레버의 립톤 티백 제품은 이미 이 인증을 받았고, 이어서 매그넘이 이 인증을 가지고 들어오면서 차별화된 메시지를 소비자들에게 던지고 있다.

마이클 포터가 제시한 다섯 가지 기준으로, 유니레버의 국내 프리미엄 아이스크림 시장 진입이 과연 타당한 결정이었는지 살펴본다.

첫째, 국내 편의점 프리미엄 아이스크림 시장은 불균형 상태에 놓여 있는가? 그렇다. 편의점 프리미엄 아이스크림 시장은 지금까지 하겐다즈의 독주로 일관된 시장이었고, 이제 막 성장단계에 놓여 있는 시장이다. 경쟁이 치열하지 않고 신규진입을 시험해 보는 기업이 들어갈 틈은 얼마든지 있다. 따라서 시장 진입은 긍정적이다.

둘째, 유니레버가 국내 편의점 프리미엄 아이스크림 시장에 진입할 때 기존 기업들이 빠르고 효과적으로 보복할 것으로 예상하는가? 아니다. 지금 국내 편의점 프리미엄 아이스크림 시장 상황은 치열한 경쟁이 있다기보다는 현 상태를 유지하는 정도이다. 롯데 나뚜루는 편의점 프리미엄 아이스크림 시장에서 하겐다즈를 깨뜨리기 위한 맹추격을 하기보다는 프랜차이즈 사업에서 빨라쪼의 추격에 대응하느라 정신이 없어 보인다. 그래서 새로운 편의점 프리미엄 아이스크림 브랜드가 강하게 시장에 밀고 들어와도 외국 기업인 하겐다즈는 빠르고 효과적으로 보복하기 어렵고, 롯데도 강력하게 대응하기가 어렵다. 따라서 시장 진입은 긍정적이다.

셋째, 유니레버 기업의 특성상 국내 편의점 프리미엄 아이스크림 시장에 진입 시, 타 기업보다 진입장벽을 쉽게 넘을 수 있는가? 그렇다. 이미 유니레버의 '매그넘' 제품력은 유럽에서 인정받았고, 영업망 역시 이미 다양한 소매제품을 유통하고 있어서 국내에 잘 구축되어 있다. 예컨대, 미국의 벤 앤 제리Ben & Jerry가 한국의 프리미엄 아이스크림 시장에 들어온다면 상당히 고전하게 될 것이다. 한국에서 큰 갈등을 겪었던 네슬레도 유니레버 만큼 쉽게 프리미엄 아이스크림 시장에 진입하긴 어려울 것이다. 따라서 시장 진입은 긍정적이다.

넷째, 유니레버가 프리미엄 아이스크림 시장에서의 경쟁구도를 변화시킬 수 있을 가능성이 큰가? 이 질문에 대해선 유보적이다. 경쟁구도를 바꾸기 위해선 유니레버가 이 편의점 프리미엄 아이스크림 시장에 진입 후 산업 내 이동장벽을 높여서 다른 아이스크림 브랜드들이 프리미엄 시장으로 들어오지 못하게 할 수 있어야 하나, 유니레버가 아이스크림 시장에서 그럴만한 역량을 가지고 있다고 보기는 어렵다. 따라서 이 기준에서 시장 진입은 유보적이다.

다섯째, 이 신규시장 진입을 통해 유니레버의 기존 사업에 시너지효과가 발생하는가? 그렇다. 유니레버는 전 제품에 열대우림동맹인증을 받고자 하고 있다. 하지만 국내에선 립톤 티백에만 이 열대우림동맹인증이 붙어 있다. 소비자들은 여전히 이 '초록색 개구리'인증의 가치를 인지하지 못하고 있다. 이 인증을 받은 매그넘 아이스크림이 편의점과 마트에서 립톤 티백과 함께 팔린다면, 소비자들에 대한 유니레버의 윤리적 경영에 관한 가치 전달이 일관성 있게 이루어질 가능성이 크다. 따라서 시장 진입은 긍정적이다.

단조로웠던 우리 편의점 프리미엄 아이스크림 시장에 유니레버의 매그넘이 들어

옴으로써 새로운 활력소가 생기고 있고, 이것은 큰 관심사이다. 왜냐하면, 한 시장에서 경쟁이 더 치열해지면 결국 가장 큰 편익은 소비자에게 돌아가기 때문이다. 기존의 브랜드들은 가격을 낮추거나 아니면 품질을 올려야 할 것이다. 유니레버의 매그넘이 신규시장에서 더 선전해 줄수록 기존의 마켓 리더인 하겐다즈와 나뚜루는 우리 소비자들의 목소리에 더 귀를 기울일 것이며, 소비자들을 위해 더 나은 서비스를 제공하고자 할 것이다. 치열한 경쟁은 경쟁력 향상의 원동력이고 소비자 편익의 출발점이다.

② 단체급식Institutional Food Service

단체급식이란, 단순하게 설명하면 "식당을 대신 운영해 주는 사업"이라고 할 수 있는데 메뉴 선정, 식자재 구입, 배식, 위생관리까지 총괄해 주는 사업이다. 이러한 급식시장은 단체급식 업체에 식당 운영을 맡길 때 시스템화 된 운영, 노무관리, 메뉴개발 등 자신들이 직접 식당을 운영할 때보다 식당운영에 드는 비용을 많게는 20% 가까이 절감시킬 수 있다는 경제적인 효용가치가 있으므로 사업체, 병원, 관공서, 학교 등으로 빠르게 확대되었으며, 단체급식 업계는 IMF체제 속에서도 타 산업군과 달리 오히려 약진을 거듭하였다.

미래의 전망산업으로 인식되고 있는 단체급식은 1999년 고교급식을 필두로 한 중학교 등 학교 급식시장의 활성화로, 이후 더욱더 업체별로 치열한 각축전을 벌이고 있다. 업계 추산에 따르면, 국내에서는 하루 280만 명 정도가 자기회사 식당 등의 공동식당에서 단체급식을 받았으며, 이 가운데 40% 정도가 30여 개 전문 급식업체에 의해 위탁 운영되고 있는 것으로 분석되었다(박기용, 2014). 단체급식이 1988년 서울캐터링이 최초로 이 시장에 진출한 이후 주로 중소업체들에 의해 운영되어오다가, 1989년 LG유통이 푸드서비스사업부를 통해 이 사업에 진출하게 되면서부터 단체급식 사업이 기업형 규모를 가지기 시작하였다.

이후 1991년 대우의 아라코ARAKOR, 한솔제지의 CM개발 등 이 시장에 대한 사업성을 확인한 대기업들이 뛰어들어 각축전을 벌이고 있고 신세계 푸드시스템, 제일제당, 에버랜드 푸드서비스, 한국국토개발 등 손꼽히는 기업들이 이 시장에 참여하고 있다.

또한 일본의 그린하우스Green House는 LG, 미국의 아라마크ARAMARK는 대우, 제일제당은 일본 시닥스 등과 기술제휴를 하여 국내에 진출했고, 미국 메리어트Marriott는 기내식을 시작으로 국내에 발을 들여놓는 등 해외업체들의 국내시장 공략도 만만치 않게 전개되었다. 여기에 서울캐터링, 이조캐터링과 1998년 말 고매유통에서 아벨라그룹과의 합작으로 법인명을 새로 변경한 아벨라고매, 화인캐터링 등 선발 중소업체들도 나름대로 입지를 확보하기 위해 동분서주하였으나, 대부분 후발업체인 대기업의 자금력, 조직력, 브랜드의 인지도 등에서 밀려 어려움에 처해 있다. 그 가운데 금강개발 계열인 G-NET사의 시장진출이 본격화됨에 따라 급식업계의 지각변동이 시작되었다.

③ 커피Coffee

2017년 현재 커피전문점 시장이 과열되고 있다. 시장 성장세가 주춤한 상황에서 매장이 급속도로 늘면서 생존경쟁이 치열해졌다. 문을 닫는 매장이 속출할 것이란 예상도 나온다. 2015년 12월 기준으로 국내의 중대형 커피전문점 브랜드는 30여 개이다. 또 한국기업콘텐츠진흥원에 따르면, 커피전문점 매장수는 전국적으로 2013년 12월 말 1만8,000여 곳에서 2014년 2만여 곳으로 소폭 늘었다가, 지난해 말에는 4만9,600곳으로 폭발적으로 증가했다. 반면, 커피전문점 시장은 연간 5,000~6,000억 원대의 성장세를 유지하고 있다. 증가 속도가 이제는 크게 둔화됐다는 평가도 나온다. 지난해 커피전문점 시장 규모는 약 3조5,000억 원, 올해는 4조 원에 그칠 것으로 보인다.

전문가들은 올해 커피전문점 시장이 그 어느 때보다 격변할 거라고 예상한다. 많은 연구진은 "커피 소비량이 증가하는 속도가 줄어들고 있는데, 매장수는 너무 빠르게 늘고 있다."며 "결국 이런 상황에서는 땅을 뺏어야만 살아남을 수 있다며 커피전문점 구조조정이 반드시 일어날 것"이라고 분석했다.

업계에서는 지난해 말 카페베네 주인이 사모펀드로 바뀐 것을 신호탄으로 보고 있다. 2010년대 초 커피 프랜차이즈 1위에 올랐던 카페베네가 수익성 악화와 1,000% 안팎의 부채를 감당하지 못한 게 현실을 반영했다는 것으로, 드롭탑도 지난해 말 직원 20%를 권고사직했다. 주커피를 7개였던 직영점을 1개까지 줄였다.

'2014 서울 자영업자 업종지도'에 따르면, 커피전문점 생존율은 1년차 76.9%에서 2년차 55.8%, 3년차 47.4%로 낮아진다. 3년 안에 절반 이상이 문을 닫는다는 의미이다. 창업을 준비하는 이모 씨(59 · 여)는 "카페가 아직은 잘되는 것 같아 보이는데, 너무 많아지니까 수입이 점점 줄 것 같아 제외했다."라고 말했다. 창업시장에서도 이처럼 커피전문점을 여는데 조심스러운 분위기가 조성되고 있다. 업체마다 앞다퉈 최상급 원두를 쓴다며 홍보에 나서는 것도 이 때문이다. 치열해진 경쟁 속에서 매출을 계속 올리려면 결국 다른 커피전문점의 손님을 뺏어야 하는 것이다.

매일유업이 운영하는 '폴바셋'은 여름과 가을에는 브라질 포르모자(포모사) 농가에서, 겨울과 봄에는 에티오피아 시다모 농가에서 원두를 고른다. 2014년 7월 국내에 들어온 '율리어스 마이늘'은 유럽의 커피맛을 내기 위해 아예 원두의 가공을 오스트리아 빈과 이탈리아 비첸차에서 하고 있다고 소개하고 있다. 저가시장에서 높은 점유율을 보이고 있는 '이디야'도 1년 반마다 원두를 업그레이드 한다.

이런 영향으로 국내로 들어오는 고급 원두의 양이 크게 늘었다. 관세청에 따르면, 원두 수입량이 자메이카 블루마운틴은 2005년 2톤에서 지난해 23톤으로, 예멘 모카마타리는 2007년 3톤에서 지난해 22톤으로 늘었다. 자메이카와 예멘, 하와이(코나)는 세계 3대 원두산지로 꼽힌다. 스타벅스 관계자는 "이제는 맛의 질과 다양성을 갖추지 않으면 소비자들에게 외면받을 수 있다."고 말했다.

일부 업체들은 가격으로 승부를 보고 있다. 1,000원대 편의점 빽다방부터 한 잔에 1만 원이 넘는 커피까지 가격 스펙트럼이 그 어느 때보다 넓어졌다. 씨유 · GS25 · 세븐일레븐 등 편의점 업체들은 지난해 모두 1,000원대 저가 원두커피를 내놨다. 1,000원 커피 열풍을 일으킨 백종원의 '빽다방'은 지난해 한 해 동안 매장수를 280여 개까지 늘렸다. 싼 가격을 무기로 시장에 등장하는 업체는 증가하는 추세이다. 이 때문에 저가 커피시장 경쟁이 올해 특히 치열할 것으로 전망된다.

프리미엄 시장도 커지고 있다. (주)일화가 운영하는 커피 '코나퀸즈'의 코나 100% 아메리카노 한 잔 가격은 1만1,000원이다. 서울 강남구 청담동에 있는 커피전문점 '루소랩'의 온두라스 COE 커피도 1만원, 스타벅스 리저브 매장에서도 고가의 커피를 팔고 있다. 6,000원에서 1만 원 사이인 고급커피를 지난해 12월 말 현재 1만 잔이나 팔았다.

결국은 개성 있는 곳이 살아남을 것이란 분석도 있다. 한 커피 프랜차이즈업체 대표는 "맛이 다양해지는 등 시장이 성숙해지면 결국 특색 있는 몇 곳만 살아남을 것"이라며 "업체들도 그 부분을 끊임없이 고민하는 것 같다."고 말했다.

④ 파스타Pasta

우리나라의 음식인 면류와 닮은 점이 많은 파스타는 초기 일류호텔에서만 볼 수 있었다. 파스타는 1993년 스파게티 전문점인 '소렌토'가 신촌에 1호점을 오픈한 이래 '올리베토', '비스', '스파비', '아지오', '파스타12' 등 유사한 스파게티 전문점들이 생겨나면서 국내 파스타 시장은 몇 년 사이에 성장을 거듭하여 1998년 말 기준 7백억 원대의 시장 규모를 나타냈다.

파스타 시장은 중저가와 고가의 브랜드 두 가지 양상으로 발전하였으며, 전문점에서뿐만 아니라 패밀리 레스토랑이나 피자전문점에서 주메뉴를 받쳐주는 부메뉴로서의 역할도 하고 있다. 토니로마스의 '스파게띠아', TGIF의 '이탈리아니스', 피자피아띠의 '파스타피아띠', 미스터피자의 '제시카파스테리아' 등 제2의 브랜드로서 오픈되었다.

4) 대기업의 외식사업 진출

국내의 대기업이 초기에 막대한 자금력을 가지고 해외의 다국적기업과 합작 형태로 외식사업에 진출하게 됨에 따라, 국내 외식시장의 경쟁을 심화시켰을 뿐만 아니라 해외브랜드의 각축장이 되었다. 그러나 현재는 기존의 운영 노하우를 바탕으로 국내 자생브랜드의 개발과 해외시장의 개척을 모색하고 있다.

5) 해외브랜드의 외식사업 진출 현황

국내의 외식시장이 1980년대 이후 소득수준이 높아지고 식생활의 전반적인 서구화 추세와 함께, 다국적 외식기업은 점포전개, 점포의 레이아웃Layout, 상품의 품질, 서비스, 종업원 교육 등에 대한 뛰어난 노하우로 패스트푸드 시장에 진출한 이후 급속히 점포망을 확대함으로써 외식산업의 선진화·근대화에 이바지하였다. 그러나 국내기업들이 앞다퉈 이들 외국 체인기업들과 합작 형태로 국내 외식시장에 해외브랜드를 도입하여 경쟁이 심화되고, 과다한 로열티의 지급 등으로 외화의 유출이 증가하였다.

1990년대 이후에는 외식시장이 성숙기에 접어들자, 패밀리레스토랑을 중심으로 한 해외브랜드 진출은 외식시장의 해외브랜드화 추세를 가속화시켰다. 그러나 IMF 이후 환율의 인상과 경제한파로 인해 로열티 지급문제 등으로 인하여 해외브랜드 도입이 주춤한 상태였으나, 여전히 해외브랜드에 대한 국민들의 선호도가 높아 앞으로도 안정된 기조로 해외의 브랜드가 더욱 국내의 외식시장을 잠식할 것으로 예상되며, 이에 대응하여 국내에는 크고 작은 자생브랜드를 개발하여 운영 중에 있다.

6) 국내 외식기업의 해외진출

우리나라는 2014년부터 「민·관 합동 글로벌 외식기업 협의체」를 통해 해외진출 외식기업 전문인력 양성사업, 해외진출 실무매뉴얼 개발, 해외진출 외식기업 워크숍 개최 등 다양한 사업을 추진하고 있다. 2016년 기준 우리나라의 188개 외식기업이 50개 국가에 진출하여 5,476개 매장을 운영 중이며, '15년 대비 기업수 36.2%, 매장수 17.6% 증가되었다.

표 1.6 연도별 해외진출 업체 및 매장수 추이

	2010	2011	2012	2013	2014	2015	2016
업체수(개)	51	71	77	95	120	138	188
매장수(개)	991	1,347	1,485	2,717	3,726	4,656	5,476

2016년 외식기업 해외진출의 주요한 특징은 한식업종의 해외진출 증가, 중국·필리핀·베트남 등 아시아권 매장 증가, 해외진출 방식 다양화로 요약할 수 있으며, 구

체적인 내용은 아래와 같다.

첫째, 한식업종의 진출이 증가된 것이 특징이며 전체 해외진출 매장 중 한식업종이 차지하는 비율은 13.4%로 비한식업종(86.6%)에 비해 낮으나, 전년대비 매장수 증가율은 한식업종 매장이 52.5%로 비한식보다 더 높은 것으로 나타났다.

- 한식(기업수 / 매장수) : (2014) 46/348 → (2015) 53/480 → (2016) 79/732
- 비한식(기업수 / 매장수) : (2014) 78/3,378 → (2015) 88/4,176 → (2016) 118/4,744

둘째, 아시아권 진출의 지속증가가 두드러졌다. 아시아권 매장은 4,138개로 전체의 75.6%를 차지하며, 향후 해외진출 희망국가도 베트남 · 싱가포르 등 아시아권 국가들이 많은 것으로 나타났다. 국가별로는 중국(2,786개 매장), 베트남(306), 필리핀(253), 인도네시아(182), 싱가포르(72), 대만(71), 말레이시아(71), 일본(62) 순으로 조사되었다.

셋째, 진출방식이 다양화되었다. 마스터 프랜차이즈 계약방식이 50.5%로 여전히 과반을 차지하고 있으나, 그 비중은 조금씩 낮아지는 추세이며, 2015년 대비 국제가맹점 진출방식 5.4%p(15.0% → 20.4%), 기술전수 2.4%p(10.7% → 13.1%) 등이 증가한 것으로 조사되었다. 기업들이 해외파트너사의 역량 등을 고려하여 본인들에게 적합한 다양한 사업진출 방식을 선택하는 것으로 파악된다.

한편, 외식기업의 해외진출은 기업매출 뿐만 아니라 식재료 수출 · 브랜드 이미지 등 다양한 파급효과도 나타내는 것으로 나타났다. 국산식재료 수출이 새로운 판로로서 부각되기 시작하여 해외진출 188개 기업 중 66개 기업이 국산식재료를 수출한다고 응답하였으며, 해외진출 외식기업의 식재료 수출규모는 약 340억 원으로 추정된다. 식재료 수출규모는 매년 지속 상승하는 추세이며, 올해는 전년대비 3.9% 증가하였다.

이 같은 특징은 해외진출이 국내사업장을 포함하는 기업전체 매출증가에도 긍정적인 영향을 미치는 것으로 나타났으며, 그 결과 매출증가에 기업매출에 도움이 된다고 응답한 기업은 43.7%, 보통이라고 응답한 기업은 38.7%이었다. 도움이 되지 않는다고 응답한 비율은 17.6%로 전년대비 0.3%p 감소하였다.

또한 해외진출이 기업브랜드 이미지 개선에 도움이 된다고 응답한 외식기업은 77.0%로 이는 전년대비 4.1%p 증가한 수치이다. 그러나 이러한 성장에도 불구하고, 해외진출 기업들은 여전히 현지인력 충원, 현지 법 · 제도로 인한 어려움, 식재료 수급에 어려움을 겪고 있는 것으로 나타났다.

7) 호텔의 외식사업 진출

과거 고급 외식장소로 여겨지던 호텔식음료 부서는 양질의 음식과 서비스 제공이라는 측면에서 볼 때 과거 우리나라 외식산업의 선진화를 선도했다고해도 과언이 아니다. 88올림픽 이전까지만 하더라도 외식문화는 이런 장소에서 이루어졌으며, 1990년대 중반 이후 외식산업이 본격적으로 활성화되고 성숙되어짐에 따라 호텔 경영자들도 시장성을 인식하여 특1급 호텔을 중심으로 호텔 내 업장 위주의 영업 관례를 탈피하여, 식음료부서의 운영 노하우를 바탕으로 호텔입지의 한계성을 극복하고 적극적인 영업전략 방침으로 그 업장과 동일한 브랜드를 사용하거나 자회사의 브랜드를 별도로 설립하여 외식사업에 진출하였다.

4. 외식산업의 환경 변화

농림축산식품부와 한국농수산식품유통공사는 2016년 외식소비행태조사의 주요 내용을 살펴보면, 다음과 같이 요약이 가능하다.

외식의 빈도는 월평균 15.0회로 2015년 14.7회에 비해 소폭 늘어난 것으로 나타났으며, 커피 등 음료류 외식의 빈도는 월평균 6.9회인 것으로 조사되있다. 응답자들이 월평균 외식소비 금액은 31만 원 수준이었다.

방문외식 시 주로 이용하는 메뉴는 한식이었으며, 배달외식을 이용하는 경우는 치킨류, 포장외식은 패스트푸드의 이용 빈도가 가장 높은 것으로 나타났다. 구체적으로 메뉴를 살펴보면, 방문외식은 김치찌개 > 백반 > 삼겹살, 배달외식은 치킨 > 짜장면 > 짬뽕, 포장외식은 햄버거 > 김밥 > 피자 순으로 이용빈도가 높은 것으로 조사되었다.

최근 주목받고 있는 '혼밥' 이슈와 관련해서, 응답자의 56.6%가 혼자 외식경험이 있다고 응답했으며, 혼자 식사경험이 있는 응답자가 월평균 혼자 외식을 하는 빈도는 6.5회로 나타났으며, 남성이 7.3회로 여성의 5.5회보다 높았고, 20대가 7.8회로 가장 높았다. 또한 혼밥이 용이한 음식점은 패스트푸드 > 김밥류 순서인 반면, 혼밥이 불편한 음식은 서양식> 주점의 순으로 나타났다.

한편, 2016년 조사결과를 바탕으로 제안된 2017년 외식트렌드는 나홀로 열풍, 반(半) 외식의 다양화, 패스트 프리미엄Fast-premium, 모던한식의 리부팅Rebooting의 키워드로 정리되었다.

'나홀로 열풍'은 1인 외식이 보편화되는 소비시대를 의미하며, 혼자 밥을 먹는 혼밥을 넘어 혼자 술과 커피를 마시며 나홀로 외식을 즐기는 외식문화의 확산을 의미한다. '반(半)외식의 다양화'는 포장외식의 확대와 다양화를 의미하며, 배달앱 등의 발달로 인해 집에서 나만의 레스토랑을 즐기는 것처럼, 개인의 취향에 따라 고급화된 포장외식을 다양하게 소비하는 현상이다.

'패스트 프리미엄Fast-Premium'은 식사 형태가 간편하고 빠른 것을 선호하지만, 음식은 건강하고 알차게 고급화된 상품을 선호하는 소비자의 니즈가 증가할 것을 의미한다.

'모던 한식의 리부팅'은 퓨전한식의 대중화를 의미하며, 한식과 외국식의 조합 등을 통해 또 다른 장르의 한식이 오너셰프Owner Chef, 식당의 주방 및 경영 책임자를 중심으로 빠르게 확산될 전망이다.

결과적으로, 외식소비의 흐름을 분석하여 변화를 예측하고 대비하는 일은 창·폐업률이 높은 외식분야에서 더욱 중요하다고 강조하고 있다.

나홀로 열풍

혼술식당(소규모 매장 · 잔술 판매)		1인빙수

반(半)외식의 다양화

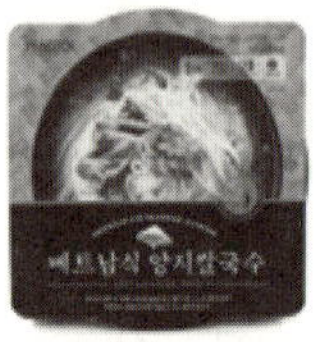

HMR 상품의 고급화	IT와 외식의 접목	포장의 고급화

패스트 프리미엄

프리미엄 수제버거	프리미엄 분식(김밥)	고급 식재료를 사용한 도시락

모던 한식의 리부팅

된장, 고추장을 이용한 디저트	와인, 맥주와 어울리는 한식	한식 식재료 + 서양조리법

그림 1.3 국내 외식시장의 특징

04 외식산업의 분류

1. 외식산업의 분류

미국과 일본을 비롯한 외국의 근대적 의미의 외식산업이 패스트푸드를 중심으로 발전해 왔듯이, 우리나라 외식산업 발전의 주체도 패스트푸드가 원동력이 되었다고 볼 수 있다. 우리나라 외식산업 발전의 시작은 경제성장과 소득증대에서 찾을 수 있으며, 식생활의 국제화 지향과 식품산업 등 가공식품의 발전, 그리고 레저화 지향과 외식화 현상으로 인해 우리의 식생활 영역이 확대되었다. 나아가 경제, 사회, 문화, 기술적인 여러 환경과 서구식 브랜드의 도입으로 짧은 연륜에도 불구하고 급속한 성장을 해 온 측면이 크다.

1) 외식산업의 일반적 분류

식생활은 가정 내의 식생활인 '내식'과 가정 밖의 식생활인 '외식'으로 크게 구분되고, 가정 밖의 식생활 전체를 총칭하는 외식산업은 식사나 음식을 위주로 한 '급식주체'와 음료를 위주로 한 '음료주체'로 분류된다.

- 일반음식점
- 특수음식점
- 숙박시설음식점
- 집단급식
- 음료

급식주체와 음료주체는 점포를 개설하거나 무점포 상태에서 불특정 다수의 소비자를 대상으로 음식물을 제공한다는 공통점을 가지고 있다. 급식주체는 제공하는 식사에 중점을 주고 있는데 비해, 음료주체는 주류를 포함한 음료에 중점을 두고 있다는 것이 특징이며, 내식과 외식의 중간 형태인 배달Delivery, 주문Order, 테이크아웃Take Out, 출장연회Catering 부문도 외식산업군에 포함된다. 특히 도시락 · 김밥 · 만두 등과 같이 점포에 객석이 없든지, 있어도 사가지고 가는 음식비율이 높은 점포의 업종을 요리품 소매업이라 하는데, 이것 역시 외식산업군에 속한다고 볼 수 있다.

2) 외식산업의 새로운 분류

- 점포음식
- 무점포음식
- 급식
- 연회

3) 기타 외식산업의 분류

다른 외식산업의 분류는 다음과 같다.

첫째, 대상 타깃을 식사 형태 활용도별에 따라 조식Breakfast, 점심Lunch, 간식Afternoon Tea, 석식Evening Dinner, 야식Supper Midnight Meal으로 분류하기도 한다.

둘째, 전략적인 타깃에 따라 소비자 타깃성(가족, 어린이, 사원), 장소 타깃성(교외형, 골프장형, 스카이형, 시내형), 가격 타깃형(고급, 중급, 저급), 그리고 테마 타깃성(테마성 유 · 무) 등으로도 분류된다.

셋째, 국가별 · 지역별 분류의 경우 일본식, 중국식, 이태리식, 에스닉식(전통한식요리, 레바논요리, 인도네시아요리 등의 민속민족요리) 혹은 지방별 지역특별식(북경요리, 사천요리)이 있다.

넷째, 메뉴에 따른 요리방법별 분류인 스테이크전문점, 햄버거전문점, 시푸드Sea Food전문점 등으로 다양하다고 볼 수 있다.

2. 외국의 외식산업 분류

1) 미국의 외식산업 분류

(1) 일반적 분류

미국 외식산업의 특징은 다양한 인종으로 구성된 다민족국가이기 때문에 세계적인 요리를 쉽게 접할 수 있고, 영양과 즐기는 식사 위주의 실용성을 중시하는 식습관을 지니고 있다. 또 개척정신Frontier Spirit에 입각한 행동양식과 편리하면서 빠른 식사원칙을 바탕으로 다양화·세분화·지역화 등 업종 중심보다는 업태 중심의 변화와 발전을 추구해 왔다.

표 1.7 매슬로우의 욕구단계와 외식업소

욕구단계	외식업소 종류
자기실현 욕구	최고급 레스토랑
지위 및 존경욕구	디너 하우스
사회적 욕구	패밀리 레스토랑, 커피숍, 카페테리아
안전 및 안정욕구	패스트푸드
생리적 욕구	자동판매기

미국의 NRANational Restaurant Association : 미국레스토랑협회와 CRESTConsumer Reports on Eating Share Trends에서는 상용업체Commercial Feeding, 기관업체Institutional Feeding, 군업체Military Feeding로 크게 세 종류로 분류하기도 한다. 그리고 커피숍Coffee Shop, 패스트푸드Fast Food, 카페테리아Cafeteria, 테이크아웃Take Out, 패밀리 레스토랑Family Restaurant, 스페셜 레스토랑Special Restaurant의 6종이나 디너 레스토랑Dinner Restaurant을 포함한 7종, 캐주얼 레스토랑Casual Restaurant을 합해서 8종으로 분류하기도 한다.

학자 및 연구자들은 표 1.8과 같이 다양한 방법으로 분류하는데, 콜트만Coltman은 10종, 런드버그와 워커Lundberg & Walker는 7종, 킴스와 뭇코스키Kimes & Mutkoski는 7종, 뮬러와 우드스Muller & Woodes는 퀵서비스 형태Quick Service Style, 미드스케일서비스 형태Midscale Service Style, 업스케일서비스 형태Upscale Service Style의 3가지 형태로 분류하고 있다.

표 1.8 미국 외식산업의 학자 및 연구자에 따른 분류

구 분		분 류	
Coltman		• Family Restaurant • Coffee Shop • Gourmet • Fast Food • Buffet	• Commercial(상용) • Cafeteria • Ethnic(민족요리) • Delicatessen • Institution(기관시설)
Lundberg & Walker		• Family Restaurant • Coffee Shop • Fast Food • Luxury Restaurant	• Dinner House • Cafeteria • Vending Machine
Kimes & Mutkoski		• Personal Server • Mid Scale(중급식당) • Family Restaurant • Delivery(배달)	• Fine Dining(고급식당) • Fast Food • Take Out
Muller & Woodes	Quick Service Style	• Chicken • Mexican • Sandwiches • Doughnut • Pizza	• Hamburger • Ice Cream • Retail • Sea Food
	Midscale Service Style	• Cafeteria • Family Restaurant • Sea Food	• Casual Dining • Hotel Steak House • Ethnic
	Upscale Service Style	• Casual Dining : High Grade • Hotel Speciality : High Grade	

다양한 분류체계는 경영방법별, 서비스수준별, 생산성별, 점포유무별, 메뉴구성별, 대상타깃별, 출점 입지형태 및 장소별, 제공 속도별, 품격별 그리고 기타 전략적 요소별 등에 따라 분류하는 기준과 관점이 다르지만, NRA분류기준을 근거로 하여 전문성과 현실성을 고려할 때 가장 많이 활용하고 있는 7종의 분류체계가 개념과 특성이해 측면에서 중요하다고 볼 수 있다.

따라서 NRA분류와 국내 외식산업의 실정에 맞게 종합적인 분석을 토대로 살펴보면, 다음과 같이 분류할 수 있다.

① 패스트푸드점 Fast Food Restaurant

즉석편의식품점으로 셀프서비스 방식 Cash & Carry으로 제공시간이 빠르고, 가격이 보통이며, 대용식이나 간식의 간단한 메뉴Light Menu로 구성되면서 위생적 청결을 지향하는 점포이다. 주요 업태로는 햄버거류, 샌드위치류, 프라이드치킨류, 면류, 스낵류, 아이스크림류, 도넛류 등이며 메뉴구성이 단순하다. 특히 시간과 장소에 제약받지 않는 편이고, 동일한 방식으로 신속하게 제공되는 시간절약형 업태이다. 또한 표준화·단순화·전문화의 시스템이 타 업태에 비해 중요시되고 있으며, 유동인구가 많고 젊은층이 대상타깃이기 때문에 1급지나 학교 주변에 출점하는 특징을 가지고 있다.

② 커피숍Coffee Shop Restaurant

커피를 주력으로 한 가벼운 스낵Light Snack형의 식사와 음료를 취급하고, 셀프서비스나 테이블서비스 방식을 지향하며, 셀프서비스의 경우 제공시간이 빠르다. 가격은 보통이며, 간식개념이 강한 메뉴로 구성되고, 대상 타깃은 남녀노소의 범용성을 추구한다. 주요 업태로는 커피류·스낵류·음료류·차류 등이며, 유동인구가 많은 곳에 출점하고 있다. 응접실Parlor은 호텔이나 클럽에 특별 휴게실처럼 꾸며놓은 담화실이면서 미국의 경양식이나 드링크 중심의 고급다방을 의미한다.

③ 테이크아웃점Take Out Restaurant

점포에 객석이 없든지 있어도 사가지고 가는 음식의 비율이 높은 업태를 말하며, 요리품 소매업으로 별도 분류하고 있다. 특히 음식을 사가지고 갈 수 있는 패스트푸드와 유사한 측면이 있으나 패스트푸드가 외식의 간편화 기능을 대신하는 반면, 테이크아웃은 내식의 간편화 기능에 순응하여 발전된 업태이다. 근래에는 가정 내의 식생활뿐만 아니라 가정 밖에서의 테이크아웃이 활성화되고 있으며, 주요 업태로는 도시락·김밥·만두·어묵 등 소형 점포(매점)나 휴게소에서 많이 볼 수 있고, 일부 패스트푸드나 분식점에서 주력하고 있다. 패스트푸드와 다른 점은 점포가 없는 상태에서 매대만 설치되거나 소규모점포 형태를 지향하는 특징을 가지고 있다.

④ 패밀리 레스토랑Family Type Restaurant

단란한 가족 단위에서 출발하여 일반대중화가 되어가고 있다. 가족·모임·단체가 주요 대상 타깃으로 테이블서비스와 풀서비스 방식이며, 코스메뉴Course Menu 및 다양한 메뉴로 구성된 점포이다. 제공시간이 길며 가격이 비싼 편이고, 식사 위주로서 다운타운Downtown보다는 교외나 도심지 외곽 혹은 유동인구 밀집지역과 근접거리에 출점하는 것이 일반적이지만 근래에는 도심지에도 출점하고 있다.

특히 미국에서는 중급 정도의 레스토랑인데 반해, 국내에서는 고급레스토랑으로 인식되어 있다. 원래 레스토랑이라는 어원 자체는 미국에서 일반화된 대중식당이나 음식점을 의미하는데 비해, 국내에서는 고급음식점으로 의미가 변해가고 있다. 패밀리레스토랑의 이용 동기는 원래 가족과 함께 즐거운 식사를 위한 음식점으로서 풍요로움과 가벼운 휴식 그리고 기분전환이 주요목적이었으나, 이제는 그 양상이 변해가고 있는 추세이다. 또한 패밀리 레스토랑을 중심으로 유사한 업태가 다양하게 출현되고 있는데. 패밀리 레스토랑군Family Restaurant type에는 패밀리형Family Type, 그릴 뷔페형Grill = Buffets Type, 디너 하우스형Dinner House Type, 캐주얼형Casual Type, 테마형Theme Type 등으로 구분되고 있으나, 근래에는 다양한 콘셉트가 출현하고 있다. 특히 캐주얼 다이닝 레스토랑의 경우 패밀리 레스토랑보다 그 품격이 높고, 일반적인 캐주얼 레스토랑은 품격이 이와 비슷하거나 다소 낮다고 볼 수 있다.

⑤ 디너 레스토랑Dinner Type Restaurant : Dinner House

넓게는 패밀리 레스토랑군에 속하지만, 패밀리 레스토랑에 비해 상대적으로 분위기와 접객서비스가 우수하며 독특하고 중후한 음식점이다. 고품질 고가의 특징을 가지며, 테이블서비스와 풀서비스 그리고 코스메뉴로 구성되어 있다. 특히 캐주얼 다이닝 레스토랑과 품격이 유사하고 패밀리 레스토랑이 중급 이상의 점포인데 비해, 디너 레스토랑은 석식 중심의 고급 음식점을 말한다.

⑥ 스페셜 레스토랑Atmosphere Special Restaurant

최고급 전문음식점으로 테이블서비스 방식이며 제공시간이 길고 전문음식 중심의 고품질 최고가를 지향하며 분위기와 맛을 즐기면서 식사한다. 특히 분위기, 접객서비스, 전문성을 주력으로 하기 때문에 대상객층의 한계로 이용빈도가 낮다.

⑦ 카페테리아Cafeteria Restaurant

고객이 직접 기호에 맞게 다양한 메뉴를 선택하여 식사하는 방법으로, 셀프서비스 방식Cash & Carry의 간이식당을 일컫는다. 뷔페와의 차이점은 제한된 메뉴에 대한 선택 특성을 가지면서 가격의 차별화가 이루어지고 있다는 점이다. 주로 식사 위주로 구성되며, 대형건물 · 휴게소 · 집단급식소에 출점한다. 최근에는 카페바Cafe Bar 형태인 델리카페테리아Delicafeteria : Delicatessen + Cafeteria가 유사한 형태로 출현하고 있다.

2) 기타 주요분류

미국 외식산업의 분류상 전술한 7종 업태 이외에도 명칭별, 서비스 형태별, 경영방식별에 따른 주요업태를 분류하면 다음과 같다.

- 그릴Grill Restaurant
- 다이닝 룸Dining Rroom Restaurant
- 다이닝 카Dining Car Restaurant
- 스낵바Snack Bar Restaurant
- 드라이브 인Drive in Restaurant
- 런치 카운터Lunch Counter
- 해시 레스토랑Hash Restaurant
- 드라이브 스루Drive Through Restaurant
- 인더스트리얼 레스토랑Industrial Restaurant
- 리프레시먼트 스탠딩 레스토랑Refreshment Standing Restaurant
- 디파트먼트 스토아 레스토랑Department Store Restaurant
- 컨비니언스 스토아 레스토랑Convenience Store Restaurant
- 벤딩머신Vending Machine
- 뷔페 레스토랑Buffet Restaurant

3. 한국의 외식산업 분류

산업분류의 목적은 개별기업이 갖는 정보를 동일 또는 유사업종으로 종합하여 총괄적으로 파악하는데 있다. 따라서 외식산업의 개념 정립은 외식산업에 대한 연구에 앞서 갖춰야 할 기본여건이다. 그러나 외식산업의 개념에 대한 통일된 의견이 없어 연구마다 그 범주가 다양하게 정의되고 있는 실정이다. 그 결과 일반적으로 사용되는 외식산업의 통계수치는 제시하는 기관마다 각각 상이한 결과를 나타내고 있다.

한국표준산업분류상의 기준을 따르는 것이 가장 이상적인 방법일 것이다. 즉 대분류상의 숙박 및 음식점업(H)의 중분류에 속하는 음식점업의 분류기준을 따라야 한다. 한국표준산업분류상의 음식점업이란 "접객시설을 갖춘 구내에서 또는 특정장소에서 직접 소비할 수 있도록 조리된 음식품 또는 직접 조리한 음식품을 제공 · 조달하는 산업활동"을 말하며, 각종 음식점, 직접 소비용 음식물을 출장요리 또는 조달활동과 독립적인 식당차의 운영활동 등이 포함된다.

또한 음식점업과 타산업과의 관계를 살펴보면, 첫째, 도시락 및 기타 유사 조리식품 제조(세분류상 15314), 둘째, 자동판매기에 의한 음식품의 판매활동(세분류상 5259)과 관계가 깊다고 되어 있다.

1) 한국표준산업분류Korean Standard Industrial Classification

한국표준산업분류는 산업에 관련된 통계작성을 위한 표준분류로서 산업활동의 동질성을 기준으로 하여 모든 산업활동을 체계적으로 유형화한 것이다. 1963년 제정한 이래 1984년까지 5차례의 개정을 거쳐 보완하여 왔으며, 6차 개정에서는 새로 개정된 국제표준산업분류체계를 기본구조로 하고, 5차 개정 이후의 국내 산업구조 변동 실태를 반영하여 경제분석 목적에 보다 유용할 수 있도록 개정되었다.

(1) 대분류 · 중분류 · 소분류

한국표준산업분류상의 서비스산업에 나타난 바와 같이 소분류 552의 음식점업은 구내에서 직접 소비할 수 있도록 조리식품 및 음료를 판매하는 산업활동으로서, 식당업, 주점업, 다과점업 등이 포함된다. 또한 직접 소비할 수 있는 상태의 음식물을 직접 소비자에게 조달 · 공급하는 활동과, 음식물의 출장조리활동 및 별도의 독립된 식당차의 운영활동이 포함된다. 그러나 다음과 같은 것들은 제외된다.

- 자동판매기로 판매할 경우(5259)
- 숙박업에 결합되어 운영하는 식사제공 활동(5510)
- 철도운수업체에서 통합운영하는 식당차의 운영(6010)
- 조리사만을 공급하는 경우(7491)

표 1.9 한국표준산업 분류상 서비스산업

대분류	중분류	소분류
H. 숙박 및 음식점업 (Hotels & Restaurants)	55. 숙박 및 음식점업	551. 숙박업 552. 음식점업 (Restaurants, Bars and Canteens)

자료 : 최덕철(1995), 서비스마케팅, 학문사

(2) 세분류와 세세분류

표 1.10 한국표준산업분류상의 음식점업

소분류	세분류	세세분류	항 목 별
552 음식점업	5521 식당업 (Restaurants)	55211	한식점업(Korean Style Restaurants)
		55212	중국음식점업(Chinese Style Restaurants)
		55213	일본음식점업(Japanese Style Restaurants)
		55214	서양음식점업(Western Style Restaurants)
		55215	음식출장조달업(Catering of Foods)
		55216	자급식 음식점업(self-supply Restaurants)
		55217	간이 체인음식점(Chain Lunchroom Operation)
		55219	달리 분류되지 않는 식당업(Restaurants N.E.C)
	5522 주점업 (Drinking Places)	55221	일반유흥주점업(General Amusement Drinking Places)
		55222	무도유흥주점업(Amusement Drinking Places Dancing)
		55223	한국식 유흥주점업(Amusement Drinking Places-Korean Style)
		55224	극장식 주점업(Amusement Drinking Places-stage)
		55225	외국인 전용 유흥주점업(Amusement Drinkin Places-only Foreigner)
		55229	달리 분류되지 않는 주점업(Drinking Place N.E.C)

소분류	세분류	세세분류	항 목 별
552 음식점업	5523 다과점업(Tearoom & Bakery Stores)	55231 55232 55239	제과점업(Bakery Stores) 다방업(Tearoom) 달리 분류되지 않는 다과점업(Tearoom and Bakery Stores N.E.C)

2) 식품위생법상 영업의 종류에 의한 분류

「식품위생법」 제21조 제2항의 규정에 의한 영업의 세부종류에 우리가 칭하는 외식산업을 식품접객업이라 하여 다음과 같이 분류되어 있다. 먼저 음식점영업과 주점영업으로 2분류하고, 그 영업의 종류를 종전과는 달리 일반음식점영업, 휴게음식점영업, 단란주점영업, 유흥주점영업으로 세분류하였다.

표 1.11 「식품위생법」상 식품접객영업의 종류

현 재		종 전
음식점영업	휴게음식점영업	대중음식점영업(식사류 등 음식물만 판매하는 경우) 과자점영업, 일반조리 · 판매업
	일반음식점영업	대중음식점영업(식사류 등 음식물만 판매하는 경우 외의 대중음식점영업의 경우 등), 휴게실 영업, 이동조리, 판매업, 출장조리 · 판매업
주점업	단란주점영업	유흥접객업(주류와 안주만 판매하는 경우)
	유흥주점영업	유흥접객업(주류와 안주만 판매하는 경우 이외의 유흥접객 영업), 일반유흥접객업, 무도유흥접객업, 외국인전용 유흥접객업

3) 표준소득률상의 분류

표준소득률은 세원관리의 목적으로 음식점영업을 분류하고, 그에 따라 차등적으로 과세비율을 정하고 있다.

4) 관광진흥법상의 분류

「관광진흥법」의 관광편의시설업의 관광산업 중 여행업, 관광숙박업, 관광객이용시설업, 국제회의용역업, 카지노업을 제외한 사업이나 시설 가운데 관광진흥에 도움이 된다고 인정되는 것으로, 현재 문화관광부령으로 지정할 수 있는 관광편의시설업으로는 관광사진업, 여객자동차터미널시설업, 관광토속주판매업, 전문관광식당업, 일반관광식당업 등 5가지가 있다.

식당업은 전문관광식당업 및 일반관광식당업으로 구분되며, 전문관광식당업과 일반관광식당업의 지정은 시·도 관광협회가 문화관광부장관으로부터 그 권한을 위임받아 수행한다.

전문관광식당업으로 지정되면 다음과 같은 혜택을 받을 수 있다.

- 관광용품센터에서 공급하는 식재료와 기기를 저렴한 가격으로 구입할 수 있다.
- 각종 국내·외의 매체를 통해 홍보효과를 거둘 수 있다.

5) 모범음식점

보건복지부장관, 시·도지사, 시장, 군수 또는 구청장은 보건복지부령이 정하는 위생등급기준에 따라 위생관리상태 등이 우수한 식품 또는 식품첨가물의 제조업자, 가공업소 또는 식품접객업소를 우수업소 또는 모범업소로 지정할 수 있다.

이와는 별도로 음식의 맛, 시설환경, 주방, 종업원의 서비스, 가격, 좋은 식단제 실시상황 등을 감안하여 업소수의 5% 내·외에서 모범업소로 지정되기도 한다. 이에 근거하여 일반음식점 영업을 모범업소와 일반업소로 구분한다.

모범업소로 지정되면 다음과 같은 혜택을 받을 수 있다.

- 영업시설 개선을 위한 융자사업의 우선지원
- 모범업소 표지판 부착
- 관계공무원의 출입, 검사, 수거 면제 등의 혜택
- 수도료 30% 감면 혜택(독립 건물일 때)과 음식물 쓰레기봉투의 지원 등의 혜택
- 일반업소에 비해 세제, 행정, 금융상의 혜택

6) 향토음식점

몇몇 지방자치단체에서는 향토전통음식점을 지정, 향토전통음식의 보존 및 홍보를 도모하고 있다. 이러한 향토음식점 지정제도는 전국에 걸쳐 확대 실시되고 있다. 향토음식점 지정제도란, 5년 이상 상호를 바꾸지 않고 향토음식을 전문적으로 취급하는 업소 가운데 향토음식점을 지정, 이들 업소에 대해서는 세금을 납부하는데 자율권을 주는 등의 혜택을 준다.

05 우리나라의 외식산업 과제

1. 우리나라 외식산업의 과제

1) 국내 외식산업의 문제점 및 개선방안

국내 외식시장은 비록 외형적인 면에서 20조 이상의 매출 규모를 가지고 있다고는 하나, 전체 업소의 60% 이상이 30평 이하의 중 · 소형 규모의 외식업소로 운영되고 있을 뿐만 아니라 95.7% 이상이 법인이 아닌 개인경영의 영업 형태를 취하고 있으며 89.7% 이상이 자기소유가 아닌 임대로 외식업소를 운영하고 있어 아직까지 대부분의 외식업소들이 영세적인 수준에 머무르고 있다. 또한 우리나라의 외식 환경이 원가 상승, 임대료 상승 등과 함께 외식사업과 관련된 정부의 인식부족으로 인한 규제와 관련법규의 미비 등으로 국내 외식업체들의 경쟁력 제고에 많은 장애요소로 작용하고 있다.

따라서 국민의 성숙한 외식문화를 선도하고 국내 외식산업을 더욱 발전시키기 위해서는 국내 외식산업의 전망과 함께 장기적인 관점에서 현재 우리나라 외식산업이 안고 있는 문제점들과 개선점을 살펴보고 향후 대책방안을 논해야 한다.

(1) 문제점

① 외식산업에 대한 정부의 인식

외식산업의 발전에 비해 정부의 영업법규가 미비하고 「식품위생법」상의 영업허가 기준도 애매할 뿐만 아니라 아직까지 관련 부서 공무원들의 전근대적인 사고로 규제만 할 뿐 지원책이 거의 없다. 또한 해외브랜드에 맞서 국내브랜드 및 한국전통음식점을 보호할 수 있는 관련된 제도와 법규가 미흡하며, 외식업소에 대한 과세기준에 있어서도 현실성이 부족하다.

② 경영자와 종업원의 직업의식

외식산업에 대한 경영지식의 부족으로 경험적인 운영에만 단지 의존하는 경향이 많으며, 직업의식의 결여로 경영자 및 종업원이 대체적으로 외식산업에 대한 자부심을 가지고 있지 못하고 아직까지도 3D업종으로 인식하고 있다. 따라서 이직률이 높아 항상 인력난에 허덕이며 제대로 된 자질을 갖춘 전문 외식인을 양성하기가 어렵다. 최근에는 많은 관련 학교와 교육기관들이 생겨 외식산업에 대한 경영자와 종업원의 인식제고와 이들의 역할이 외식산업의 발전에 중요한 요소로 작용할 것으로 기대하고 있다.

③ 영세성

평균적으로 78.9% 이상의 외식업소가 직원수가 4명 이하인 가족노동력 중심의 영세적인 가족경영의 형태로 업소를 운영하고 있어, 외식산업의 발전을 위해 장기적으로 경영에 필요한 직원교육, 서비스, 메뉴개발, 원가의식, 위생 등에 투자할 여력이 없어 해외브랜드와의 경쟁에서 뒤쳐지고 있다.

④ 과도한 경쟁

과거 '밥장사는 밑져야 본전이다'라는 말은 구태의연한 옛이야기가 되었다. 1998년 기준 전국에 사업자등록이 되어 있는 외식업소의 수가 41만2천166개로 나타났다. 국민 100인당 업소가 1개 단위로 한국음식업중앙회의 통계에 따르면, 서울 교육원에서 교육을 받은 3만2천389명의 교육생 중 36%가 신규창업으로 인해 교육을 받은 반면, 62% 이상이 폐업이나 명의이전 등 명의변경을 하기 위해 교육을 받은 것으로, 폐업률이 상대적으로 얼마나 높은지를 말하고 있어 외식시장의 경쟁이 갈수록 심화됨을 알 수 있다.

⑤ 주변산업의 미성숙

외식산업 역시 다른 산업과 마찬가지로 혼자만의 노력으로 발전할 수는 없다. 주요 주변산업인 주방기기, 식자재 생산 및 유통, 인테리어, 부동산 산업의 미성숙으로 인하여 품질관리의 어려움, 심한 원자재 가격의 변동, 입지에 대한 정보의 부족 등을 야기하고 있다.

⑥ 다국적 외식기업의 국내진출

국내시장은 1988년을 전후로 다국적 외식기업이 국내에 대거 진출하여 해외 유명브랜드의 전시장이 되어 있다. 여기에 일부 대기업도 가세하여 자체개발보다는 손쉬운 방법으로 다국적 외식기업과의 기술제휴로 국내진출에 앞장서 과다한 로열티의 지불로 인한 외화가 해외로 유출되고 있다.

현재 국내에 진출한 다국적 외식기업은 수천 개 이상의 외식업소를 운영하고 있을 뿐만 아니라, 성장속도가 빠르고 각각의 업소가 대형이기 때문에 영향력이 크다고 할 수 있다. 이들이 받는 로열티만 해도 1년 매출액의 3~5%가 되기 때문에, 이 점도 간과할 수 없는 부문이다. 물론 다국적 외식기업의 진출이 부정적인 면만 있는 것은 아니다. 이들로부터 선진화된 경영노하우를 전수받아 국내 외식기업도 성장할 수 있는 기반을 닦을 수도 있다.

(2) 개선방안

앞에서 제시된 이러한 문제점들을 단기간 내에 모두 해결하기는 불가능하나, 우리나라 외식산업이 해외브랜드와 국내 자생브랜드 간의 각축장이 되고 있는 현실에서, 국내의 외식기업과 자생브랜드의 지속적인 성장과 보다 성숙된 외식산업의 발전을 위하여 우선적으로 해결 가능한 개선방안을 다음과 같이 제시하고자 한다.

① 정부의 인식전환

외식산업은 비생산적이고 소비를 조장하는 사치성 산업이 아니라, 국민의 건강은 물론 여가생활의 한 부분인 세계적인 추세로서 외식문화가 정착되어가고 있으며 다양한 형태의 외식업소가 새롭게 생겨나고 매년 외식산업이 급속히 발전하고 있는데 반해, 현재 국내의 관련 법률은 단지 세금징수의 목적에 치중할 뿐 발빠른 외식산업의 발전과 병행한 정책이나 법적인 정비에 미흡한 점이 많다.

그러므로 지금부터라도 외식산업이 국내에서 차지하고 있는 비중을 재인식하고 우리나라 외식산업의 질적 발전을 위해 정부가 나서 이 산업의 법적인 재정비와 정책은 물론 국내 외식업체들을 육성시킬 수 있는 방안들을 강구해야 한다.

② 경영자와 종업원의 직업의식

- 경영자

과거 외식업소 경영자들은 체계적인 경영지식이 아닌 단지 경험에 의존하여 업소를 운영하여 왔으나, 현재는 경쟁이 심화되고 외식업소를 찾는 고객의 욕구도 다양화되어 이에 부응할 수 있는 경영자들의 노력이 여실히 필요하다.

경영자들은 외식산업이 하나의 인적 서비스산업으로 인식하여 장기적인 관점에서 직원들의 교육과 훈련을 통한 인재육성은 물론, 종업원에 대한 복리후생 증진으로 우수한 인재를 양성하여 종업원의 정착률을 높이는 한편, 대고객서비스의 질을 개선시켜야 한다. 또한 외식산업과 관련된 전문교육기관의 재교육을 통한 경영지식을 습득하여 외식업소를 운영하는데 필요한 경영기법들을 도입하여 타업소와의 차별적인 경영전략으로 심화된 경쟁에 맞설 수 있어야 한다.

- 종업원

외식산업의 복리후생이 타산업과 비교해 볼 때 장기적인 근무시간 및 이에 비해 낮은 임금수준 등으로 인해 아직까지 3D업종이라는 인식이 팽배해져 있어 이 산업에 종사하는 직원의 전반적인 직업만족과 의식이 결여되어 있다. 하지만 IMF 이후 신규 창업 사례에서 보듯이, 이 산업이 여타 산업에 비해 투자비가 적게 들어 창업이 비교적 유리하다고 인식되고 있어 이 분야에서의 이론적 지식과 실무적 경험을 갖춘다면 미래에 종업원이 아닌 경영자로서의 기회가 오리라 믿는다. 또한 최근에는 앞에서 말한 이러한 인식을 바탕으로 많은 관련 학교와 교육기관들이 생겨 외식산업에 대한 종업원의 인식제고와 이들의 역할이 외식산업의 발전에 중요한 요소로 작용할 것으로 기대된다.

③ 주변산업의 육성

현재 외국과 비교할 때 국내 외식산업이 안고 있는 가장 큰 문제점으로 국내 주방기기 산업을 위시하여 식자재 생산 및 유통, 인테리어, 부동산 산업이 미성숙하고 대부분 국내 회사들이 영세하고 기술수준이 낮다. 때문에 외식업소에서는 품질관리와 대량생산에 어려움이 많아 최근에는 대형 외식업소와 다국적 외식기업의 외식업소를 중심으로 외국의 주방기기를 비싼 가격으로 수입하여 사용하고 있다. 어차피 외국제를 수입해서 써야 한다면, 기술개발 여건이 용이한 대기업이 참여하여 국내 주방기기 산업을 발전시켜 나가는 한편 식자재 생산 및 유통, 인테리어, 부동산 산업 등의 주변 산업도 함께 발전되는 것이 바람직하다.

④ 전문기관의 양성

지금까지 한국음식업중앙회는 우리나라 외식업계를 대변하여 회원의 권익 신장과 업계의 이익을 보호하기 위한 단체로 1998년 말 산하에 40여만 회원을 두고 있으며 외식산업 발전에 이바지하고 있으나, 중추적인 역할을 기대하기에는 회의적인 면이 많다. 참고로 미국식당협회NRA는 교재 및 교육용비디오 발간, 경영기법 개발, 각종 통계지표 개발 등을 통해 외식업소가 자발적으로 회원가입을 하고 있는 실정을 감안해 볼 때 시사점이 크다.

또한 현재 외식산업의 발전에 발맞춰 이와 관련된 대학 교육기관, 잡지, 연구소, 각종 협회 및 학회 등 민간주도 형식의 많은 전문기관이 속속 등장하고 있으며, 이들은 저마다 외식산업의 발전을 위해 노력하고 있으나, 이들을 하나로 묶어 외식업계의 발전을 위해 공동의 보조를 맞출 수 있는 산학관계의 유대강화가 필요하다고 생각되며, 이를 통해 체계적인 틀 속에서 일관성을 가지고 관계기관의 설득과 대국민 홍보 등을 할 수 있는 방안들이 필요하다.

⑤ 신경영기법

다국적 외식기업의 선진화된 신경영기법인 마케팅 리서치를 통한 신상품 개발, 매뉴얼화, 중앙공급식주방Central Kitchen 등을 통한 프랜차이즈시스템의 개발, 컴퓨터시스템, 교육프로그램 등을 도입하여 지속적인 외식산업의 발전을 도모해야 한다.

2. 한국 전통음식의 세계화 과제

소비자 식생활의 패턴이 여러 가지 요인들로 인해 끊임없이 서구화됨에 따라 한국 전통음식이 갈수록 소비자의 기호에서 멀어져가고 있어, 이 음식의 경쟁력을 높일 수 있는 방안들이 여러 각도로 조명되어질 필요가 있다. 대체적으로 한국의 음식이 조리과정이 복잡하고 다양한 양념을 필요로 하고 있을 뿐만 아니라 국물음식이 많은 관계로, 서양의 음식과는 달리 산업화 · 세계화 하기에 힘들다는 입장에 있으며 각종 단체에서도 이에 대한 방안들이 연구되고 있으나, 아직까지도 특별히 주목할 만한 대안책으로 제시된 것이 별로 없다. 그래서 한국음식의 세계화를 위해 필요하고 다양한 과제로 제시된 방안들을 한국식생활문화학회에서 주최된 발표 내용을 토대로 살펴보면 다음과 같다(월간식당, 2000).

(1) 한국음식의 브랜드화

우수한 한국의 전통음식을 세계화하기 위해서는 세계적으로 알려진 김치와 불고기뿐만 아니라 한국 고유의 전통음식 가운데 외국인이 선호하는 음식을 중점적으로 개발하여 브랜드화 해야 한다는 것이다. 특히 비빔밥, 삼계탕, 잡채와 같은 음식은 브랜드화의 가능성이 높다.

(2) 전통적인 한국음식의 맛을 보급

한국음식에 대한 외국인의 조사결과를 볼 때, 예상했던 것보다도 외국인들이 맵고 자극적인 맛을 싫어하지 않는 것으로 나타나고 있고, 한 예로 일본에서는 한국에서 만들어진 김치의 인기가 높다.

(3) 외국인에 적합한 맛의 개발

한국음식의 세계화를 위해서는 전통적인 한국음식의 맛을 외국인의 입맛에 맞도록 현대적인 감각으로 개발할 필요가 있다. 즉 마늘과 고춧가루의 배합비율 등을 변화시켜 볼 필요도 있다.

(4) 조리법의 단순화와 표준화

전통적인 한국음식의 경우, 조리법이 복잡하고 시간과 노력이 많이 들어 외국인들이 조리하는데 어려움이 많아, 세계적인 음식으로 자리 잡기 위해서는 조리방법의 단순화와 표준화가 필수적으로 따라야만 한다.

(5) 배식방법과 메뉴의 이해방법 개선

외국인은 한국인과는 달리 음식을 공동으로 먹는 것이 아니고, 1인분의 개념으로 식사하는 관습에 따라 개인화 된 배식방법을 사용하고 외국인이 메뉴에 대한 이해를 높일 수 있도록 배려하는 것이 시급하다.

(6) 국가적 차원의 지원

한국음식의 세계화를 위해서는 외국인들의 사용이 편리하도록 소스류를 개발하거나 표준화된 전통음식의 상품화를 위한 국가적 차원의 품질관리가 필요하며, 외국인들의 인지도 향상을 위해 적극적인 홍보의 지원이 필요하다.

(7) 관광산업과 연계한 프로그램 개발

조사된 결과에 따르면, 외국인들은 전통음식과 관련된 행사로 한국음식과 문화가 결합된 문화행사와 음식점 순회행사 등을 바라고 있어 한국음식 체험 관광프로그램, 테마음식 등 다양한 맛 체험 프로그램이 개발될 필요성이 있고, 또한 향토음식과 결합하여 관광자원화를 할 필요도 있다.

3. 미래의 외식산업 전망

오늘날 외식산업은 사회, 문화, 경제 등 다방면에 걸친 요인들에 의해서 성장 · 발전하여 왔으며, 이러한 추세는 21세기에 접어들어서도 계속되어 외식사업 경영에 있어 무한경쟁의 시대가 예고되고 있다. 이에 따라 업종과 업태에 있어서도 기존에 있던 관념의 틀을 벗어나 외식소비자의 욕구를 충족시키기 위해 다양하게 분화되는 양상을 나타내고 있으며, 각 외식사업체도 이러한 외식환경의 변화 속에서 생존하기 위해 경영에 있어서 필수적인 QSC는 물론 독창적인 분위기 연출과 가격차별화를 통해 고객에게 최고의 가치를 창출할 수 있게끔 적극적인 경영전략을 수립하여 상대적인 우위를 점하기 위해 노력하고 있다. 따라서 21세기의 외식사업의 수요자와 공급자의 측면에서 앞으로의 전망을 살펴본다.

(1) 건강식에 대한 선호

미국의 예와 같이 생활수준이 향상되고 건강에 대한 관심이 커짐에 따라 이에 대한 수요가 갈수록 커져 자연식품, 다이어트식품, 유기식품 등을 찾는 인구가 증가하게 되고, 외식업소에서는 건강음식의 메뉴를 찾는 고객들과 함께 채식주의자들도 증가하게 될 것이다.

(2) 중식시장의 확대

중식이란, 외식과 내식의 속성들을 일부 내포하고 있는 중간 의미의 식사 형태로 외식시장에서 새로운 영역으로 등장하고 있다. 중식시장은 바쁜 일상생활을 보내는 경제인구가 계속적으로 늘어남에 따라 이 시장의 규모가 급속히 확대되고 있다. 경제성과 편리성을 갖춘 반가공 또는 반조리 된 가정식 대용품HMR에 대한 선호도가 높아지고, 패스트푸드를 중심으로 한 택배와 테이크아웃 및 출장연회가 계속적으로 발전함에 따라 중식시장의 규모가 더욱 확대될 것이다.

(3) 식생활의 글로벌화

신세대를 겨냥한 다국적 외식기업의 국내진출로 더욱더 빠르게 서구식 식생활의 패턴으로 변해감과 동시에 동 · 서양 음식을 융합한 퓨전푸드 등도 다양한 형태로 발전되어가고 있다. 또한 국제화에 따라 미국 이외에도 유럽과 각국의 다양한 민족음식Ethnic이 한국시장에도 선보이고 있다.

(4) 단체급식시장의 확대

초기 기업들의 복리후생의 차원에서 단체급식시장이 주로 사업체, 병원, 관공서, 학교 등으로 빠르게 확대되고 있으며, 현재 약 2조 원 규모의 단체급식 업계는 IMF체제 속에서도 타 산업군과 달리 오히려 약진을 거듭하였으며 미래의 전망산업으로 인식되었다. 단체급식시장은 1999년 고교급식을 필두로 한 중학교 등 학교급식시장의 활성화로 시장이 더욱 확대되었으며, 이러한 추세는 앞으로 군부대, 교도소 등으로 사업영역이 더욱 다각화 될 전망이다.

(5) 프랜차이즈화

1980년대에 해외브랜드가 패스트푸드를 시발점으로 하여 프랜차이즈를 전개하였고 현재 여러 업종으로 확대되고 있는 한편, 외식사업이 기업화되고 점차 브랜드화되면서 매뉴얼을 통한 표준화를 이루고, 중앙공급식 주방을 확보한 외식기업들이 앞으로도 프랜차이즈시스템의 운영 형태로 점포 확장을 계속 추진되리라 예상된다.

(6) 마케팅활동의 다양화

기업의 인터넷 홈페이지, 페이스북Face Book, 카카오톡 등 SNS 등은 이용자들이 대부분 젊은층이 많아, 외식업소들이 이들을 끌어들이려는 수단으로 인터넷 홈페이지를 구축하여 인터넷을 통한 업소를 홍보하는 인터넷마케팅은 물론, 회원가입을 유도하여 마일리지 카드를 제공하여 포인트를 적립시켜 보너스로 무료시식권을 제공하는 방법을 사용하고 있다. 고객유지의 관계마케팅과 서비스 인원의 효율적인 관리를 위해 한가한 시간대Idle Time에 방문하는 고객들을 위한 할인서비스를 제공하는 분산 마케팅 등 다양한 마케팅 방법을 구사하고 있다.

Foodservice
Operations and
Management

외식산업경영학

CHAPTER 02

외식기업의 생산과 운영

01 주방관리

1. 주방 환경의 개념 및 중요성

주방이란 "조리 상품을 만들기 위한 각종 조리기구와 식재료의 저장시설을 갖추어 놓고 조리사의 기능적 및 위생적인 작업 수행으로 고객에게 판매될 음식을 생산하는 공간"으로 정의하고 있다.

『조리사전The Cooks Dictionary』은 주방이란, "The room or area containing the cooking facilities also denoting the generating area where food is prepared"라고 하였다. 즉 음식을 만들 수 있도록 시설을 차려놓은 일정한 장소 또는 음식을 만들기 편리하도록 시설을 갖추어 놓은 방이라고 하였다.

주방 환경이란 "조리사를 둘러싸고 있는 것과 일정하게 접촉을 유지하면서 형태와 인체에 영향을 미치는 모든 외계조건, 즉 조리사를 둘러싸고 있는 물리적 공간인 주방에서 조리사의 반응을 야기시키는 자극장Stimulus Field"이다. 주방에서 물리적 환경이란 "인적 환경을 제외한 대부분의 시설과 설비를 포함한 주방의 요소를 총칭한다." 할 수 있다. 물리적 환경이란 "주방의 제한된 공간에서 음식물을 생산하는데 영향을 미치는 물리적 요소"이다.

즉 인간이 작업을 수행하는데 소요되는 작업장의 활동공간 내에 작업대의 높낮이와 배치방법, 의자의 조립방식, 조명방식 및 기구설치 온도, 습도, 냄새, 소음, 진동, 색채 등의 물리적 환경조건의 합리적인 설계와 배치방법은 작업자의 치료와 스트레스를 적게 할 수 있고, 작업능률을 높일 수 있기 때문이다(유정봉, 1994).

호텔을 대상으로 하여 주방 환경을 정의한 김기영 · 유정봉(1994)은 호텔 주방 내의 조리사 및 관련자들에게 미칠 수 있는 영향으로, 이는 근무의욕이 떨어질 수 있는 사항과 주방조직 관리에 어려움을 줄 수 있는 여러 조건으로 정의하고 있다(김기영 · 유정봉, 1994).

표 2.1 주방의 물리적 환경

물리적 환경	
감각기관	물리적 요소
시 각	색채, 조명, 크기, 형태
청 각	소리의 고저, 속도, 횟수
후 각	냄새, 신선함
촉 각	연함, 부드러움, 온도

자료 : Kolter(1973). Atmospherics as a Marketing Too l, Journal of Retailing, 51: 48-64.

주방환경의 물리적 환경과 내부적 요인은 다음과 같이 정리할 수 있다.

표 2.2 주방환경의 물리적 환경과 내부 요인

작업환경	자극의 종류	원 인	신체 증상	조절기법
기후환경	열, 습도	열조리 기기	체온상승 초래, 탈수증 (체온조절, 노폐물제거 장애)	냉 · 난방 및 환기조절
시각환경	광	형광등	색감각 둔화 피로유발	인공조명
청각환경	소리	조리작업 시, 세척 시, 냉장고, 후드 등	청력손실, 간접적 영향 (정서방해, 수면방해, 소화방해 등)	흡음 차음자재 선택
촉각환경	촉감	조리기기	피부상처	인공 · 기계적 조절 / 작업조건 변경
후각환경	취	조리 시 발생	불쾌감, 산소부족	환기조절

주방의 물리적 환경요인에 관련한 문제점과 신체에 나타나는 증상은 다음과 같다.

첫째, 인간이 약 37℃의 체온을 유지하고 신체의 생리적 활동을 하기 위해서는 몸에서 열을 방출하여 조절하고 있다. 방열에 관계하는 실내 온열요소는 기온습도, 기류속도, 주위 벽면온도이고 이것을 '온열 4요소'라고 한다. 실내기후의 좋고 나쁨은 엄밀하게 온열요소의 조건으로 정해진다.

둘째, 조리작업장의 권장조도는 161~143룩스가 필요하다. 대부분의 작업장 지역에 백열등이나 색깔이 향상된 형광등이 사용된다. 일반적인 흰 형광등은 색감각을 둔감시켜 음식에 영향을 주고, 직접적 눈부신 빛과 반사된 눈부신 빛으로 인해 조리사들의 작업에 직접적으로 방해와 불편함을 줄 수 있으며 피로를 유발시킨다.

셋째, 청각환경이다. 소음이란 듣는 사람에게 좋지 않은 음의 총칭이며, 아름다운 선율의 음악도 수면이나 생활을 방해하는 경우와 같이 바람직하지 못하면 소음으로 간주하게 된다. 이와 같이 물리적 · 생리적 · 심리적인 요소까지 포함되어 매우 복잡하므로 구체적인 사례에 따라 대책을 강구하는 것이 바람직하다.

넷째, 촉각환경이다. 이는 앞에서 말한 기후환경으로 인해 유발되는 문제점 관련이 있는데, 열조리기구 사용이나 복잡한 조리기구 사용 또는 작업대에서 사용되는 날카로운 조리기구나 미끄러운 바닥 등 조리환경 자재 등으로 발생될 수 있는 사고에 대해 나타나는 상처와 같은 것들이 이에 해당된다고 할 수 있다. 이는 조리사들이 주방 환경을 결정하는데 중요하게 생각하는 변수로서 주방공간 설정 시 가장 유념하는 점들 중 하나라고 할 수 있다.

다섯째, 후각환경이다. 조리작업 지역의 적절한 통풍, 연기, 냄새, 습기, 기름을 적재한 증기를 제거하고 신선한 공기를 주기 위해 필요하다. 왜냐하면, 조리사들은 대부분 하루의 일과를 주방 안에서 생활하고 있기 때문에 주방공간이 오염되면 인체에 미치는 영향은 대기오염보다 더 클 수 있다. 일반적으로 주방의 공기가 오염되는 원인으로는 산소 감소 및 탄산가스의 증가, 일산화탄소 및 이산화탄소 등 유해가스의 발생, 음식 및 인체의 체취 증가, 공중세균의 증가, 그리고 온도 및 습도 등의 상승이다.

즉 좋은 환경조건을 개선하는데 고려해야 할 사항은 다음과 같다.

- 적당한 밝기의 조명을 비춘다.
- 적당한 온도를 유지한다.
- 환기를 적절하게 시킨다.
- 소음을 적게 한다.
- 주위를 질서정연하게 유지할 수 있도록 노력한다.
- 해로운 먼지, 가스, 연기 등을 즉각 제거할 수 있는 방안을 강구한다.
- 개인용 안전기구를 적절히 공급한다.

- 안전사고에 대비하여 체계화된 구급 프로그램을 세운다.

2. 주방환경의 구성요소

Bitner(1992)는 주방환경의 구성요소를 서비스업에서 자연적 · 사회적 환경과 대비되는 개념으로 인간이 만든 물리적 환경으로 정의하고 있으며, 주변요소, 공간적 배치와 기능성, 심벌과 조형물 등으로 구성할 수 있다.

표 2.3 주방환경의 물리적 구성요소

기 준	내 용
주변요인	온도, 조명, 공기의 질, 음악, 향기, 소음 등
공간	기계, 장비, 가구의 배열, 행태 등
기능성	성과와 목표 달성을 위한 요소들의 능력 등
사인 / 심벌 / 조형물	간판 개인 인조물, 장식의 유형 등

자료 : Bitner(1992). Servicescapes : The Impact of physical Surrounding on Customersand Employee, Journal of Marketing, 56, pp.57-71.

Bitner(1992)는 물리적 환경이 고객뿐만 아니라 종사원들의 반응에도 영향을 준다는 새로운 관점을 제시하면서, 기업에서 통제할 수 있는 구체적인 물리적 요인을 모두 물리적 환경 요인의 범주에 포함시킬 수 있음을 주장하였고, 평면계획, 작업배치, 장비의 배치, 장비설계 등이 물리적 환경의 설비 측면 및 설비의 배치를 구성요소로 제시하였다.

3. 주방환경의 공간

1) 주방의 공간설정

주방은 하나의 생산라인을 형성하고 있으면서 특성화된 구조기능을 포함하고 있는 종합생산 공장이다. 주방공간을 설정하기 위해서는 구매방법에 의해 구입된 식재료를 반입시킬 수 있는 공간과 검수를 위한 검수공간을 확보해야 하는 1차적인 공간을 설정해야 한다. 또한 식재료를 가공하거나 그대로 저장창고에 보관할 수 있는 2차적인 저장창고의 공간이 필요할 뿐만 아니라, 마지막으로 이러한 식재료 고객의 주문에 의해 물리적 · 화학적 · 기술적인 방법을 가해 음식상품으로 만들 수 있는 3차적인 확보 공간, 즉 주방조리 활동 공간의 설정이 이루어질 수 있는 체계와 구조과정을 거쳐야 한다.

생산가능적인 주방공간에서 만들어 낼 수 있는 조리상품의 기능 이외에도 조리 인원을 위한 시설의 공간이 확보되는 것도 조리공간 못지않게 중요하다. 주방의 작업공간을 설정하기 위한 계획단계에서 각 기능별 공간의 배분이 주방의 특성과 종류에 따라 세분시켜야 한다(김기영, 1996).

2) 반입구역 및 검수공간

주방에서 사용하는 모든 식재료의 반입은 메인 주방의 저장창고와 근접된 거리에 반입공간을 설정해야 한다. 동시에 검수공간도 마찬가지이다. 반입구역 및 검수공간은 결국 식재료 운반차량의 진입흐름이 쉬운 곳이라 볼 수 있는데, 건물의 위치 구조상으로 살펴볼 때 차량의 진입이 가능한 지하층이 가장 적당한 공간이라 볼 수 있다.

구매한 식재료의 선별과 검수를 위해서는 검수사무실과 식재료의 각 물품을 측정할 수 있는 검품대 및 저울이 비치되어 있어야만 반입되는 식재료를 신속하고 세밀하게 검수할 수 있다. 그리고 충분한 저장공간이 설정되어야 각 식재료 품목별 세부적인 내용을 검토하여 정리가 가능하다.

3) 저장창고

식재료의 저장창고는 청결성을 유지할 수 있는 구역으로서 외부사람의 출입을 철저하게 통제해야 하는 공간이다. 따라서 저장창고는 식재료 구매 및 검수공간과 출고하여 작업할 수 있는 메인 주방공간의 거리가 매우 밀접해야 한다. 그리고 식품의 신선도를 유지하기 위해서는 냉장과 냉동고 및 일반 식재료 저장창고 등 세분화된 구역거리가 필요하다. 식재료의 보관창고용 냉동고와 냉장고는 메인 주방과 아주 가깝도록 적정한 위치를 선택해야 하며, 또한 통풍이 잘되면서 햇빛이 직접 들지 않는 곳이 적당하다. 식재료 저장창고의 세균방지를 위하여 방충망은 필히 설치해야 한다. 특히 주방에서 사용되는 모든 식재료를 보관하고 저장할 수 있는 충분한 공간도 필요하지만, 조리사들의 작업능률 성과를 올리기 위해서 가장 중요하게 생각하는 것이 바로 메인 주방 작업공간과 저장창고와의 거리가 근접된 공간의 확보가 문제이다.

4) 다듬기 구역

식용 가능한 모든 식재료는 반입된 이후에 새로운 조리상품으로 만들기 전에 식재료를 씻거나 다듬어서 사용하는 것이 원칙이다. 그러기 때문에 식재료 다듬기 공간은 저장공간과 가까운 곳에 설치하는 것이 매우 합리적이고 능률적인 작업성과를 얻어낼 수 있다. 또한 업장별 주방의 규모에 따라 다듬기 구역도 차이를 두어야 한다. 다듬기 공간은 물의 사용과 기구 및 기물의 사용이 많은 지역이기 때문에 환기장치나 온풍장치 및 상하수도와 배수시설이 좋아야 한다.

5) 온요리 구역

온(溫)요리 구역은 다르게 표현하면 주 주방이라 부르는 경우가 많으나, 현재 호텔이나 레스토랑의 규모나 영업방법에 따라 명칭은 다소 차이가 있다. 온요리 구역은 주로 스토브를 사용하기 때문에 전열의 온도유지에 지장이 없는 공간이어야 하며, 또한 통풍이 잘되는 환기시설을 갖출 수 있는 공간 또한 필요하다.

온요리 구역공간의 시설은 불에 의한 내열과 내 수재에 의해 천장에까지 열의 온도가 퍼지기 때문에 재질사용에 유의해야 한다. 바닥 공간 및 장비처리 공간, 그리고 천장의 환기시설 공간 등 자유스럽고 편리하게 활용할 수 있는 사전계획이 절실히 요구되는 절차이기도 하다.

6) 냉요리 구역

냉(冷)요리 구역은 주로 차가운 음식을 모양 있게 만들어 고객에게 제공되는 공간이기 때문에 작업대의 배열뿐만 아니라 조명 등 기타 활동 공간이 충분하게 설정되어야 한다. 이 공간은 음식을 직접 만들자마자 운반하는 공간이 아니라는 점을 감안할 때, 조리작업의 진행과정에서 일정기간 동안 신선하게 음식을 유지할 수 있으며 보관 할 수 있는 냉장 · 냉동실이 준비되어야 하는 공간이기도 하다. 특히 냉요리 구역은 조리사들의 작업 정도가 매우 정밀하게 진행되는 관계로 작업대의 배치와 높이 설정이 매우 합리적이어야 한다.

7) 식기세척 구역

주방에서 만들어진 음식이 고객에게 제공되어 식사가 마무리되면 기물 및 식기를 세척해야 한다. 식기를 세척하는 공간은 물과 함께 사용되기 때문에 상 · 하수도 시설이 훌륭하게 만들어져야 한다. 반면에, 장비나 기물의 세척과정에서 냉 · 온수시설 또한 철저한 관리기준을 택해야 한다. 또한 잔반처리 공간과 냉동처리의 설비가 동시에 공간을 확보하여 설치되어야 한다.

8) 주방사무실 및 락커룸, 화장실

주방에서 일하는 조리사는 타 업무 종사자들보다 하루 종일 서서 작업하는 관계로, 육체적으로나 정신적으로 매우 피곤함을 느끼는 일종의 중노동에 포함된다. 그래서 조리사들이 충분한 휴식을 취할 수 있고 위생관리를 철저하게 할 수 있도록 이용에 다양성과 편리성을 겸한 시설이 절실하다. 주방사무실에는 식재료의 관리 업무, 메뉴 구성, 인원관리, 회의 및 상담 등 조리사들의 일반적인 사무처리와 업무를 위한 사무실 기능뿐만 아니라 복지후생보조 업무를 담당하는 공간으로서 주로 주방 전체가 한

눈에 보일 수 있도록 오픈된 위치가 매우 합리적이다.

주방 종사자들을 위한 락커룸은 조리사들의 유니폼을 갈아입고 샤워 및 휴식을 위해 만들어져야 하는 공간이기 때문에, 직원수와 비례하여 설정되어야 한다. 특히 조리 작업공간과 가까운 공간에 배치되는 것도 하나의 동선을 이용한 업무 능률에 도움이 될 수 있다. 또한 화장실은 조리사들의 개인위생 및 주방위생과 밀접하게 관계를 가지고 있기 때문에 매우 청결하고 남녀 구분이 명확하고 세척시설이 완비된 주방과 너무 멀리 떨어져서도 안 되는 공간설정이다.

02 식자재관리

1. 식자재구매의 정의

외식기업경영에 있어서 효율적인 생산활동의 수행을 위해서는 생산에 필요한 자재조달에 대한 계획과 통제가 필요하다. 따라서 구매는 생산활동에 필요한 자재를 최소 비용으로 획득하기 위한 관리활동으로 정의된다(고정운, 1987).

구매란 "소비자가 제품 또는 원재료를 구입하기 위하여 생산자 또는 유통업체와 상담을 하고 유 · 무형의 계약을 거쳐 상품을 인도받고 그 대금을 지불하는 전체 과정"을 말한다(윤병우, 1996).

신재영(1995)은 넓은 의미로 정의할 때 구매(관리)란 "경영 주체가 그 기업체의 기능을 수행하기 위하여 필요한 원재료와 여타 주변 자재들을 필요한 시기에 최소한의 비용으로 다른 경영 주체로부터 획득하기 위한 관리활동을 말한다."라고 정의했다.

김동승(1995)도 구매란 "소비자가 제품 또는 원재료를 구입하기 위하여 생산자 또는 유통업자와 상담을 하고, 유 · 무형 계약을 거쳐 상품을 인도받고 그 대금을 지불하는 전체과정이다."라고 정의하고 있다. 또 달리 구매란 "복합적 활동의 하나로서, 첫째, 품목이 요하는 품질, 수량 그리고 요구하는 기타 특성을 만족시키는 결정이고,

둘째, 품목에 대한 시장조사이며, 셋째, 소유권의 이전에 있어서 구매자의 판매자 간의 협상이며 품목에 대한 인수와 거절로 종결하면서 수령 · 검수하는 절차이며, 마지막으로, 상품의 경제성과 실현에 의해 평가되고 결과가 얻어지는 것에 대하여 구입하는 행위에 대한 평가"라고 하였다(Lenddal & Kotschevar, 1987).

구매는 식음료 원가관리의 기초단계로 호텔 기업에서의 판매의 목적으로 제품을 생산하기 위하여 지정된 거래업체와 제품을 생산하는데 필요한 원재료를 구입하는 행위라고 규정지을 수 있다(박병렬 외, 1995).

구매는 부가적인 투자 없이도 이윤을 창출시키고 있는 사업분야이다. 이것은 능률적인 구매에 의한 원가절감을 통해서 그만큼 기업의 경제적 목적에 기여할 수 있기 때문이며, 이처럼 감소된 비용을 이윤으로 볼 때 구매가 가져다 줄 수 있는 잠재적인 이윤의 가능성을 인식해야 한다(John, Power, Thomas & Thomas, 1984).

식재료의 구매는 용도, 품질, 가격, 그리고 제반 조건에 의해 각 기업체에서 원하는 형태와 상황이 다르나 일반적인 원칙은 다음과 같다.

- 자재는 판매 및 조리 목적에 적합한 품질과 성격을 가진 것이어야 한다.
- 가격이 저렴하고 지불조건, 반품, 교환, 배달 등의 면에서 유리하고 합리적이며 능률적인 거래여야 한다.
- 구매는 어떠한 경우에도 주문량을 주문한 시기에 납품할 수 있어야 한다.
- 구매 부대비용, 수입, 사무, 검수대금의 계산과 지불이 명확해야 한다.
- 납품업자의 신용이나 납품 능력에 대하여 사전조사가 필요하다.

구매는 소비자가 제품 또는 원재료를 구입하기 위하여 생산자 또는 유통업체와 상담을 하고, 유형 · 무형의 계약을 거쳐 상품을 인도받고 그 대금을 지불하는 전체 과정을 말한다. 순수한 의미의 구매 관리대상은 원재료와 제품의 구매활동에 국한된다고 할 수 있다. 이를 구체적으로 살펴보면 다음과 같다.

- 경영관리상 필요로 하는 적정한 조건과 품질의 물품을 선정해야 한다.

- 수량을 결정해야 한다.
- 시장조사를 통해 공급자를 선정해야 한다.
- 유리한 조건으로 구매할 수 있도록 협상을 해야 한다.
- 적당한 시기에 적당량이 납품되도록 관리해야 한다.
- 구매활동에 관계되는 검수, 저장, 출고, 원가관리 등의 사무처리를 명료하게 하는 활동이다.

가격 중 노무비가 차지하는 비중보다 재료비가 차지하는 비중이 커지게 되어 필요한 원재료를 언제, 어디서, 누가, 어떻게 구입하느냐 하는 문제가 기업의 영업에 미치는 영향이 커지게 되었다. 이러한 의미에서 전문적인 구매담당자가 책임 있는 구매업무를 수행해야 함은 물론이다(원융희, 1992).

2. 식자재 구매관리의 목적 및 필요성

1) 식자재 구매관리의 목적

구매관리는 정기적이고 치밀한 정보와 시장조사를 통해 레스토랑의 운영에 필요한 식자재를 합리적인 가격에 구입해야 하는 종합적인 행위를 말한다. 식자재 구매는 호텔별로 식음료 메뉴 판매가격에 따라 다르고, 또 일반 자재와 달라서 가격위주의 구매보다는 정확한 수요예측에 따른 과학적인 구매가 이루어져야 한다고 하였다(나영선, 1997).

구매계획의 목적은 양질의 자재 구입을 통해서 품질이 뛰어난 제품을 생산하여 경쟁력 있는 제품가격을 형성하고자 하는 것이고, 고객이 원하는 바를 충족시킬 수 있는 상품을 제공하며 우수한 공급업자로부터 자재를 구입하려는 것이다.

구매담당자는 공급업자를 선정 · 변경 · 평가하며 공급업자와 계약과 관련된 협상을 담당하는 매우 중요한 책임을 가지고 있는데, 그 이유로는 관리자는 의사결정에 도움이 될 수 있는 많은 정보를 공급업자로부터 탐색할 수 있으며, 새로운 상품에 대한 유용성과 운영계획에 도움이 되는 공급업자 상품의 종류들도 알 수 있고, 또한 공급업자로부터 앞으로의 가격변동 사항과 같은 자산과 관련된 문제를 해결할 수 있는 조언도 구할 수 있기 때문이다(Stefanelli, 1992).

식음료 부문의 2대 상품이라고 할 수 있는 요리와 음료를 대상으로 하여 식자재의 구입으로부터 완제품화 하여 다시 서비스할 때까지의 유통과정 일체를 관리함으로써 경영방침의 하나로 수립되어 있는 일정한 원가율을 유지해 나가고자 하는데 식자재 관리의 목적이 있다(백광현, 2003).

2) 식자재 구매관리의 필요성

식자재 관리라 함은 식음료 부문에서 사용되어지는 식음료의 원가관리를 중심으로 하는 일차적인 경영관리기법이다. 레스토랑의 식음료 조달관리의 목적은 적량, 적정한 질의 식자재를 적정가로 구매하여 최적의 상태로 확보하고 이들 식자재를 필요로 하는 주방 등에 적기에 공급 조달함으로써 식당의 상품이 요리생산 활동을 원활케 하는 데에 있다.

식음료의 구입에서부터 보관, 출고 생산 및 판매에 이르는 과정별 업무를 수행하는 각각의 기능면에서 보면 구매관리, 검수관리, 입고관리, 출고관리로 구분된다. 이들 관리업무는 식음료 원가흐름의 첫 번째 단계에 속하는 대단히 중요한 업무로서 각각의 단계별 업무활동이 통일된 시스템 원리에 의거, 능률적으로 이루어질 때 식당 경영의 목표가 되는 최상품질의 요리를 최저의 식음료 원가로 생산 · 공급 가능케 하는 수익적 운영의 기반을 구축하게 된다.

식자재가 구매, 검수, 출고지점에서만 통제되면 이론적으로 식자재의 관리는 완전하다 여기고, 생산하고 저장하는 지점의 통제는 소홀히 한다. 그러나 현실적으로 완전한 통제란 상시 영업활동의 전 과정을 포괄적으로 관리하는 것을 말한다(나정기, 1994).

3) 식자재 구매방법

효율적인 구매를 위해서는 식자재의 질, 서비스, 가격 등 원가에 미치는 제반 요인을 고려하여 합리적으로 업무를 처리할 수 있는 숙련된 능력의 구매관리가 필요하다. 이것은 단지 구매부서의 능률성을 서류관리에 두지 않는다는 것이며, 능률적이고 신속하게 계약을 체결하고 최소한의 비용으로 납품되는 전체적인 과정을 의미한다(윤병우, 1996). 구매방법은 호텔의 규모, 경영시스템과 같은 각 호텔의 상황에 따라 다르지만, 일반적으로 다음과 같은 방법들을 통해 구매업무를 수행하고 있다.

4) 식자재 구매절차

구매업무는 회사의 규모나 소요되는 물품의 종류와 물량에 따라 각기 업체여건에 맞게 조정되어야 하므로, 그 내용이나 수행 절차에 다소의 차이가 있을 수 있으나 일반적으로 같은 내용을 기초로 하고 있다.

식재료 구매의 요건은 가격, 시기 및 양질의 양을 어떤 방법으로 구매하느냐가 관건이라 볼 수 있는데, 계획에 대한 일반적 절차는 구매 - 수납 - 저장 - 출고 - 생산 - 저장(일반 제조업)과는 달리 반제품의 상태 또는 완제품의 상태로 저장하는 품목은 극히 제한되어 있다. 판매 - 분석 - 재구매의 과정을 반복하는 순환을 계속하고 있다(나정기, 1997).

구매의 절차는 비교적 정형화가 되어 있기 때문에 업체별로 크게 다를 바가 없으나 단계별 설정을 하여 관리체계를 구축하면 보다 더 용이해질 수 있다(김기영, 1997).

표 2.4 일반적인 식자재의 구매절차

절 차	내 용
구매의 필요성 및 인식 ⬇	• 구매업무의 출발 단계 • 구매 청구서 작성 → 특정 품목이나 소요량 파악 • 총괄적 물품소요량에 대한 서류작성
물품요건의 기술 ⬇	• 구매대상 품목의 정확한 기술(개인적 지식, 과거의 기록 자료, 상품 안내책자 활용) • 오류발생 방지 → 비용발생 억제 → 영업기회 상실방지 거래처 설정
거래처 설정 ⬇	• 시장조사 → 가격, 공급시장의 여건 • 견적서 접수
구매가격 결정 ⬇	• 최소 비용, 최고 품질 • 생산성과 수익성 고려

절 차	내 용
발주 및 주문에 대한 사후점검 ⬇	• 주문은 서류작성이 원칙 • 주문서 사본 작성 → 검수부, 경리부, 물품사용 부서 • 재고관리 부서 • 주문서 도착 확인 → 적시 공급
송장의 점검 ⬇	• 주문 내용과 송장내용 비교 → 물품내역, 가격 • 송장의 내용과 검수부의 수령내용과 비교
검수작업 ⬇	• 구매주문서에 의한 현물 확인 · 대조 • 주문내용에 대해 발생된 차질의 처리 및 반품 • 검수일시 작성(수령일보), 서류작성 및 입고확인
기록 및 기장관리	• 구매내용의 정리, 보관(주문서 사본, 구매 청구서, 물품인수 장부검사 또는 반품에 대한 보고기록)

자료 : 박병열 · 임붕영(1995). 『외식산업 주방관리론』, 대왕사

3. 식자재 구매시장과 시장조사방법

1) 구매시장 조사의 의의

구매부문이 수행해야 하는 역할은 기업의 생산에 필요한 적정물품을 가능한 저렴한 가격으로 적절한 시기에 조달하여 생산활동을 원활하게 운영하고 원가절감에 기여하고자 하는 데에 있다. 그러므로 구매활동에 들어가기에 앞서 재료를 선택하는 단계에서부터 생산부서, 판매부서 등의 밀접한 연락과 협의에 의해 식자재의 수요성과 구매시장의 실태를 조사할 필요가 있다. 그 구체적인 내용은 다음과 같다.

- 품목으로서 무엇을 구매할 것인가?
- 품질부분으로 어떠한 품질과 규격의 재료를 구매할 것인가?
- 수량을 얼마나 구매할 것인가?
- 얼마의 가격에 구매할 것인가?
- 시기는 언제쯤으로 할 것인가?
- 거래처는 어디로 할 것인가?
- 어떠한 거래조건으로 구매를 할 것인가?

따라서 일곱 가지 사항을 분석 · 검토한 다음, 이를 바탕으로 하여 경영방침에 맞게 구매계획을 세우고 이를 실행하여 통제해야 한다. 그리고 그 결과를 바탕으로 차후 구매활동에 이용함과 동시에 관계부서의 정보를 제공하고 조언을 하는 일련의 과정과 조직화함으로써 창조적 구매의 목적을 달성할 수 있는 것이다.

구매시장 조사란, 이와 같은 구매 조사활동을 하는 중에 구매시장의 실태에 대해서 행하는 조사기능을 말한다. 즉 구매시장 조사에 필요한 자료를 수집하고 이를 분석 · 검토하며 보다 개선된 구매방법을 발견하고 그 결과를 구매방법 및 결과에 적용함으로써 원가절감과 이익증대를 위한 과학적인 조사기법이라 할 수 있다.

2) 구매시장 조사의 목적

구매 업무와 관련하여 시장조사를 행하는 목적은 다음에서와 같이 구매 예정가격을 결정하기 위한 것과 합리적인 구매계획을 수립하기 위한 두 가지 목적을 가진다.

(1) 구매 예정가격의 결정

구매 예정가격은 원가 계산가격과 시장가격의 두 가지를 기초로 하여 결정하게 된다. 따라서 시장조사는 예정가격의 기초로서 시장가격을 파악하기 위한 것뿐만 아니라 원가계산에 의해 예정가격을 결정할 때에도 필요하다. 즉 정확한 원가계산을 위해서는 재료비, 노무비, 제반 경비 등이 정확히 계산되어야 하는데, 재료비를 정확히 계산하려면 재료의 소요량과 단가를 정확히 파악해야 한다.

따라서 적절한 시장조사가 선행되지 않으면 정확한 원가계산을 기대할 수 없는 것이다. 예정가격을 원가계산 가격에 의해 결정하는 경우든 거래의 실제 가격(시장가격)에 의해 결정하는 경우이든 간에 합리적으로 시장조사를 행한다는 것은 적정한 예정가격을 결정함에 있어 매우 중요한 것이다.

(2) 합리적인 구매계획

구매업무를 성공적으로 수행하기 위해서는 합리적인 구매계획이 수립되어야 한다.

이를 위해서는 그 기초자료로서 시가(市價)나 시장의 수급상황에 관하여 정확히 조사된 자료가 필요하다. 구매계획 내용에는 구매의 요건에 따라 구매의 대상이 되는 품목의 품질, 구매 거래처, 구매 시기, 구매 수량 등에 관한 계획들로 세분되는데, 시장의 변동 상황을 항상 정확히 조사 분석해야만 구매자 측에 유리할 뿐만 아니라 시기 면이나 가격적으로 합리적인 구매를 할 수가 있다.

3) 구매시장조사 방법

(1) 일반 기본조사

일반 기본조사란, 전반적인 경제적 동향을 기회가 있을 때마다 기초자재의 시가(市街), 관련 업계의 수급변동 상황, 구입처 대금결재 조건 등을 조사하여 구매정책을 결정하기 위해 행하는 조사이다. 이 조사는 일반 경제동향을 예측하기 위해서 실시하는 것이므로, 이를 위해서는 경제 예측을 위한 조사활동이 필요하기 때문에 계속적으로 실시되어야 한다.

(2) 품목별 시장조사

현재 구입하고 있는 물품의 수급변동, 가격동향에 대한 조사이다. 만일 일상 업무에 쫓기고 있어서 충분한 조사를 실시할 수 없을 경우에는 시장조사 담당자에게 의뢰하여 조사한다. 이 조사항목은 직접 구매가격 산정의 자료나 구매 시기, 구매 수량 결정을 위한 자료로서 활용된다.

(3) 구매 거래처의 업태조사

현재 거래하고 있는 상사나 제조원에 대한 경영상황을 조사하는 일이다. 이는 장래의 계획을 위한 조사로서 일반적으로 기업의 개괄적인 상황, 기업의 특성, 금융 상황, 판매 상황, 노무 상황, 생산 상황(설비 포함), 품질관리 상황, 제조원가 등의 업무조사를 실시함으로써 앞으로도 계속하여 안정된 거래가 가능한가에 대해서 거래처의 실태를 조사하는 것이다.

(4) 유통경로의 조사

구매품의 유통경로는 구매가격에 직접적으로 영향을 주게 되므로 어떠한 경로를 거쳐 물품이 유통되는가를 조사한다.

표 2.5 업체 선정 시 고려사항 및 선정기준

구 분	내 용
고려사항	특수한 경우를 제외하고 2개 업체 이상을 선정한다.
	계속 협조적인 안정거래가 가능한 업체를 선정한다.
	품질, 가격, 납기이행에 충실하고 직거래가 이루어지도록 한다.
	제조업체와 직거래가 이루어지도록 한다.
	엄정 · 무사 · 공정하게 선정한다.
	연관(계열) 업체를 육성하기 위하여 우선적으로 선정한다.
선정기준	관계를 선택 시 구입하려는 제품을 전제로 하는가, 아니면 공급업체의 능력을 대상으로 하는가?
	공급업체를 하나로 하는가, 아니면 복수로 할 것인가?
	입찰과 같이 모 기업 위주의 교섭력을 위주로 한 대립적 관계 설정을 도모할 것인가, 아니면 협력적 관계를 구축할 것인가?
	단기적 관계를 구축할 것인가, 아니면 장기적 관계를 구축할 것인가?

자료 : 김기영 외(1997). 『우리나라 제조기업의 생산전략』, 백산출판사

03 위생과 안전

식품과 관련한 안전사고의 여러 가지 원인으로는 식재료의 입고부터 조리과정을 거쳐 고객에게 제공되는 과정에서 위생관리, 식품취급자의 신체적 · 정신적 건강상태 그리고 개인위생관리 실천 부족, 교육, 홍보, 훈련 및 감독 부족 등을 들 수 있다(박성희 등 2007; Panisello et al., 2000). 호텔이나 레스토랑 선택 시 위생을 중요한 속성으로 다루고 있는데, 고객의 입장에서 볼 때 위생은 종사원의 친절, 음식의 맛, 가격, 신선도, 다음으로 중요한 속성으로 나타나 위생관리가 중요함을 보여주고 있다.

1. 식품취급자의 개인위생 및 개인안전관리

식품을 다루는 사람은 유해한 세균의 전파를 통해 식품으로 인한 질병을 일으킬 수 있는 원인이 될 수도 있으므로, 종사자의 개인위생은 매우 중요하다(한국식품공업협회, 2007). 공교롭게도 식중독의 원인은 사람이며, 피해자 역시도 사람이다.

음식이 외식업소에 도착하여 공급되기까지 종사원들은 음식을 다루는 모든 단계에서 음식물을 오염시킬 수 있다. 그들의 손이나 땀 또는 호흡 등이 박테리아균과 다른 미생물들을 전염시킨다. 우리들이 무심히 하는 기침이나 재채기가 보이지 않는 미생물들을 전염하여 병을 발생시킨다. 또한 사람의 배설물 역시도 병균체를 전염할 수 있는 중요한 요소이다.

이러한 예로 볼 때, 안전한 양질의 음식을 고객에게 제공하는 책임을 맡은 외식업 종사원들이 얼마만큼 어려운 일을 하는지 알 수가 있다. 그러므로 관리자들이 품질 좋은 음식을 공급하기를 원한다면 음식물이 사람으로부터 오염되지 않도록 해야 하고 위생관념과 청결이 우선적으로 선행되어야 한다(김은희, 2007).

외식업소에서 생산되는 음식의 품질 및 안전성은 식품재료의 품질과 생산단계에서의 엄격한 품질관리에 의해 결정된다. 특히 조리과정에서 식품과 가장 밀접하게 접촉하는 종사자는 개인의 위생이 불특정 다수인에게 건강상 영향을 미칠 수 있기 때문에 이들의 위생 개념에 대한 인식과 태도는 매우 중요하다. 조리종사원들의 개인위생과 종사원 건강관리가 선행되지 않는다면 그러한 곳에서 제공되는 음식은 오염의 가능성이 높아지므로 개인위생은 조리종사원의 가장 기본적인 실천사항인 것이다(김홍범 · 이상미, 2000).

특히, 조리사의 개인위생 중 손 세척법과 수세 습관을 가장 중요하게 다루고 있는데, 미국의 Center for Disease Control & Prevention(CDC)에서는 손세척이 감염예방에는 가장 중요한 방법이라 언급하였다. Good Manufacturing Practices에서는 질병의 감염을 방지하기 위해 충분한 손 세척과 세척 빈도를 강조하고 있다. 이는 대부분의 식품안전사고는 손으로부터 시작되기 때문이다. 신체 중에서 손은 직접 음식에 접촉되는 부위로서 그 청결유지가 중요시된다(Restaine & Charles, 1990).

주방 및 조리 종사원의 개인위생에 관해서는 수세 습관을 가장 중요하게 강조하고 있으며, 여러 사람들에게 음식을 조리하여 판매하는 만큼 국민의 건강을 책임지고 있다는 책임감과 전문성을 가질 수 있도록 종사원들의 개인위생에 대한 철저한 자기 관리가 이루어질 수 있는 방안이 필요하다. 식품 취급자는 외부환경이나 식품, 화장실 사용을 통해서 살모넬라, 가스괴저균, 장관성대장균에 쉽게 오염되며, 취급하는 식품의 종류에 따라 다양한 미생물이 손에 존재하게 된다. 식품의 위생을 확보하기 위해서는 대변, 피부, 코 및 식품 원재료 등에 있는 세균이 손을 통해 식품으로 교차 오염되는 경로를 차단하는 것이 필요하며, 이를 위해 올바르고 잦은 손 세척이 필요하다(김남희 · 류경 · 곽동경, 1988).

그러나 간단하고 쉬운 일임에도 불구하고 단체급식소 종사원의 60%가 화장실 사용 후 손을 닦지 않는다고 보고 있다(Wit & Kampelmacher, 1984). 거칠어진 손은 황색포도상구균의 온상이 되기 쉬우므로 세제에 의해서 손이 거칠어지는 작업, 무수한 작은 상처가 손에 생기는 작업, 칼로 상처가기 쉬운 어패류의 조리작업 등에서 주의를 요한다고 하였다(신재영 · 최대웅, 1994).

조리식품을 취급하기 전에는 손을 세척하거나 일회용 장갑을 사용해야 하고, 음식을 맛볼 때에는 개인접시에 덜어서 맛을 보아야 하며(하경희, 2002), 위생장갑의 사용은 부가적인 위생효과로 볼 수 있다. 단순히 맨손으로 음식을 다루는 것보다 나을 것이란 생각으로 장갑의 교체 없이 이것저것 음식을 만지거나 손을 세척하지 않고 장갑만을 사용하는 경우 위생장갑은 어디까지나 보조적인 것이란 것을 주지해야 한다. 또한 위생관리를 위해 적절한 위생복과 위생모를 착용해야 하는데, 설령 위생복과 위생모를 착용했다 하더라도 더럽거나 제대로 착용하지 않으면 업소 위생관리에 지장을 초래한다(김현진, 2004).

위생관리에 관련한 연구에서 레스토랑 종사원의 위생관리 수행도는 총점 평균 89.86점/110점으로 조사되었고, 개인위생 영역이 22.84점/30점, 구분사용 보관영역이 21.13점/30점, 세척소독 영역이 20.79/25점, 온도시간 관리영역이 19.93점/25점으로 조사되었다. 개인위생관리 영역에서는 액세서리 제거 및 손 관리에 대한 수행도가 가장 낮았고 구분사용 및 보관영역에서는 위생적인 간 보기, 세척소독 영역에서는 비가열 과채류에 대한 소독, 온도시간 관리영역에서는 위생적인 냉각에 대한 수행도 가장 저조한 것으로 나타났다(송동희, 2006).

외식업체에서 일반적으로 준수해야 할 위생 관리를 위한 내용을 조사한 결과, 가장 낮은 정답률이 나온 항목은 '가벼운 감기 등 아프다고 느낄 즉시 상급자에게 보고한다'였는데, 혹시 예상되는 감염성 질환의 사전방지 차원에서 보고체계의 강화가 이루어져야 함을 알 수 있다. 앞치마에 손을 닦는다(70.9%), 손의 상처가 났을 때 반창고나 장갑을 끼고 일을 한다(71.5%), 맨손으로 음식을 만든다(79.4%)로 개인위생에 관한 항목의 정답률이 낮은 것으로 나타났다. 이는 식품을 취급하는 종사자들의 손 위생은 식중독예방을 위한 가장 기본적인 사항이며 중요한 항목이므로, 이에 대한 철저한 감독과 교육이 필요하다(우인애 · 황윤경 · 이윤신, 2008).

2. 식품위생 및 식품안전관리

국내의 식중독 발생 자료를 분석한 결과, 음식에서도 단체급식소의 위생관리 중 주재료 및 부재료의 공급 방법과 품질관리상의 문제가 지적되었는데, 세부적으로 식자재의 품질관리, 검수가 어려운 식품류의 관리, 입찰구매에 따른 납품문제 등이었다. 더욱이 국내 식품접객업소에서 발생한 식중독 원인에 대한 연구에서 음식생산과정에서의 온도 및 시간관리가 부절적하여 발생하는 식중독은 전체 발생건수의 64.7~82.3%를 차지한다고 보고하였으므로, 급식생산 과정 중 구매 및 검수 단계에서의 온도관리가 특히 엄격히 관리되어야 한다(류경, 2004).

한식당의 위생관리 현황평가에서 '올바른 검수관리'는 납품 후 즉시 검수, 검수된 식재의 바닥방치 금지, 외포장이 제거 후 조리장 반입, 검수 후 조리 전까지 적정 보관온도 준수를 의미하는데 평균점수 1.11/3점(37.0%)으로 나타났다. 또한 '냉장 · 냉동 식재료 검수 시 온도 확인과 부적절하게 수행될 때 조치' 항목은 중점관리 항목이나 평균점수는 1.06/3점(35.3%)으로 나타났다. 식재료관리는 식재료 구매 및 검수관리 특히, 식재료 검수 시 식재료의 온도 및 식재료의 보관 등에 있어서 온도관리의 중요성을 지적하고 있다. 식재료 구입 시 식품의 안전과 품질에 영향을 주는 모든 반입되는 음식물은 통제를 보증하고 승인된 공급자로부터 구매해야 하며, 식재료 공급업체 실명제를 실시하여 식재료 안전성을 확보할 수 있을 것이다. 대부분 현장에서 식재료검수 후 외포장을 제거하지 않고 냉장고에 보관하고 있었는데, 식재료의 외포장을 제거하지 않을 시 먼지나 이물질의 오염이 일어날 가능성이 있으므로 반드시 조리장 반입 시에는 외포장지를 제거해야 한다(곽동경 등, 2008).

식품위생에 있어서 적절한 보관은 유해한 환경으로부터 모든 식품을 안전하게 보호할 수 있는데, 식품의 숙성을 필요로 하는 경우를 제외하고는 대부분의 식품들은 시간이 경과할수록 품질이 떨어지고 세균에 오염되기 쉽다. 안전한 음식물의 제공을 위한 적절한 보관은 식당운영에 있어 필수이며, 경비절감에도 큰 효과를 거둘 수 있다. 식품을 냉장하거나 냉동할 때는 표면공기와의 접촉차단이 중요하므로 반드시 뚜껑을 덮어 식품 간의 교차오염과 공기 내 미생물오염도 방지해야 한다(계승희, 1995).

가열조리 후 음식의 냉각방법 및 섞는 방법이 미생물의 증식에 큰 영향을 주므로 미생물의 증식을 억제하고 교차오염에 의한 미생물의 오염경로를 차단하는 것이 중요하다. 교차오염은 식품이나 취급자, 식품을 취급하는 환경으로부터 생물학적·화학적·물리적 오염물이 다른 식품으로 이동되는 것을 말하며, 교차오염을 방지하기 위해서는 원인이 되는 사람, 물건, 환경으로부터 오염물 이동을 방지할 방법이 필요하다(김미현·윤혜현, 2006). 식재료에서 음식이 고객에게 제공되는 전 과정에서 식품안전사고를 미리 방지하기 위하여 외식업체에서 식품이 세균이 증식하기 좋은 온도에 머무르는 시간을 최소화하도록 관리하는 시간, 온도 관리는 매우 중요하다.

식재료의 운송차량의 경우 냉장 탑차의 온도는 10℃ 이하, 냉동 탑차는 -18℃ 이하이고, 상온 창고의 경우 온도는 10~21℃ 이하, 습도는 50~60%를 유지해야 한다. 외식업은 식재료를 하루 이상 보관하고 사용하는 경우가 많기 때문에 식재료 보관 시 온도와 날짜 관리에 세심한 주의가 필요하다(김선정 등, 2008; 박성희 등, 2007).

식재료는 장기간 보관이 불가능하기 때문에 제품 특성에 맞는 재고관리가 적절히 이루어지지 않으면 안 된다고 지적하였으며, 이런 점에서 재고관리의 목표는 언제 주문할 것인지, 1회 주문량을 얼마나 할 것인지, 즉 주문 시기와 주문량 결정의 문제라고 강조하였다(박병렬 · 임붕영, 1995). 그러나 현재 대부분의 식품접객업소는 식품을 보관하기 위한 별도의 보관창고를 갖추고 있지 않고, 주방 한쪽이나 복도 등을 활용하여 보관하는 경우가 대다수인 것으로 보이며, 식품 검수 시 납품업체만을 믿고 제품에 대한 개별검수를 철저히 하지 않아 식재료 관리의 허술한 면을 보이고 있다. 따라서 여러 사람에게 음식을 제공하는 식품접객업소를 대상으로 식재료의 위생관리 방법에 대해 철저히 인식시킬 수 있는 방안이 있어야 하겠다(김현진, 2004).

또한 모든 종사자는 항상 냉장고나 냉동고의 온도를 수시로 체크하여 냉장고의 온도가 실제 세팅온도와 동일한지 매일 점검하고 이상이 있을 시 즉각 조치해야 하다. 제빙기, 아이스크림 추출기, 음료 추출기 등은 항상 저온으로 사용되고 있어 대장균이 발생되더라도 증식하지 않을 뿐 냉동상태에서도 살아 있기 때문에 위생관리를 일반 주방기구와 마찬가지로 수시로 세척 · 소독해야 한다. 식품과 환경위생에 있어서 해동방법, 냉각방법, 온도관리는 세균의 증식을 막을 수 있는 가장 기본의 항목으로 이론교육으로 정확하게 이해하여 훈련으로 현장에서 실천될 수 있도록 힘써야 한다. 직원들의 현장 실천을 평가하여 지속적으로 교육, 훈련 및 평가가 이루어지도록 교육훈련 프로그램으로 계획되어 진행해야 한다(어금희 · 함문훈, 2009).

미국보건교육복지부에서 발행한 급식소를 위한 위생관리지침서에서 제시한 기준에 의하면, 위험온도(7~60℃) 범주 내에서 식품의 안전성을 유지할 수 있는 시간은 최대 4시간이고, 그 중 16~38℃ 내의 온도에서는 절대 2시간 이상을 방치해서는 안된다고 하였다. 이렇게 온도관리가 중요한 이유는 조리된 음식을 7℃에서 63℃의 온도 위험지역을 피하는 것으로 식중독사고의 60% 이상이 7℃에서 63℃대에 음식을 노출시키는데 기인하므로, 조리식품의 보관 시 온도를 신속히 내려가게 하는 노력이 필요하다고 하여 시간과 온도관계에서의 통제의 중요성을 지적한 것이다(계승희, 1995).

조리과정에서 냉동되어 있던 식재료를 해동할 경우 적절치 못한 해동으로 인해 식품이 세균에 그대로 노출되는 경우가 많다. 가정에서 냉동육류나 생선은 구입 후 집에 도착한 시점에는 이미 많은 부분이 해동되어 있거나 전 처리하기 위해 손질을 하는 과정에서 거의 해동되어 바로 조리로 이어지는 경우 문제를 거의 유발하지 않는다. 구입한 식재료를 장기간 냉동보관하였다가 해동하는 경우, 실온에서 하룻밤 또는 종일 방치한 상태로 해동하여 조리하는 방법을 급식소에서도 사용하게 된다. 심지어는 더운물을 사용하거나 불 가까이에서 온도를 높여가며 해동함으로써 잠재적인 위험에 처하게 된다. 미국 FDAFood & Drug Administration에서 정한 단체급식 및 외식산업의 위생관리 기준인 FDA Food Code에서는 식품을 안전하게 해동하는 관리기준으로 식품은 5℃ 이하의 온도에서 해동, 21℃ 이하의 흐르는 물에서 해동, 가열조리의 연속으로 해동, 전자레인지 이용으로 방법을 제시하고 있다(류경, 2005, Miller · Brown & Call, 1996).

또한 많은 양의 식품을 냉각하기 전에 크기를 줄여서 해동 및 조리를 해야 하고, 냉각을 할 때는 큰 용기의 식품을 작은 용기로 나누어 담아서 안전하게 냉각을 해야 한다. 안전한 냉각방법으로는 얼음물에 이중탕을 하여 막대기로 식품을 젓거나 급속냉각기, 텀블냉각기를 사용하는 방법 등도 좋은 방법이고, 식품이 충분히 식었으면 냉장고에 저장해야 한다(ServSafe, 2006).

식중독을 일으키는 두 가지 요인으로 기구의 부적절한 세척과 교차오염, 즉 칼과 도마 등의 기구를 조리 전 음식과 조리 후 음식에 대해 중복하여 사용함으로써 생기는 오염 등을 지적하여 기물의 세척과 위생관리의 중요성을 강조하였다(Bryan, 1978). 칼이나 도마에서는 날고기나 날생선처럼 원재료 식품의 기생충 알이나 세균이 묻어 있기 쉽고, 조리한 음식을 다듬기 위해 도마를 사용할 때도 오염되기 쉬우므로, 원재료와 조리된 식품을 써는 칼과 도마는 반드시 구별해서 사용해야 한다. 도마의 위생관리를 위해서 세제물을 사용하여 도마를 청소하고, 칼의 흠이 생긴 부분을 솔로 강하게 문질러서 깨끗하고 뜨거운 물로 헹구어야 미생물의 수를 감소시킬 수 있다고 보고한 바 있다(Snyder, 1992).

3. 알레르기에 의한 식품위생 및 식품안전관리

식품에 의한 알레르기는 오래전부터 많이 알려져 왔으나, 최근 들어 심각한 환경오염과 무분별한 식생활의 변화로 건강에 대한 관심이 높아지면서 새롭게 등장하고 있다. 식품에 의한 알레르기의 발생이 급속적으로 증가함에 따라 세계의 선진국들은 식품알레르기 방지를 위한 지침서나 방침을 마련하고 있다.

2001년 1월 UN의 유전자변형식품의 알레르기검사 의무화 방침을, 2002년 2월에는 프랑스의 식품안전관리소는 음식물 알레르기 방지를 위한 지침서를 발표하였다. 최근 미국에서 2006년 1월부터 미국의 식품제조업체들의 알레르기를 일으키는 성분이 함유 유·무 표시를 의무화하기로 하였다. 뿐만 아니라 우리나라에서도 2003년 5월에 개정되어 2004년 5월부터 시행한 식품 등의 표시기준에 의해 알레르기를 유발할 수 있는 난류, 우유, 메밀, 땅콩, 대두, 밀, 고등어, 게, 돼지고기, 복숭아, 토마토를 함유한 식품을 식품제조가공업소에서 원재료로 사용할 때에는 반드시 한글표시 사항의 원재료명에 이를 표시하도록 의무화하고 있다(강성경, 2006).

미국의 알레르기면역학회에 의하면, 식품알레르기란 식품의 섭취 후 나타나는 면역 매개성의 임상적 증후이다(Anderson, 1984). 식품 알레르기의 범위를 다음과 같이 정의했는데, 과민반응은 식품성분이나 식품에 노출되었을 때 임상적으로 비정상적인 반응을 보이는 것으로 식품알레르기와 식품불내성도 포함된다. 식품불내성은 소화된 식품이나 식품성분으로 인해 비정상적인 신체적 반응을 보이는 것으로 면역반응은 아니며, 대사나 독소반응 및 유당을 적당히 소화시킬 효소가 부족할 때 발생하는 유당불내증도 포함된다. 식품알레르기는 유해하지 않은 물질에 과도한 반응을 일으키는 신체의 면역기관에 의한 면역반응으로 특정식품에 항체를 형성한다. 식품알레르기는 식품성분이나 식품의 어떤 물리적 효과와는 관계가 없으며 모든 식품 반응이 포함된다(Anderson, 1986).

알레르기는 특정 알레르겐이 관여하고 증상을 나타내는 표적기관이 정해지고 또 과민반응이 형성되고 유전적인 소인이 관여하기 때문에 특정인에게서 특정 환경에서 비슷한 증상이 반복하여 나타나는 특성을 가지고 있다. 증상은 두드러기는 물론 천식 때로는 쇼크의 증상들이 함께 나타나 생명을 위협하기도 하고 때로는 사망에 이르게 되기 때문에 특히 주의해야 한다. 종전에는 주로 약물에 의한 쇼크가 주종을 이루었지만, 이제는 식품이 가장 흔한 항원항체반응으로 일어나는 생체의 과민반응의 원인으로 보고되고 있는 점도 유의해야 한다(Pumphery, 1996). 이와 같은 심한 증상을 일으키는 주요 식품으로 땅콩, 견과류, 생선, 패류가 있다(Sampson, Mendelson & Rosen, 1992).

한국에서도 식품알레르기로 고생하는 아이들이 늘어나고 있다. 대한소아알레르기 호흡기 학회에서 서울 시내 초등학교 학생 8,300명에게 설문조사를 실시하였더니, 1995년 조사했을 때 4.2%에서 2005년 6.2%로 거의 50%의 증가율을 보였다. 한국인의 식품알레르기를 가진 사람들에 대한 공신력 있는 조사는 아직 존재하지 않지만 학계에서는 미국 설문조사를 원용해 대략 추정하고 있다. 미국조사에서 응답자의 25%는 식품알레르기가 있다고 답하고 있으며, 하지만 실제 역학조사에서는 성인의 경우 1~2%, 소아는 6~8%만이 식품알레르기를 경험하였고, 한국도 사정이 비슷하리라 전문가들은 추정하고 있다(조인스 매거진, 2007).

알레르기 질환은 전 인구의 약 15~20%가 경험하고 있는 흔한 질환 중의 하나이다. 급속한 경제성장의 결과로 우리의 생활환경이 변화하고 있고 식생활 환경 역시 예외는 아니다. 섭취하는 식품의 종류도 다양해졌을 뿐만 아니라 과거에 경험해 보지 못하던 새로운 가공식품들도 등장하고 있기 때문에, 필연적으로 식품에 의한 알레르기 질환 양상에도 증가할 것으로 사료된다(한재숙, 1997).

식약청은 가공식품에 알레르기 유발 원료를 가금류의 난류, 우유, 메밀, 땅콩, 대두, 밀, 고등어, 게, 새우, 돼지고기, 복숭아, 토마토의 12종으로 규정을 하고 함유를 의무적으로 표시하도록 법으로 정하고 있다(손동화, 2008).

4. 레스토랑 시설위생 및 시설안전관리

시설은 고객이 사용하는 공간과 종사원이 이용하는 공간 및 식품을 다루는 조리장을 모두 포함한 것으로, 호텔의 상·하부 구조물 및 음식을 만드는 공간과 제공하는 공간을 비롯하여 식품을 다루는 모든 기구와 장비들을 총칭하는 것이다. 주방시설을 위한 설비를 선택할 때에는 무엇보다도 위생적 측면을 고려하지 않고서는 시설의 선택조건이 될 수 없다(이정자, 1981).

고객의 건강은 더 나아가 생명과 관련이 있으므로, 종사원은 구매나 제공에 이르는 단계의 전 과정의 위생 및 안전관리의 의식을 철저히 가지고 업무에 임해야 한다. 이러한 위생 및 안전관리를 위해서는 시설 및 환경의 설비가 이루어져야 하는데, 주방의 시설이란 최상의 식음료서비스를 위해 현대적 주방설비를 갖추도록 하되 조리동선, 위생, 작업능률 등 주방의 기본적 요소들이 충분히 고려되어져야 한다. 주방설비 계획 시 예산, 생산성 제고, 시간과 노동력의 절감이라는 측면에서 인간공학적 디자인 원리를 적용한 시설 및 설비를 갖추는 것이 중요하며, 식음료의 품질 및 서비스의 품질을 향상시킬 수 있도록 주방설비 계획을 해야 한다고 제시하고 있다(유재훈, 1990).

주방의 시설관리를 요인 분석한 결과 주방 크기의 적절성, 배수 및 환기시설, 작업에 적합한 조명, 기물의 수 적합, 기물의 청결성이 작업환경과 작업공간의 직무만족에 영향을 미친다. 주방시설은 주방 자체뿐만 아니라 식자재를 보관하는 보관장소, 음식을 조리하는데 필요한 기기와 그 배치, 상 · 하수도의 배관시설, 환기, 조명 등을 모두 가리키는 말로서 주방이 차지하고 있는 공간에서부터 식품을 다루는 모든 기구와 장비들을 뜻한다(강무근, 2004). 주방의 시설적인 측면에서 주방의 크기가 적절해야 하며 배수 및 환기가 잘되어야 하고 작업 환경에 300룩스 이상의 조도를 맞추어 주어야 한다(장혁래 · 이서형 · 조춘봉, 2004). 이러한 주방시설 및 설비의 투자가 부족하게 되면 호텔 주방은 생산성이 저하되고 음식의 질적인 생산이 이루어지지 않아 서비스의 측면에서도 고객에게 만족할 만한 서비스를 제공하지 못한다고 지적하였다(Cadootte, 1988).

한식당의 위생관리 현황 평가에서 환경위생 영역의 평균 수행률은 59.3%였으며, 가장 잘 지켜지지 않는 세부영역은 세척과 소독(52.8%)이었다. 세척과 소독영역에서 가장 높게 수행률을 보인 항목은 '조리장에서 사용 중인 세척 · 소독제의 표시'였고, 가장 낮은 수행률을 보인 항목은 '배수구의 청결, 바닥의 물고임 방지'였으며 방충, 방서대책영역의 평균점수는 3.78/6점(63.0%)으로 조사되었다. '벌래나 쥐 등의 침입방지 및 흔적 확인' 항목의 평균점수는 2.17/3점(72.3%)이며, '문 · 창문 · 배수구 등에 방충 방서시설 확보 및 관리'의 평균점수는 1.16/3점(53.6%)이었다. 시설설비 관리영역의 평균점수는 4.44/6점(74.0%)으로 조사되었으며 '호스관리 및 부적절한 조리기구의 사용금지'는 0.89/2점(44.5%)의 낮은 수행수준을 보였으며, 식품 취급용기로 금지된 재생 고무용기를 사용하는 곳이 대다수로 나타나 인식변화와 시급한 개선이 필요한 것으로 나타났다. '조리장 조도'의 평균점수는 1.94/2점(97.0%)로 나타났다. 조명 등의 위치가 식품 노출지역 바로 위에 있을 경우 벌레 등이 타죽어 식품에 떨어질 수도 있고, 등 위에 먼지도 떨어질 수 있으므로 각별한 주의가 필요하다고 지적하고 있다. 조명의 밝기는 전등과 병면의 청소상태와도 관계있으므로 설치 초기의 조도를 유지하기 위해서는 주변의 주기적인 청소가 필요하다고 하였다(곽동경 등, 2008).

그리고 주방과 홀 직원들은 식기를 위생적으로 취급해야 하며 운반기구를 위생적으로 관리해야 하고(고호석 등, 2005; 하경희, 2002), 서울 및 경기지역의 한식당의 경우는 청소 및 소독프로그램의 수립 및 감독 등은 없지만 모든 업장이 마감을 한 후 뒷정리와 한가한 시간에 식기류 소독 등을 하는 것으로 나타났다(김선정 등, 2008). 이제는 외식기업도 청소프로그램을 수립하여 현장에서 계획적인 관리가 생활화되어야 한다(어금희 · 함문훈, 2009).

5. 식품위생 및 식품안전의 수행 준수

위생교육의 목적은 위생적이고 안전한 음식을 고객에게 제공하는 데에 있다. 「식품위생법」 제42조 제2항은 식품접객업을 하려는 자는 미리 식품위생교육을 받아야 한다. 다만, 부득이한 사유로 미리 식품위생교육을 받을 수 없는 경우에는 영업을 시작한 뒤에 보건복지가족부장관이 정하는 바에 따라 식품위생교육을 받을 수 있다. 제3항에는 교육을 받은 자가 영업에 직접 종사하지 아니하거나 두 곳 이상의 장소에서 영업을 하는 경우에는 종업원 중에서 식품위생에 관한 책임자를 지정하여 대신 교육을 받게 할 수 있다.

단체급식 유형과 위생교육 횟수에 관한 연구에서 위생교육 횟수는 월 1회 이하(61.2%)가 가장 많았고, 월 3회 이상(21.6%), 월 2회(17.2%)의 순으로 나타났다. 산업체급식소에서는 월 1회(53.6%), 월 3회 이상(26.8%), 월 2회(19.6%), 대학교급식소에서는 월 1회 이하(68.5%), 월 2회(17.8%), 월 3회 이상(13.7%), 중 · 고등학교 급식소에서는 월 1회 이하(78.0%), 월 3회 이상(19.0%), 월 2회(3.0%) 순으로 실시하고 있었다. 단체급식 유형과 위생교육 횟수는 상호 유의적인 관련성이 있었으며, 이는 의무적으로 실시해야 하는 위생교육이 월 1회이기 때문에 단체급식 유형별로 월 1회 위생교육을 실시하는 곳이 가장 많았다(박성수 · 김기진, 2008).

조리종사자의 식품취급 습관이 생산되는 음식의 위생안전성에 미치는 영향이 큰 만큼 외식산업에서 조리종사자들을 대상으로 하는 교육 및 훈련이 실시되어야 한다. 식품으로 인해 생기는 식중독 등 잠재적인 위험성 역시 업주와 조리종사원들에게 모두 인식되어야 한다고 하였고, 최근 급식산업에서 종업원이 식중독의 예방과 통제에 중요한 역할을 하는 것으로 밝혀졌다(전희정 등, 1994). 제공하는 식품의 안전성을 보장하기 위해서는 업주가 위생지식에 관련된 많은 지식을 가지고 있어야 할 뿐만 아니라, 종사원들을 대상으로 지속적으로 위생교육을 실시, 훈련해야 한다고 하였다(류은순 · 장혜자, 1995).

위생교육의 유용한 훈련은 정보제공, 논증, 기술 그리고 종업원의 지식기술 획득을 돕기 위한 검증장치로서 그 대상은 식품관리자와 조리종사원 모두가 되어야 한다고 하였다. 이는 식품의 취급에 있어 잠재적인 위해요소 및 직접적인 원인으로 작용함을 의미하는 것이므로, 식품산업에서는 조리종사원의 교육 및 훈련의 중요성을 강조하고 있으며 식품안전에 대한 지식과 기술이 훈련을 통해 습득되어야 한다(Bryan, 1991). 레스토랑 직원을 위한 교육매뉴얼 개발에서 개인위생 확보, 교차오염 방지, 시간온도 관리, 냉장 관리에 대한 강의, 실습, 시청각, 토의의 교육을 위한 강의자료를 개발하였고(박성희 등, 2007), 한식업소의 조리종사자를 위한 포스터 개발에서는 개인위생, 손 세척, 교차오염 방지를 위한 용도별 분리사용, 철저한 세척과 소독, 충분한 가열조리 개념으로 포스터를 개발하였다(김선정 등, 2008).

위생관리의 효과를 얻을 수 있는 가장 쉽고 경제적인 접근방법은 교육이라고 하였으며 효율적인 교육은 업주 자신이 관심과 지식을 가지고 종사원을 독려할 때 이루어질 수 있다고 하였다. 또한 조리 종사원들이 위생의 중요성과 내용을 아는 것도 중요하지만, 더 중요한 것은 위생적인 절차와 방법에 따른 식품의 취급 및 개인위생의 철저한 관리 등 위생적인 행동을 몸에 익히는 것이므로 급식 관리자는 형식적인 교육이 아닌 집단급식소의 성격에 맞는 적절한 위생 훈련 프로그램을 수립하여 철저한 훈련을 실시, 평가, 보완할 책임이 있는 것이다(엄영람, 1999).

조리종사자에게 실시하는 위생교육에 자신의 식품취급 습관이 고객의 건강과 관계가 있음을 인식하도록 교육하는 것이 중요함으로 식품 안전에 대한 지식과 기술을 지속적인 훈련을 통해 습득시켜야 한다(Farkas, 1996). 교육 시 주로 이용하는 위생교육 형태는 자료배부와 구두교육으로 나타났고, 가장 효과 있는 교육 형태로는 현장견학을 통한 교육과 실연교육으로 나타났다. 또한 조리종사자 대상 교육에서 가장 필요로 하는 내용은 식중독과 미생물에 관한 내용과 개인위생에 관한 내용으로 나타났다(이영은, 2006).

레스토랑에서 근무하고 있는 조리종사자를 대상으로 비디오시청을 통한 위생교육을 실시했는데, 비디오를 시청하기 전 10문제를 풀어 본 후 10분 동안 비디오를 시청하고 난 후 동일한 문제로 위생지식테스트를 실시한 결과 비디오시청 후 시간 관리와 교차오염 항목에서 점수가 향상되었고(Smith & Shillam, 2000), 조리종사자를 위한 위생교육 비디오, TV, 인터넷의 이용이 효과적이라고 보고한 바 있다(Sykes, 1996). 캔사스지역 급식고의 조리종사자를 대상으로 실시한 HACCP 교육 결과, 비록 교육시간이 6시간으로 한정되어 충분하지 않았지만 교육 전 · 후 수행도를 평가했을 때 유의적인 결과를 보여주었다(Barrett et al., 1998).

식중독원인 미생물과 관련이 높은 식품과 흔히 발생하는 식품 종사자들의 관리 중에 일어날 수 있는 실수를 근거로 소비자의 식품위생 교육에서 강조되어야 할 5가지 주요 관리요소를 개인위생, 적정온도에서의 조리, 교차오염의 방지, 안전한 온도에서 식품의 저장, 위생적인 식재료 사용을 제한하고 있다. 식품위생 전문가로 구성된 위원회에서는 조리종사원들이 습득해야 할 식품위생 업무관련 기술과 지식으로 식품, 세정 · 세척 및 유지관리, 시설설비, 개인위생, 법적 규제 등의 5분야를 규명하였다(Linton etal., 1998). 기업에서는 직원들의 철저한 개인위생 및 식중독 유발이 가능한 잠재적인 위험 요인에 대한 인식과 위해를 최소화 할 수 있는 식품위생 및 식품안전에 대한 체계적인 교육훈련 프로그램을 개발하고 계획을 세워서 실행 후 반드시 교육의 효과를 평가하여 기업이 원하는 교육의 결과를 얻고자 지속적인 노력을 해야 한다(어금희 · 함문훈, 2009).

위생교육을 실시할 때는 단순히 지식만을 전달하는 것이 아니라, 조리종사자의 실천의지 향상을 위해 동기부여를 하는 것이 중요하며 효과적인 교육매체 개발, 교육 후 효과 평가를 통한 피드백, 조리종사자의 연령과 교육수준 및 근무경력 같은 인적 특성을 고려한 교육자료 개발해야 한다(어금희 등, 2001). 관리자는 조리종사자 대상 위생교육 훈련에 있어서 체계적인 교육 및 훈련의 필요성이 있음을 인지하여 정기적이고 강도 높은 위생교육을 소홀히 하지 말아야 할 것과, 적절한 교육 후에도 실천여부를 확인할 수 있도록 업소의 지속적인 자체 감시를 하는 등의 노력이 필요하다(홍완수 · 윤지영, 2003). 매뉴얼에 따른 레스토랑 운영, 직원의 체계적인 교육과 훈련을 통해 높은 수준의 서비스품질을 제공하고 경쟁력을 높여 고객만족과 가치를 높이는데 노력해야 한다(유영진 · 이경희, 2008).

6. HACCP시스템

1) HACCP시스템 개념

HACCP은 위해요소분석Hazard Analysis과 중요관리점Critical Control Point의 영문 약자로서 'HACCP(해썹)' 또는 '위해요소중점관리기준'이라 한다. HACCP은 식품의 원료, 만드는 과정에서 생물학적 · 화학적 · 물리적 위해요소들이 발생할 수 있는 상황을 과학적으로 분석하고, 사전에 위해요소의 발생 원인을 차단하여 소비자에게 안전하고 깨끗한 식품을 공급하기 위한 시스템적인 규정이며, 위해방지를 위한 사전예방적 식품안전관리체계이다.

HACCP은 기본적인 위생관리가 효과적으로 수행된다는 전제조건 하에서 중점적으로 관리해야 할 공정 · 단계를 파악하여 집중 관리하는 시스템이다. 다시 말하면, 식품을 위생적으로 생산할 수 있는 최소한의 시설 설비조건과 위생관리 운영절차를 다루는 실행계획이 선행되지 않고서는 HACCP시스템이 효율적으로 가동될 수 없다. 위해요소 분석이란 "어떤 위해를 미리 예측하여 그 위해요인을 사전에 파악하는 것"을 의미하며, 중요관리점은 "반드시 필수적으로 관리해야 할 항목"이란 뜻을 내포하고 있다. 즉 HACCP은 위해 방지를 위한 사전예방적 식품안전관리체계를 말한다.

결론적으로, "HACCP이란 식품의 원재료부터 제조, 가공, 보존, 유통, 조리단계를 거쳐 최종소비자가 섭취하기 전까지의 각 단계에서 발생할 우려가 있는 위해요소를 규명하고, 이를 중점적으로 관리하기 위한 중요관리점을 결정하여 자율적이며 체계적이고 효율적인 관리로 식품의 안전성을 확보하기 위한 과학적인 위생관리체계"라고 할 수 있다.

2) HACCP시스템 7원칙

(1) 위해요소분석(원칙 1)

위해요소Hazard 분석은 HACCP팀이 수행하며, 제품설명서에서 파악된 원·부재료별로, 그리고 공정흐름도에서 파악된 공정·단계별로 구분하여 실시한다. 이 과정을 통해 원·부재료별 또는 공정·단계별로 발생 가능한 모든 위해요소를 파악하여 목록을 작성하고, 각 위해요소의 유입경로와 이들을 제어할 수 있는 수단(예방수단)을 파악하여 기술하며, 이러한 유입경로와 제어수단을 고려하여 위해요소의 발생 가능성과 발생 시 그 결과의 심각성을 감안하여 위해Risk를 평가한다.

위해요소 분석을 위한 첫 번째 단계는 원료별·공정별로 생물학적·화학적·물리적 위해요소와 발생 원인을 모두 파악하여 목록화 하는 것이 도움이 된다.

위해요소 분석을 수행하기 위한 두 번째 단계는 파악된 잠재적 위해요소Hazard에 대한 위해Risk를 평가하는 것이다. 파악된 잠재적 위해요소에 대한 위해 평가는 위해평가 기준을 이용하여 수행할 수 있다.

위해요소 분석을 수행하기 위한 마지막 단계는 파악된 잠재적 위해요소의 발생원인과 각 위해요소를 안전한 수준으로 예방하거나 완전히 제거, 또는 허용 가능한 수준까지 감소시킬 수 있는 예방조치 방법이 있는지를 확인하여 기재하는 것이다. 이러한 예방조치 방법에는 한 가지 이상의 방법이 필요할 수 있으며, 어떤 한 가지 예방조치 방법으로 여러 가지 위해요소가 통제될 수도 있다. 예방조치 방법은 현재 작업장에서 시행되고 있는 것만을 기재한다.

위해요소의 예방조치 방법에는 다음과 같은 것이 있다.

- 생물학적 위해요소
  - 시설 개·보수
  - 원료 협력업체로부터 시험성적서 수령
  - 입고되는 원료의 검사
  - 보관, 가열, 포장 등의 가공조건(온도, 시간 등) 준수
  - 시설·설비, 종업원 등에 대한 적절한 세척·소독 실시
  - 공기 중에 식품노출 최소화
  - 종업원에 대한 위생교육
- 화학적 위해요소
  - 원료 협력업체로부터 시험성적서 수령
  - 입고되는 원료의 검사
  - 승인된 화학물질만 사용
  - 화학물질의 적절한 식별표시, 보관
  - 화학물질의 사용기준 준수
  - 화학물질을 취급하는 종업원의 적절한 훈련
- 물리적 위해요소
  - 시설 개·보수
  - 원료 협력업체로부터 시험성적서 수령
  - 입고되는 원료의 검사
  - 육안선별, 금속검출기 등 이용
  - 종업원 훈련

(2) 중요관리점 결정(원칙 2)

위해요소 분석이 끝나면, 해당 제품의 원료나 공정에 존재하는 잠재적인 위해요소를 관리하기 위한 중요관리점CCP을 결정해야 한다. 중요관리점이란, 원칙 1에서 파악된 위해요소를 예방, 제거 또는 허용 가능한 수준까지 감소시킬 수 있는 최종 단계 또는 공정을 말한다. 식품의 제조 · 가공 · 조리공정에서 중요관리점이 될 수 있는 사례는 다음과 같으며, 동일한 식품을 생산하는 경우에도 제조 · 설비 등 작업장 환경이 다를 경우에는 서로 상이할 수 있다.

- 미생물 성장을 최소화 할 수 있는 냉각공정
- 병원성 미생물을 사멸시키기 위하여 특정시간 및 온도에서 가열처리
- pH 및 수분활성도의 조절 또는 배지 첨가 같은 제품성분 배합
- 캔의 충전 및 밀봉 같은 가공처리
- 금속검출기에 의한 금속이물 검출공정 등

중요관리점을 결정하는 하나의 좋은 방법은 중요관리점 결정도를 이용하는 것으로, 이 결정도는 원칙 1의 위해 평가결과 중요위해(확인대상)로 선정된 위해요소에 대하여 적용한다.

- 온도 및 시간
- 수분활성도Aw 같은 제품 특성
- pH : 관련서류 확인 등
- 습도(수분) : 염소, 염분농도 같은 화학적 특성
- 금속검출기 감도

(3) 중요관리점 한계기준 설정(원칙 3)

세 번째 원칙은 HACCP팀이 각 중요관리점CCP에서 취해져야 할 예방조치에 대한 한계기준을 설정하는 것이다. 한계기준은 중요관리점에서 관리되어야 할 생물학적 ·

화학적 또는 물리적 위해요소를 예방, 제거 또는 허용 가능한 안전한 수준까지 감소시킬 수 있는 최대치 또는 최소치를 말하며, 안전성을 보장할 수 있는 과학적 근거에 기초하여 설정되어야 한다.

한계기준은 현장에서 쉽게 확인 가능하도록 가능한 육안관찰이나 간단한 측정으로 확인할 수 있는 수치 또는 특정지표로 나타내어야 한다. 한계기준을 결정할 때에는 법적 요구조건과 연구 논문이나 식품관련 전문서적, 전문가 조언, 생산 공정의 기본자료 등 여러 가지 조건을 고려해야 한다. 예를 들면, 제품 가열시 중심부의 최저온도, 특정온도까지 냉각시키는데 소요되는 최소시간, 제품에서 발견될 수 있는 금속조각(이물질)의 크기 등이 한계기준으로 설정될 수 있으며, 이들 한계기준은 식품의 안전성을 보장할 수 있어야 한다. 한계기준은 초과되어서는 아니 되는 양 또는 수준인 상한기준과 안전한 식품을 취급하는데 필요한 최소량인 하한기준을 단독으로 설정할 수 있다.

(4) 중요관리점에 대한 모니터링 체계 확립(원칙 4)

네 번째 원칙은 중요관리점CCP을 효율적으로 관리하기 위한 모니터링 체계를 수립하는 것이다. 모니터링이란, 중요관리점에 해당되는 공정이 한계기준을 벗어나지 않고 안정적으로 운영되도록 관리하기 위하여 종업원 또는 기계적인 방법으로 수행하는 일련의 관찰 또는 측정수단이다.

모니터링 체계를 수립하여 시행하게 되면 첫째, 작업과정에서 발생되는 위해요소의 추적이 용이하며, 둘째, 작업공정 중 중요관리점에서 발생한 기준이탈Deviation 시점을 확인할 수 있으며, 셋째, 문서화된 기록을 제공하여 검증 및 식품사고 발생 시 증빙자료로 활용할 수 있다.

HACCP팀은 모니터링 활동을 수행함에 있어서 연속적인 모니터링을 실시해야 한다. 연속적인 모니터링이 불가능한 경우 비연속적인 모니터링의 절차와 주기(빈도수)는 중요관리점이 한계기준 범위 내에서 관리 될 수 있도록 정확하게 설정되어야 한다. 모니터링주기 설정 시 작업공정 관리에 대한 통계학적 지식이 적용되면 더욱 효과적인 결과를 얻을 수 있다.

모니터링 결과는 개선조치를 취할 수 있는 지식과 경험 그리고 권한을 가진 지정된 자에 의해서 평가되어야 한다. 한계기준을 이탈한 경우에는 신속하고 정확한 판단에 의해 개선조치가 취해져야 하는데, 일반적으로 물리적 · 화학적 모니터링이 미생물학적 모니터링 방법보다 신속한 결과를 얻을 수 있으므로 우선적으로 적용된다.

중요관리점을 모니터링하는 종업원은 해당 중요관리점에서의 모니터링 항목과 모니터링 방법을 효과적으로 올바르게 수행할 수 있도록 기술적으로 충분히 교육 · 훈련이 되어 있어야 한다.

(5) 개선조치 확립(절차 원칙 5)

HACCP 계획은 식품으로 인한 위해요소가 발생하기 이전에 문제점을 미리 파악하고 시정하는 예방체계이므로, 모니터링 결과 한계기준을 벗어날 경우 취해야 할 개선조치방법을 사전에 설정하여 신속한 대응조치가 이루어지도록 해야 한다.

일반적으로 취해야 할 개선조치 사항에는 공정상태의 원상복귀, 한계기준 이탈에 의해 영향을 받은 관련식품에 대한 조치사항, 이탈에 대한 원인규명 및 재발방지 조치, HACCP 계획의 변경 등이 포함된다.

개선조치가 완료되면 확인해야 할 기본적인 사항은 다음과 같다.

- 한계기준 이탈의 원인이 확인되고 제거되었는가?
- 개선조치 후 중요관리점은 잘 관리되고 있는가?
- 한계기준 이탈의 재발을 방지할 수 있는 조치가 마련되어 있는가?
- 한계기준 이탈로 인해 오염되었거나 건강에 위해를 주는 식품이 유통되지 않도록 개선조치 절차를 시행하고 있는가?

(6) 검증절차 확립(원칙 6)

HACCP시스템이 적절하게 운영되고 있는지를 확인하기 위한 검증절차를 설정하는 것이다. HACCP 팀은 HACCP시스템이 설정한 안전성 목표를 달성하는데 효과적인지, HACCP 관리계획에 따라 제대로 실행되는지, HACCP 관리계획의 변경 필요성이 있는지를 확인하기 위한 검증절차를 설정해야 한다. 검증내용은 크게 두 가지로 나뉜다.

- 첫째, HACCP 계획에 대한 유효성 평가
- 둘째, HACCP 계획의 실행성 검증

HACCP 계획의 유효성 평가라 함은 HACCP 계획이 올바르게 수립되어 있는지 확인하는 것으로, 발생가능한 모든 위해요소를 확인 · 분석하고 있는지, 중요관리점CCP이 적절하게 설정되었는지, 한계기준이 안전성을 확보하는데 충분한지, 모니터링 방법이 올바르게 설정되어 있는지 등을 과학적 · 기술적 자료의 수집과 평가를 통해 확인하는 검증의 한 요소이다.

HACCP 계획의 실행성 검증은 HACCP 계획이 설계된 대로 이행되고 있는지를 확인하는 것으로 작업자가 정해진 주기로 모니터링을 올바르게 수행하고 있는지, 기준 이탈시 개선조치를 적절하게 하고 있는지, 검사 · 모니터링 장비를 정해진 주기에 따라 검증하고 있는지 등을 확인하는 것이다. 이러한 검증 활동은 선행요건 프로그램의 검증 활동과 병행 또는 분리하여 실시할 수 있다.

(7) 문서화 및 기록유지(원칙 7)

HACCP 체계를 문서화하는 효율적인 기록유지방법을 설정하는 것이다. 기록유지는 HACCP 체계의 필수적인 요소이며, 기록유지가 없는 HACCP 체계의 운영은 비효율이며 운영근거를 확보할 수 없기 때문에 HACCP 계획의 운영에 대한 기록의 개발 및 유지가 요구된다.

HACCP 체계에 대한 기록유지방법 개발에 접근하는 방법 중의 하나는 이전에 유지 관리하고 있는 기록을 검토하는 것이다. 가장 좋은 기록유지체계는 필요한 기록내용을 알기 쉽게 단순하게 통합한 것이다. 즉 기록유지방법을 개발할 때에는 최적의 기록담당자 및 검토자, 기록시점 및 주기, 기록의 보관기간 및 장소 등을 고려하여 가장 이해하기 쉬운 단순한 기록서식을 개발해야 한다. 이 기록들은 제품을 유통시키기 전에 해당 작업장에서 HACCP 관리계획을 준수하였음을 보증하는 것이다.

04 메뉴경영

1. 메뉴의 종류

1) 정식요리 메뉴Table d'Hote Menu

요리의 종류와 순서가 미리 결정되어 있는 차림표를 정식Table d'Hote이라고 말하며, Appetizer, Soup, Fish, Eentree, Salad, Dessert, Beverage 순으로 제공된다. 근래에는 Table d'hote에 비례하는 코스를 서비스하는데, 일반적으로 고객의 기호에 맞지 않는 것은 제외되어 구성된 Semi Table d'hote는 대개 5~6코스 또는 4~5코스로 짜여져서 정식 A, B, C 등으로 구분하고 고객의 편의를 도모하며 제공된다. 일반적인 요리의 제공순서와 특징은 다음과 같다.

① 정식메뉴Table d'hote menu의 제공순서

- 전채Appetizer → Hors d'oeurvre
- 수프Soup → Potage
- 생선Fish → Poisson
- 주요리Main Dish → Entree
- 샐러드Salad → Salad
- 디저트Dessert → Dessert
- 음료Beverage → Boisson, Coffee or Tea

② 정식메뉴Table d'hote menu의 특징

- 저렴한 가격이다.
- 고객의 기호에 따른 선택의 폭이 좁다.
- 원가절감이 가능하다.

- 메뉴관리가 용이하다.
- 신속하고 능률적인 서빙이 가능하다.
- 조리과정의 일관성으로 인원이 최소화된다.
- 식자재관리가 용이하다.

2) 일품요리 메뉴A la Carte Menu

메뉴상의 명칭으로 고객의 주문에 의해 제공되며, Table d'hote와 상반되는 요리로서 계절과 조리기술에 따른 변수가 있어 메뉴의 변화가 많다. 아라까뜨는 1792년 프랑스에 많은 외국정부 고위관리자가 오랜 기간 모여서 회담하는 가운데 매일 같은 메뉴에 싫증을 느껴 생긴 요리이다. 메뉴상의 용어로 일품요리라고 하며, 식당에서 정식요리와 다르게 매 코스마다 주종의 요리를 준비하여 고객이 원하는 코스만 선택하여 먹을 수 있는 식당의 표준차림표이다. 일품요리의 특징은 다음과 같다.

- 고객의 입장에서 선택의 폭이 넓다.
- 객단가를 높일 수 있다.
- 가격이 비싸다.
- 인건비가 비싸다.
- 낭비가 많다.
- 식자재의 관리가 어렵다.
- 메뉴의 관리가 어렵다.
- 메뉴에 대한 지식이 없는 고객에게는 주문할 항목의 구성이 어렵다.

3) 특별메뉴Daily Menu

주방에서 제공하는 그 날의 특별메뉴는 원칙적으로 그날그날 시장에서 특별한 재료를 구매하여 요리장의 아이디어와 기술을 발휘하여 일품요리의 메뉴에 없는 상품을 조리하여 고객에게 새로운 별미로 식욕을 돋우게 하는 차림표이다. 계절과 기념일, 명절, 때와 장소에 따라 계절감각에 어울리게 싱싱하고 입맛을 돋울 수 있어야 한다.

4) 뷔페Buffet

일정한 요금을 지불하고 고객의 기호에 따라 이미 준비된 음식을 먹을 수 있는 셀프서비스 방식의 식사이다. 뷔페는 연회나 각종행사 등 일정하게 예약된 인원을 위하여 준비된 요리를 제공하는 주문식 뷔페Closed Buffet와 불특정다수의 고객을 대상으로 준비된 상설뷔페Open Buffet가 있다.

2. 메뉴스케줄

1) 고정메뉴Static Menu, Fixed Menu

정기적인 메뉴라고 하며 일정기간 동안 동일한 메뉴 제공이 반복적으로 이루어지는 속성을 가지고 있다. 예로서 전문음식이나 향토음식 등이 여기에 속한다. 고정메뉴의 특징은 다음과 같다.

- 주어진 기간 동안 같은 메뉴만을 반복하여 사용하기 때문에 원가가 절감되고 생산성이 높아진다.
- 원가와 음식패턴의 변화에 유연성 있게 대처할 수가 없다.
- 메뉴의 관리가 용이하다.
- 신속한 생산과 서비스로 좌석회전율을 높일 수 있다.

2) 순환메뉴Cycle Menu

특정기간을 주기로 메뉴를 교체하여 적용한다. 봄 · 여름 · 가을 · 겨울 등의 사계절 또는 6개월, 1년 등으로 나누어 교체시키며, 주로 단체급식을 취급하는 학교의 카페테리아, 병원, 회사의 구내식당, 군대 등에서 많이 이용되고 있다.

3) 단기메뉴

오늘의 메뉴, 주간메뉴처럼 매일매일 또는 주별로 메뉴판에 직접 명시하거나 POP 같은 것에 적어 부착 또는 이미 복사된 메뉴를 내놓는 것으로, 랜덤Random 메뉴라고도 한다. 이 메뉴의 특징은 성수기 때 질 좋고 저렴한 식재를 구입하여 활용할 수 있기 때문에 원가 및 품질관리에 유리하고 계절메뉴 등을 선보일 수 있으나 메뉴개발과 재료구입의 다양성과 복합성이 요구된다.

3. 메뉴의 유형

1) Breakfast

하루 중 아침에 제공되는 모든 요리를 말하는데, 지역의 특성이 강한 메뉴로서, 조식메뉴는 단순성, 신속성, 저렴성을 필요로 한다.

(1) American Style

달걀요리가 곁들여진 아침식사로 계절과일류Season Fruits, 주스류Juices, 시리얼류Cereals, 달걀요리류Eggs, 음료류Beverages, 케이크류Cakes, 빵류Bread & Rolls 및 그 밖에 달걀요리가 제공될 때는 햄, 베이컨 혹은 소시지 등이 곁들여 제공된다.

(2) Continental Style

달걀요리를 곁들이지 않은 아침식사로 빵 종류, 주스, 커피나 홍차 등을 제공한다.

(3) Vienna Style

비엔나식 조식은 달걀요리와 롤빵, 그리고 커피 정도로 먹는 식사를 말한다.

(4) English Style

미국식 조식과 같으나 생선요리가 포함되는 아침식사이다.

2) Brunch

아침 겸 점심으로 미국에서 많이 사용되고 있는 것으로, 아침과 점심의 병용식사 형태이다. 브런치Brunch는 Breakfast의 br과 Lunch의 unch의 합성어로 만들어진 말이다. 주로 정오 이전까지 제공되는 식사 형태이다.

3) Lunch

영국에서는 아침과 저녁 사이에 먹는 것을 Lunchon이라고 말하며, 미국에서는 12시부터 아무 때나 간단하게 먹는 것을 lunch라고 하는데, 비교적 Table d'hote 순서에 따라 3~4코스, 즉 수프Soup, 앙트레Entree, 디저트Dessert, 커피Coffee 등으로 구성된다. 특히 정식의 메뉴로 구성되어 있지만, 내용적으로는 정찬보다는 간단한 약식식사 형태이다.

4) Afternoon Tea

영국의 전통적인 식사습관으로 점심과 저녁 사이에 Milk Tea와 Cinnamon Toast를 먹는 것을 말한다. 그러나 지금은 영국뿐만 아니라 세계 모든 나라에서 애용되는 간단한 샌드위치, 과자, 초콜릿, 차 종류 또는 가벼운 와인까지 포함하여 서브되는 간단한 스낵으로 세미나, 컨벤션에 많이 이용되는 서비스이다.

5) Dinner

디너는 석식으로 내용적으로나 시간적으로 충분한 시간과 양질의 재료로서 요리하는 식사이다. 정식의 저녁식사로서 정찬요리에 음료판매도 곁들여 할 수 있는 것이다. 또 하루 중 가장 중요한 식사로 여유와 고품질 음식이 특징이며, 만찬 · 성찬의 저녁식사라고 한다.

6) Supper

서퍼란 원래 Formal Dinner, 즉 격식 높은 정식만찬을 의미하였으나 근래에 와서는 그 양상이 변하여 저녁 늦게 먹는 밤참으로 제공되는 것을 말한다.

4. 메뉴기획

고객들은 뭘 먹거나 마시길 원할까. 어떤 메뉴기획자들은 자신들이 선호하는 것이 고객과 일치할 것이라 생각한다. 그러나 반드시 그렇지만은 않다. 메뉴를 결정할 때는 메뉴기획자보다는 고객의 선호도를 고려해야 한다. 제품선호도는 고객들과의 면담을 통해서 또는 조사표, 소견엽서(불편신고 엽서), 잡지 등을 읽고 제품과 판매, 기록들을 연구하면서 습득할 수 있다.

1) 세련된 운영

운영 양식은 메뉴로 어떤 종류가 적합한지 결정하는데 도움을 주며, 다음의 5가지 요소는 어떤 종류의 메뉴가 제공되어야 할지 방향을 잡아 줄 것이다.

(1) 주제 또는 요리

레스토랑의 주제와 요리는 어떤 종류의 품목이 적합한지 결정하는데 도움을 준다. 예를 들면, 중국식당은 가족지향 체인점에 비해 매우 다른 메뉴를 가진다.

(2) 설비

메뉴기획자는 주방설비의 수용능력과 양식을 꼭 알아야 하며 빵 굽는 것, 찌는 것,

굽는 것, 튀기는 것 등의 설비가 가까운 곳에 있는지를 고려하여 폭넓고 다양한 메뉴들을 고를 줄 알아야 한다. 반면에, 설비가 제한된 경우에는 메뉴 또한 제한해야 한다. 메뉴를 고를 때 메뉴기획자는 일하는 통로를 따라 설비를 고르게 잘 배치한다. 예를 들어, 만약 앙트레와 많은 애피타이저가 구워졌고, 오븐과 불고기용 철판이 과다사용되었을 때 프라이용 고기가 넘쳤더라면, 많은 식당들이 앙트레 선택에 프라이, 굽기, 찜, 통구이 그리고 다른 준비방법을 반영할 것이다.

(3) 종사원의 능력

종사원의 능력은 메뉴 결정에 도움이 될 것이다. 숙련된 주방요리사가 없다면 메뉴에 품목을 적을 수 없을 것이다. 설비와 마찬가지로 메뉴기획자는 메뉴를 정할 때 주방 인원에 따라서 골고루 잘 배치해야 한다.

(4) 품질수준

메뉴의 모든 항목은 운영의 품질수준과 상충한다. 메뉴기획자는 적합한 수준을 유지하는 동안 준비와 제공을 하지 못한다면 품목은 메뉴에 설정할 수 없다.

(5) 예산

메뉴기획자는 메뉴를 기획할 때 재정상의 지출을 인식해야 한다. 상업적 부는 가치 있는 제품을 성취할 수 없고, 아무리 뛰어난 운영방법이라도 예산의 제한 없이 히트제품을 생산할 수 없다.

2) 메뉴품목의 선정

메뉴의 종류는 애피타이저, 샐러드, 앙트레, 전분품목(감자, 쌀, 파스타), 야채, 디저트, 그리고 음료로 서술될 수 있다. 메뉴기획자는 개발하고 수정된 메뉴를 이 범주 각각의 가능한 메뉴품목의 설비를 어떻게 만드는가?

- 과거 메뉴: 운영자의 전에 메뉴를 정리한다. 한때 인기 있던 것이 지금 그렇지 않을 경우에 그 이유를 알아내어 메뉴를 다시 설정한다.
- 서적: 요리전문서적이나 새로운 품목과 아이디어에 대한 외식산업에 관한 책을 준비한다.
- 상업 잡지: 새로운 품목을 위한 요리법의 훌륭한 출처를 알 수 있다.
- 요리책: 주부들을 위한 요리책은 가니쉬, 앙트레, 그리고 디저트에 관한 많은 아이디어를 제공받을 수 있다.

물론 그들의 선택에 따라서 요리법은 많은 제한을 받는다. 판매량을 통계로 낸 품목들은 고객들의 성향을 알 수 있게 한다. '우리 고객들이 선호하는 품목'이라는 것을 통해 어떤 것을 제거해야 하는지를 가르쳐 주는데, 아래와 같은 것들이다.

- 가격
- 주제와 요리의 불일치
- 사용 불가능한 설비
- 부족한 설비용량
- 부족한 주방공간
- 부족한 직원수
- 모순된 직원의 능력
- 구할 수 없는 식자재
- 모순된 경영의 질적 수준
- 위생문제

(1) 앙트레

앙트레Entree는 대개 처음으로 선택된다. 어떤 앙트레를 제공할 것인지를 결정해야 한다. 소고기, 돼지고기, 생선, 앙트레, 샐러드 등 계획할 때 느낄 것이다. 모두를 위한 어떤 것을 시도해야 한다. 그러므로 앙트레의 넓은 범위를 시도해야 한다. 이번 접근은 많은 운영 문제를 만드는 것이다. 예를 들어, 음식의 아주 다양함과 재료는 꼭 주문, 습득, 저장, 준비를 해야 한다. 많은 설비와 직원은 필요한 기술과 함께 유용하다. 제조와 제공 문제는 더더욱 그렇다. 단지 작은 앙트레의 제공조차 취소되면 이 문제를 절감시킨다. 많은 특이한 음식점들이 적은 앙트레를 제공한다. 이 조그만 문제는 주로 집에서 요리와 제공의 문제이다.

일찍이 앞에서 언급했듯이 메뉴기획자는 앙트레를 선택할 때 준비과정을 고려해야 한다. 어떤 음식점 목록에는 메뉴에 샌드위치와 같은 앙트레를 볼 수 있다. 샌드위치는 단지 분식점과 같은 데서 쓰인다. 샌드위치는 대개 고수익 품목이 아니다. 그래서 보통 식당에서는 고수익의 앙트레를 제공한다. 대개 본 앙트레와 함께 조그맣게 나온다. 샌드위치를 제공하는 식당은 주로 도로변의 간이휴게소 같은 데서 현금으로 판매된다.

(2) 애피타이저 / 수프

애피타이저는 과일 또는 토마토, 치즈, 과일주스 그리고 새우칵테일 같은 해산품 등이 포함된다. 애피타이저는 식사 전에 식욕을 돋우기 위해서 제공된다. 그래서 대개 향료 등을 친 무침도 조금 제공한다. 애피타이저의 종류와 수는 고객들과 운영체계에 대하여 결정해야 한다. 분식점은 대개 애피타이저를 가지지 않는 경우가 있다. 격조 높은 식당에서 새로운 메뉴가 거창하고 애피타이저를 꼭 포함한다.

많은 식당들이 제한된 수프 몇 가지를 제공한다. 때로는 'Soup du Jour'로 표기하기도 한다. 보통 2~3가지 정도의 메뉴가 제공된다. 애피타이저와 함께 표기되기보다는 따로 분리되어 기록된다. 수프의 종류는 식당의 형태에 따라 달라진다. 해산물 식당에서는 새우수프, 왕새우, 랍스터, 비스킷 등을 제공한다. 반면에, 이태리식당에서는 미니스트로니(야채, 고기, 버미첼리)를 제공한다. 부유층을 상대로 하는 식당에서는 비시스와즈Vichyssoise와 같은 냉장한 고기를 제공한다.

(3) 전분 품목 / 야채

품목은 대개 전분 품목과 야채를 계획한다. 때때로 전분 품목은 앙트레의 일부이다. 다른 때에 전분 품목은 구운감자나 파스타의 곁들인 요리로 분류되기도 한다. 많은 대부분의 식당에서는 야채를 앙트레와 함께 제공하기도 한다. 야채는 곁들인 요리로 제공될 수 있다.

또한 운영체계와 고객들에 따라 전분 품목과 야채를 결정해야 한다. 많은 해산식당에서는 구운감자와 감자튀김으로 제한되는 경우가 있다. 대부분의 식당에서는 쌀밥, 파스타, 감자류의 구운감자, 감자튀김, 크림, 매쉬 등의 다양한 것들을 제공한다. 중국식 식당에서는 야채, 분식 등의 매우 다양한 것이 제공된다.

(4) 샐러드

메뉴기획자는 먼저 샐러드를 곁들인 요리로 쓸 것인지, 앙트레로 제공할 것인지를 결정해야 한다. 대개 앙트레와 같은 치킨샐러드, 새우 또는 주방장의 오늘의 샐러드는 대개 점심메뉴로 정리된다. Tossed, Coleslaw, Potato, 과일 그리고 Cottage Cheese 샐러드를 곁들인 샐러드로 편중된다.

(5) 디저트

다음으로 기획해야 할 품목은 디저트이다. 디저트는 비싼 품목으로 생각되며, 그래서 맥도날드와 같은 패스트푸드점에서는 제공되지 않는다. 반면에, 매우 고품격 식당에서는 매우 정교한 디저트를 제공한다. 저칼로리 디저트는 건강을 의식하는 이에게 제공될 수 있다.

(6) 음료

무알코올의 음료를 종종 메뉴의 마지막 부분에 설정한다. 커피, 차, 우유와 소다수 같은 음료를 말한다. 고급식당에서는 매우 다양한 커피와 차를 제공한다. 만약 운영방침에 따라 알코올을 제공한다면 얼마나 많은 술을 제공할 것인지를 결정해야 한다. 몇몇의 맥주를 제공하거나 아주 많은 지역의 술과 유명한 술을 제공할 것인지? 얼마나 다양한 와인을 제공할 것이지? 디저트 와인과 코디얼을 와인메뉴에 함께 기록할 것인지? 얼마나 다양한 브랜드의 리큐르를 제공할 것인지? 체인점과 같은 식당은 상위 체인 본점과 상의를 하고 결정을 내려야 한다. 지배인은 운영에서 독립해서 그들 자신의 결정을 내려야 한다. 그리고 고객들의 선호, 식당 분위기, 음료의 원가, 공간 그리고 다른 업체 등의 주요사항에 바탕을 두어야 한다.

3) 메뉴의 균형

(1) 영업적 균형

음식가격과 메뉴가격, 인기 있는 품목, 그리고 다른 재정상 매출을 고려하여 균형을 맞춘다.

(2) 미적 균형

어떤 종류의 식사냐에 따라 메뉴의 색상, 표기, 기호음식을 고려하여 완성한다. 명백히 균형은 어떻게 고르느냐? 고객들의 선택의 폭 등을 매우 중요시한다. 색상은 식사의 느낌과 매우 밀접한 관계를 가진다. 단색보다는 두세 가지 색상이 훨씬 인상적이다. 식사는 매우 다양한 항목으로 완성된다.

대부분의 고객들은 수프, 스튜, 크림콘, 감자 그리고 초콜릿 푸딩을 좋아하지 않는 경우가 허다하다. 대개 딱딱한 앙트레는 감미롭고 부드러운 밑반찬을 요구한다. 부드러운 앙트레는 감자 프라이나 바삭바삭한 요리보다 더 나을 수도 있다. 만인이 좋아하는 것을 메뉴에 설정하기 위해서는 많은 경험이 필요하다. 예를 들어, 햄과 달걀은 새우와 달걀보다 훨씬 낫다. 포도주스에 달콤하게 절인 돼지고기 그리고 체리파이 또는 몇몇 음식은 많은 사람들에게 달콤하고 신맛이 나을 수도 있다.

(3) 영양적 균형

역사적으로 음식의 맛보다도 음식의 영양가를 더 중요시 해왔다. 그러나 가능한 메뉴에 균형을 잘 맞추어야 한다.

5. 메뉴분석

메뉴분석이란, 개발된 메뉴들이 종류와 가격 면에서 고객의 필요와 욕구를 충족시키고 업소 운영에 있어서도 적절한 수익을 산출할 만큼 합리적인지를 분석하는 것이다.

1) 인기지수평가법Popularity Index

(1) 인기지수

- 고객의 호응도를 메뉴 판매량을 이용하여 분석한 후 품목별로 상품력을 측정하는 것이다.
- 기간은 최소한 1개월 이상 체크해야 한다.
- 고객이 메뉴선택 시 품질과 가격의 영향을 많이 받으므로, 가격과의 관계도 고려해야 한다.
- 주변상황에 대한 철저한 이해가 선행되어야 한다.
  - 주말과 평일의 고객선호 품목의 차이
  - 업소 외적 행사
  - 식자재 재고상황
  - 날씨와 계절에 의한 고객취향의 변화

(2) 인기지수 산출시 필요한 항목

- 품목별 · 개별 판매수
- 총판매수
- 총판매수에 대한 개별품목들의 판매율Sales Mix

표 2.6 메뉴분석표

품 목	판매량	인기지수
김치버거	44	24%
불고기버거	54	30%
치즈버거	38	21%
더블치즈버거	32	17%
피시버거	14	8%
총 계	182	100%

(3) 인기지수의 문제점

- 메뉴수가 다른 그룹 간에는 인기지수로 비교가 불가능함
- 메뉴수가 적으면 인기지수가 커지므로 객관성이 결여됨

(4) 인기계수법

- 인기지수의 문제점을 보완하여 객관적인 인기지수를 구하기 위한 방법
- 실제 인기계수 / 평균적인 기대 인기지수
- 메뉴 내 모든 품목이 똑같은 경쟁력을 가진다는 가정 하에 구한 평균적 인기계수
- 인기계수 〉1 : 경쟁력이 큼
  인기계수 〈1 : 현상유지 못함
- 같은 그룹 내에서만 의미가 있다.

표 2.7 비인기도의 이익평가

품 목	판매비	총매출액		총식자재원가		총이익	
		지 수	계 수	지 수	계 수	지 수	계 수
허넙치	0.13	0.39	0.106	0.03	0.09	0.163	0.489
닭고기	0.38	1.14	0.342	0.24	0.72	0.420	1.26
소고기	0.49	1.47	0.552	0.729	2.189	0.417	1.25

2) 허스트 메뉴평가법Hurst Method of Menu Scoring

(1) 허스트 메뉴평가법

- 가격의 변화, 원가, 인기도, 이익공헌도 등이 판매에 미치는 영향을 측정하는 평가법
- 메뉴에 준 변화의 결과를 분석하기 위한 것
- 메뉴에 변화를 주고 꾸준히 Menu Score를 계산하여 변화의 결과를 평가한다.

(2) Menu Score 산출방법

- 평가기간 설정 : 2주 이상의 평상적인 기간
- 총 매출액에 공헌도가 높은 품목을 평가대상으로 선별
- 업소의 총 판매량 산출
- 선별 품목의 매출액과 식자재원가를 계산
- 선별 품목의 평균객단가 계산(매출액 판매량)
- 선별 품목의 총수익 계산(매출액 - 원가)
  선별 메뉴품목의 총매출액에 대비한 총수익률 계산(총수익 / 총매출액)
- 선별 품목의 평균수익 계산(평균객단가 총수익률)
- 총 품목판매수에 대비한 선별 메뉴품목의 판매율 계산(선별 품목의 총 판매수량 업소 전체 품목 판매수량)
- Menu Score 산출(평균수익 선별 품목 판매율)

(3) 문제점

- 타 업소와의 Menu Score 비교는 업소의 특수요인 때문에 분석에 큰 도움이 되지 못한다.

(4) 분석결과

- Menu Score는 높을수록 좋다.

- Menu Score가 지속적으로 낮은 경우 : 판매가가 낮다.
- 점진적인 증가추세 : 변화를 준 것이 옳았음.
- 객단가가 높지만 낮은 Menu Score는 원가가 높은 것

6. 메뉴공학

(1) 메뉴공학Menu Engineering

- 마케팅적 기법에 의해 메뉴의 가격, 내용을 평가하는 기법

(2) 메뉴분석 시 주안점

- 고객 수요량 : 업소 운영의 변동을 설명하는데 중요한 자료
- Menu Mix or Sales Mix : 일정기간 고객에게 판매한 각 품목의 수, 고객의 선호유형을 나타냄
- 마진 : 식자재 비용을 빼고 남는 금액 가격결정에 중요한 요소

(3) Menu Engineering 공식(Menu Mix, Price, Cost 필요)

- Menu Mix = 품목별 판매량 총판매량 : 100
- Item CM = 품목별 총마진
  - Item Cost = 품목별 총원가
  - Item Sales = 품목별 총매출액
- 총원가, 총매출액, 총공헌마진 계산
- 평균공헌마진 = 총공헌마진 총판매량
  - 평균 MM% = (100% 메뉴품목의 수) 70%

○ 메뉴품목 판정

	C. M	M. M
Star	↑	↑
Puzzle	↑	↓
Plowhorse	↓	↑
Dogs	↓	↓

(4) Menu Engineering의 문제점

- 아이템의 판매가 결정 : 전략을 메뉴 분석할 때 고려하지 않았음
- M.M의 기준을 위해 (1-1/N) 70%라는 공식을 사용했는데, 기준이 불분명
- 식자재 외에 다른 비용이 고려되지 않았음

(5) 분석결과별 특징

① Star

- 현재의 수준을 엄격히 지킴
- 메뉴 상 최상의 위치에 배열
- 가격변화에 고객이 민감한 반응을 보이지 않으므로 가격인상 가능

② Plowhorse

- C.M이 높으면 Star가 될 수 있다.
- 매가인상 시도 현재의 인지도에 영향을 주지 않게 함
- 원가를 줄임, Portion을 줄임
- 상대적으로 눈에 덜 띄는 곳에 위치
- Price인상 시 수요 감소가 있을 수 있으므로 원가는 낮추는 것이 더 바람직함

③ Puzzle

- 메뉴상 최상의 위치에 배열

- 아이템 이름 변경
- 매가의 인하를 통한 선호도를 높임

④ Dogs

- 메뉴에서 삭제
- 매가를 인상하여 'Puzzle'군으로 바꿀 수 있음

7. 손익분기점 분석

1) 손익분기점 분석Break Even Point Analysis : B.E.P

원가, 매출량, 이익의 관계를 분석하는 것이다.

2) 분석방법

- 비용을 고정비와 변동비로 분류하고 비용, 매출, 이익의 상호관계를 검토한다.
- 고정비 : 매출량의 증감에 관계없이 고정적으로 발생하는 비용(임대료, 이자, 급여, 보험료 등)
- 변동비 : 매출량의 증감에 대하여 일정한 비례관계를 가지고 증감하는 비용(자재비, 수도광열비, 직접인건비(임시직, 시간제직) 등)

3) 손익분기점을 계산하는 이유

- 메뉴판매에 따른 손익과 손실규모를 정확히 파악
- 업소의 목표판매량과 전략적인 판매가를 합리적으로 결정
- 개발메뉴를 시판에 앞서 영업규모의 예측이 가능

4) 손익분기점 계산방법

$$BEP = \frac{\text{고정비}}{1 - \frac{\text{변동비}}{\text{매출}}}$$

5) 손익분기점 분석의 전제

손익분기점 분석을 이용하기 위해서 원가회계시스템이 양호하게 설계되어야 한다.

- 식자재 가격변동으로 판매가의 일관성 유지가 어렵다.
- 단기계획에만 이용이 가능하다.

8. 메뉴평가기법

- 메뉴분석의 목적은 수익성과 판매가능성의 파악에만 있는 것이 아니고 업소의 분위기나 고객층, 가격대와 같은 전반적인 상황에 대한 평가도 이루어져야 한다.
- 메뉴의 형식, 가격, 판매율, 디자인, 색채로 분류한다.
- 분석된 결과는 피드백이라는 과정을 거쳐 수정 · 보완되어야 한다.

1) David K. Hayes & Lynn Huffman 기법

- 원가율, 공헌마진, 선호도를 이용하여 순수익을 기준으로 아이템에 대한 수익성을 평가
- 원가 + 고정비용 + 변동비용 고려
  - 총 아이템의 순이익 / 총매출액 = 수익률(%)
  - 총 아이템의 순이익 : 각 메뉴 아이템의 손익계산서를 만들어 순이익을 구한 뒤, 각각의 순이익을 합친 것

- Goal Value = (1 - 식료원가) × 판매수량[판매가 1 - (변동비 백분율 + 식료원가 백분율)]

- 각 Item별 Goal Value가 위의 Goal Value보다 같거나 크면 위에서 구한 수익률을 달성할 수 있다고 본다.
- 아이템별 고정비용과 변동비의 산출시 계산상, 배분상의 어려움이 있다.
- 새 아이템이 어느 정도 팔려야만 목표가치를 달성할 수 있는지 알 수 있다.

2) David V. Paversic의 기법

- Cost Margin Analysis
- 식료 원가율과 CM으로 분석함
- 원가가 낮고 판매량이 많아 공헌마진이 높은 아이템이 최고의 아이템이다.
- 메뉴를 그룹으로 구분하여 분석함
- 선호도 측정 : 1/menu item의 수 0.7 팔린 전체 아이템의 총 개수 선호도가 '있 다, 없다'를 기준으로 삼는 매출량
- PFC = 총식료원가 / 총매출액
- 평균공헌마진 분석 = 전체공헌마진 / 총 메뉴 아이템의 개수
- 평균개념을 도입하여 선호도와 수익성, 원가율을 계산하였다는 단점을 내포

PROBLEMS COST : HIGH CM : LOW	STANDARDS COST : HIGH CM : HIGH
SLEEPERS COST : LOW CM : LOW	PRIMES COST : LOW CM : HIGH

3) 고객 호응도Sales Acceptability 분석을 통한 선호도 평가

완전한 메뉴는 각 아이템이 똑같은 비율로 선택되어질 때 이상적이다. 그러나 현

실적으로는 불가능하여 완전 팩토율보다는 부분 팩토율을 기준으로 고객호응도 분석을 한다.

아이템수	완전 팩토율	부분 팩토율	메뉴믹스의 호응도(%)
5	0.20	0.90	0.1
10	0.10	0.80	0.08
20	0.05	0.70	0.035
25	0.04	0.60	0.024
30	0.03	0.50	0.015

4) 판매지수와 제공지수를 이용한 선호도분석

- 선호도지수 = 판매지수 / 제공지수
- 판매지수 = 아이템 총매출량 / 팔린 총매출량
- 제공지수 = 한 아이템이 제공된 총횟수 / 전체 아이템이 제공된 횟수
- 선호지수가 1보다 작으면 문제가 있음

5) 매가(賣價)의 분석

- 고객이 원하는 가격과 레스토랑에서 결정한 매가가 일치될 때 가격 결정은 성공적임
- 메뉴가격의 평균과 고객이 지불한 평균의 비교
  - 메뉴의 각 메뉴군의 매가의 평균을 결정
  - 고객의 객단가 계산
  - 메뉴 평균과 고객이 소비산 평균을 비교하여 10%의 허용치를 두어 이 범위 속에 있으면 이상적임

CHAPTER 03

외식산업의 원가관리와 재무관리

01 원가관리

1. 원가와 원가관리

1) 원가의 개념

기업은 상품을 판매하는 과정에서 얻은 이윤으로 기업 활동을 하는데 외부적으로 판매도 중요하지만, 내부적으로는 원가의 효율적 관리를 통해 기업이윤을 창출한다. 이는 매우 밀접한 관계를 가지고 있다.

판매가에 비해 원가가 너무 높을 경우에는 목표이익의 감소를 초래하여 경영수지에 압박을 주며, 반대로 너무 낮을 경우에는 단기적으로 목표이익이 증가하겠으나 상품의 질적 저하로 고객이 감소한다면 매출이 감소되어 결과적으로 이익도 감소할 것이다. 이러한 원가의 개념은 모든 기업의 상품생산에 공통된 개념으로 똑같이 적용되는 부분이다(우문호 · 강무근, 2001).

원가란 "자산을 획득하기 위하여 소비된 모든 경제적 가치를 의미"하며 경제적 가치의 크기를 화폐수량으로 표시한다. 따라서 원가계산에 있어서 제품이란 "제품생산을 위하여 소비된 경제적 가치"라는 조건을 가져야 한다. 일반적으로 원가라 하면 제품제조 원가를 의미하며 제조원가 및 판매관리원까지 더한 것이 총원가라고 한다. 즉 특정한 목적을 달성하기 위하여 희생되거나 포기된 자원을 원가라고 한다.

호텔이나 레스토랑의 주방은 일반 기업의 제조공장과 같은 경우이지만, 차이가 있다면 여러 가지의 메뉴를 주문에 의해서 생산이 이루어지는 것이다. 또한 생산(제조 · 조리), 판매, 소비, 지불의 순서대로 과정이 비교적 단조롭고 단시간 내에 이루어지는 특징을 가지고 있다. 특히 식재료는 부패성이 강하여 재고로서 저장이 불가능하기에 제조업과는 다르게 생산과 판매가 동시에 이루어지지 않으면 안 된다.

일반 제조기업이 완제품을 기준으로 하여 원가요소별 구분이 뚜렷하여 원재료별, 노무별 경비 등에 적정한 원가배분이 용이하고 비교적 적은 품목의 제품이 상당기간 지속적으로 생산되며 즉각적인 판매보다도 재고됨으로써 시간적 여유를 가지고 판매되어지는 것에 비하여 식음료상품은 주문에 따라 짧은 시간 내에 조리, 판매해야 하는 특수성을 가지고 있는 것이 가장 큰 차이라고 할 수 있다. 일반적으로 레스토랑 경영에 있어 식음료 원가는 운영상 가장 큰 단위 금액인 총 매출액의 30~35%를 차지하므로 레스토랑 경영에 있어서 인건비와 함께 가장 우선적으로 통제관리가 되어져야 한다.

식음료에서의 경영활동은 크게 경제적인 식자재 구입을 통한 구매활동, 상품을 생산하는 조리활동, 그리고 고객이나 소비자들에게 상품을 구매하고 소비하게 하는 판매활동의 3요소로 형성되어 있으며, 조리와 구매활동은 식음료 부서의 이익을 창출하는데 원가의 핵심적 요소라고 볼 수 있다.

2) 원가관리의 개념

원가관리는 원가절감을 목적으로 하고, 원가의 수치를 관리수단으로 하여 경영활동의 제반된 사항을 관리하는 것을 의미한다. 일정기간 경영활동의 결과로 발생하게 될 원가의 계획을 예상하고 수립해서 실제활동에 의해 발생될 원가를 계획원가와 비교하고 대조하여 차이의 발생 원인을 추적하고 차이 원인을 배제시킴으로써 경영활동을 계획적으로 운영하려는 경영관리이다.

즉 원가의 계획과 원가의 통제를 포함시킨 개념이다. 원가관리시스템은 다양한 가격정보 수집과 과거의 원가자료를 분석해서 적정원가를 산정하고, 공정하고 합리적인 가격을 결정함으로써 기업 활동을 하면서 발생되는 여러 부문의 정보들을 효과적으로 활용하여 사용자에게 정확하고 신속한 원가정보를 제공함으로써 기업의 운영과 효율성을 증대시켜 기업의 경영방침을 수립하는데 기초적인 지침을 제공한다(곽재성, 2002).

효율적 원가관리의 방법 중 하나는 최대의 이윤을 얻기 위하여 각 부문의 책임과 권한을 명백히 해야 하고, 부문관리자가 원가 발생의 원인을 확실히 이해해야 한다. 일정 기간 중에 높게 나타난 원가율에 대한 책임과 원인에 대해서 파악하고, 그 책임

소재가 규명되지 않을 때는 원가율의 개선은 기대되지 않을 것이다(이철수, 1997).

식음료 원가는 식음료 생산을 위한 식재료의 구입방법, 보관과정, 생산과정, 판매과정에 따라 원가를 달라질 수 있다. 식자재의 원가는 구입, 제조, 판매를 거치면서 일어나는 계산이다. 원가관리는 식음료 부문에서의 원가를 표준 이상으로 올라가지 않게끔 통제하고 조정해야 한다. 식재료 원가관리는 원가수치를 분석하고 원가의 추가발생 원인을 명백히 하는 동시에 그 차이의 원인 및 정도를 측정하여 경영능률의 증진, 즉 원가절감에 기여하는 것이다.

식음료 원가율의 최소화를 위하여 계획된 식자재 사용계획인 메뉴 레시피를 작성하고 각각의 실정에 맞는 표준원가를 설정해야 한다. 특히, 물량설정이 필요하며 식음료부문의 원가관리상에 있어서 실제 발생된 원가를 표준원가와 대비할 수 있도록 계산 관리되어야 한다.

표준원가가 설정되면 이를 토대로 월별 원가관리표를 작성해서 표준원가를 달성하기 위한 노력을 전개해야 된다. 효율적 원가관리를 위해서는 첫째, 식음료 원가관리를 위한 관리 단위를 명확히 해야 한다. 둘째, 원가관리표를 작성한다. 셋째, 구매식재료에 대한 철저한 검수를 실시한다. 넷째, 구매담당자의 관리를 철저히 한다. 다섯째, 정확한 재고를 주기적으로 조사한다. 여섯째, 재고의 흐름에 따른 손실을 명확히 하고 각 업장별 통일된 전표처리를 처리한다. 일곱 번째, 납품업자와 협력체계를 서로 윈 - 윈Win-win할 수 있도록 구축한다. 여덟 번째, 관련 재료의 원가정보를 수집하고 원가변동에 따른 대책을 검토한다. 마지막으로, 구매담당자, 조리책임자의 기업윤리를 확립한다.

이러한 관리활동이 종사원을 구속하거나 단속하기 위한 목적으로 설계되면 안 되고, 식음료활동의 전반적인 내용을 계속적으로 모니터링하여 비효율적인 요소는 제거하고 필요한 조치를 내릴 수 있도록 활동되어져야 한다. 즉 정보를 수집하여 기록하고, 분석해서 최고경영자에게 보고됨과 동시에 적절한 의사결정 및 조치를 권고하는 방향으로 유도되어야 한다. 호텔 및 외식기업에서 현대적인 경영관리기법인 관리회계제도를 도입함으로써 원가분야에 대해서 관리자뿐만 아니라 전체 종사원들에게 원가에 관한 관리제도를 숙지할 수 있도록 제도의 효율적인 운영이 필요하다.

호텔 및 외식기업에서 식음재료비의 원가차이 분석은 재료가격의 변동, 사용수량의 변동, 매출구성비 변동, 기타 생산과정에서 재료비 사용과 관련하여 발생하는 변동 등으로 품질의 변화와 재료의 낭비, 훼손, 분실, 장비의 불완전, 종업원의 미숙련, 감독의 불충분 등이 주요원인이다.

표 3.1 식음료 원가관리 지침

사전관리 지침	실행관리 지침	사후관리 지침
개념의 정립	구매관리	판매분석
메뉴의 계획	검수관리	원가분석
표준레시피 작성	지정고관리	메뉴분석
표준분량의 설정	생산관리	재고분석
표준구매 명세서	작성물자 흐름의 관리	시장분석
표준화된 물자흐름의 관리절차 및 방안 작성	판매관리 재고관리	매가분석

2. 원가관리요소

1) 수요예측에 따른 원가관리

레스토랑은 고객의 주문에 의해 상품(조리된 음식)을 생산하여 판매한다. 계절별, 지역별, 날씨, 교통, 고객의 취향 등으로 인하여 레스토랑의 이용횟수가 항시 변할 수 있으므로 이용고객수를 정확하게 예측하여 재료를 구입하거나 상품을 생산하는데 어려움을 가지고 있다. 정확한 수요예측을 위해서는 주방별로 매뉴얼이 잘 갖추어져 있어야 하고, 식자재 구매 시에도 전년도 매출기록 당일 예약상황, 재고상황 등을 파악하고 기초자료를 이용하여 식자재 구매가 이루어져야 한다. 이에 효과적인 수행을 위하여 시장경제에 늘 관심을 가져야 하며, 동종업계 답사, 정기적인 시장조사 등을 통해 변화에 민감하게 대처하도록 해야 한다.

또한 식품의 특성상 일정기간이 지나면 부패, 변질되기가 쉽고 유통기한이 지나서 사용할 수 없는 식자재가 발생하게 되므로, 식자재 구매 전에 정확한 수요를 예측하여 구매하게 되면 비용, 식자재의 신선도, 저장공간 등의 효율성을 높일 수가 있을 것이다(이종길, 2003).

과학적인 수요예측을 위해 표준구매명세서Standard Purchase Specification에 기초를 두어 구매가 이루어져야 하며 계획Planning, 예측Forecasting, 조직Organizing 또는 관리Controlling와 같은 고도로 전문화 된 경영기능을 갖추고 이를 바탕으로 업무가 진행되어야 수요예측과 재고관리Inventory Management가 이루어진다. 정확한 수요예측 없이 구매가 이루어진다면 필요한 시점에 부족해서 사용하지 못하게 되거나, 또는 과다하게 구입해서 악성재고로 남는 상황이 초래될 수 있기 때문에 전산프로그램의 활용을 활성화해서 과학적인 수요예측이 이루어지도록 해야 한다.

2) 조리종사원에 따른 원가관리

호텔 · 조리사의 업무는 단순히 음식을 생산해 내는 것이 아니라, 여러 가지 다양한 기술과 경험을 바탕으로 품질 높은 식음료서비스를 고객에게 제공하는 것이다. 따라서 호텔식음료 상품의 판매를 위해서는 많은 경험과 기술을 요구하는 주방업무의 특성상 유능한 조리사를 확보하고 있어야 한다. 조리사는 과학적이고 품질 좋은 식재료를 활용해서 요리를 하도록 해야 한다.

조리에 있어서도 손실의 방지를 위해 정확한 레시피에 의해 조리를 해야 하고 식자재의 색상, 향 등의 고유의 특성을 살려 인간의 오감을 만족시킬 수 있도록 다양한 음식을 만들어야 한다. 또한 식자재를 신선하게 보관하여 식품이 본래 가지고 있는 영양성분이나 질이 손실되지 않도록 관리 · 유지해야 하는 것과 불필요하게 버려지는 낭비가 없도록 하는 것도 조리사들이 갖춰야 할 기본업무이며 의무이다. 이것은 곧 식자재 원가관리의 원천이 되기도 한다(서민석, 2005).

3) 구매자에 따른 원가관리

구매부서의 구매담당자는 호텔 운영에 소요되는 모든 원자재 및 각종 물품들을 안정적으로 확보하고 원자재의 품질, 생산부서의 요구, 원자재의 원가 등을 기초로 효율적인 구매의사 결정을 내려야 한다. 특히 선택의 폭이 더욱 다양해진 식자재의 구매는 구매담당자의 식자재에 대한 전문지식을 더욱 요구하고 있다(김경환 외, 2002).

구매업무를 구체적으로 살펴보면, 호텔 · 외식업체의 각 부서들로부터 구매요청을 받아서 정보로 수집하고 시작조사를 실시하여 최적의 공급업자를 선정하게 된다. 다음은 가격결정인데, 가격은 품질관리와 원가관리 측면에서 매우 중요한 요소이다. 가격수준은 호텔에게는 수익을 가져다주고, 고객을 만족시킬 수 있는 수준에서 결정되어야 한다. 따라서 구매부서 직원들은 식자재 사용량 및 가격변동에 따라 구입 비축시기 및 구입량을 결정하여 연간 가격변동표를 작성하고, 조리부서의 협조를 받아서 가격상승 시기에 품목별 대체품 선정을 하며 창고의 적정재고량을 유지 및 비축계획 수립과 정기적으로 창고비축품 수량을 각 사용부서에 통보해야 한다.

구매가격이 결정된 후에도 공급업자와의 긴밀하고 원활한 관계를 유지해가며 상호 의존적인 장기거래가 형성될 수 있도록 해야 하고, 발주서를 작성, 송부하고 발주에 대한 사후점검으로 송장을 점검하여 송장이나 물품 내용에 차질이 있을 경우 반품처리하고 구매거래의 내용을 장부에 기록 · 정리하여 보관한다.

구매담당자들은 공급업체와 직접 접촉해야 하고 각 영업장에서 필요한 각종 식자재들을 적절한 공급업자들을 통해 적정한 가격으로 구매해서 자재를 신청한 부서로 인도해야 하는 여러 단계의 복잡한 과정의 업무를 수행한다(송두석, 1995).

4) 검수에 따른 원가관리

검수는 구매요청서에 의해서 주문되어 배달된 물품의 내용(품질, 규격, 성능, 수량 등)이 구매하려는 해당 식자재와 일치하는 가를 검사하고 받아들이는데 따른 관리활동이다(김동승, 1995).

따라서 검수담당자는 무엇보다도 주문 상품에 대한 요구품질 내용을 숙지해야 하며, 그래야만 배달되어온 물품의 품질, 수량, 구매명세서, 가격 등 제반요소를 비추어 정확하게 검사하고 평가함으로써 그 물품을 받아들일 것인지 반품시킬 것인지를 결정할 수 있게 될 것이며, 이 때 가격의 검토는 대개 식자재와 함께 보내온 송장Invoice과 구매요청서의 내용을 비교함으로써 이루어진다.

표 3.2 품목별 검수 시 고려사항

품 목	고 려 사 항
야채류	크기 및 색깔, 다듬기, 신선도 품종 고유의 향기 등
과일류	크기, 형태, 숙성도 및 등급, 향기, 색깔, 신선도, 산지 등
육류	종류, 등급, 육질, 다듬기 상태, 지방 및 힘줄 점유율, 신성도 등
달걀류	크기 및 중량, 미세한 구열, 신선도 및 영양상태, 수량 등
어패류	신선도, 살아있는 정도, 깨끗함 정도, 크기, 산지 등
생선류	크기 및 중량, 자연산과 양식 여부, 원산지, 신선도, 살의 탄력성 등
냉동식품	냉동방법, 포장상태, 유효기간, 원산지 등(주방에서 해빙 후 하자가 발생 시 반품의 전제조건)
공산품	유효기간, 포장상태, 포장단위, 국내산과 수입산 여부 등 캔 제품 유효기간, 포장상태, 상표, 실 중량, 녹의 유·무 등

5) 저장 및 출고관리에 따른 원가관리

식자재의 저장관리란, 검수과정을 거쳐 입고된 식자재를 손실 없이 보관하여 출고가 원활히 이루어지도록 관리하는 데에 있다(임붕영 외, 1997). 적정량의 식자재를 유지하고 품질을 최상의 상태로 보존하여 부패와 절도에 의한 식자재의 손실 발생을 최소화하기 위해 식자재 창고를 효율적으로 운영하는 것이 바람직하다.

02 재무관리

1. 회계의 의의

상업이 발달하고 지중해무역이 융성하던 중세 후기 이탈리아에서 '코멘다'라는 상인계층이 생겼는데, 이들은 자신의 돈으로 장사를 하지 않고 타인에게서 돈을 받아 운영했다고 한다. 타인의 돈으로 이익을 내고 이를 투자자와 나누어가졌는데, 투자자들에게 운영한 결과를 보고하기 위해 영업내용을 기록하기 시작하였으며, 이것이 오늘날 전 세계가 사용하는 회계기록 방식의 모태를 이루었다(삼일회계법인, 2007).

이 역사적 사실로 회계는 다음과 같이 정의될 수 있다. 회계란, 회사의 경영활동에 관심을 갖는 다양한 이해관계자가 합리적인 의사결정을 할 수 있도록 경영활동을 기록하고 추적하여 회사에 관한 유용한 정보를 측정하여 전달하는 과정이다. 쉽게 말하면, 회사에 대해 관심이 있는 사람들에게 회사에 대한 다양한 재무정보를 생성하고 전달하는 것을 회계라고 한다.

위에서 언급한 경영활동이라는 것은 회계의 대상이 되는 기업실체의 경제적 사건이라고 표현할 수 있는데, 이는 기업이 외부로부터 자원을 조달하여 재화와 서비스를 생산하고, 교환하고, 이익을 분배하는 등 일련의 활동을 한 결과 기업이 지배하고 있는 희소한 자원에 변동을 가져오는 일련의 사건을 뜻한다. 기업 실체에 경제적 사건이 발생하면 기업의 자원(자산)과 의무(부채) 및 소유자 지분Owner's Equity에 변동을 일으키고, 이에 따른 소유자지분의 증감은 기업의 경영성과를 나타나게 되는 것이다(최정길, 2006). 따라서 회계에 대한 기본 지식이 없이는 기업 활동을 효율적으로 이해하고 수행하기 위한 의사소통을 할 수 없게 된다. 이런 연유로 하여 회계는 '기업의 언어Language of Business'라고 일컬어지기도 한다(김순기 · 전성빈, 2002).

2. 회계의 구분

기업회계는 정보이용자에 따라 '재무회계'와 '관리회계'로 구분한다. 재무회계는 외부보고 목적의 회계로서 정보이용자의 투자결정, 신용결정 기타의 의사결정에 유용한 정보를 제공함을 목적으로 하는 것으로 주로 재무제표 중심의 회계를 말한다. 반면에 관리회계는 내부보고 목적의 회계로서 기업 내부의 경영자가 관리적 의사결정을 하는데 유용한 정보를 제공함을 목적으로 하는 것으로, 특히 경영의 계획과 통제를 위한 정보제공이 중요시된다(삼일회계법인, 2008).

표 3.3 재무회계와 관리회계 구분

구 분	재무회계	관리회계
의의	• 기업의 재무상태, 경영성과, 자본변동, 현금흐름을 표시 • 외부보고	• 의사결정을 위한 정보의 제공 • 경영계획 및 통제를 위한 회계 • 내부보고
목적	• 정보이용자의 경제적 의사결정에 유용한 정보제공	• 경영자의 관리적 의사결정에 유용한 정보 제공
보고대상	• 투자자, 채권자 등	• 외부이해관계자 경영자(내부이용자)
작성근거	• 일반적으로 인정된 회계원칙	• 경제이론, 경영학, 통계학 등
보고양식	• 재무제표	• 일정한 양식이 없음
보고시점	• 보통 1년 단위(또는 분기, 반기)	• 일별, 월별, 분기별, 반기별 등
법적 강제력	• 있음	• 없음

3. 재무보고

재무보고는 기업실체 외부의 다양한 이해관계자(투자자, 채권자, 경영자, 정보중개인, 조세당국, 감독·규제기관 및 일반대중)의 경제적 의사결정을 위해 경영자가 기업실체의 경제적 자원과 의무, 경영성과, 현금흐름, 자본변동 등에 관한 재무정보를 '일반적으로 인정된 회계원칙GAAP : Generally Accepted Accounting Principles'에 근거하여 진실되고 적정하게 작성 및 제공하는 것을 말한다.

재무보고의 가장 핵심적인 수단은 대차대조표, 손익계산서, 이익잉여금처분계산서, 현금흐름표 그리고 자본변동표로 구성된 재무제표이며, 재무제표를 이해하는데 필요한 추가적인 정보를 기술한 주석과 부속명세서를 포함한다. 특히, 손익계산서는 기업의 경영성과를 명확하게 보고하기 위하여 일정기간 동안에 일어난 거래나 사건을 통해 발생한 수익과 비용을 나타내는 보고서이다. 즉 손익계산서는 일정기간 동안의 기업경영성과를 보고하는 기본 재무제표이며 일정기간 동안의 영업활동을 나타내는 동태적 보고서이다.

이런 재무제표를 통해 이루어지는 재무보고는 투자 및 신용의사 결정에 유용한 정보, 미래 현금흐름 예측에 유용한 정보, 재무상태, 경영성과, 현금흐름 및 자본변동에 관한 유용한 정보, 그리고 경영자의 수탁책임 평가에 유용한 정보를 제공하는 것을 그 목적으로 한다(삼일회계법인, 2007). 그러나 재무제표는 주로 과거 사건의 재무적 영향을 표시하는 것을 목적으로 하며 비재무적인 정보까지는 제공하지 못하므로, 정보이용자의 경제적 의사결정을 위해 필요할 수 있는 모든 정보를 제공하지 못하는 한계를 가지고 있다.

4. 회계정보의 질적 특성

재무보고의 목적이 달성하기 위해서는 재무제표에 의해 제공되는 정보가 정보이용자들의 의사결정에 유용해야 한다. 회계정보의 질적 특성이란 재무보고를 통해 전달되는 회계정보가 유용하기 위해 갖추어야 할 주요 속성을 말하며, 회계정보 유용성의 판단기준이 된다.

목적적합성과 신뢰성이라고 할 수 있다. 회계정보가 유용하기 위해서는 이해가능성이란 전제조건이 충족되어야 하며, 회계정보 간에도 비교가능성이 높아야 한다. 이해가능성, 목적적합성, 신뢰성 및 비교가능성의 개념들을 좀더 자세히 살펴보면 다음과 같다.

첫째, '이해가능성'이란 이용자가 그 정보를 쉽게 이해할 수 있어야 한다는 것이다. 이 때 이용자는 경영 및 경제 활동과 회계에 대한 합리적인 지식을 가지고 있으며 관련 정보를 분석하기 위하여 합리적인 노력을 기울일 의지가 있는 것으로 가정한다. 그러나 복잡한 내용의 정보이지만 다수 이용자의 경제적 의사결정 목적에 적합하여 재무제표에 포함될 필요가 있는 경우 단지 그 정보가 일부 이용자에게는 너무 어려워서 이해하기 어려울 것이라는 이유만으로 제외해서는 안 된다.

둘째, '목적적합성'이란 정보가 유용하기 위해서 이용자의 그 정보가 의사결정 목적과 관련되어야 한다는 것이다. 목적적합한 정보란 이용자가 과거, 현재 또는 미래의 사건을 평가하거나 과거의 평가에 대한 정보이용자의 당초 기대치를 확인 또는 수정하도록 도와주어 경제적 의사결정에 영향을 미치는 정보를 말한다. 정보의 예측 역할과 확인 역할은 상호 관련이 있다. 예를 들면, 기업이 현재 보유하고 있는 자산 규모와 그 구성에 관한 정보는 이용자가 기업의 기회활용 능력과 위기대응 능력을 예측하는데 유용한 정보이다. 당해 정보는 기업의 예상 조직구조나 계획한 영업의 성과에 대한 이용자의 과거 예측이 적절하였는지를 확인하는 역할을 하기도 한다. 이러한 예측 가치와 피드백 가치는 서로 분리할 수 없다. 또한, 정보의 목적적합성은 정보가 의사결정에 반영될 수 있도록 적시에 제공되어야 한다. 적시성 있는 정보라 하여 반드시 목적적합성을 갖는 것은 아니나, 적시에 제공되지 않은 정보는 주어진 의사결정에 이용할 수 없으므로 목적적합성을 상실하게 된다.

셋째, 정보가 유용하기 위해서는 또한 신뢰할 수 있어야 한다. 신뢰성 있는 정보란 그 정보에 중요한 오류나 편의가 없고, 그 정보가 나타내고자 하거나 나타낼 것이 합리적으로 기대되는 대상을 충실하게 표현하고 있다고 이용자가 믿을 수 있는 정보를 의미한다. 재무정보가 특정거래나 그 밖의 사건에 대해 나타내고자 하는 바를 충실하게 표현하기 위해서는 거래나 그 밖의 사건을 단지 법률적 형식만이 아니라 그 실질과 경제적 현실에 따라 회계처리하고 표시해야 한다. 거래나 그 밖의 사건의 실질은 법률적 형식이나 외관상의 형식과 항상 일치하지는 아니한다. 충실한 표현 외에도 정보가 신뢰성을 갖기 위해서는 객관적으로 검증가능해야 한다. 검증가능성이란 동일한 경제적 사건이나 거래에 대하여 동일한 측정방법을 적용할 경우 다수의 독립적인 측정자가 유사한 결론에 도달할 수 있어야 함을 의미한다.

넷째, 비교가능성이란 한 기업 또는 다른 기업의 재무상태와 경영성과 및 재무상태변동을 평가하기 위해 기간별로 재무제표를 비교하거나 기업 간 재무제표를 비교할 수 있어야 한다는 것을 의미한다. 따라서 유사한 거래나 그 밖의 사건의 재무적 영향을 측정하고 표시할 때 한 기업 내에서 그리고 당해기업의 기간별로 일관된 방법이 적용되어야 하며, 기업 간에도 일관된 방법이 적용되어야 한다. 일반적으로 인정되는 회계원칙에 따라 재무제표를 작성하면 회계정보의 기업 실체 간 비교가능성이 높아진다.

따라서 회계정보의 질적 특성은 서로 독립적으로 작용하는 것이 아니라 서로 상충될 수 있는데, 이런 질적 특성 간의 상충관계는 목적적합성과 신뢰성 간에 발생할 수 있으며 주요 질적 특성의 구성요소 간에도 발생할 수 있다. 따라서 경영진은 적시성 있는 보고와 신뢰성 있는 정보제공의 장점에 대한 상대적 균형을 고려할 필요가 있다. 적시에 정보를 제공하기 위해서는 특정거래나 그 밖의 사건의 모든 내용이 확인되기 전에 보고할 필요가 흔히 있을 수 있으며, 이로 인해 신뢰성이 훼손될 수 있다. 반면, 모든 내용이 확인될 때까지 보고를 지연할 경우 정보의 신뢰성은 매우 높아질 수 있으나, 그 보고시점 이전에 의사결정을 해야 하는 이용자에게는 거의 유용하지 않은 정보가 될 수 있다. 신뢰성과 목적적합성이 균형을 이루기 위해서는 이용자의 경제적 의사결정 요구를 어떻게 최대한 충족시킬 수 있느냐를 우선 고려해야 한다.

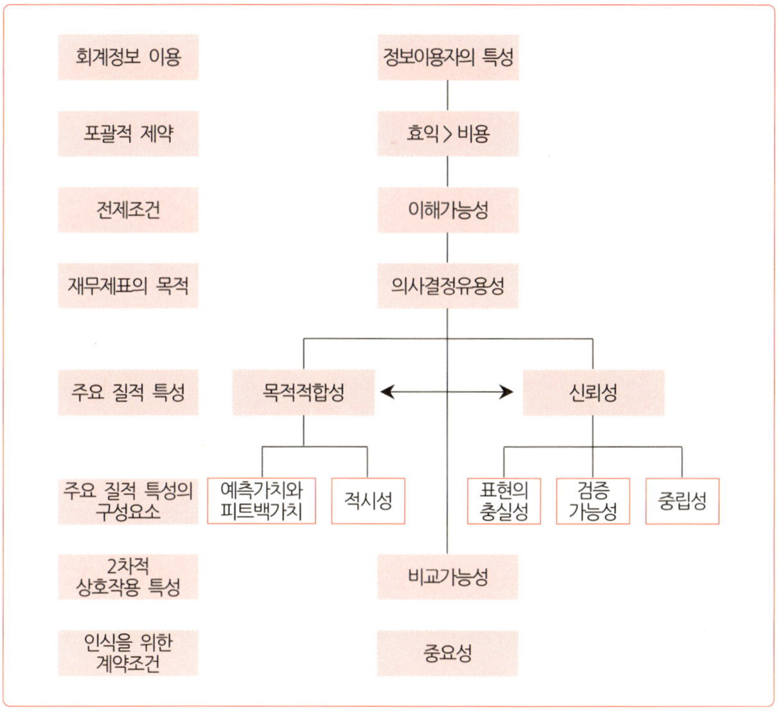

그림 3.1 회계정보의 질적 특성

5. 재무분석

재무분석은 기업의 재무제표를 비롯한 회계자료와 기타 관련된 자료들을 중심으로 기업의 과거와 현재의 경영성과 및 재무상태를 판단하고 그 원인을 정확히 알기 위한 분석이다. 또한 재무분석은 기업의 미래상태를 예측하여 경영의 의사결정에 유용한 정보를 제공하기 위한 분석이다.

예전의 재무분석은 주로 과거와 현재의 재무상태 및 경영성과를 분석하는 데에 중점을 두고 있었다. 그러나 최근의 재무분석은 과거와 현재는 물론 미래의 재무상태와 경영상태를 평가하는데 더 많은 관심을 두고 있다.

재무분석은 20세기 초 미국에서 은행이 자금신청자의 단기채무 지급능력을 판단하는 신용분석의 수단으로 사용한 데서 비롯되었다. 그 이후 경영학의 발달과 함께 재무분석은 전문적인 투자자들의 투자분석, 기업 내부의 자체평가, 기업 인수합병의 타당성 검토, 기업부실 예측 등 여러 가지 목적을 달성하기 위한 수단으로 다양하게 이용되고 있다. 재무분석은 재무제표 분석과 경영분석이라는 용어와 구분 없이 사용되고 있으나, 표 3.4처럼 분류할 수 있다.

표 3.4 재무분석의 체계

<table>
<tr><th colspan="3">경 영 분 석</th></tr>
<tr><td colspan="2">재무분석</td><td rowspan="2">기업의 평판, 경영자 능력, 산업전망 등 기타 질적 정보</td></tr>
<tr><td>재무제표분석</td><td>주가, 자본비용, 시장점유율 등 기타 양적 정보</td></tr>
</table>

자료 : 이의경(2008). 알기 쉬운 재무분석

재무분석은 20세기 초에 미국에서 은행과 같은 금융기관들이 자금을 빌려가는 기업들의 지급능력을 판단하는 데에서부터 시작되었고, 그 이후 경영학이 발전하면서 경영자가 경영성과를 평가하고 경영계획을 수립하는 데에 이를 이용하게 되었다. 뿐만 아니라 주식이나 채권 투자자들은 투자전망을 분석하는 데에 이용하는 등 그 이용분야가 매우 다양해지고 있다.

기업의 이해관계자들을 내부 이해관계자와 외부 이해관계자로 구분해서 이들의 재무분석의 유용성은 표 3.5와 같다.

표 3.5 재무분석의 유용성

분 석 자		유 용 성
내부 이해관계자	경영자	경영계획을 수립하는데 필요한 정보를 얻을 수 있다.
	종업원	근로조건을 협약하는데 필요한 정보를 얻을 수 있다.
외부 이해관계자	금융기관	대출여부와 대출조건을 결정하는데 필요한 정보를 얻을 수 있다.
	투자자	주식이나 채권투자 결정에 필요한 정보를 얻을 수 있다.
	신용평가기관	특정기업의 신용평가에 필요한 정보를 얻을 수 있다.
	세무당국	기업의 담세능력과 탈세여부를 판단하는데 필요한 정보를 얻을 수 있다.

1) 재무비율분석

재무비율의 의미와 예를 요약하여 표로 제시하였다.

표 3.6 재무비율의 분류

비율의 분류	비율의 의미		비율의 예
수익성분석비율	이익성비율	기업경영에서 발생된 이익을 투자자본이나 매출액과 대비시켜 나타낸 비율	자기자본이익률, 총자산이익률, 매출액총이익률, 매출액영업이익률, 매출액순이익률
	활동성비율	영업활동에 투입된 자산의 활용 정도를 측정하는 비율	총자산회전율, 영업운전자본회전율, 매출채권회전율, 재고자산회전율, 비유동자산회전율
재무위험분석비율	유동성비율	기업의 단기적 지급능력을 평가하는 비율	유동비율, 당좌비율, 현금비율, 영업현금흐름 대 유동부채 비율
	레버리지비율	타인자본 의존에 따른 장기적 지급능력을 평가하는 비율	부채비율, 이자보상비율, 고정비율, 고정장기적합률
성장성비율	기업규모의 증가, 이익의 증가 등을 측정하는 비율		총자산증가율, 자기자본증가율, 매출액증가율, 순이익증가율
시장가치비율	기업의 주식가격과 재무제표 항목을 대비시키는 비율		주가이익비율, 주가순자산비율, 주가매출액비율, 주가현금흐름비율

2) 성장성비율

성장성비율은 일정기간 동안에 기업의 규모나 이익이 얼마나 증가하였는지를 측정하는 비율이다. 기업규모의 측정치로는 총자산, 매출액 등이 사용된다.

(1) 총자산증가율

총자산증가율은 기업의 총자산 규모가 전기말에 비하여 얼마나 증가하였는지를 나타내는 비율로서, 기업의 외형적 성장을 파악하는 것과 기업 전체적인 성장 규모를 측정하는 지표가 된다.

$$총자산증가용 = \frac{당기말총자산 - 전기말총자산}{전기말총자산}$$

(2) 매출액증가율

매출액증가율은 기업의 매출액이 전기에 비하여 얼마나 증가하였는지를 나타내는 비율로서, 이 역시 기업의 외형적인 성장을 파악하는 데에 사용된다. 매출액은 정상적인 영업활동에서 계속적으로 발생하는 수익이므로, 이 지표는 기업의 신장세를 판단하는데 유용하다. 또한 매출액증가율은 제품가격 상승과 판매수량 증가라는 두 가지 요인에 의해 영향을 받게 되므로 분석할 때에는 이 점을 고려해서 평가해야 한다.

$$매출액증가율 = \frac{당기매출액 - 전기매출액}{전기매출액}$$

3) 이익성비율

이익성이란, 기업활동의 결과로 나타난 일정기간 동안의 경영성과를 의미한다. 이익성비율은 일정기간동안 경영활동의 성과를 종합적으로 측정하는 비율이다.

(1) 총자산이익률 R.O.A

총자산이익률은 경영자가 한 해 동안 활용한 총 잔액에 비해서 얼마만큼의 순이익을 벌었는가, 즉 경영자가 총자산을 얼마나 효율적으로 활용하여 순이익을 발생시켰는지를 나타내는 종합적 경영지표로서 총자산이익률이 사용된다. 총자산이익률은 자산에 대하여 벌어들인 순이익을 나타낼 수 있다.

$$총자산이익률 = \frac{당기순이익}{총자산}$$

(2) 매출액순이익률

매출액순이익률은 손익계산서상의 당기순이익을 매출액으로 나눈 비율이다. 순이익은 영업이익에 영업외수익과 영업외비용을 가감하는 한편 법인세비용을 차감한 것이다. 따라서 매출액순이익률은 손익계산서에 계상되는 모든 손익의 순액을 매출액에 대비시킨 비율이라 한다.

$$매출액순이익률 = \frac{순이익}{매출액}$$

(3) 매출액총이익률

매출액총이익률은 손익계산서상의 매출총이익을 매출액으로 나눈 것이며 매출액 1원당 총마진을 나타내고 있다. 매출총이익은 매출액에서 매출원가를 차감한 것이다. 매출총이익률의 결정요인 중에서 매출액은 기업이 판매하는 상품의 차별화 정도와 시장의 경쟁구도에 의해 영향을 받으며, 매출원가는 기업의 구매능력이나 제품생산의 효율성에 의해 결정되고 있다.

$$매출액총이익률 = \frac{매출총이익}{매출액}$$

(4) 매출액영업이익률

매출액영업이익률은 손익계산서상의 영업이익을 매출액으로 나눈 비율이다. 영업이익은 매출총이익에서 판매비와 관리비를 차감한 것이다. 매출액영업이익률은 기업의 판매활동과 관리활동에서 발생한 비용을 반영하고 있으므로, 이 비율은 판매 및 관리활동의 효율성 정도에 대한 정보를 제공하고 있다.

$$\text{매출액영업이익률} = \frac{\text{영업이익}}{\text{매출액}}$$

4) 안전성비율

(1) 유동성비율

유동성비율은 기업의 단기적 지급능력을 평가하는데 사용되는 비율이다. 기업에 대한 이해관계자 중에서 상품, 원자재 등을 신용 매출하는 공급자나 단기대출을 하는 금융기관은 기업의 단기지급 능력에 큰 관심을 가지고 있다. 기업이 단기부채를 지급하려면 현금을 충분히 보유하고 있거나 또는 단기간 내에 현금화되는 자산을 충분히 보유하고 있어야 한다. 따라서 유동성비율은 주로 단기간 내에 현금화되는 자산과 단기부채를 비교하여 산정되고 있다. 곧 기업의 단기채무상환 능력을 의미하는데, 유동성비율이란 이러한 능력을 파악하는데 유용한 비율이라고 할 수 있다. 대표적으로 유동비율, 당좌비율이 많이 이용되고 있다.

① 유동비율

유동비율이란, 유동자산을 유동부채로 나눈 비율을 말하며, 기업의 단기부채상환 능력을 측정하는 지표이다. 유동자산은 주로 1년 이내에 현금화되는 자산이고, 유동부채는 주로 1년 이내에 지급해야 하는 부채이다. 따라서 유동자산이 유동부채보다 많으면 단기지급능력이 양호한 것으로 평가된다. 이론적으로는 최소한 100% 이상을 유지해야 하며 일반적으로 200% 이상이면 안전하다고 판단한다.

$$\text{유동비율} = \frac{\text{유동자산}}{\text{유동부채}}$$

② 당좌비율

당좌비율은 유동자산 중에서도 현금화가 빠른 현금, 예금, 유가증권, 매출채권 등 당좌자산을 유동부채로 나누어 산출한다. 유동자산 중에서 재고자산은 판매과정을 거쳐야만 현금화되고 또 판매는 경기변동의 영향을 받는다. 뿐만 아니라, 재고자산 중에는 진부화되어 판매하기 어려운 자산이 포함되어 있을 수도 있다. 따라서 기업의 단기지급 능력을 엄격히 평가하기 위해서 재고자산을 제외한 유동자산을 분자로 사용하는 당좌비율을 측정하게 된다. 당좌비율은 100% 정도를 이상적인 기준으로 본다. 유동비율이나 당좌비율이 높으면 부채상환 능력은 좋지만 기업전체의 수익성은 떨어지게 된다.

$$\text{당좌비율} = \frac{\text{유동자산} - \text{재고자산}}{\text{유동자산}} - \frac{\text{당좌자산}}{\text{유동부채}}$$

③ 현금비율

현금비율은 현금 및 현금성자산, 단기금융상품, 유동자산으로 분류된 시장성 있는 유가증권의 총액을 유동부채로 나눈 비율로써, 유동부채를 커버할 수 있는 유동자산의 범위를 현금과 예금만으로 한정한 유동성비율이다.

매출채권과 재고자산 등의 유동자산이 현실적으로 현금화되기 어려울 때, 재무분석 상 현금과 예금만이 유동성을 갖는 것으로 간주하여 현금비율로 유동성을 측정한다. 현금비율은 유동성비율 중에서 가장 직접적이고 보수적인 비율이다.

현금비율에 대해서는 일정한 기준은 없으나, 20% 정도의 현금비율을 유지하는 것이 기업의 유동성을 유지하는데 필요하다고 본다. 현금은 직접적으로 충분한 수익을 창출하지 못하기 때문에, 현금비율을 지나치게 높게 유지하는 것은 기업의 수익성 측면에서 불리하다.

$$\text{현금비율} = \frac{\text{현금 및 현금성자산} + \text{단기금융상품} + \text{유가증권}}{\text{유동부채}}$$

5) 레버리지비율

레버리지비율은 기업의 소유자로부터 조달한 자본에 대하여 채권자로부터 조달한 자본이 얼마나 되는지, 즉 기업의 타인자본의존도를 측정하는 지표이다. 레버리지비율은 다음 세 가지 의미를 가지고 있다.

첫째, 채권자의 입장에서 볼 때 소유자가 제공하는 자본은 채권에 대한 안전도를 나타낸다. 소유자가 총자본의 일부분을 제공한 경우에는 기업의 위험을 채권자가 부담하게 된다.

둘째, 타인자본으로 자금을 조달함으로써 소유하는 일정한 투자만으로 기업을 지배할 수 있는 이점을 갖는다.

셋째, 타인자본의존도가 높은 기업일수록 경기상황에 따라 소유자에게 귀속되는 세수순이익의 변동폭이 확대되는 레버리지효과에 의해 저축위험이 증대된다.

따라서 극단적으로 높은 레버리지는 도산의 원인이 될 수 있다. 기업의 총자산순영업이익률이 차입이자율(세후)을 상회할 때는 부채가 많을수록 ROE가 더 높아지지만, 반대의 경우에는 부채가 많을수록 ROE가 더 낮아진다. 이러한 손익확대효과 때문에 기업의 부채가 많으면 주식투자자에게는 투자위험이 높아진다.

① 부채비율

부채비율은 대차대조표상의 모든 부채의 총액을 자기자본으로 나눈 것으로서 전통적으로 사용되고 있는 레버리지비율이며, 기업의 재무구조를 파악하는데 가장 많이 이용되는 지표이다. 경기가 활황일 때에는 기업이 부채의 이자비용보다 높은 수익률을 올릴 수 있어서 부채를 사용하는 것이 유리하다. 그러나 경기가 불황에는 부채의 이자비용 부담이 더 크기 때문에 자칫하면 파산할 가능성이 높으므로 경기가 좋지 않을 때 부채비율이 높은 것부터 처리해야 한다.

$$\text{부채비율} = \frac{\text{총부채}}{\text{자기자본}}$$

② 자기자본비율

자기자본비율은 총자산 중에서 자기자본이 차지하는 비중을 나타내며 이는 위의 부채비율을 다른 형태로 측정한 것이며, 자기자본비율은 높을수록 안전하다고 볼 수 있다. 자기자본비율이 높으면 부채비율이 낮을 것이므로 부채비율과 함께 기업의 안전성을 파악하는데 자주 이용하는 지표이다.

별도의 자료가 없어도 부채비율과의 관계식을 이용해서 산출할 수 있다. 대개 레버리지비율로 부채비율을 많이 이용하지만 금융기관을 평가할 때에는 자기자본비율이 더 중요하게 이용된다. 금융기관의 건전성지표로 많이 이용되는 BIS비율은 국제결제은행이 제시한 자기자본비율인 것이다.

$$\text{자기자본비율} = \frac{\text{자기자본}}{\text{총부채} + \text{자기자본총자본}}$$

③ 고정비율과 고정장기적합률

고정비율이 시설자금이라면 장기적으로 묶이는 것이므로 자기자본으로 조달해야 한다는 뜻으로 100% 미만의 값을 바람직하다. 고정장기적합률은 이보다 좀더 양보해서 시설자금을 차입금에 의존하더라도 차입금은 장기적 성격을 갖는 것이어야 한다는 의미를 가지며 고정장기적합률이 100%를 초과하면 이는 자본배분의 안정성에 문제가 있다고 본다. 기업이 조달한 자금은 운전자본과 비유동자산에 투자된다. 비유동자산에 대한 투자자금을 회수하는 데에는 일반적으로 장기간이 소요되므로 비유동자산 투자에는 장기자금을 사용하는 것이 바람직할 것이다. 이러한 자금운용의 안정성 정도를 파악하기 위하여 고정비율과 고정장기적합률이 사용된다. 기업의 운영자금은 단기자금으로, 시설자금을 장기자금으로 조달하는 것이 안전하다고 한다.

만약 시설자금을 단기자금으로 조달하였을 경우 투자수익을 올리기도 전에 자금을 상환하는 압박을 받게 되어 기업이 재무적 곤경에 빠질 수 있기 때문이다.

$$고정비비율 = \frac{비유동자산}{자기자본}$$

$$고정장기적합률 = \frac{비유동자산}{자기자본 + 장기차입금}$$

6) 활동성비율

활동성비율은 기업의 영업활동에 투입된 자산이 얼마나 효율적으로 사용되고 있는가를 나타내는 비율이며, 효율성비율이라고도 부른다. 활동성비율은 주로 매출액과 자산을 대비시켜 산정하며, 자산의 효율적 이용은 기업의 수익성을 결정하는 요인의 하나이다. 활동성비율은 자산의 활용도를 총괄적으로 측정하는 비율과 특정의 자산 그룹 또는 항목에 대한 개별적 비율로 구분해 줄 수 있다. 활동성비율을 산정할 때 자산과 부채에 대해서는 연중에 평균적으로 사용된 금액을 매출액 등에 대비시킨다는 취지에서 '기초 · 기말의 평균치'가 사용된다.

(1) 총자산회전율

자산 총액은 부채 및 자기자본 총액과 같으므로 총자산회전율은 총자본회전율이라고도 부른다. 총자산회전율은 자산의 활용도에 대한 총괄적 지표로서 전통적으로 널리 사용되어 왔다. 이 비율은 회사의 총자산이 1년 동안 몇 번 회전하였는가를 나타내므로 회사가 얼마나 총자산을 능률적으로 활용했는가를 나타내는 지표이다. 총자산회전율이 높으면 기업의 유동자산과 비유동자산이 효율적으로 이용되어 매출액이 많이 창출되고 있다는 것을 의미하며, 총자산회전율이 낮으면 기업의 자산투자가 과다하였거나 자산이 비효율적으로 이용되고 있다는 것을 의미한다. 기업 전체적으로 자산의 활용도를 총괄적으로 파악하기 위한 비율로서 총자산회전율이 사용된다.

A기업의 총자산회전율이 0.5회전이라 하면, A기업이 1년 동안 실현한 매출액이 보

유하고 있는 총자산의 0.5배라는 것이다. 다시 말해서, 이는 1년 동안 매출액을 기업이 보유한 총자산 규모 이하로 실행했으며 A기업의 자산투자가 과다하였거나 자산이 비효율적으로 이용되었다는 것을 의미한다.

(2) 유형자산회전율

유형자산이 얼마나 효율적으로 활용되고 있는가를 분석하는데 사용되는 비율이며, 대표적 비유동자산인 유형자산에 대해 자산 활용도를 측정하는 비율이다. 이 비율이 낮을 경우에는 자산투자가 과다하였거나 자산이 비효율적으로 이용되고 있음을 의미한다.

$$\text{유형자산회전율} = \frac{\text{매출액}}{\text{유형자산}}$$

(3) 재고자산회전율

재고자산회전율은 매출원가를 재고자산으로 나눈 비율이며 재고자산 관리의 효율성을 나타낸다. 재고자산회전율이 낮다는 것은 매출액에 비해서 과다한 재고를 가지고 있다는 것이며, 재고자산회전율이 높다는 것은 적은 재고자산으로 생산 및 판매활동을 효율적으로 수행하고 있다는 의미이다.

A기업이 재고자산회전율은 30회전이라 하면, 그 기업은 1년 동안 재고자산의 30배만큼 매출액으로 실현되었음을 의미한다.

$$\text{재고자산회전율} = \frac{\text{매출액}}{\text{재고자산}}$$

(4) 매출채권회전율

매출채권회전율은 매출액을 매출채권으로 나눈 비율로써 매출채권이 현금화되는 속도를 나타내는 지표이다. 이 비율이 높으면 매출채권이 현금화되는 속도가 빠름을 의미하며, 동시에 매출채권 투자가 크지 않음을 나타낸다.

A기업이 매출채권회전율은 20회전이라 하면, A기업은 1년 동안 매출채권의 20배 만큼 매출액으로 실현되었음을 의미한다.

$$\text{매출채권회전율} = \frac{\text{매출액}}{\text{매출채권}}$$

CHAPTER 04

외식산업 경영관리

01 외식마케팅의 개념과 의의

1. 마케팅의 정의

마케팅은 바로 시장과 관련해서 일어나는 인간활동이다. 따라서 마케팅은 인간의 욕구를 충족시킬 목적으로 기업과 고객 간에 이루어지는 시장에서의 교환활동을 의미한다. 이러한 개념에 입각해서 기업은 마케팅활동을 전체 고객들을 대상으로 전개할 수도 있고, 고객 한 사람 한사람에게 맞추어 실행할 수도 있다. 그러나 전자를 선택할 때에는 개개인의 개성에 대한 욕구를 만족시키기 어렵고, 후자는 경제성의 달성 문제에 직면하게 된다. 따라서 이질적인 욕구를 가진 전체고객들을 비교적 동일한 필요와 욕구를 가진 집단으로 세분화해서 각 집단의 필요와 욕구를 만족시킬 수 있도록 기업은 마케팅활동을 수행한다.

기업이 자사제품으로 가장 잘 만족시켜 줄 수 있는 고객만족을 규정한다는 것은 이미 그 기업이 자신의 경쟁사를 인식하고 있음을 뜻한다. 고객이 가진 일정한 욕구를 만족시킬 제품은 다수 존재한다. 제품을 생산하는 기업은 경쟁기업들에 비해 보다 높은 효용을 제공할 수 있는 제품을 생산하려 하고 그에 맞는 가격을 책정하여 고객들이 가장 적절한 시간과 장소에서 구매할 수 있도록 조치함과 동시에 고객들에게 자사제품의 이용을 권장하여 설득하는 것이다.

1) 사전적 정의

마케팅의 사전적 의미를 찾아보면, 마케팅은 제품을 생산자로부터 소비자에게 합리적으로 이전하기 위한 기획활동, 시장조사, 상품계획, 선전, 판매촉진 등이다.

2) 미국마케팅학회의 정의

미국마케팅학회American Marketing Association : AMA는 1936년 처음으로 재화와 용역의 유

통에 중점을 두고 마케팅 개념을 정의하였다. 그 후 1960년에는 초기의 정의를 수정하여 기업의 기능이나 역할에 중점을 두고 다음과 같이 마케팅을 정의하고 있다.

"마케팅은 생산자로부터 소비자 또는 사용자에게 재화와 용역의 흐름을 지휘하는 기업활동이다."(Marketing consists of the performance of business activities that direct the flow of goods and services from producer to consumer or user.)

이 정의에 함축되어 있는 의미는 다음과 같다.

첫째, 마케팅을 생산활동 이후의 행위로 보고 있다.
둘째, 마케팅은 생산자가 만든 제품을 고객에게 판매하는 것이다.
셋째, 마케팅은 생산자로부터 출발해서 소비자에게서 끝난다.
넷째, 마케팅은 재화와 용역을 그 대상으로 하고 있다.

이러한 견해는 초기의 산업사회와 판매자 중심시장의 상황에서는 받아들일 수 있었으나, 오늘날과 같이 대량생산에 따른 기업 간의 치열한 경쟁과 구매자 중심의 시장상황을 고려한다면 현대적 마케팅 정의로서는 부적합하다. 즉 오늘날의 마케팅은 다음과 같은 개념을 포괄해야 한다.

첫째, 마케팅을 생산활동 이후의 행위로 보고, 만들어진 상품을 단순히 소비자에게 판매하는 것으로 볼 것이 아니라, 생산 이전Pre-production의 활동도 마케팅의 정의에 포함시켜야 한다.

둘째, 마케팅은 생산자에서 시작하여 소비자에게서 끝나는 것이 아니라, 소비자로부터 시작하여 소비자에게서 끝나야 한다.

셋째, 마케팅은 재화와 용역만을 그 대상으로 한정할 것이 아니라, 유·무형의 교환 대상이 되는 것은 모두 포괄할 수 있어야 한다.

AMA는 지금까지의 마케팅 정의를 대폭 수정하여 1985년에 현대적 마케팅의 개념을 다음과 같이 정의하였다.

"마케팅은 개인 및 조직의 목적을 충족시켜 주는 교환을 창출하기 위하여 아이디어와 재화 및 용역의 창안, 가격결정, 촉진 및 유통을 계획하고 실행하는 과정이다." (Marketing is the process of planning and executing the conception, pricing, promotion, and distribution of ideas, goods, and services to create exchange that satisfy individual and organizational objectives.)

3) 마케팅 학자들의 정의

마케팅의 정의는 학자들에 따라 여러 가지로 정의를 내리고 있다. 이러한 정의를 살펴보면 표 4.1과 같다.

표 4.1 학자들에 따른 마케팅 정의

학 자	정 의	고 찰
McCarthy	소비자의 욕구충족과 기업의 목적을 달성하기 위하여 재화와 용역을 생산자로부터 소비자나 사용자에게 전달하는 기업활동이다.	소비자의 욕구충족이 기업의 목적 달성과 함께 추구되어야함을 직시함으로써 현대 마케팅 콘셉트의 기초를 형성했다고 할 수 있다.
Stanton	현재 및 잠재적 고객에게 욕구를 충족시키는 재화와 서비스의 계획, 가격, 촉진 및 유통을 설계하는 기업활동의 총체적 시스템이다.	마케팅을 영리조직체인 기업에서만 수행되는 것으로 보고 있다. 즉 비영리조직체에서 볼 수 있는 기업과 소비자 관계에서 수행되는 기업 활동을 마케팅으로 보고 있다.
Pride & Ferrell	변동적인 환경요인 안에서 교환을 조성, 촉진시키는데 목표를 두고 행해지는 개인 및 조직의 활동이다.	마케팅을 영리조직인 기업에만 국한되는 것이 아니라 비영리조직까지도 적용되는 것으로 보고 있다. 기업이 생산한 재화와 서비스뿐만 아니라 아이디어, 이슈, 개념도 마케팅에 포함되어야 하며, 사람까지도 마케팅 초점의 대상이 되어야 한다고 보고 있다.

자료 : 서성한 · 박기안, 『마케팅론』, 법경사, 1998, p.28.

2. 마케팅의 성립 및 발전과정

1) 서구의 마케팅 성립과정

18세기 후반 미국은 산업혁명이 성숙됨에 따라 대기업의 생산 집중화가 이루어져

독점자본주의가 생성되고, 1880년대에는 독점자본의 집중이 이루어졌으며, 1890년에는 독점 지위에 있는 거대기업과 비독점 지위에 있는 중소기업으로 분화되어 자본 간의 치열한 시장획득경쟁이 전개되었다. 이러한 시장전략사의 경쟁문제를 해결하기 위하여 1910년대에 마케팅활동이 생성된 것이다.

1920년대에 과학적 관리법의 도입에 의해 생산과정의 표준화, 단순화, 전문화가 추진되어 대량생산을 가능하게 하는 유통경로의 지배력 강화정책이 추진되었다. 1929년의 대공황에 대한 뉴딜정책의 실시에 따라 경제가 회복기를 맞이하게 되면서부터 판매자 중심시장Seller's Market이 구매자 중심시장Buyer's Market으로 전화되기 시작하였다. 이 때를 현대 마케팅의 태동이 된 시기라 할 수 있고, 소비자지향적인 사고에 의해 '소비자는 왕이다The consumer is king'라는 의식이 싹트기 시작했으며, '만든 제품을 판다는 정책에서 팔릴 수 있는 제품을 만들어서 판다'는 정책적 변경도 일어나기 시작하였다.

제2차 세계대전 이후 기업은 거대한 고정설비의 합리적 활용과 기술혁신에 의한 산업구조의 변혁이 급속하게 진행되어 이에 대한 투자를 회수하기 위해서는 장기적 마케팅활동이 요청되었다. 이러한 요청에 의해 기업의 행동을 계획 · 조직 · 통제하고, 기업의 전반적 활동의 마케팅 중심으로 통합하는 통합적 마케팅 연구가 시작되었으며, 이것이 관리적 마케팅Managerial Marketing으로 진전을 보게 되었다.

관리적 접근에 의해 마케팅을 계획 · 조직 · 지휘 · 통제하는 기능에 중점을 두는 마케팅 관리의 연구가 수행되었다. 관리적 관점에서 목적 달성을 위한 마케팅 제 수단의 종합적 관리와 마케팅을 중심으로 한 경영활동의 통합 · 조정 및 경영자 책임으로서의 고객지향이라는 현대 마케팅을 수행하기 위한 철학적 사고, 즉 마케팅 콘셉트Marketing Concept가 대두하게 되었다.

이러한 마케팅 상황에서 인접 제과학과의 기능주의적 접근이 중요시되고, 시스템적 접근이 마케팅이론이나 문제의 해명에 적용되기 시작하였다. 그리고 이의 발전을 위하여 관계마케팅이 사회 · 문화 · 경제 · 정치 등의 마케팅 환경을 이해하고 과학적 체계를 구축하는데 매우 중요한 역할을 하였다.

마케팅이 기술혁신이나 고도경제성장을 배경으로 하여 그 발전을 더해감에 따라 사회적으로 부정적인 측면이 나타나기 시작하였다. 자연환경을 파괴하는 공해, 대체 불가능한 자원의 낭비, 소비조장 등의 사회적 문제가 나타나게 되어 기업, 소비자, 사회의 제문제를 해결해야 된다는 사회적 마케팅Social Marketing이 등장하게 되었다. 이는 지금까지의 마케팅 관리론이 개별기업적 관점에서 이익지향적이고 개별소비자의 단기적 욕구충족에 편중된 것인데 반해, 사회적 마케팅은 같은 개별기업적 관점에 있으면서도 사회지향적이고, 인간 · 환경지향성에 그 초점을 두고 있다.

2) 한국의 마케팅 성립과정

우리나라는 미국을 비롯하여 서구 각국에서 산업혁명이 성숙되는 동안 일본의 강점 하에서 식민지 산업정책에 따라 일본은 공업, 한국은 농업을 장려하게 됨으로써 수탈적 산업정책이 운용되었기 때문에 경제적 · 사회적 여건으로 보아 시장경제가 형성될 수가 없었기에 마케팅의 생성이 불가능하였다. 소량의 가내공업이나 수공업이 있었으나 생산체제가 빈약하여 판매에 대한 문제인식이 있을 수가 없었다.

일본으로부터 해방되어 소위 일본인들이 경영하던 적산재산이나 기업을 인수하여 경영에 참여하기 시작하였으나 사회적 수요를 충당할 수가 없었고, 유래 없는 인플레이션으로 무엇이든 만들면 팔렸기 때문에 생산 중심 경영이 지배적이었으며, 판매문제는 논의조차 되지 못하였다. 이러한 현상은 1950년대까지 지속되었다.

1960년대에 들어오면서 5개년 경제개발 정책이 수행되고, 각 산업분야에 설비투자가 증대되고 각 지역에 산업공단이 조성되어 대량생산의 체제가 가능하게 되자, 각 산업에서는 판매문제에 대한 새로운 인식이 고조되기 시작하였다. 이 시기의 우리나라 경제여건은 공급부족과 산업생산의 촉진이 주요과제였던 바, 업계에서는 마케팅 이론의 필요성을 충분히 인식하지 못하였으나, 학계에서는 미국을 비롯한 선진국의 마케팅이론을 본격적으로 소개함으로써 선진국과의 마케팅론적 간격을 좁히는 결정적 시기라고 할 수 있다.

1970년대 초에 들어와 미국마케팅학회AMA의 초기 마케팅 정의에 비판을 가하면서 마케팅에 대한 새로운 견해가 싹트고, 미국의 영향을 받아 관리적 마케팅이 논의되면서, 경영자활동의 관점에서 마케팅 재활동을 통합하고 계획 · 조직 · 지휘 · 통제하는 마케팅관리론이 본격적으로 연구되기 시작하였다.

1970년대 후반기부터 1980년대 초에 접어들면서 미국의 마케팅 연구와 한국의 마케팅 연구가 동시적으로 같은 속도로 발전하게 되었다. 이는 우리나라 기업의 가장 큰 해외시장인 미국을 알아야 했고, 미국의 연구 과업을 동시적으로 수입하여 연구한 데에서 그 원인을 찾을 수 있다.

1990년대에 들어와 세계경제의 흐름은 국경을 초월한 무한경쟁시대에 접어들었다고 할 수 있다. 특히 만성적인 스태그플레이션 상황 속에서 기업민주화 추세에 따른 노사갈등의 심화와 생산성을 상회하는 인건비의 상승, 컨슈머리즘의 대두, 기업의 사회적 · 환경적 책임 확대, 취약한 국제경쟁력 등은 국내기업의 마케팅 환경을 더욱 복잡하고 어렵게 만들었다. 이러한 국내 · 외 기업 환경의 변화에 능동적으로 대처하기 위해서는 마케팅 능력의 강화와 함께 국제적 · 수평적 분업체계를 중심으로 한 글로벌 마케팅Global Marketing 등의 전략이 요구되고 있다. 특히 국제화 · 세계화를 지향하는 오늘날의 우리 기업들은 국제경쟁력을 지닌 한국적 마케팅의 확립이 그 어느 때보다 절실히 요구되는 상황이라 할 것이다.

3) 마케팅의 변천과정

모든 마케팅에서 상품과 서비스는 마케팅활동에 포함된다. 마케팅의 역사적 변천과정을 살펴보면, 생산하는 제조업체가 서비스업체보다 먼저 마케팅의 개념을 도입시켜 왔다. 마케팅은 다른 어떤 기업의 기능보다도 고객을 중심에 두는 과업이다. 기업은 생산을 위한 제 활동을 거친 후 제품을 생산하게 되며 이를 소비자에게 판매하게 된다. 마케팅활동의 범위는 제품생산의 완료시점에서 개시되어 판매완료에서 종료된다는 뜻을 내포하고 있는 것이다. 이러한 개념이 생성된 경제적 환경은 대량생산 형태의 생산경제라 볼 수 있는데, 이러한 경제 하에서 다른 기업과의 경쟁은 대량생산에 의한 생산비용의 절감에 의해 이루어졌으며, 마케팅활동은 대량생산된 제품을 일방적으로 떠맡기는 식의 활동이 주가 되었다.

그러나 이러한 방식의 마케팅활동은 경제 · 사회적 환경의 변화에 따라 점차 바뀌게 되었다. 즉 경쟁의 심화와 고압적인 마케팅활동에 대한 비난 및 정부의 실제적인 규제 등으로 인하여 새로운 개념의 발생을 초래하게 되었다. 따라서 마케팅의 개념이 어떠한 지향 속에서 발전해 왔는지 구체적으로 살펴보면 다음과 같다(채서일, 1995).

(1) 생산개념

생산개념은 소비자들이 주어진 제품들 중 폭넓게 이용할 수 있고, 가격이 싼 제품을 선호한다고 보는 개념이다. 따라서 생산지향적인 기업은 제품생산의 효율성을 높이고 이들 제품에 대한 유통망을 확장하는데 노력을 집중시킨다. 이러한 생산개념은 제품에 대한 수요가 공급을 초과하는 상황에서 많이 시행되었다. 이러한 상황에서 소비자들은 각 제품의 장점이 무엇인가보다는 그 제품을 우선 획득하는데 더 큰 관심을 가진다. 따라서 기업은 무엇보다도 생산을 증가시킬 수 있는 방법을 찾는데 주력하였다.

생산지향성 시대에서는 테일러Tayolr의 과학적 관리법이나 포드Ford의 표준화와 이동조립법 등을 중심으로 한 생산문제에 대한 논의가 주가 되었으며, 기업에서도 이러한 문제에만 일관하게 되었다.

(2) 제품개념

제품개념이란, 소비자들이 가장 우수한 품질이나 효용을 제공하는 제품을 선호한다는 개념이다. 이러한 제품지향적인 기업은 다른 어떤 것보다도 보다 나은 양질의 제품을 생산하고 계속 개선하는데 노력을 기울인다. 제품개념에 입각한 기업의 시장활동은 기본적으로 잘 만들어진 우수한 제품은 소비자들이 절대 외면하지 않으며 그 품질과 성능에 대해 경탄할 것이라는 가정 하에 이루어진다.

따라서 이 단계에서의 마케팅활동의 위치는 기업의 연구개발 부서에서 제품을 개발하고 제조 부서에서 생산하면 제품을 시장에 판매하는 것이다. 이 개념은 자칫 잘못하면 기업으로 하여금 소비자의 본원적인 욕구가 무엇인가보다는 구체화된 욕구와 관련된 제품 그 자체에 집착하는 '마케팅근시'를 초래하기 쉽다는 결점을 지니고 있다.

마케팅근시란 "기업이 자사가 관장하는 제품시장의 영역을 너무 좁게 규정함으로써 경쟁자의 범위를 파악하지 못하는 오류를 범하는 것"을 말한다.

(3) 판매개념

판매개념은 기업이 소비자들로 하여금 경쟁회사의 제품보다 자사의 제품을 더 많이 구매하도록 설득해야 하며, 이를 위해 이용 가능한 모든 효과적인 판매활동과 촉진도구를 활용해야 한다고 보는 개념이다. 판매개념에 입각한 기업은 적극적인 판매와 대소비자 촉진에 열을 올린다. 판매개념이 주장하는 근거는 소비자란 그대로 두면 제품의 존재를 알지 못할 뿐더러 알더라도 많이 구입하지 않는다는 것이다.

이러한 판매개념의 문제점은 기업이 판매할 수 있는 제품을 만드는 것이 아니라, 만든 제품을 판매한다는 데에 있다. 이러한 구매자 중심이기보다는 판매자 중심의 시장개념에 따라 활동하는 기업은 판매 자체가 목적일 뿐 소비자의 구매 후 만족 여부에는 관심을 소홀히 하기 쉽다.

(4) 마케팅개념

마케팅개념은 기업의 목표달성 여부는 시장에 있는 소비자의 욕구를 파악하고 이들에게 만족을 전달해 주는 활동을 얼마나 경쟁사보다 효과적이고 효율적으로 수행할 수 있느냐에 달려 있다. 마케팅개념이 판매개념과 다른 점은 판매는 판매자의 욕구에 초점을 두나, 마케팅은 구매자의 필요와 욕구에 초점을 둔다는 데에 있다. 즉 판매지향적 기업은 제품을 현금으로 바꾸려는 판매자의 욕구에 초점을 둔 반면, 마케팅개념에 입각한 기업은 제품의 생산, 전달 및 최종적인 소비와 관련된 전반적 활동을 통해서 소비자의 필요와 욕구를 만족시키는 데에 초점을 둔다.

마케팅개념을 구성하는 네 가지 중요한 요소는 첫째, 고객지향성, 둘째, 경쟁의 고려, 셋째, 통합적 마케팅, 넷째, 수익성이다. 다시 말해, 제대로 잘 규정된 시장에서 출발하여 고객의 필요와 욕구충족의 노력을 집중시키고, 소비자에게 전달되는 기업의 모든 활동을 통합하여 소비자의 필요와 욕구를 충족시킴으로써 이익을 창출한다는 것이다.

(5) 사회적 마케팅개념

기업을 둘러싸고 있는 산업 · 경제 · 정치 · 사회적 환경들의 변화에 따라 기업들은 기존의 마케팅개념으로부터 사회와 기업의 관계를 고려한 새로운 마케팅개념이 요구된다. 오늘날 기업은 마케팅활동에 따른 의사 결정시에 사회의 관심사를 함께 고려해야 할 필요가 있게 되었다. 이러한 배경 하에서 등장한 새로운 마케팅개념이 사회적 마케팅개념Social Marketing이다. 자연환경 문제를 고려해서 공해를 줄이는 제품생산과 기업의 공해방지시설 설치 등을 강조하는 그린마케팅도 사회적 마케팅개념의 한 예로 볼 수 있다. 사회적 마케팅개념에 입각한 기업은 기업의 이익, 소비자의 욕구충족 및 사회전체의 이익과 복지를 조화롭게 고려해야 한다.

위에서 열거한 바와 같이 마케팅 관련 개념들은 기업의 시장지향성 정도를 반영하는 것이지만, 보다 근본적으로는 사회구성원들이 향유할 수 있는 효용을 극대화하는데 있다. 최초의 생산개념에서는 제품생산이 생산자의 효용을 만족시키는데 국한되어 있었지만, 사회적 마케팅개념에 이르러서는 효용 향유의 대상 범위를 기업과 소비자라는 관계에만 국한 짓지 않고 기업과 소비자가 속한 사회적 차원에서의 효용에 관심을 두게 되었다.

이러한 마케팅개념의 발전과정을 살펴볼 때, 현대 마케팅의 의미는 기업의 이윤극대화는 물론 사회 전체의 효용을 극대화해야 한다(안연정, 2000).

표 4.2 마케팅개념의 발전

개 념	시대구분	내 용
생 산	1900~1930년대	소비자는 제품이용 가능성과 저가격에만 관심이 있다.
제 품	1930년대	좋은 상품 그 자체가 판매이다.
판 매	1930~1950년대	창조적 광고와 판매만이 고객확보의 길이다.
마케팅	1950~1960년대	고객은 왕이다.
사회적 마케팅	1970년대 이후	인간지향적 사고와 사회적 책임을 지는 방향으로 마케팅 전개

자료 : 안연정(2000). "외식산업 발전을 위한 마케팅전략에 관한 연구", 경기대학교 서비스경영전문대학원, 석사학위논문

3. 마케팅의 중요성

생산기술의 발달로 인하여 과잉공급시대로 접어들게 되자, 판매자나 생산자가 시장을 지배하던 시대에서 소비자(구매자)가 시장을 지배하는 시대로 반전되었다. 이러한 시장상황의 변화로 인하여 개별기업의 관리적인 측면에서는 자연히 소비자 주권, 소비자지향적인 기업 활동, 즉 소비자의 욕구에 초점을 맞춘 마케팅활동의 중요성이 강조되게 되었다.

한편, 국민경제적 차원에서는 대량생산과 대량소비를 연결해 주는 대량유통이 적절히 이루어져야만 경제활동이 원활하게 이루어질 수 있기 때문에, 유통문제를 다루는 마케팅은 생산과 소비의 경제적 분리현상을 효율적으로 연결시키고 조정하여 국

tip

마케팅(Marketing)과 판매(Selling)의 차이

마케팅(marketing)은 매우 넓은 의미의 개념인데, 주 고객이 누구인지 또한 이들이 외식업체에서 무엇을 원하는지 디자인 · 분위기 · 메뉴 · 서비스 등을 결정해 주는 역할을 한다. 즉 단골고객을 끊임없이 연구 · 분석하고, 무엇이 그들로 하여금 빈번히 방문하게끔 하는지를 분석한다. 마케팅은 단골고객을 연구하고, 외식업체에서 제공되는 어떤 메뉴가 이들에게 매력이 있는지, 어떤 층의 고객인지를 분석하여 고객에 대한 정보자료로서 활용할 수 있도록 해준다.

마케팅은 구매자의 욕구에 초점을 둔 것이라면, 판매는 판매자의 욕구에 초점을 두었다고 할 수 있다. 이러한 차이점은 외식업체가 판매심리에 마케팅을 시도하기 때문에 매우 중요하다. 판매는 마케팅의 일부분이라고 할 수 있다. 판매촉진이라고 하는 것은 외식업체에서 제공되는 메뉴를 단골고객이 구입하도록 자극하는 것이다.

'판매(selling)'라는 용어는 외식업체에서 종업원들이 고객이 외식업체에 도착했을 때 단골고객들에게 영향을 미치는 행동이라고 할 수 있다. 또한 판매심리는 공급자가 고객에게 메뉴항목 중에 있는 메뉴를 고객에게 강요하다시피 할 때 발생하는데, 이러한 심리는 고객에게 반응이 없다. 엄밀히 말해 판매는 광고 · 홍보 · PR과 관계가 있다. 이들은 공히 3개의 유사한 목적을 가지고 있다. 광고는 신문이나 라디오 · TV와 같은 유사한 매체로 구매가 되고, PR은 그렇지 않다고 볼 수 있으며, PR은 일정한 광고료를 지불하지 않고 공공사회에 홍보하는 제반적인 광고활동이라고 볼 수 있다.

민경제가 원활하게 순환되어 발전될 수 있도록 하는데 그 중요성이 강조되고 있다(정수영, 2000).

4. 마케팅믹스Marketing Mix

마케팅관리의 제 수단은 종합적 · 유기적 관련에서 그 기능을 발휘하게 된다. 이들 제 수단은 서로가 밀접한 관련을 유지하면서 통일적으로 판매성과의 실현에 공헌하는 것이므로, 마케팅관리자는 그들 제 수단을 능률적 · 효과적으로 종합하여 서로 적절한 조정관계를 유지하면서 최대의 성과를 올리도록 꾀하지 않으면 안 된다.

마케팅믹스Marketing Mix란 "표적시장을 만족시키기 위하여 기업이 통제가능한 제요소를 결합하는 것(McCarthy, & Perreault, 1987)으로서 마케팅 목표를 달성하기 위해 결합되는 마케팅 제 수단의 집합"을 말한다. 일반적으로 맥카시E. J. McCarthy에 의해 제시된 4P's – 상품Product, 가격Price, 장소Place, 촉진Promotion – 가 가장 전형적인 마케팅믹스 요소로 받아들여지고 있다. 그러나 최근 마케팅믹스를 서비스에 맞게 창조적으로 확장한 서비스 마케팅에서는 우선 4P's 개념 외에도 서비스에 적용되는 3P's를 추가한 확장된 마케팅믹스라는 새로운 개념으로 사람People, 물리적 증거Physical Evidence, 과정Process 등을 포함하고 있어 서비스산업으로서 외식산업의 입장에서는 새로운 마케팅믹스의 수정이 필요하다(신재영 · 선동규 · 김의근 · 최창권, 2000).

표 4.3 서비스 마케팅믹스 요소

상 품	범위, 품질, 수준, 상표면, 서비스라인, 보증, 애프터서비스
가 격	수준, 할인(공제, 커미션), 지불조건, 고객의 인지가치 품질, 가격차별화
장 소	위치, 접근성, 유통경로
촉 진	광고, 인적판매, 판매촉진, 홍보, PR(대중관계) 등
사 람	종사원(훈련, 재량, 인센티브, 용모, 개인행동), 태도, 다른 고객의 행동과 관여 정도, 고객과의 접촉 등
물적 증거	환경(가구, 색채, 배치, 소음), 편의용품, 유형적 단서 등
과 정	정책, 절차, 기계화, 종사원 재량, 고객 관여, 고객 재량, 활동의 흐름 등

1) 전통적 마케팅믹스

마케팅 기능을 수행하기 위한 네 가지 중요한 하부기능으로 4P's는 상품Product, 가격Price, 촉진Promotion, 장소Place로 구성되어 있다.

(1) 상품

상품은 기업경영의 성패를 좌우하는 중요한 열쇠가 된다. 마케터는 상품계획을 통해 기존 상품을 개량하거나 신용도를 개발하여 지속적으로 소비자 욕구에 적응해 나가야 하며, 소비자의 욕구충족을 위한 신상품을 개발하는 등 최적의 상품믹스Product Mix가 유지되도록 해야 한다. 또한 유표화Branding, 포장, 표준화와 등급화, 제품서비스 등에 관련된 의사결정도 상품계획의 대상이 된다.

외식산업에 있어 상품이란 메뉴와 서비스로 고객의 생리적 · 심리적 · 사회적 필요와 욕구를 충족시킴으로써 그들이 생활을 유지 · 향상시키는 필수 생활자원이라고 할

tip

외식서비스상품

1차 상품(주된 상품)

업체의 콘셉트와 맞아 떨어지는 대표성을 가지는 상품으로서, 고객이 재방문할 수 있는 동기부여와 무형의 포괄적 상품을 말한다. 예를 들면, 극장식 레스토랑의 1차 상품은 '쇼의 질'이다.

2차 상품(형식적인 상품)

고객만족을 위해서는 형식적으로 틀에 박힌 요소들이 많이 있다. 예를 들면, 고객방문 시 정중한 인사, 식사 후 배웅인사, 주차장, 화장실의 청결 등이다.

3차 상품(보강 상품)

위에서 언급한 두 가지를 제외한 나머지 서비스부분이며, 다음과 같은 예가 대표적이다. 음식을 도시락에 싸서 보낼 때 표지에다 "적어도 ○○시까지는 드세요. ○○업소 주인 백"이란 표현으로 고객에게 신뢰를 줄 수 있는 경우 등이다.

수 있다. 소비자의 이러한 상품에 대한 바람은 다양하며 상황Situation에 따라 달라질 수도 있기 때문에 표적시장 소비자의 기호와 욕망에 맞는 상품의 개념을 파악하여 개발해야 하고, 상품의 종류도 판매액과 이익기여도에 따라 주력상품, 보조상품, 항시상품, 계절상품, 전략상품 등으로 세분화함으로써 보다 효과적으로 판매할 수 있도록 해야 한다. 구체적으로 포함되어야 할 상품의 내용을 보면 품질, 양Portion, 특징, 스타일, 서비스, 선택권Option, 포장 등이 있다.

외식의 상품은 음식, 음료, 서비스, 분위기 및 이용에 대한 편리성 등을 완벽하게 하나로 묶음으로써 고객방문시의 느낌과 여운을 남기는 것이라 할 수 있다. 일반적으로 외식산업의 상품은 1차(주된 상품), 2차(형식적인 상품), 3차(보강 상품)로 나눈다.

(2) 가격Price

가격은 구매제품에 대하여 고객이 지불하게 되는 반대급부로서, 고객에게 적정한 가격수준이고 생산자와 판매업자에게도 적정이익이 보장되는 가격이어야 한다. 즉 적정한 촉진으로 적정한 장소에서 유통될 수 있는 적정가격이 설정되어야 한다.

가격정책이나 할인정책, 지불조건의 결정 등이 여기에 속한다. 가격 설정 시 구매자와 판매자 간의 상품가치에 대한 인식의 차이로 적정가격에 대해 서로 다른 생각을 가질 수 있다는 것을 고려해야 한다.

일반적으로 구매하는 사람은 가능하면 낮은 값에, 판매하는 사람은 되도록 높은 값에 사고팔기를 바라지만, 객관적으로 보아 상품의 가격이 생산과 분배의 비용 이하에서 결정될 수 없으며, 그렇다고 고객의 지불 능력이나 의사를 초월한 수준에서 책정되어서도 안 된다. 다시 말하면, 가격은 쌍방이 용납할 수 있는 수준에서 결정되어야 한다는 것이다.

(3) 장소Place

경로 또는 유통은 시간적 · 공간적 차원의 마케팅 활동을 취급하는 것으로서, 표적고객에게 적정한 상품을, 적정한 시간에 적정한 장소에서 제공하는 활동이다. 여기에서는 유통경로와 물적 유통관리가 주된 관심이 된다.

(4) 촉진Promotion

촉진은 제품의 수요를 자극하는 제 활동으로서, 잠재고객들에게 정보를 제공하고 그들을 설득하기 위한 제 수단을 말한다. 촉진의 수단으로는 광고, 인적판매, 홍보 및 기타의 판매촉진이 있다.

① 광고Advertising

잠재고객에게 직접 상품을 판매하는 중 · 소 규모의 업소가 하는 지역광고를 말하는 것으로, 대규모 전국 광고와 차이점을 들자면 지역적 요구나 관습 및 선호에 적합하기 쉽고, 즉각적이며 비용이 적게 들어 구매가격이 상대적으로 저렴해질 수 있다.

② 인적판매Personal Selling

판매를 하려는 목적으로 하나 또는 그 이상의 예상고객과 대화과정에서 구두로 제시하는 것Oral Presentation으로, 대면성 때문에 다른 마케팅 수단과는 다르다고 할 수가 있다.

③ 홍보Publicity

홍보란, 광고주가 대가를 지불하지 않고 상품이나 업소에 대해 영업상 의의가 있다고 생각되는 매체(간행물, 라디오, TV)에 게재 및 제시함으로써 상품에 대한 수요나 이미지 형성을 자극하려는 사람을 통하지 않는 마케팅활동으로, 광고에 비해 통제력은 적으나 객관적 매체가 전달하는 데서 생기는 대중이 갖는 신뢰성과 신속성 때문에 주로 광고와 보완적으로 이용된다.

④ 판매촉진Sales Promotion

인적판매, 광고 및 홍보를 제외한 진열, 쇼Show, 전시회, 실연Demonstration, 가격할인, 무료시식 쿠폰 및 기타 여러 가지 특별히 계획된 마케팅활동으로서 고객의 구매 및 내점률을 자극하려는 활동을 말한다. 이러한 촉진활동은 보통 단기적 판매의 증대나 고객의 충성도 유지 그리고 다른 촉진수단의 보완을 위한 목적으로 사용된다.

2) 확장된 마케팅믹스

서비스가 중요한 요소인 외식산업은 생산과 소비가 동시에 이루어지기 때문에 고객은 실제로 서비스의 생산과정에 직접 참여하고 접촉한다. 외식산업이 공산품과 같은 유형적인 특징도 가지고 있지만, 대부분의 상품 제공에 있어 준비 및 조리의 모든 과정에서 사람의 손길이 요구된다. 판매에 있어서도 시간적 · 공간적 제한이 주어질 뿐만 아니라 무형적인 인적 및 물적 서비스가 하나의 중요한 상품 제공의 구성요소로서 작용하기 때문에 소비자가 느끼게 될 부가적인 커뮤니케이션 변수들인 3P's를 추가함으로써 7P's 새로운 마케팅믹스 개념으로 이해할 필요가 있다(신재영, 외 2000).

(1) 사람People

서비스가 강조되는 외식업에서는 서비스의 제공자 또는 고객과의 접점에 있는 사람이 매우 중요하다. 외식산업의 특성상 상품의 판매력이란 메뉴와 부수적인 인적 및 물적 서비스의 결합을 통해 얻어질 수 있는데, 이러한 요소들의 절적 향상을 통해 매출 증대를 성취할 수 있고, 이러한 판매믹스를 통한 외식업소 이미지 관리가 현실적으로 더욱 중요한 차별화전략이 되고 있다.

(2) 물리적 증거Physical Evidence

서비스의 물리적 증거는 서비스와 관련된 모든 유형적인 요소인 메뉴판, 명함, 장비 등 서비스가 제공되는 물리적 공간 설비를 뜻하며, 이러한 요소들도 소비자가 서비스의 품질을 평가할 때에 있어서 중요한 역할을 한다. 따라서 외식산업에 있어서 자사의 경영 콘셉트의 본질에 따라 물리적 증거들이 일관성을 가질 때 고객들을 유인할 수 있는 강력한 메시지를 제공해 준다.

(3) 과정Process

서비스가 제공되는 실제적인 절차로서 서비스 제공 및 운영시스템을 말하며 외식업소를 방문한 고객은 서비스 운영 흐름인 실제 제공과정을 통해 서비스의 품질을 평가한다. 즉 고객이 외식업소에 내점해서 음식을 먹고 업소를 나올 때까지 서비스의 흐름이 얼마나 원활히 이루어져 있는지를 말하며, 또한 그 과정이 얼마나 표준화·고객화되어 있는지의 여부를 나타낸다. 이러한 원활한 흐름은 결국 고객의 만족과 재구매 의사결정에 영향을 미쳐 업소의 매출증대에 기여하게 된다.

마케팅믹스를 연구한 학자들에 따라 마케팅믹스 요인은 차이가 있으며, 이것을 정리해 보면 표 4.4와 같다.

표 4.4 학자별 마케팅믹스

학자명	마케팅믹스 요인	관리적 의미
Borden	제품계획, 인적판매, 진열, 가격결정, 광고, 서비스, 상표, 촉진, 물적 유통, 유통과정, 포장, 사실의 발견과 분석	일반 마케팅
McCarthy	제품, 가격, 촉진, 유통, 고객서비스	일반 마케팅
Brooks	제품, 가격, 촉진, 유통, 고객서비스	일반 마케팅
Boom & Bitner	제품, 가격, 촉진, 유통, 인적자원, 서비스 전달 과정, 물리적 증거	서비스 마케팅
Renaghan	제품, 서비스, 전달, 제시, 커뮤니케이션	호텔 마케팅
Lews, Chambers & Chacko	제품, 서비스, 전달, 제시, 커뮤니케이션, 유통	호텔 마케팅

자료 : 김기영 · 추상용(2001). 『연회기획관리 실무론』, p.343.

3) 마케팅 4C 전략

(1) Customer Value

과거의 고객들이 단순히 제품을 산다는 개념에서 오늘날 고객들은 자신들을 가치 Value 또는 어떤 문제에 대한 솔루션을 사는 사람으로 여긴다는 의미이다.

(2) Cost to the Customer

과거에는 제품의 가격에 중점을 두었으나, 오늘날 고객들은 가격 이상의 것에 관심을 가지고 있다. 즉 그들은 제품 구매가격뿐만 아니라 사용 및 처분 비용을 포함하는 총비용에 관심을 갖게 되었다는 의미이다.

(3) Convenience

고객들은 제품/서비스에 접근이 가능한 한 편리하기를 원한다는 의미이다.

(4) Communication

고객들은 생산자나 공급자의 일방적인 프로모션을 원하지 않으며 그들과 쌍방향 커뮤니케이션을 원한다는 의미이다.

5. 외식서비스 기업의 마케팅전략

외식서비스 기업의 마케팅전략은 본부국의 입장에서 볼 때 현지의 시장 환경에 따라 약간의 차별을 두게 마련이다. 이는 현지국의 시장 환경이 각 나라마다 상이하고 문화·종교·사회 관습적인 면에 의해 소비 환경이 결정되는 경우가 많기 때문에 우선 시장세분화를 통한 지역시장에 대한 세밀한 분석을 한 후 진출하는 것이 보통이다. 하지만 세계를 대상으로 하는 경영활동을 수행하는 외식 프랜차이즈 기업들은 각국에서 획득한 지식을 바탕으로 표준화된 마케팅전략을 수립할 능력을 가지게 된다.

1) 브랜드전략

현재까지 최고의 마케팅 수단으로 각광을 받고 있는 상품의 브랜드화는 일반소비재 상품에서 제일 먼저 브랜드를 도입, 끊임없는 수요 창출로 지속적인 성장과 상품의 수명을 연장시켜 다른 상품에까지도 널리 퍼지게 되어 오늘날의 코카콜라, 맥도날드, 피자헛과 같은 세계적인 브랜드가 탄생하게 되었다.

「상표법」 제2조 제2항에 규정한 브랜드란 상표를 뜻하는 것이며 "상표란 상품에 붙이는 독특한 표식이다." 또한 "상품을 업으로 생산, 제조, 가공, 증명 또는 판매하는 자가 상품을 타사업자의 상품과 식별시키기 위하여 사용하는 기호, 문자, 도형 또는 이들의 결합으로서 특별히 현저한 것을 말한다."라고 규정되어 있다(정회철, 1996).

브랜드는 법적으로 보호받을 수 있고 사용권한이 정해져 있다. 이미 개발되었거나 개발계획인 브랜드는 소비자가 기억하기 쉬워야 하며, 구매 시에 도움이 될 수 있는 것으로 인상 깊게 느껴져야 할 것이다. 특히 브랜드란 용어는 체인스토어 시대에 돌입하면서 소매점에서 활약할 수 있는 기회가 주어졌으며, 프랜차이즈는 본부가 개발에 역점을 둔 상표로서 상품개발이 판매의 결과가 계속해서 기대되어지는 상표이기도 하다.

외식상품의 브랜드화는 3가지 필수조건이 따른다. 즉 각 브랜드마다 구체적으로 설정된 일정한 표준규격이 있고, 동일한 표준규격에 입각하여 제품을 지속적으로 만들어야 하며, 철저한 브랜드 이미지관리에 임해야 된다는 것이다.

이와 같이 외식상품 브랜드의 필요조건은 한 브랜드의 독특한 고유 이미지 정립과 유지, 브랜드 특징을 소비자에게 확신시켜 주고, 적정선의 생산물량 확보로 규모의 경제를 달성시키기 위한 필수적인 요인이다.

2) 광고전략

광고란 특정 광고주가 대중매체를 통해 기업, 제품, 아이디어 또는 서비스에 대한 각종 정보를 제공하고 제품과 서비스의 수요를 촉진시키는 유상적 커뮤니케이션 활동이다. 모든 마케팅전략 중에서도 광고는 소비자들로 하여금 제품개념을 가장 손쉽게 이해하도록 만드는 요소이며, 고객과 기업 간의 지각적 · 가치적 장애를 감소시켜 준다. 광고를 통해 소비자는 새로운 제품의 존재를 알게 되고, 구입장소, 구입가격, 시기에 관련된 정보를 얻는다.

한편, 광고는 제품의 가치를 보여줌으로써 특정 가격이 설정된 이유를 알려주는데, 이러한 내용은 고객의 지각적 장래를 감소시키는데 도움이 되며, 이에 따라 구입에 따른 인지된 위험이 낮아지게 된다. 그러므로 많은 제품이나 시장에 있어서 판매목표를 달성하기 위해서는 광고활동의 성공적인 필수적 요인이 된다. 광고의 중요성은 다음과 같다.

tip

광고의 목적

- 광고는 자금이 많이 소요된다.
- 수많은 기업에 있어서 광고가 그 기업을 세계적으로 알릴 수 있는 최고의 수단이다.
- 광고는 특정시장 내에서는 바람직한 포지셔닝을 구축할 수 있어야 한다.
- 국제광고에는 국제활동을 통제하는 수단이 되는 중앙집중이 어느 정도 필요하다.
- 광고는 외국인 잠재고객과 의사소통을 하고 시장을 개척하기 위한 가장 비용효과적인 수단이다.

외식 프랜차이즈 기업은 해외 가맹점이 있는 지역에 자사의 광고를 표준화로 할 것인지 결정해야 한다. 표준화를 할 경우 비용의 절감, 본사에 광고 수행을 집중함으로 인해 생기는 규모의 경제, 기술의 축적 등의 이점이 있는 반면, 현지국의 문화적 차이나 언어적 차이를 제대로 이해하지 못해서 현지인의 정서를 거슬리는 광고를 할 수 있는 위험이 있다.

따라서 외식 프랜차이즈 기업들은 현지국의 환경, 현지국과 관련된 광고의 목적, 목표시장, 제품의 특징, 광고매체의 이용가능성과 비용수익의 관계 등을 고려하여 광고를 표준화 할 것인지 현지에 맞는 광고전략을 채택할 것인지를 결정해야 한다.

3) 가격전략

다국적으로 외식 프랜차이즈 기업을 경영하는 경우 큰 규모의 경영조직과 대단위 설비를 갖추어야 한다. 이는 한 국가 내에서 프랜차이즈를 수행하는 기업과 엄청난 차이이며, 이를 통해 현지국에 진입해서도 현지국 기업들과 경쟁이 가능하게 되는 것이다. 즉 대규모의 설비를 통해 단위당 가격을 내림으로써 규모의 경제를 실천하게 되는 것이다. 외식 프랜차이즈 기업이 가격을 결정할 때 고려할 사항으로는 기업의 국제 마케팅 목표, 원가, 시장점유율, 경쟁기업의 가격과 경쟁기업의 반응, 소비자의 가격 탄력성 등이 있다.

4) 가맹점 선발 및 교육

예상 가맹점이 외식 프랜차이즈를 구매하기 적격한지를 선발하는 것은 본사와 다른 가맹점뿐 아니라 신규 예상 가맹점의 이익에 중요하다. 가맹점 모집 시 접촉방법은 마케팅 책자, 전화, 정식소개, 기존 가맹점과의 회의 사내연수, 강의실 강좌 등이 이용될 수 있으며, 예상 가맹점의 배경, 성공사례, 재정적 상태를 주의 깊게 검토한다.

거의 모든 해외 외식 프랜차이즈 조직은 가맹점이나 요원을 훈련시킬 수단을 보유하고 있는데, 맥도날드의 햄버거 대학과 같은 대규모의 훈련 기관으로부터 기존 점포에 의존하는 작은 프로그램에 이르기까지 다양하다. 또한 운영시스템의 중추가 되는 운영책자는 개점부터 폐쇄에 이르기까지 운영과정을 다루며, 모든 주요 장비운영과 일상관리 내용이 동 책자나 또는 별개의 장비책자에 설명된다.

5) 운영 및 통제전략

다국적 외식 프랜차이즈 본사는 정보관리시스템을 비롯한 일일운영 및 통제 절차를 계속적으로 개발하며 품질관리 및 검사, 연수 프로그램 및 매체 개발, 현장 지원 그리고 구매 지원 활동을 관할한다.

사업장식의 제공 이외에 본사의 시스템 마케팅 계획이 지속적인 개발과 실행이 중요하다. 비록 가맹점들이 통상 마케팅 프로그램 개발 및 수행하는 실무 책임은 본부의 최고 경영층과 마케팅 부서에 있다.

6) 입지선정 및 기획전략

다국적 외식 프랜차이즈 본사는 입지선정 전문가를 두어 가맹점을 지도한다. 서비스산업에서의 입지는 대부분 산업의 성패를 좌우하는 중요 요소이다. 따라서 다국적 외식 프랜차이즈 본부는 입지에 관한 전문가를 두어 입지선정 시에 조언을 구하고 있으며, 가맹점은 이를 활용하여 비교적 쉽게 입지를 선정하도록 돕는다. 실제로도 많은 본사가 가맹점의 입지를 선정하고, 모든 유명 본부는 입지 승인권을 주장하고 있다.

한편, 다국적 외식 프랜차이즈 본사는 상품의 판촉을 위해 상품기획 전략을 수립한다. 이러한 상품기획 전략의 수립은 가맹점에서 이루어지는 것이 아니라, 대부분 R&D가 행해지고 있는 본사에서 이루어지게 되며 상품의 기획을 집중화시켜 연구함으로써 자본이나 능력이 부족한 가맹점보다 더 나은 기획전략을 수립할 수 있다. 하지만 본사가 현지국의 시장상황을 제대로 파악하지 못하고 상품기획을 할 경우 실패할 확률이 커지게 되는데, 이 때문에 최근에는 각 시장 환경이 비슷한 국가를 그룹화하여 이 시장에 대한 전략을 나누어 연구하고 있다.

6. 다국적 외식서비스 기업의 경영 방향

1) 본부와 가맹점과의 원만한 협력관계의 형성전략

외식 프랜차이즈시스템의 형식적인 기초를 이루는 프랜차이즈 계약이 프랜차이즈 규정에 대한 법적 기초를 제고하여 주기는 하지만, 일상 업무관계의 진정한 열쇠는 상호 이권이다.

시스템에게 유익한 것이며 가맹점에도 유익한 것이라는 사실로, 본사는 가맹점을 보다 용이하게 설득할 수 있으며, 명령과 지시보다는 설득과 화합이 진정 가맹점과 본부 간의 인적 교환을 의미하게 된다. 또한 원활한 본부의 가맹점 간의 의사 채널은 경영상 중요한 요소가 되는데, 개별 접촉이 최선의 방법이기는 하나 본사가 성장하고 규모가 증대되면서 가맹점 간의 의사교환은 전화, 내방, 회의, 책자 조사 및 설문지, 기타 발행물 등으로 행하여지고 있다.

2) 계속적인 세계화전략의 수립

외식 프랜차이즈 기업이 해외로 진출하는 것은 자신의 기술을 이용하여 이윤을 획득하려는 의도와, 다른 기업의 해외진출로 인해 자신의 잠재시장이 선점당하는 것을 방지하는 의도를 가지고 있다. 또한 해외에서 대리점을 통하거나 현지 직영점포를 통해 직접 경영하는 것은 비용이 많이 들고 여러 가지 위험에 노출될 가능성이 많기 때문에 해외진출 시에 현지인에게 가맹점을 분할하여 허가하는 방식을 취하게 된다.

3) 시장세분화와 연구개발

세계화와 함께 계속적인 시장세분화를 통해 현지시장에 적합한 제품의 등급을 위하여 계속적인 연구개발R&D 활동이 이루어지게 된다. 이러한 R&D 활동은 외식 프랜차이즈 본사에서 집중적으로 이루어지게 되는데, 이는 새로운 상품을 집중적으로 개발하고 개발된 상품의 유출을 방지할 수 있기 때문이다.

R&D 활동과 함께 중요한 요소는 시장세분화인데, 각국마다 음식문화가 다르고 소비성향이 다른 관계로 외식 프랜차이즈 기업들은 그 시장의 소비성향과 음식문화를 철저히 파악하고 이들의 기호에 맞는 제품을 개발하는데 투자해야 한다.

7. 외식산업의 마케팅 계획

각 업소의 특성에 따라 지향하는 고객, 즉 목표로 하는 고객층에 대해서 명확하게 고객을 확보하는 것이다. 고객 확보를 위해 우선 잠재고객과 기존고객의 필요와 욕구를 만족시킬 수 있는 방법을 모색해야 한다. 이것을 일명 포지셔닝Positioning이라고 한다.

1) 상품 분석

고객이 식당을 선택해서 방문하고자 할 때, 어쩌다 한 번 방문하는 경우도 있겠지만, 대부분의 고객은 자신이 먼저 방문하는 식당이 차별화 된 것에 대해서 경험하기를 희망한다고 할 수 있다. 따라서 고객은 무엇인가 오랫동안 남을 수 있는 추억이 될 만한 것이 있는지를 식당에서 찾기를 원한다는 것이다. 이런 모든 것들이 바로 외식산업에서 추구하는 바람직한 이미지라고 할 수가 있는데, 이것은 바로 마케팅 계획에서 진행되어지는 상품 분석이다.

tip

동물 비유 고객서비스 마케팅

나비형 고객

언제나 꽃을 따라다니는 나비형의 소비스타일이다. 상품의 가격에는 관계가 없고 유명상표면 OK이다. "이쪽 물건은 조금 저렴하지만, 질은 못지않거든요."라는 접객은 고객의 자존심을 건드리는 것이다.

벌꿀형 고객

나비형과는 반대로, 경제적이고 실용적인 것을 우선한다. "정말 알짜배기로 잘 고르셨군요."라는 칭찬을 아끼지 말아야 한다.

나방형 고객

나방은 언제나 밝은 불빛만 찾아다닌다. 아무리 먼 곳이라도 '왕창세일', '폭탄할인' 글자만 보이면 사력을 다해 달려드는 특성을 고려하여, POP 및 실사디자인, 현수막 등을 활용한 할인광고를 구상해야 한다.

도요새형 고객

서해안 갯벌의 도요새는 갯벌 깊숙이 박혀있는 조개나 게 따위를 정말 잘도 끄집어내어 먹는다. 도요새형 고객은 멀쩡하게 쌓여 있는 과자, 과일, 의류 등을 꼭 속에서 찾아내야 직성이 풀린다. 이런 고객이 많은 지역의 점포에서는 일반 판매업에서는 맘껏 뒤져서 살 수 있는 제품 코너를 만들듯이, 외식업에서는 어느 정도 직접 만드는 체험을 병행하여 먹을 수 있는 메뉴 아이템을 만들어 보는 것도 좋지 않을까?

참새형 고객

고객 참새는 방앗간을 그냥 지나지 않는다. 즉 참새형 고객은 공짜로 집어갈 수 있는 판촉용품 등을 좋아한다. 이러한 참새형 고객들을 위해서는 저렴한 사은품이라도 판촉행사를 벌이는 것이다.

캥거루형 고객

캥거루형 고객은 언제나 어린 자녀를 데리고 쇼핑을 하는 타입이다. 이러한 고객의 주된 서비스 대상은 부모가 아니라 아이가 되어야 한다. "어이구! 그 녀석 참 똘똘하게 생겼다." 하며 막대사탕을 하나 집어주면, 부모들은 반드시 그 점포를 다시 찾게 되는 법이다.

2) 경쟁업소 분석

경쟁업체의 마케팅전략, 서비스전략, 가격전략 등을 상세히 분석한 후 자신의 업소와의 차별성을 부각시켜 경쟁력을 확보해야 한다. 이를 위해 경쟁업체를 직접 방문하여 자신의 업소와 비교해야 되며, 이 때 경쟁대상이 되는 상품에 대해서 장 · 단점을 도식화해서 비교해야만 된다.

3) 잠재고객 분석

식당을 직접 운영하는 사람도 실제 방문하는 고객 이외에는 관심을 갖지 않는 경우가 많다. 이런 현상이 지속된다면 현재의 고객도 잃어버릴 수도 있다. 일단 지향하는 고객의 형태를 파악해서 메뉴의 구성과 가격, 입지, 주변 환경, 서비스 수준 등에 따라 잠재고객은 달리 적용될 수 있으므로, 상품분석은 외식산업체 내 외부환경적인 요인에 따라 잠재고객이 형성될 수도 있다.

4) 판매 예측

식당을 개업한 이후로 분기별, 주별, 월별, 연도별로 고객의 수를 예측하는 것도 유익한 경영분석이 될 수 있다. 그러나 실제 영업을 하기 전에 매출액을 예측한다는 것은 쉽지 않으며, 과거 매출을 근거로 하거나 동종업종의 유사 메뉴를 취급하는 업종의 매출을 근거로 예측이 가능할 것이다.

고객은 메뉴에 따라서 선호하는 특성이 있으며, 이는 주로 가격에 의해서 형성된다고 가정할 때, 이들 각각 고객의 콘셉트에 맞춘 메뉴에 대해서 별도의 판매 예측이 필요하리라 본다. 업체에서 추구하는 목표고객을 소득에 맞게 콘셉트를 맞춰서 최상층 고객, 중간층 고객, 하류층 고객에 맞춰서 메뉴를 개발해야 한다.

02 서비스경영

1. 서비스경영의 개념

서비스의 개념은 다양한 연구자에 의해 제시되고 있는데, 공통된 내용을 서비스는 고객이 자신의 편익과 만족을 위해 자신 혹은 제3자의 자원(장비, 시설, 물품, 노동, 지식, 아이디어)을 이용하는 과정, 노력, 행위의 수행으로 볼 수 있다(최경옥, 1991).

Kotler는 서비스를 "한쪽이 다른 쪽에 제공할 수 있는 본질적으로 무형인 것으로, 아무런 소유권을 동반하지 않는 특정 활동 또는 이익이다. 그 생산은 유형적인 제품과 연관될 수도 있고 그렇지 않을 수도 있다."고 정의하였다.

Gronroos는 "고객과 서비스업의 종업원 간에 또는 물적 자원, 재화서비스 제공자의 시스템 간의 상호작용에 있어 필연적이라고 할 수는 없지만, 일반적으로 다소 무형의 성질을 지니는 활동 또는 일련의 활동이다. 그리고 이는 고객의 문제해결을 위해 제공된다."고 정의하였다.

Stanton, Etzel & Walker는 "거래의 고객에 대한 욕구만족 제공과 같이 확인할 수 있는 무형의 활동"이라고 정의하였다. Johnson, Sheuing & Gaida은 "타인이나 다른 기업에 대해 수행되는 활동으로 얻어진 총 가치를 50% 이상이 무형적인 구매로서 나타나는 것"이라고 정의하였다.

따라서 다양한 연구자들의 정의에서 볼 수 있듯이, 서비스는 일반적으로 고객의 욕구를 만족시키기 위해 수행되는 무형의 활동으로 정의할 수 있다. 그와 함께 서비스가 개인, 기업, 기관 등에 판매되는 경우에는 그 구매자로부터 얻어지는 총가치의 50% 이상이 무형의 것이어야 하는 것으로도 정의된다. 이 경우 얻어진 총가치의 50% 이상이라 함은 서비스가 완전히 무형적인 것으로 이루어지는 것이 아니라 유형적인 것도 거기에 포함됨을 의미한다(高橋秀雄, 1998).

2. 서비스경영의 조건

서비스경영의 조건은 고객만족을 겨냥하여 명확하게 설계된 서비스 전략모델과 이를 뒷받침하는 서비스시스템, 그리고 우수한 종업원이 조화될 때 비로소 가능한 것이다. 3가지 사항, 즉 전략, 사람, 시스템은 매우 간단하지만 서비스경영이 갖추어야 할 가장 중요한 3박자일 것이다. 알브레히트는 이를 가리켜 그림 4.1과 같이 서비스 삼각형Service Triangle으로 부르고 있다(김연성, 2002).

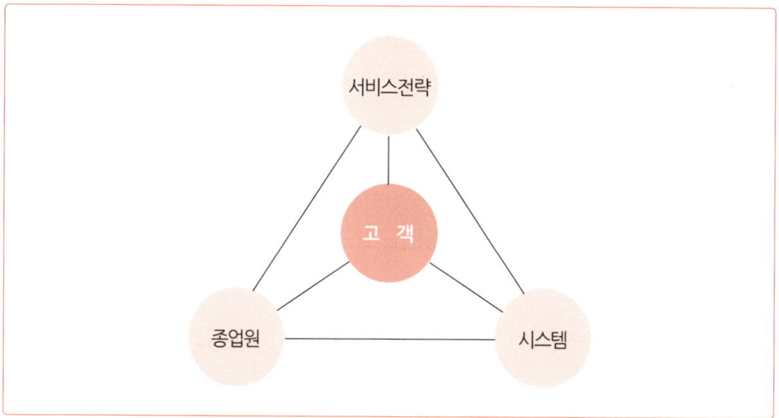

자료 : 김연성(2002). 『서비스경영』, 법문사, p.55 재인용.

그림 4.1 서비스 삼각형

3. 서비스경영의 특성

서비스의 특성이 무엇인지에 대해서는 다양한 연구들을 통해 논의가 이루어지고 있으며, 그 특징은 다음과 같다.

Rathmell(1966)은 서비스의 주요 특성으로서 구매자와 판매자 간의 관계나 제품의 사용에 대한 통제가 불가능한 점(서비스의 소비, 사용에 있어 판매자의 참여가 불가피한 점), 생산과 소비의 상호작용(생산과 소비의 동시성), 서비스의 내재적인 특성(재고의 불가능과 재고상의 탄력성이 결여되어 있는 점), 획일적인 성과 달성이 어려운 점, 서비스에 관한 전통적인 마케팅 기능을 재고할 필요가 있는 점 등 다섯 가지를 제시하였다.

Sasser, Olsen & Wyckoff(1978)은 무형성Intangibility, 소멸성Perishability, 이질성Heterogeneity, 동시성Simultaneity의 네 가지 서비스 특성을 열거하였다. Berry는 서비스의 특성으로서 무형적 특성이 강한 점, 생산과 소비의 동시성, 표준화 및 획일화의 곤란성 등 세 가지를 들었다.

Kotler는 무형성Intangibility, 불가분성Inseparability, 가변성Variability, 소멸성의 네 가지를 들었으며, Lovelock은 경험의 단기성(短期性), 소비단위로서 시간의 강조, 종업원과 고객 쌍방이 서비스제품의 일부분을 구성하는 점 등의 세 가지를 들었다.

Cowell은 서비스의 특성으로서 무형성, 불가분성, 이질성 및 소멸성, 소유권의 결여 등 다섯 가지를 들었으며, 존슨 등은 무형성과 소멸성, 동시성, 이질성 등을 들었다. 한편, Stanton 등은 무형성과 불가분성, 이질성, 소멸성과 수여변동의 네 가지를 들었고, Groenroos는 무형적 특성이 강한 점, 유형적이라기보다는 일련의 활동인 점, 생산과 소비의 동시성(불가분성), 생산과정에 고객의 참가 등을 들었다. 따라서 다양한 논의들이 이루어지고 있으나, 이를 정리해 보면 서비스의 주요 특성으로서 다음과 같은 점을 들 수 있다.

첫째, 무형성이다. 서비스는 주로 무형적인 것으로 구성되며, 구매 이전에 직접 구체적인 형태로서 확인할 수가 없는 것이다.

둘째, 소멸성이다. 서비스는 생산과 동시에 소멸되어 버린다. 따라서 서비스를 재고상태로 둘 수는 없다. 이로 인해 서비스는 수요변동을 겪게 된다.

셋째, 생산과 소비의 동시성(불가분성)이다. 서비스는 생산과 동시에 소비되어 생산시점과 소비시점을 유형재와 같이 분리할 수가 없다. 따라서 서비스의 생산에는 소비자의 참여가 불가피하다.

넷째, 이질성(가변성)이다. 서비스는 생산될 때마다 그 품질에 변화가 생기기 쉬우며, 획일적이고 균질적인 품질 표준의 달성이 어렵다. 이는 서비스 자체가 주로 무형인 점과 함께 서비스업이 대체적으로 노동집약적인 업종이어서 서비스의 제공과 전달이 사람에 의존하는 경우가 많은 점으로 인해 발생되는 것이다.

다섯째, 소유권의 결여이다. 서비스는 주로 무형적인 것이어서 서비스 자체를 유형재와 같이 소유할 수가 없다(高橋秀雄, 1998).

4. 서비스경영의 분류

서비스의 개념과 특성에 이어 서비스를 어떻게 분류하는지를 살펴보는 것도 중요하다. 한마디로 서비스라고는 하나 거기에는 매우 다양한 종류가 포함되게 되는데, 이를 어떠한 기준에 의해 분류하는지를 정확히 파악해 볼 필요가 있다. 즉 은행, 보험회사, 부동산회사, 호텔, 레스토랑, 극장, 세탁소, 미용실, 항공사, 버스회사, 택시회사, 공공교통기관, 병원, 교육기관 등의 다양한 서비스기업이나 서비스기관에 의해 다양한 서비스가 제공되는데, 이들은 어떠한 체계에 의해 분류해야 하는지를 살펴보려는 것이다. 이들 다양한 종류의 서비스를 상호간에 나타나는 유사성을 기준으로 특정 범주로 분류할 수가 있다면, 각각의 특수성을 고려하여 마케팅 활동을 실행할 수 있기 때문이다.

이러한 서비스의 분류체계에 대해서는 대표적인 논자들의 주장을 중심으로 살펴보고자 한다(高橋秀雄, 1998). 서비스의 분류체계는 Rathmell의 분류체계, Cowell의 분류체계, Kotler의 분류체계, Lovelock의 분류체계 등으로 볼 수 있다.

03 서비스품질

1. 서비스품질의 의의

서비스품질의 개념을 이해하기 위해 먼저 서비스의 개념과 특성을 이해할 필요가 있는데, Parasuraman(1998)은 "서비스품질은 고객이 서비스의 품질을 인식할 때 서비스품질에 대한 기대와 성과의 비교를 통해서 인식하고 가정하고 있는 것으로 서비스에 대한 소비자의 기대와 지각 사이의 불일치 정도와 그 방향이다."라고 정의하고 있다. 일반적으로 품질의 측정과 그 개념의 규정에 대한 연구는 대부분 제품의 영역에서 시작되었지만, 서비스가 발전하게 되고 그 중요성이 널리 인식되게 됨에 따라 서비스에 있어서도 품질이 중요하게 대두되었다.

Juran 등은 서비스를 "다른 사람을 위해 수행하는 일"이라고 정의하였다. 최근 서비스산업의 발달로 서비스란 용어가 광범위하게 사용되고 있으나, 아직까지 보편적으로 인정을 받는 정의를 내릴 수가 없다. 지금까지 서비스를 분류하는데 있어서, 각 서비스산업이 서로 다르다는 운영지향적 사고가 지배적이어서 모든 서비스를 획일적으로 적용될 수 있는 분류체계가 아직까지 만족스럽게 개발되어 있지 못한 실정이다. 많은 연구자들이 서비스를 제품과 구별하는 특성으로 무형성Intangibility, 이질성Heterogeneity, 소멸성Perishability, 동시성Simultaneity을 지적하였다.

첫째, 서비스는 무형적이다. 서비스는 대상이기 보다는 성과이기 때문에 일관성 있는 질의 확보를 위한 정확한 생산명세서를 만들 수가 없다. 대부분의 서비스는 셀 수 없고, 측정할 수 없고, 저장할 수 없는 무형성이기 때문에 서비스 제공자들은 어떻게 소비자가 서비스품질을 지각하고 평가하는지 이해하기가 힘들다. 서비스는 유형적인 제품과는 달리 객관적으로 누구에게 보이는 형태로 제시할 수 없으며 그 실체를 만질 수 없다는 것이다. 이것은 서비스를 제품으로부터 구별하는 가장 핵심적인 요인으로 간주되어진다. 서비스의 무형성은 두 가지 의미를 갖는데, 첫째는 실체를 보거나 만질 수 없다는 객관적인 의미이고, 둘째는 보거나 만질 수 없기 때문에 그 서비스가 어떤 것인가 상상하기 힘들다는 주관적인 의미이다. 이런 특성으로 인하여 고객들은 눈에 보이지 않는 핵심적인 서비스 자체를 평가하는 것이 아니라 그것에 가장 가까운 유형적인 제품을 통해 서비스를 평가하려 든다.

둘째, 서비스의 생산과 소비는 불기분적 관계를 가지고 있다. 서비스에 있어서 질은 생산 공장에서 만들어지는 것이 아니고 소비자와의 상호작용에서 결정되며 생산과 동시에 소비가 되는 구조를 갖게 된다(Gronroos & Christian, 1982). 유형재인 제품의 경우에는 생산과 소비가 분리되어 일단 생산한 후 얼마의 기간을 거쳐 판매되고 나중에 소비가 된다. 그러나 서비스의 경우 생산과 동시에 소비가 되기 때문에 서비스가 공급될 때 고객과 서비스 제공자가 동시에 참여하게 된다. 이런 이유로 서비스는 유형재인 재화와 달리 집중화된 대량생산 체제를 구축하기가 어렵고 구입 전 시험하기가 어려우며 품질의 사전통제가 어렵다.

셋째, 서비스는 이질적이다. 서비스는 높은 노동집약성을 갖기에 흔히 생산자, 고객, 시간변동에 따라 성과는 변하게 된다. 서비스는 종업원으로부터 행동의 일관성, 즉 동일한 질이 확보되기 어렵기 때문에 일반적으로 이질적이다. 따라서 기업이 제공하는 서비스품질과 소비자가 실제 지각하는 서비스품질 사이에는 분명히 차이점이 생겨난다. 제공되는 동일한 서비스에 대하여 서비스를 누가, 언제, 어디서 제공하느냐 또는 서비스를 제공받는 고객의 특성에 따라 제공되는 서비스의 품질이나 성과가 다르게 평가된다는 것을 말한다. 이런 서비스의 이질성은 정형화·표준화가 힘든 서비스 제품의 생산 및 인도과정에 여러 가지 가변적 요소가 많이 발생하기 때문이다.

넷째, 서비스는 소멸성의 특성을 가진다. 소멸성이란 생산과 소비의 비분리성이라는 서비스 고유의 특성에 기인하여 서비스는 저장될 수 없다는 것을 의미한다. 즉 서비스는 재고로 보관할 수 없다는 것을 의미하는데, 그런 이유로 재고 조절의 문제가 중요시 여겨진다. 이를 위해서는 수요와 공급 간의 조화를 이루는 전략이 필요한데, 고도의 탄력적인 생산시스템이나 상당한 수준의 유휴생산 설비를 갖추지 않는 한 수요의 변화에 대응하기가 어렵다. 또한 물리적인 제품에 이용되는 전통적인 유통구조와는 다른 유통경로의 필요성을 대두시킨다.

이런 특징을 가지고 있는 서비스는 나날이 그 중요성이 증대되고 있는데, 그 이유로는 기업에서 좋지 않은 서비스품질로 치러야 할 대가가 실로 엄청나기 때문이다. 고객이 구입한 제품이나 사용한 서비스의 가치가 자신이 지불한 가격에 비해 못하다고 생각한다면, 그 제품이나 서비스의 품질은 좋지 못한 것으로 인식하고 이런 인식은 재이용을 유도하지 못하며 또한 자사의 제품, 서비스에 대한 고객의 충성심을 형성하지 못하게 될 것이다. 이렇게 되면 그 회사는 경쟁에서 뒤떨어지게 되고 결국 시장에서 퇴출될 수밖에 없다. 그러나 반대의 경우에는 고객충성심이 형성되어 이익 또는 시장점유율의 향상으로 이어진다.

신뢰할 수 있는 서비스는 기존 고객의 유지 및 거래량의 확대, 긍정적인 타인 추천 커뮤니케이션의 형성, 가격프리미엄 등을 획득할 수 있는 기회를 만들어주며, 신뢰성의 향상은 한편으론 공정의 능률을 향상시키기 때문에 서비스 수행의 부정확으로 인한 재수행의 비용을 감소시키고 종업원의 사기진작 및 동기부여를 시켜주며 종업원 회전율을 낮출 수 있다.

2. 서비스품질의 의의

서비스마케팅 분야에서 서비스품질Service Quality과 그 측정에 관한 연구는 오랫동안 연구되어 오고 있다. 서비스품질은 객관적인 기준보다는 소비자에 의해 '지각된 서비스품질Perceived Service Quality'의 의미로 정의된다. 서비스품질은 절대적인 개념이 아니라 고객에 의해 행해지는 주관적인 판단이 이루어질 수 있는 개념적 특성이 있고, 그 고객의 가치가 반영된다는 점과 서비스품질의 다양성 측면이 있으며, 그 평가가 서비스를 제공받는 전 과정에서 연속적으로 작용한다는 특성을 가지고 있다. 서비스품질에 관한 연구는 주로 Gronroos, Parasuraman, Berry and Zeithmal, Todd에 의한 연구가 대표적이다.

Gronroos(1984)는 소비자들에 의해 인식되는 서비스품질은 기업이 제공해야 하고, 소비자들이 기대하는 서비스와 기업이 실제로 제공한 서비스에 대해 소비자들이 지각하는 서비스와의 비교로부터 산출된다고 했다. 여기서 Gronroos는 기대된 서비스와 지각된 서비스의 두 가지 구성요소에 의해 서비스품질이 결정된다고 주장하였다.

표 4.5 서비스품질의 결정요인

결정요인	세부적인 속성
유형성(Tangibility)	〈서비스의 물리적인 증거〉 • 물리적인 시설, 도구 • 종업원의 용모 • 서비스를 이용하는 다른 고객

결정요인	세부적인 속성
고객에 대한이해(Understanding)	〈고객의 요구를 이해하려는 노력의 정도〉 • 고객의 특정욕구 파악 • 고객에 대한 개별적인 관심, 주의 • 고정고객에 대한 의지
안전성(Security)	〈고객의 위험인식이나 의심의 제거〉 • 육체적 · 물리적인 안전성 • 안정성
신뢰성(Credibility)	〈서비스의 신뢰성과 정직성〉 • 고객의 이익을 진심으로 바람 • 서비스 수행의 일관성
커뮤니케이션(Communication)	〈고객이 이해할 수 있는 의미전달 능력〉 • 서비스와 서비스 비용에 대한 설명 • 고객 고충처리의 보장
예의(Courtesy)	〈고객 접촉인원의 친절함과 정중함〉 • 접촉직원의 친밀함, 사려 깊음과 공손함 • 고객 고충처리의 보장
접근성(Access)	〈서비스에 대한 접근 가능성과 접촉 용이성〉 • 전화 이용, 영업시간대 외 편리성, 대기시간 • 서비스 제공업체의 편리한 장소의 입지
능력(Competence)	〈서비스 수행에 필요한 기술과 지식의 소유 정도〉 • 고객접촉 인원의 지식과 기술 • 조직의 조사능력
반응성(Responsibility)	〈서비스 제공자의 신속한 대처능력〉 • 종업원의 의향이나 신속성 • 서비스의 시기적절성
확실성(Reliability)	〈서비스 성과의 일관성과 신속성〉 • 예정된 서비스시간의 준수 • 정확한 기록

출처 : A. Parssuraman, Valarie A. Zeithaml, and Leonard L. Berry, A(1985). Conceptual Modelof service Quality and Its Implications for Future Research.

Parasuraman, Zeithamal and Berry(1985)는 Gronroos의 연구를 기초로 하여 서비스품질의 구성요소를 보다 세부적으로 연구하였고, 이들은 서비스품질을 "서비스의 우수성과 관련한 전반적인 판단이나 태도"라고 정의하였으며, 지각된 품질은 "소비자의 지각과 기대 사이의 차이와 정도로서 보여진다."라고 말함으로써 지각된 품질을 기대와 성과의 개념에 연결시켜 SERVQUAL모형을 개발하였다.

이들은 표적 집단면접FGI을 통해 소비자가 제공받는 서비스의 유형에 관계없이 서비스품질을 평가하는데 근본적으로 유사한 기준을 사용한다는 것을 발견하고, 서비스산업에 보편적으로 적용될 수 있는 고객이 서비스품질을 평가하는 서비스품질의 결정요인을 신뢰성, 응답성, 능력, 접근용이성, 예절, 의사소통, 신용도, 안정성, 고객이해, 유형성의 10가지 차원에서 구분하여 그 차원을 나타내는 97가지 항목을 설정하여 기대와 인지를 측정하기 위한 자료로 사용하였다. PZB의 서비스품질의 10가지 차원에 대한 구체적인 내용은 표 4.6과 같다.

서비스품질을 평가하는 10가지 기준을 만들고 이러한 기준들을 다섯 가지 차원, 즉 유형성Tangibility, 신뢰성Reliability, 반응성Responsiveness, 보장성Assurance, 공감성Empathy으로 분류하여 SERVQUAL이라는 모형을 완성하였다. 표 4.6은 Parasuraman, Berry & Zeithmal(1998)의 서비스품질 5가지 차원의 특징이다.

표 4.6 Parasuraman, Berry and Zeithmal의 서비스품질

서비스품질 차원	서비스품질 차원의 정의
유형성(Tangibles)	서비스 제공자가 제품이나 서비스를 시각적으로 고객에게 호소할 수 있는 정도
신뢰성(Reliability)	서비스 제공자가 약속된 서비스를 믿을 수 있고 정확하게 수행할 수 있는 능력
반응성(Responsiveness)	서비스 제공자가 고객의 요구와 요청에 즉각적으로 반응하는 정도
보장성(Assurance)	종업원들의 지식 및 공손함, 그리고 신뢰와 안정성을 유발시키는 능력
공감성(Empathy)	고객을 개별화시켜 이해하려는 노력으로 접근의 용이성과 훌륭한 커뮤니케이션을 포함

출처 : Parssuraman, Zeithaml & Berry(1985). Conceptual Model of service Quality and Its Implications for Future Research.

PZB는 서비스품질의 개념적 특성을 다음과 같이 제시하였다.

첫째, 서비스품질은 사용자 중심의 접근과 일치하고 있어 고객의 지각과 관련된 고객지향적인Customer-oriented 개념이다.

둘째, 서비스품질은 전반적인 우월성과 우수성을 나타내는 추상적이고 다차원적인 것으로 태도와 유사한 개념이다.

셋째, 서비스품질은 서비스의 결과뿐만 아니라 서비스 제공과정의 평가에서 이루어지며, 특히 서비스 제공자와 고객 간의 상호작용이 품질평가에 있어서 중요시되어야 한다.

넷째, 서비스품질은 구매 이전에 미리 평가할 수 있는 탐색적 품질보다는 제품구매나 소비과정에서 평가하는 경험적 품질의 특성이 강하며, 그 평가는 제공시점의 상호작용과 구매 후 평가로 이루어지는 인지적 품질이라 할 수 있다.

다섯째, 서비스품질은 기대된 서비스와 인지된 서비스를 비교한 결과로, 기대와 인지 사이에 있는 불일치Discontinuation의 정도와 방향으로 볼 수 있다.

3. 외식산업의 서비스품질

외식 서비스품질은 기업의 이익과 직결된다. 외식 서비스품질 향상에 대한 노력은 고객에게 지각되는 외식 서비스품질과 고객만족에 영향을 미치고 기존 고객을 유지하고 재구매를 이끌며 호의적인 구전 커뮤니케이션의 형성으로 다른 고객들을 끌어들일 수 있게 된다. 고품질에 따른 가격프리미엄을 획득할 수 있고 서비스 실패나 부정확으로 인한 재수행의 비용을 감소시키고 종업원의 사기진작 및 동기부여를 유발하면 종업원의 이직률을 낮출 수 있게 되어 새로운 종업원의 선발과 훈련에 투입되는 비용을 줄일 수 있게 된다.

외식 서비스품질의 향상은 기업이 추구해야 할 우선 목표가 된다. 고객 입장에서 본다면 높은 수준의 서비스를 받는 것이 중요하지만, 제공받은 서비스의 품질을 제대로 평가하는 것이 더욱더 어렵다고 할 수 있다. 두 명의 고객들이 비록 동일한 서비스를 제공받는다하더라도 그 서비스에 대한 평가는 서로 다를 수 있는 것이다. 한 고객이 그 서비스를 훌륭하게 생각하는 반면에, 다른 고객은 제공된 서비스가 아주 형편없었다고 생각할 수 있다. 따라서 서비스품질에 대한 개념을 논의할 때 다음과 같은 주요원리들이 고려되어야 한다(이명식, 1999).

첫째, 고객의 입장에서 보면, 서비스품질에 대한 평가가 제품 품질에 대한 평가보다 더욱더 힘들다. 둘째, 서비스품질은 고객이 서비스결과를 어떻게 인식하고 있으며 그 서비스 수행과정을 어떻게 평가하고 있느냐에 따라 달라진다. 셋째, 서비스품질에 대한 인식은 서비스 수행 전 고객이 기대수준과 제공받은 후의 지각된 서비스수준과의 비교를 통해서 이루어진다. 서비스는 전형적인 소비과정에서 높은 고객 투입을 요구하는 상품이다. 구매자와 판매자 간의 상호작용 또는 서비스 인 카운터에서 서비스품질은 일반적으로 객관적 품질이 아니라 주관적 품질의 개념으로서 고객에 의해 지각된 외식 서비스품질이라는 의미로 정의된다.

그러나 서비스품질에 대한 개념은 학자들에 따라 다양하게 정의되어왔다. 그래서 최근까지 품질에 대한 연구는 주로 제품의 물리적 품질에 초점을 두었다. 그러나 1980년대 중반 이후 경제에서 지지하는 서비스의 비중이 증대함에 따라 산 · 학 · 연 여러 분야에서 서비스에 대한 관심을 가지기 시작하였고, 특히 제품에 대비한 서비스의 차별적 특성에 대한 연구 등이 다수의 연구자에 의해 수행되어왔다.

서비스는 제품과 상이한 특성이 있다는 점에 착안하여 서비스의 품질을 서비스와는 다른 새로운 정의가 필요하게 되었다. 서비스품질의 측정과 향상이 기업의 경쟁우의를 결정짓는 요인으로 점차 자리를 잡아감에 따라 서비스품질의 정의와 서비스품질의 구성차원에 대한 연구가 다수 등장하였다. 서비스품질로 구분되는데 주요 관심사는 실제 서비스품질보다는 고객의 품질에 대한 평가 및 판단이 인지된 서비스품질에 초점을 두고 있다.

04 외식산업의 경영환경

1. 한국 외식산업의 과제

우리나라 외식시장의 경우 그동안 고도의 경제성장과 소득증대로 가처분소득이 증가함에 따라 짧은 연륜에도 불구하고 급격한 성장을 보여왔다. 하지만 거대시장으로 성장한 것에 비해 시스템화나 경영관리가 취약하고 개인업소나 중소업체의 경우 영세성을 면치 못하고 있으며, 소규모업체나 업소 간 난립현상을 보이면서 외식산업 경영구조를 악화시키고 있다.

1980년대에는 중소업체를 중심으로 패스트푸드 업태가 주도하면서 비약적인 성장을 했다면, 1990년대는 중 · 대기업을 중심으로 패밀리 레스토랑 업태가 선도하였다. 그러나 대부분의 시장 리드 브랜드는 주로 서구의 해외 브랜드였으며, 최근에 단체급식분야가 활발하게 확산되고 있지만, 1980년대와 1990년대의 신규 진출이나 기존업체의 영업력 확대는 외식시장의 양적인 팽창과 질적인 변화를 가져왔던 것이 사실이다. 특히 우리나라 외식산업의 주된 발전계기는 1986년 아시안게임, 1988년 서울올림픽, 1993년 대전엑스포, 1994년 한국방문의 해, 2002년 월드컵을 맞이한 후 우후죽순으로 태동되면서 전통 한식업종 및 업태에 있어서 변화와 발전의 동반상승을 가져왔다.

이러한 시대적인 배경을 바탕으로 외식산업은 성장 그리고 불황과 침체가 거듭되면서 활발하게 진행되고 있지만, 자료 및 통계의 부족, 인재 및 교육기관의 부재, 전문성의 결여, 무분별한 해외브랜드 도입과 로열티Royalty의 지급, 시스템화와 정보화의 미구축, 그리고 법적 · 제도적인 문제점 등 근대화와 효율화를 위한 경영상의 구조적인 취약과 해결과제가 산재해 있다.

한편 최근의 경제나 경영환경의 추이는 IMF 이후 국민경제의 침체로 인해 우리의 소비수준을 격하시키면서 전 산업을 마비시키고 있을 뿐만 아니라 외식산업에도 큰 영향을 미치고 있다. 특히 1990년대 불어 닥친 세계경제나 경영환경은 우루과이라운드UR, 그린라운드GR, 유럽공동체EC, 북미자유무역협정NAFTA, 경제협력개발기구OECD, 등 개방과 블록경제가 고조되고 있으며, 우리의 국가경제는 세계화 전략에 좌초되었고, 우리의 기업경제는 리엔지니어링Reengineering, 리스트럭처링Restructuring, 벤치마킹Benchmarking에서 심지어 빅딜Big Deal과 인수 · 합병M&A에 이르기까지 그야말로 생존전략에 직면하고 있다. IMF 전부터 심각하게 누적된 거품경제의 붕괴, 경기불황의 가속화, 기업경영여건의 악화, 무역수지의 적자폭 가중, 그리고 국제신인도 저하 등 복합적이고 불분명한 환경이 총체적인 난국형태로 급부상하면서 흑자도산까지 나타났다.

이러한 여러 환경은 외식산업에도 예외 없이 커다란 영향을 미치게 되면서 경기불황에 따른 소비심리의 위축으로 매출이나 수익이 급감하고 있는 것이며, 최근 외식산업의 주요현황과 동향을 IMF 체제 이전과 비교하면 매출 급감현상(20~60%), 저렴한 업태 출현, 가격파괴 전략, 소자본 중심의 신규 창업으로 점포수 증가, 단체급식의 확대, 컨설팅업체의 속출, 대학의 외식관련학과 탄생 등이다. 이처럼 외국계 외식기업들이 물밀듯이 국내시장을 공략하고 있는 가운데에서도 몇몇 우리나라 외식기업들은 우리 고유음식의 세계화에 앞장서며 말레이시아 · 미국 · 중국 등에 직접 진출하여 성공을 거두고 있으며, 브랜드의 역수출에도 나서는 등 활발한 활동을 벌이고 있다.

다양한 형태의 외식사업이 날마다 새롭게 등장하고 국내 · 외적으로 시장쟁탈전이 벌어지는 상황 속에서 우리나라 외식산업시장이 지속적 성장을 하고는 있지만 보다 성숙된 발전을 하기 위해서는 개선되어야 할 문제들이 산재해 있다. 우리나라 외식산업시장을 구성하고 있는 기업들 중에서, 특히 우리나라 고유의 브랜드와 음식을 주 업종으로 하는 기업들은 아직도 해외브랜드 외식기업에 비하여 여러 가지 부족한 면이 많다. 우리나라 외식산업을 조금 깊이 접근해 볼 때, 가장 큰 문제는 아직까지 성숙치 못한 근시안적인 방법으로 접근하려는 외식산업에 대한 전반적인 이해 부족과 구조에서 발생하는 것이다.

1) 외식산업 종사자의 의식변화

시시각각으로 변하는 외식산업 환경에 적응하는 업소만이 살아남을 수 있다는 사실을 경영자와 관리자, 그리고 직원들은 심각하게 인식해야 한다. 이제는 예전의 구태의연한 운영방법과 사고방식에서 탈피해야 한다. 경영자는 종래의 전통적인 외식사업 개념에서 벗어나 치열한 경쟁에 맞추어 항상 긴장하고 학습하는 자세를 가져야 한다. 아울러 외식산업 종사자로서의 자부심도 가져야 한다.

최근에 외식산업에 대한 사회적인 관심도가 높아지기는 하였지만, 아직도 상당수의 경영자와 직원들은 자신이 외식산업에 종사하고 있다며 사회적으로 자부심을 가지고 떳떳이 밝히지 못하고 있다. 이에 따라 전문적인 직업의식을 통해서 얻을 수 있는 경영기법의 축적이 이루어지지 못하고, 또한 심각한 구인난을 겪게 되는 현상이 나타나기도 한다.

2) 고객의 외식문화 정착

외식문화의 정착은 외식산업 종사자들의 몫만은 아니다. 고객은 경영자나 직원의 인격을 무시하는 언행으로 고객 자신이 정당한 고객의 대우받기를 거부하는 결과를 초래해서는 안 된다. 고객으로서 지켜야 할 예절과 품위, 공중도덕심, 위생상의 상호협조 등이 경영자와 직원과 함께 어우러질 때 올바른 외식문화의 정착이 이루어지는 것이다.

tip

불만족 고객에 관한 조사

1. 불만 있는 고객의 4%만이 기업에 불평을 한다.
2. 불만인 고객 중 문제가 해결되지 않으면 90%는 그 기업과 거래하지 않는다.
3. 불만 있는 고객은 평균 8~10명에게 입소문을 낸다.
4. 불만이 있든 없든 고객의 25%는 더 좋은 대안이 있으면 상표를 바꾼다.
5. 문제를 해결한 고객의 54%는 우수고객이 된다.

자료 : 송인숙 · 제미경 · 김경자가 번역한 '세계 최고의 고객만족'에 포함된 TARP 조사

3) 합리적 인력관리

인적자원의 효율적인 관리가 외식사업의 성패를 좌우한다. 세계화를 부르짖고 있는 오늘날 타 산업에서는 기술과 정신적인 무장에서 뒤떨어지지 않기 위해 인적자원관리에 막대한 투자를 하고 있다.

그러나 인적사업People Business으로 불리는 외식사업은 우수한 인적자원의 필요성이 타산업보다 절실히 요구됨에도 직원들의 교육 · 훈련에 대한 체계적인 시스템과 재정적 지원은 소홀한 편이다.

서비스산업의 하나인 외식산업에서 고객을 가장 가까이에서 접하는 직원들의 서비스 결여의 문제는 지속적인 직원교육에 대한 투자의 빈약함에서 그 원인을 찾을

수 있다. 가뜩이나 어려운 환경에서 힘들게 일하고 있는 직원들에 대한 잠재력 개발과 그들에게 밝은 외식산업의 미래상을 제시하기 위해서는 우수한 인적자원 육성에 아낌없는 투자가 필요하다.

정기적인 교육프로그램, 세미나 참석 등으로 직원에게 항시 살아 있는 직업정신을 갖도록 해야 한다. 일정기간을 우수하게 근무한 근로자와 조직에서 중추적인 역할을 하고 있는 중간관리자에게 해외 선진 외식산업 현장을 직접 보고 느끼게 하여 업소의 경영개선에 기여하도록 유도하는 것도 필요하다.

4) 직원의 복리후생 정비

경영자와 직원이 함께 성장한다는 공동체적인 운명임을 인식해야 한다. 외식사업 경영자는 직원들이 안정된 직장분위기 속에서 재미있게 근무하도록 하고, 직업의 효율성을 높일 수 있도록 복리후생에 많은 관심을 가져야 한다.

1990년대 가장 민감하게 등장한 부분이 바로 직원들의 복리후생 문제였다. 높은 이직률을 막고 우수인력을 끌어들이기 위한 긍정적이고 설득력이 있는 가장 큰 대책이 바로 복리후생의 적극적인 관심이다. 말뿐인 복리증진이 아니라 직원이 피부로 느낄 수 있는 제도, 눈에 보이는 가치가 직원들에게 할당될 수 있는 실질적인 제도의 마련이 시급하다. 외국이나 일부 국내 관광호텔에서나 실시하고 있는 봉사료 제도를 일반음식점에도 도입하여 서비스의 차원을 높이는 방안을 검토해 볼 만하다.

5) 경영자의 연구노력

외식산업의 상품과 고객의 욕구변화 속도가 점차 빨라지며 다양해지고 있다. 따라서 이에 대한 경영자들의 시기적절한 대처능력이 요구된다. 어느 사업에서나 노력하는 경영자 밑에 우수한 직원이 있기 마련이다.

최근 고객은 외식업소를 새로운 문화공간으로 즐기고 있고, 맛에 대해서도 상당한 지식과 감각을 지니고 있다. 그러므로 경영자가 고객의 다양한 욕구를 충족시키기 위해서는 신속한 메뉴개발과 개성 있는 분위기를 연출할 수 있는 능력을 갖춰야 한다. 끊임없는 메뉴개발과 신경영기법을 도입하여 경쟁에서 살아남을 수 있도록 노력하는 연구자세가 필요하다.

예를 들면, 서비스와 마케팅에 관한 지속적인 연구와 참신한 서비스의 개발이다. 서비스산업으로서의 특징을 가지고 있는 외식산업에서 서비스 부재의 문제는 가장 근원적인 문제점이고 개선되어야 할 사항이다. 따라서 외국 유명브랜드 외식업소들의 다양한 서비스를 연구하는 자세도 필요하다. 감동을 주는 창조적이고 적극적인 서비스 개선을 통해 전체적인 상품의 질을 높여야 한다.

현대는 마케팅전략의 시대라고 한다. 기존의 유명 외식업소가 가지고 있는 명성은 하루아침에 이루어진 것이 아니다. 업소마다 독특한 경영 노하우가 있었던 것이다. 앉아서 고객이 들어오기만을 기다릴 것이 아니라, 연구개발에 대한 과감한 투자를 통해 장기적인 고객을 확보하는 노력이 필요하다.

6) 지역사회와의 유대관계

상품을 판매하는 일방적 차원에서 벗어나 지역사회와 공존하고 있다는 긍정적인 인식을 심어주는 노력이 필요하다. 심각하게 사회문제로 대두되고 있는 환경문제에 동참하는 등 사회의 선도자 혹은 지역사회의 동반자로서 적극적인 행동을 보여 주어야 한다. 또한 마케팅활동에서도 상품선전과 더불어 항상 지역사회에 외식업소가 봉사하고 있다는 인식을 심어줄 수 있는 효과적인 계획을 수립해야 한다.

외국의 유명 외식기업들은 이익의 일부분을 여러 활동을 통해 지역사회에 이바지하는 모습을 보여줌으로써 기업은 물론 외식산업에 대한 이미지 제고에 커다란 역할을 하고 있다.

7) 주변산업의 육성

외식산업 역시 다른 산업과 마찬가지로 혼자만의 노력으로 발전할 수는 없다. 외식산업의 발전을 위해서는 주방기기산업 등 주변산업에 대기업들의 참여가 활성화되어야 한다. 외식산업에 대한 관련 산업의 미발달이 외식산업 발전에 장애가 되고 있는데, 그 중에서도 가장 심각한 것이 주방기기 부문이다. 현재의 주방기기 회사들 대부분이 영세하고 기술수준이 낮기 때문에 외식업소에서의 품질관리와 대량생산에 많은 어려움이 있다. 대형 외식업소와 다국적 외식기업의 외식업소들은 외국의 주방기기를 비싼 가격으로 수입하여 사용하고 있는 실정이다.

주방기기 산업에 대기업이 참여함에 따른 문제가 없는 것은 아니지만, 어차피 외국제품을 수입해서 써야 한다면 기술개발 여건이 용이한 대기업이 참여하여 국내 주방기기 산업을 발전시키는 것이 바람직하다. 또한 식자재의 생산 및 유통, 인테리어, 부동산 산업의 미성숙으로 인하여 품질관리의 어려움, 심한 원자재가격의 변동, 입지에 대한 정보의 부족 등도 발생하고 있다.

8) 외식산업 전문기관의 증설

외식산업이 점차 거대화 · 다양화 · 복잡해짐에 따라 노동인력의 수급은 거기에 상응할 수밖에 없다. 또한 미래에 대한 노동인력의 수요예측도 아울러 이루어져야 한다.

제4차 산업의 변화가 일고 있는 지금 전자화 · 자동화 · 정보화 · 하이테크시스템 등으로 많은 두뇌인력이 요구되기 때문이다. 그러므로 우리나라 외식산업의 질적 · 기능적 · 전문적 능력의 개발과 향상을 위한 능동성을 발휘하기 위해서는 외식경영자를 양성하는 다양한 전문교육기관이 증설되어야 한다.

9) 임대차보호법과 여신규제 완화

대부분의 외식업소가 가족노동력 중심의 영세생업형이기 때문에 직원교육, 서비스, 메뉴개발, 원가의식, 위생 등의 사항에 적절한 투자를 하지 못하고 있다. 외식업소의 90% 이상이 임대영업을 하고 있는 영세업체이므로 임대차계약으로 인한 건물주의 횡포도 심하다. 이로 인해 자신의 업소가 마음놓고 시설투자를 해야 함에도 불구하고 수지타산을 생각하여 장기적인 투자를 하지 못하고 있는 실정이다. 이러한 영세업소를 보호하기 위한 법적인 보호장치가 필요하다. 또한 과다한 외식업소의 출현으로 저마다 제살 깎아먹기 식의 무분별한 경쟁을 벌이고 있는 것도 문제점이다. 일본과 비교해 보면 일본은 83가구 당 253명의 외식업소가 1점포이지만, 우리나라는 32가구 당 122명의 외식업소가 1점포로 과밀되어 있어 경쟁이 치열하다.

또한 경제가 발전하고 국민소득이 증가함에 따라 삶의 질을 추구하는 시대에 외식활동으로 인한 소비지출을 바라보는 정부의 부정적 시각도 문제이다. 외식산업이 비생산적이고 과소비적인 소비산업이라는 정부의 잘못된 인식으로 금융기관은 외식업소를 여신규제의 대상으로 삼고 있으며, 조금 규모가 있는 외식업소는 유흥업소로 분류하여 세제혜택을 제대로 받지 못하고 있다. 물론 최근에 영업장면적 100m^2, 대지면적 300m^2 이하의 업소들도 은행으로부터 대출을 받을 수 있도록 하였으며, 관광단지 특구의 외식업소들은 면적과 관계없이 은행돈을 빌려 쓸 수 있도록 하였고, 대지 330~660m^{2}의 관광지 외식업소에 대해서도 은행여신을 허용하였다.

경제생활 향상에 따른 변화의 하나가 바로 문화생활의 변화이다. 또한 문화생활의 향상 속에서 눈에 띄는 것은 바로 외식에 대한 관심이다. 소득수준의 향상에 따라 고급서비스에 대한 수요가 증가함으로써 음식에 대한 소비탄력성이 높아지는 것은 자연스런 현상이다.

외식기업의 국제화 · 세계화시대에 우리나라 외식기업들이 경쟁력 있는 힘을 갖기 위해서는 외식산업의 경제적 흐름을 지원해 주지 못하는 여러 가지 규제가 완화되어야 한다. 특히 외국의 유명 외식기업들과 맞서기 위해서는 금융여신 규제를 더욱 완화시켜 외식업소의 재정적 기반이 약화되는 것을 막아야 한다.

이제는 외식활동도 하나의 문화생활로서 자연스럽게 받아들이고 정부와 외식기업은 서로 관심과 보조를 함께 해야 한다.

10) 신토불이 정신의 제고

현재 국내 외식산업은 성장단계 또는 과도기에 있다. 경쟁에서 이기기 위해 성급한 판단을 해서는 안 된다. 범세계적인 전략에 따른 국가 간 장벽의 철폐와 시장개방의 촉진, 불공정거래 행위규제 등으로 국지적 · 부분적 경쟁관계에서 다국적기업과의 경쟁은 피할 수 없는 현실이다. 이에 따라 국내 외식산업이 안고 있는 여러 가지 문제점들을 극복하고 무한경쟁시대에 생존하기 위해서는 기존의 단순화 · 전문화 · 표준화의 개념에서 다양화 · 개성화 · 차별화의 개념으로 콘셉트의 변화를 시도해야 한다.

한편, 일부 대기업들의 해외 유명브랜드 도입에 대하여 무조건적 반대의 성토를 할 것이 아니라 우수한 경영기법이나 서비스정신 등을 모방하는 한편, 우리의 체질과 건강에 맞는 전통음식의 메뉴개발과 수출에 노력해야 한다.

11) 외식산업에 대한 정부의 인식

외식산업은 국민의 건강과 직결되는 산업이며, 레저와 문화생활의 일부분으로 사람에게 활력을 주는 산업이다. 오늘날 외식산업이 차지하고 있는 비중을 감안할 때, 직원의 직업의식 및 사회적 위상 향상으로 사회인식도를 변화시켜 기업으로 육성시키는 정부의 정책과 질적 향상을 위한 법적 조치가 필요하다.

기업으로 육성시키는 정부의 정책과 질적 향상을 위한 우루과이라운드협상, WTO 체제로 우리나라 서비스산업이 더욱 확대 개방되었다. 그러므로 경쟁력 있는 산업으로 발전하기 위해서는 정부에서도 외식산업을 포함한 서비스산업이 비생산적이고 유동적인 불필요한 산업이 아니라 제조업에 매우 보조적인 산업으로 평가해야 한다.

외식산업이 국가에 미치는 긍정적 부분을 인정하여 외식산업 발전에 도움을 주는 정부의 자세가 요구된다. 또한 국내 외식기업들도 해외브랜드의 무분별한 도입으로 목전의 이익만을 생각할 것이 아니라, 하루 빨리 선진화된 경영 노하우를 전수받아 자립할 수 있는 힘을 키워야 한다.

우리나라 외식산업의 전반적인 이해부족은 어찌보면 제조업 중심의 산업정책에서 찾아볼 수 있다. 경제발전의 핵심을 제조업의 수출경쟁력 제고에서 찾았던 우리나라 산업정책은 외식산업을 포함한 서비스산업을 비생산소비적 산업으로 인식함에 따라 제조업과 서비스업의 발전이 매우 불균형적으로 진행되어 왔다.

서비스산업에 대한 이와 같은 인식은 미국의 경우에도 찾아볼 수 있는데, 1980년대까지만 해도 미국정부의 정책입안자나 학자들 대부분이 서비스산업을 비생산적인 것으로 인식하여 제조업의 성장과 발전에 아무런 도움도 되지 않는 부분으로 간주하기도 하였다.

그러나 Fisher & Clark는 경제발전의 중요한 특징은 농업에서 제조업으로, 그리고 제조업에서 상업 및 서비스산업으로의 노동력이동이라고 하였다. 이는 최근 우리의 경제발전에 비추어 보더라도 점차 수요의 소득탄력성이 높은 서비스 부문으로의 생산 및 고용구조가 이동하고 있는 것에서도 확인할 수 있는데, 서비스산업의 소비적 기능보다 생산적 기능을 강조하면서 외식산업에 대한 인식에 많은 변화가 왔다.

2. 한국 외식산업의 발전 전략

1) 역동적인 변화와 발전의 지향

외식산업은 전국 어디에서나 상존하고 있는 음식점의 집합 명칭이다. 대부분 산재해 있는 음식점은 개인경영에 의한 소규모 형태를 지향하고 있으나 신규개업 및 폐업률은 격심하다. 시스템화 된 중대기업의 사업 전개는 전체에 비해 미약한 실정이지만, 항상 발전과 변화를 추구하는 업종이나 업태에 의해 주도되고 있는 것이 현실이다.

예컨대, 본질적인 기능으로서의 외식서비스산업은 전화와 보조, 타산업과의 변화적응차원에서 부문별 체계화로 진행되면서 고유업종의 특성에 맞게 다양한 변화를 창출해가고 있다. 외식산업은 일상생활 전 영역으로 침투하고 있으며, 업종방식에 이끌려 도시에서 농촌까지 전개하고 있을 뿐만 아니라 21세기의 산업으로 발전을 위한 역동성Dynamic이 태동되고 있다. 이의 가설로 예상되는 전개방향이 수도권전략, 국제화, 마케팅, 출점입지라는 측면에서 근본적인 검토가 요청되고, 이것이 지금부터의 역동적인 외식산업 미래구도의 출발점이라 할 수 있다.

(1) 수도권전략

외식산업의 발전은 고객과 점포라는 한정된 공간을 통해 생산과 소비를 동시에 실현시키면서 가정 내의 내식과 가정 밖의 외식이 상호 보완관계로 연계되어 있다. 특히 도시 속의 식생활 반경은 광범위하지만, 경제발전과 소득증대를 바탕으로 한 발전의 역동적 시발이자 현대인의 생활양식으로서 음식점의 양적 및 질적인 집중도에서 찾아볼 수 있다.

따라서 도시 속에서의 역동적인 외식의 미래구도를 전략차원에서 구체화 할 수가 있는 것도 수도권이며, 선진기법의 최초 도입처이자 시장을 주도하면서 흐름을 파악하는 거점이 되기도 하기 때문에, 대부분의 외식산업은 수도권, 즉 대도시 중심으로부터 역동적으로 전개하는 것이 체인형 기업의 필수인 것이다.

(2) 대규모화 및 국제화전략

세계 각국은 단일시장으로 지향하고 있으며 각국의 FTA 추진은 수입개방을 통해 민족 간의 유동이 활발화되고 있으며, 경쟁력 제고를 위해서 시야의 폭이 넓어지고 있을 뿐만 아니라, 세계 어디에서나 취향에 맞는 외식을 접하게 되고, 이러한 음식으로 인해 다국적 간의 교류가 심화되고 있다. 다시 말해, 도시생활의 체험자와 생활감각은 식생활의 체험 없이도 쉽게 동화되고, 유동적인 감각에도 아무 어려움 없이 받아들이고 있다.

이러한 외식문화의 급속한 변화와 세계화 추이는 메뉴, 입지, 분위기, 서비스방식, 객층, 식재 등의 외식 전 영역에 있어 아직 미흡하지만 국제적인 진전이 이루어지고 있는 것이다. 따라서 대량화, 대규모화 및 국제화를 너무도 쉽게 받아들이고 있는 것이 각국의 현실이지만, 나라별 상황과 식문화에 맞는 외식산업을 정착시켜가고 있다.

(3) 마케팅의 대응

안정성숙기에 있는 미국 및 일본의 외식마케팅 전략은 업종 및 업태 특성에 맞게 이미 외식산업에 적용되어 전개되고 있다. 일본 주요업체의 전략은 여타산업과의 변화적응력을 모토로 하여 고객만족 위주의 QSC, 점포수 확장, 프랜차이즈 박차, 신업태 개발, 신제품 접목, 고정고객의 확보, 상권별 대응제품 활성화, 코스트다운 등으로 거품경제의 붕괴와 경기불황에 대응하면서 경영의 전략적 효율화를 추진하고 있다.

이는 메뉴, 서비스, 분위기에 있어서 역동적인 고감도를 중시하면서 체질개선에 노력했으며, 과거의 수준 낮은 점포 행태를 지양하고, 최근에는 본격적인 마케팅센스를 업체별로 부각함으로써 점포의 감성화를 지향하고 있다.

(4) 출점 입지의 전략

외식산업의 특징 중 가장 기본이 되는 부분이 점포 위치로, 상권별 특수성을 감안한 업종 진출은 점포의 실패를 최소화하게 된다. 특히 장기적인 안목에서의 입지 전략은 출점지역의 진화와 발전뿐만 아니라 앞으로의 외식 미래구도를 구상하는데 심한 변화를 가져오게 된다.

이와 같이 도시생활 영역의 진화와 도시생활자의 이동상의 흐름, 음식의 국제화 및 체험의 풍부화, 마케팅 발상의 다양화는 입지조건과 아울러 외식산업의 미래구도를 보다 객관화시키고 주체적인 견인차 역할을 해가면서 21세기 역동적인 고감도 외식산업으로 변모해 가는 것이다. 따라서 각국의 출점 전략은 거시안적인 발상에서 효율적인 입지를 개발하고 발전시켜 나가고 있다.

(5) 프랜차이즈시스템을 통한 다점포 추구

프랜차이즈시스템의 제일주의는 다점포 전개로서 다업종 · 다업태주의라 해도 과언은 아니다. 다시 말해, 단일 업태를 체인화에 의해 대량점포로 만드는 것이 최고의 경영효율이며 또한 목표이기도 하다.

다종다양한 고객에게 다종다양한 서비스를 기치로 하여 고객만족적인 점포 연출을 위해서는 각양각색의 경험과 기술을 축적하지 않으면 안 된다. 동질성 · 공감대 · 소속감을 기초로 체인본부의 노하우Know-how 제공은 급격하게 증가일로에 있지만, 대부분 자금 · 인재 · 경영 등 시스템 전반에 많은 문제점을 선진국에 있어서도 안고 있는 것이 사실이다. 보다 높은 레벨에서의 가맹사업은 체인본부의 통제와 조정에서 지원 · 협조 방향으로 선회하고 있고, 동종 · 유사 · 타 업종과의 복잡 다양한 관계에 있지만, 다채로운 연구개발과 노력을 업종 특성에 맞게 전개시키면서 고객기호와 시대적인 요구에 맞는 욕구와 시장개척이 과학화 및 고도화와 더불어 태동되고 있다. 특히 식재산업과 연계된 체인시스템은 표준화 · 전문화 · 단순화를 전제로 도매상, 중개인, 산지 직구매, 자회사, 타사와의 네트워크를 형성하여 광역화되어가고 있다.

하여튼 경영관리의 시스템화, 노하우, 공급체계, 식재의 가중도, 보관방법, 물류 등은 체인 경영관리에 있어 근본적인 문제이며 인테리어, 주방, 설비와 더불어 기술혁신이 이루어지면서 원가절감, 타사와의 경제적 효율성을 바탕으로 주도되고 있다.

한편, 체인산업의 특징은 본부와 가맹점 쌍방이 경영의 독립성을 계속 유지하여 공존공영의 장점을 추구하는데 있지만, 이 시스템의 원리 · 원칙이 이해되고 실천되는 경우는 드물다. 또한 체인시스템은 레벨도 본부에 대한 평가나 고객에 대한 만족에도 있어 격차가 크지만 대체로 본부의 지도력, 리더십, 기대심리가 팽배되어 있는데 비해, 제반시스템과 노하우 부족 및 상시 대처능력 부족이 선진국에 비해 우리나라는 너무도 뒤떨어져 있는 것이 현실이다.

따라서 체인경영에 있어서는 변혁의 담당자로서 전 부문에 걸쳐 인재개발뿐만 아니라 시스템화와 기술혁신화가 뒷받침되어야 하며, 외식산업은 고객 그리고 가맹점과 본부가 광역의 효율적인 네트워크가 형성될 때 발전할 수 있다.

2) 감성형 전략의 추구

(1) 쾌적성의 점포 연출

일본의 카페바에서 유래된 고감성 외식산업은 디스코 공간에서 활용된 최첨단 점포디자인이 도입되어 적용되었다. 1930년대 유럽 도시공간을 주축으로 한 예술장식이 실내장식에 사용되거나, 후기 근대파의 조형이 도입되어 점포공간 감각을 연출함과 동시에 고객에 대한 캐주얼하고 자연스러운 분위기 공간으로 만들어져 기존의 형태나 관습을 무시하면서 오로지 고객 위주의 쾌적성을 제공하면서부터 고감도 외식산업은 태동되었다.

또한 새로운 미각과 자극을 위해 전통음식을 현대화시키고 다국적인 민족 간의 고유음식을 다양하게 취급하면서 기호선택성 부여와 다양한 색깔의 식재로 데코레이션하여 시각적인 감흥을 불러일으키고 있다. 또 실내공간의 연출 역시 창의적인 아이디어가 가미되게 표출하고 있는데, 이러한 독창적인 차별화는 도시와 현대 속의 자연공간을 추구하면서 자기만족인 쾌감을 고감성으로 느낄 수 있게 될 때 점포나 업종에 대한 점포력이 향상된다고 믿고 있다.

한편, 현대인의 바쁜 일상 속에서의 인간본능의 감성을 깨우치는 기법이 서서히 도입되고 패션성과 신세대 의식, 취향을 반영하는 외식산업이야말로 마음의 풍족과 자기최면을 자극적으로 체험하게 되는 고감도산업의 출발로 여기고 있다. 긴장과 각박함을 척결하고 전위적인 감성 위주의 색다른 외식산업이 바로 고감도 외식산업인 것이다.

(2) 고감도의 지향

① 미국의 감성형 외식시장

미국의 외식산업을 지탱해 온 성장업체는 정체상태에 놓여있다. 패스트푸드나 패밀리 레스토랑을 중심으로 세계적인 다각적 다국적기업을 전개해 왔으나, 최근에는 위세를 잃어가고 있는 실정이다. 특히 고급 햄버거 체인이나 캐주얼레스토랑도 예외는 아니며, 이미 미국의 외식시장은 성숙해버려 체인화에 의한 대기업 방식도 주춤거리고 있는 상황에서 시장은 크지 않지만 확실한 수익성 위주의 신업태가 출현하고 있다.

첫 번째의 하나는 민족요리점이고, 그 두 번째는 민족적인 것을 절충시킨 절충요리점이며, 세 번째는 새로운 식사 형태로 주목되고 있는 감각형 요리점의 등장이다. 이것은 대규모 체인과는 별도로 개성적이고 감성 중심이기 때문에 확실한 차별화로 서서히 각광받고 있다. 이들 업태는 새로운 미각, 새로운 식사 형태, 새로운 공간감각과의 만남을 통해 지적 자극을 받으려 하는 혹은 도시감각에 식상한 고객들에게 의해 지탱 · 유지되고 있다.

일반적으로 입점객의 특성은 전후세대 베이비붐 형성 그룹으로 예술감각 측면에서 음식공간을 활용하며 의식이나 기존의 획일화되고 일반화되어 있는 식습관을 무시하는 경향이 있어, 다점포나 대규모화가 고객의 가치를 충족시키리라고 보지 않는다. 또한 이러한 성향은 어디까지나 개성이나 창의력을 중시하고 있는 반면, 체인화 형태로 다점포화 혹은 기존의 유명 대형브랜드 등을 좋아하지 않는 패턴을 보이고 있다. 즉 감동이나 감성이 오랫동안 머물 수 없기 때문인 것이다.

그러나 이러한 업태들이 시대적인 조류에 편승하여 큰 물결로서 외식시장 전반에 스며들 것으로 예상하고 있으며, 지금부터가 21세기 고감도를 향한 전환적 이정표가 되리라 예측하고 있다. 그리고 앞으로도 계속 이러한 조류로 선진국의 외식산업이 흘러갈 것으로 예견되고 있다.

② 일본의 감성형 외식시장

일본 역시 미국의 상황과 비슷하다. 외식시장을 주도해 온 성장기업이 1992년 이래 타산업과 변화 · 적응력 상실로 최대의 불황을 맞아 정체상태에서 안정 회복세로 진행되고 있다. 특히 패스트푸드, 패밀리 레스토랑, 김초밥, 테이크아웃, 택배 등 일찍이 고성장을 벗어나 새로운 형태의 점포 출현을 기대하고 있으며, 신업태가 출점하고 있다. 이런 업태의 특징은 21세기에 미국과 같이 대중성과 일반성을 대상을 하지 않는다는 것이다. 즉 도시생활을 쾌적하게 보내려고 기호음식점을 찾기 시작한 사람들에 의해 지탱 · 유지되고 있는데, 미국과 같이 현재 · 지금이라는 시점에서 쾌적성 · 고감성이 동시적인 개성을 띠고 있다.

일본의 외식산업은 1964년에 태동되어 1974년에 현대적인 산업으로 성장가능성을 시사했으며, 1987년 외식혁명을 맞아 전환의 시기를 접하면서 1990년 고감도산업으로 탈바꿈하고 있는 단계에서 21세기를 준비했으며, 이는 외식산업으로서의 외식문화가 미국과 같이 정착 · 성숙되었음을 보여주었다. 이러한 변화 속에서 일본의 절충형 지향의 외식산업의 경우 첫 번째 이름은 이문화 · 이민족 간의 절충으로 일식에 양식 감각을 도입하거나, 역으로 양식에 일식이나 중국요리의 감각을 도입하여 종래에 없던 감각과 표현을 연출하는 경우이며, 두 번째 흐름은 과거와 현재와의 절충이었다.

전통적인 것을 현대에 끌어들여 새로운 감각을 도출한다든지 혹은 복고풍을 반영하는 것을 신고전주의, 신회고주의라고 불리기도 한다. 지금 새로운 가치를 모색하기 시작한 도시생활자에 있어서 과거의 음식 · 건축양식 · 분위기 등이 신선하게 비치고 있는 것이다. 그래서 과거의 모더니즘은 현대의 것으로 다시 빛을 발하게 되고, 과거가 현재 속으로 잠입하면서 절충을 거듭하여 새로운 가치를 표현하고 있다.

절충지향의 세 번째 흐름은 하이테크한 것과 하이터치한 것과의 절충이다. 기능미에 대해 정서성과 인간성을 부여해 현대풍의 아름다움을 표현하고, 한편으로는 콘크리트를 활용하면서 실내에 드러내는 배관을 붙인 공장이나 스튜디오로 작업장 같은 분위기의 연출이다. 이러한 실내디자인은 목재풍의 우드타일이나 목재를 인간적인 훈기와 더불어 자연스럽게 원초적으로 고감도를 연출하고 있다. 또한 격식을 배제하고 캐주얼한 기분으로 먹고 마시며 즐기는 고급레스토랑에는 없는 쾌적한 한 때를 보내는 것도 도시 생활자의 새로운 라이프스타일이며, 테이블 가득 왁자지껄 떠들며 먹고마시는 것을 즐기면서 가격을 무시하고 있다.

공간감각에 있어 전위적인 감각지향과 미각이나 식사 형태에 있어서도 이제까지 경험하지 않은 새로운 방식의 출현을 신세대들은 요구하고, 앞으로 더욱 이러한 흐름을 예상하고 있기 때문에 일본에서는 현 시점을 고감도 외식산업을 향한 시작이라고 부르고 있다.

③ 한국의 감성형 외식시장

국내 외식산업에도 30대 이전의 신세대는 자기가 벌어들인 돈으로 거리로 나오기 때문에 거리의 모습도 달라져가고 외식점포들의 분위기도 변해가고 있다. 특히 자율적이고 패셔너블한 연출 추구는 미국 · 일본과 같이 커피전문점을 시발로 1990년대 초에 다채롭게 그 모습을 보였다. 폐쇄적이고 착석식 문화의 기존다방에서 벗어나, 고정관념을 과감히 벗어 개방적인 센스에 예술감각까지 깃들여 개화되어가고 있는 것이다.

외식 동기부여나 기회가 늘고 시장이 급속히 확대되어가기 때문에 점포수를 늘려가되, 머지않아 필요한 점포를 선택해서 찾아가는 업태가 도입되어 활성화되고 기업보다는 개인들에 의해 주도되면서 순차적으로 보급 · 확산될 것으로 예상되며, 이것이 바로 국내 고감도 외식산업의 시발이 될 것이다. 즉 21세기에는 점포수에 있어 포화상태에 이를 것이며, 성숙시대가 되면 어차피 개성 있고 고객이 좋아하는 감성형 점포를 찾아 자기취향에 맞는 점포를 찾게 된다.

새로운 업태이기에 점포를 선택하는 것이 아니고, 자기가 주체가 되어 선택욕구에서 선택해 내려는 업태를 찾는 것이다. 이것이 자기의 감성에 맞는 공간에서 도시생활에 찌든 사람이나 쾌적함을 달래고 감도 있는 자극을 추구하되, 종래의 관습을 벗어나기 때문에 식사 형태는 의미가 없게 되어버린다. 따라서 오리지널화 · 절충지향화는 선진국뿐만 아니라 우리나라에도 자연스럽게 도입될 것이며, 예술감각이 풍부한 자기만의 공간을 향해 고감도 업태를 찾게 되면서 시대에 맞게 발전 · 변화 · 성숙되어 갈 수밖에 없을 것이다.

(3) 선진국의 추진전략

외식은 복잡한 절차 없이 간편하게 이루어지면서 개인적인 양상에서 가족적인 집단의 형태로 변화되어 도심지향에서 교외지향, 레저화와 함께 전개되고 있다. 또한 다양한 신형태의 점포가 출현되면서 식생활의 복잡 다양함을 매뉴얼화 · 과학화 · 시스템화 · 기술혁신화를 바탕으로 21세기 고감도를 향해 발전하고 있다.

① 경영의 다양 · 다각화

소비자의 다양한 요구에 대응하기 위해 호텔, 휴양지, 휴게소, 골프장, 리조트, 농장공원, 유통, 부동산, 식재, 패션산업과 동시에 연계하여 출점하면서 종합 생활서비스 기업을 목표로 외식그룹화를 추진하거나 창출하고 있다.

② 점포형태의 복잡화

동일 유사업종은 물론, 타 업종과 공동출점하는 종합점포의 양상을 띠면서 계열화시키고 있으며, 전혀 다른 메뉴나 전통민속 메뉴를 선호하면서 상호보완적인 기호성 메뉴를 취급하는 혼합요리점이 태동되고 있다. 또 점포입지 확보의 어려움과 선택적인 신수요 창출을 패셔너블하게 전개되고, 특히 스포츠웨어, 설비, 주방, 주유소, 슈퍼, 백화점업계와도 결합하여 전개되고 있다.

③ 시스템의 현대화

본사, 점포, 물류센터, 거대업체를 연결한 종합정보시스템의 구축과 점포 내 자동주문장치, 핸디터미널, 점포관리용 컴퓨터, POS로 구성된 RA에 주력하고 있으며, 카드제 활용이나 선불카드를 이용한 새로운 시스템이 실용화되고, 인공지능AI의 연구나 각종 뉴미디어를 이용한 점포장치를 추진하고 있다. 특히 합리화를 추구하는 센트럴키친Central Kitchen시스템의 지역적인 설치 및 활용과 컴퓨터에 의한 경영전략의 수립, 메뉴의 컴퓨터관리, 컴퓨터에 의한 점포현장관리, 정수 · 폐수의 생명공학의 도입 등 전 부문에 있어 시스템화를 과학적인 합리화와 함께 추구하고 있다.

④ 식재조달의 경제성전략

센트럴키친에 의한 중앙집중식 식재, 가공품의 활용, 산지별 계약구매, 직접지도 · 감독 하의 재배 및 생산에 임하며, 물류센터를 효율적으로 활용을 하고 있다. 또한 대량구매 및 원가절감의 지속적인 연구개발로 품질 위주의 경제성 제고를 가속화하고 있으며 세계적인 다각적 다국적기업으로서 원산지에서의 반가공과 기술이전에 의한 로열티 증대 등을 실현시키고 있다.

⑤ 인재육성 강화

업체별 연수학교, 햄버거대학, 아카데미를 설치 · 운영하면서 전문인력을 양성과 동시에, 해외연수 기회를 과감히 이용하여 인재의 국제화 전략을 시도하면서 활성화시키고 있다.

Foodservice
Operations and
Management

외식산업경영학

CHAPTER 05

외식산업의 인적자원관리와 조직

01 인적자원 조직관리

레스토랑 경영에 있어서 인적자원관리란 "기업의 목표와 비전을 실현하기 위하여 적합한 인적자원을 확보 · 변환 · 활용 그리고 방출이라는 실제적 운영활동과, 이러한 실제적 운영활동을 전반적 혹은 개별적으로 계획 · 조직 · 지휘 · 통제하는 관리활동"을 의미한다.

인적자원을 변환한다는 의미는 인적자원의 개발을 의미하며, 인적자원의 활용이란 인적자원에 대한 보상 및 평가 등의 인적자원의 유지활동을 의미하는 것이다. 그리고 인적자원의 방출이란 인적자원의 이직기능을 의미하는 것으로 이해하면 인적자원의 실제적 운영활동은 인적자원의 확보 · 개발 · 보상 · 평가 · 유지 등의 5가지 실제적 활동으로 정리될 수 있다.

다시 말해, 레스토랑 기업의 인적자원관리 활동이란 "기업의 목표와 비전을 실현하기 위하여 효율적이고 효과적인 인적자원의 확보 · 개발 · 보상 · 평가 및 유지에 관한 계획, 조직화, 지휘 및 통제의 활동"이라 정의할 수 있다.

표 5.1 레스토랑 기업 인적자원 실제적 운영활동과 관리활동

인적자원의 실제적 운영활동	인적자원의 관리활동
• 인적자원의 확보(Procurement) • 인적자원의 개발(Development) • 인적자원의 보상(Compensation) • 인적자원의 평가(Evaluation) • 인적자원의 유지(Maintenance)	(전반적 혹은 개별적인 실제적 인적자원 운영활동에 대한) • 계획(Planning) • 조직화(Organizing) • 지휘(Directing) • 통제(Controlling)

1. 인적자원과 인적자원관리 활동의 개념

인적자원은 흔히 레스토랑 기업에 노동력을 제공하는 인재를 지칭하는 것으로 이해되고 있지만, 엄격히 말하자면 사람 그 자체를 의미하기보다는 사람들이 습득하고

체화하고 있는 지식 · 숙련도 · 능력 · 태도 · 경험 · 노하우 등의 원천이 되는 그들의 재능과 에너지를 가리키는 개념이다. 따라서 레스토랑 기업의 인적자원이란 "조직의 사명 · 비전 · 전략 그리고 목표를 창출하고 성취하는 일을 위한 잠재적 공헌자로서 인재가 제공할 수 있는 재능과 에너지"를 의미한다.

레스토랑 기업의 인적자원의 중요성은 기업의 지속적인 경쟁우위는 그들이 환경에서 접하는 기회뿐만 아니라 타 레스토랑 기업들이 모방하기 어려운 독특한 기업의 특수적Firm Specific 자원 혹은 능력에 기반하고 있다는 자원기반이론에서 확인할 수 있다.

여기서 자원Resource이란 유 · 무형적 자산, 즉 재무자산, 설비, 브랜드명, 마케팅 노하우, 조직운영 과정 등을 지칭하며, 능력Capability이란 기업이 가진 자원을 통합하여 효율적이고 효과적으로 관리 · 활용 · 확장하는 능력이다. 따라서 레스토랑 기업의 인적자원을 효율적이고 효과적인 관리 · 활용 · 확장의 능력을 인적자원관리 활동이다.

레스토랑 기업의 인적자원관리 활동은 본질적으로 기업의 목적과 동일한 목적을 지니며, 기업의 경영목표를 달성하는 방향으로 인적자원관리 활동이 이뤄져야 한다. 레스토랑 기업의 인적자원관리 활동의 목표는 기업의 경영목표와 동일하다는 조건아래 경제적 목적과 사회적 목적으로 구분할 수 있다. 인적자원관리 활동의 경제적 목적이란 경제적 효율성을 추구한다는 의미이다. 즉 레스토랑 기업 경영활동에 필요한 직무를 구성하고 최소의 인력을 투입하고 투입된 노동력의 효율적 · 효과적 활용을 통해 최대의 성과를 창출하고자 하는 목적을 의미한다. 두 번째 인적자원관리 활동의 사회적 목적이란, 레스토랑 기업의 본질을 사회 · 심리적 협동시스템에 근거를 두고 있다. 잠재적 고객이면서 잠재적 종사원인 일반사회인과의 관계 및 지자체 및 정부와의 관계에 초점을 맞추며 기업 종사원의 욕구충족을 통한 종사원 만족의 극대화를 추구하는 것을 말한다.

2. 인적자원관리 활동

인적자원관리 활동은 인적자원의 확보 · 개발 · 보상 · 평가 · 유지활동에 대한 계획, 조직화, 지휘 및 통제활동이라 했는데, 각각의 인적자원관리 활동은 개별적으로 시행될 수 있지만 모든 인적자원관리 활동은 상호유기적으로 영향관계에 놓여있다. 예를 들어, 유능한 인재를 확보하게 되면 향후 종사원의 교육훈련 내용과 비용에 긍정적 영향을 미치게 되며 인적자원의 보상 및 평가활동에 영향을 미친다. 또한 기업의 인적자원에 대한 충분한 보상과 성장의 기회 등은 해당기업의 인적자원확보 활동에 긍정적 영향을 미치게 된다. 따라서 인적자원관리 활동에 대한 이해는 인적자원관리 개별 활동에 대한 이해뿐만 아니라 다른 인적자원관리 활동과의 상호 유기적 영향관계 역시 이해가 이루어져야 한다.

실제적 인적자원관리 활동인 확보 · 개발 · 보상 · 평가 · 유지활동에 앞서 레스토랑 관리자는 해당 레스토랑의 독특한 비즈니스 콘셉트를 실현할 수 있는 각 종사원의 직무에 관한 분석과 설계활동이 앞서 이루어져야 한다.

직무분석Job Analysis 활동이란, 특정직무에 대한 상세한 정보를 획득하는 과정으로서, 특정직무의 내용에 관한 정보와 그 직무 수행자에게 요구되는 자격요건에 관한 정보를 얻기 위해 정보를 수집하고 분석하는 활동을 의미한다.

우선 직무에 관한 정보로는 구체적 직무가 무엇인지, 직무를 수행하기 위해 필요한 원자재 및 장비와 시설이 무엇인지, 직무를 수행하는 구체적 방법과 과정은 무엇인지, 작업조건(근무시간 · 근무장소 · 재해위험도 · 직무환경 등)은 어떠한지, 다른 직무와 어떠한 관련이 있는지 등에 관한 정보 등을 말한다.

그리고 특정직무를 수행하기 위해 요구되는 자격에 관한 정보로는 직무를 성공적으로 수행한 지식과 기능은 무엇인지, 직무를 성공적으로 수행하기 위한 정신적 자질은 어떤 것이 있는지(예 : 창의력, 판단력, 인내심 등), 해당직무를 수행하기 위한 신체적 조건은 어떠한지, 해당직무를 수행하는 작업자에게 요구되는 책임의 정도는 어떠한지 등에 관한 정보를 말한다. 종사원의 직무 내용에 관한 정보와 직무수행에 필요한 자격사항 등에 관한 정보를 수집하고 분석한 내용을 기술한 결과서가 바로 직무명세서(직무수행자에게 요구되는 자격요긴에 관한 정보정리) 및 직무기술서(직무에 관한 정보정리)이다.

직무분석의 결과인 직무명세서와 직무기술서는 인적자원관리 활동 전반에 걸쳐 매우 유용하게 활용된다. 직무분석 결과의 활용도는 다음과 같다.

- 기업경영전략 목표를 달성하기 위한 직무설계 및 재설계
- 자격요건에 맞은 인적자원의 확보 계획 수립(모집 · 선발 · 배치 등)
- 인적자원의 직무확인 후 직무수행에 필요한 지식 및 능력의 교육훈련개발
- 인적자원에 대한 보상기준(직무의 상대적 가치결정 기준)
- 인적자원의 자격요건에 관한 정보는 종사원의 능력과 업적평가의 기준
- 인적자원의 유지에 필요한 직무환경에 관한 정보취득 및 대책마련 기준

직무분석 후 수집된 정보를 근거로 하여 레스토랑 경영관리자는 종사원의 직무를 설계해야 한다. 직무설계란 조직목표를 달성하기 위해 요구되는 다양한 직무들을 서로 연결하고 조합하여 조직화하는 활동을 의미한다. 효과적이고 효율적인 직무설계가 이루어지기 위해서는 레스토랑 경영관리자는 다음과 같은 사항들을 고려하여 각 종사원의 직무설계를 시행해야 한다.

- 종사원의 동기부여 : 강한 직무수행 의욕 유발
- 서비스 및 상품의 품질 및 생산성 향상
- 종사원의 직무몰입을 유도 : 근태 강화
- 교육훈련개발비 절감 등 원가절감 : 직무순환, 직무확대, 직무충실화

1) 인적자원의 확보관리

레스토랑 기업의 인적자원 확보관리 활동은 기업의 목표달성을 위해 필요한 직무를 수행할 수 있는 인적자원을 확보하는 활동을 계획 · 조직화 · 지휘 · 통제하는 활동을 말한다. 인적자원 확보관리 활동은 실질적으로 인적자원을 확보하는 활동 이외에 기업이 필요로 하는 인적자원을 확보하기에 앞서 각 구성원이 해야 할 직무에 대한 분석 및 설계, 인적자원 수급계획의 수립, 인적자원 모집 · 선발 · 배치, 인적자원 확보활동의 효과성 분석 등 포괄적인 활동이다.

인적자원 확보관리 활동은 다른 인적자원관리 활동, 즉 인적자원의 개발 · 보상 · 평

가 및 유지활동에 큰 영향을 미치기 때문에 인적자원확보 활동은 타 인적자원관리 활동과 통합적으로 관리가 이루어져야 한다.

(1) 인적자원계획 수립

인적자원계획 수립Human Resource Planning이란, 레스토랑 기업이 경영전략을 수립할 때 앞으로 전략 실행을 위해 미래의 각 시점에서 요구되는 인적자원의 수와 그 인적자원에게 요구되는 자격요건을 미리 예측하여 전략계획 수립과 동시에 인적자원의 수요 · 공급계획을 수립하는 것을 의미한다.

이러한 인적자원계획 수립은 향후 미래시점에 필요인력을 사전에 확보하면 조직에 경제적 효율성을 확보할 수 있다. 그리고 구성원들에게 필요한 새로운 경력개발 경로를 사전에 제시함으로써 도전적인 경력개발을 이끌어내며 동시에 사전적 인력개발의 기초가 되기 때문에 매우 유용한 인적자원관리 활동이라 할 수 있다.

마지막으로, 인적자원계획 수립활동을 통해 경영자는 레스토랑 조직이 필요로 하는 인력의 수와 자격요건 및 인력공급을 미리 예측하여 인력부족이나 인력과잉을 방지하고 적정인력을 유지하는데 기여하고 있다. 효과적인 인적자원계획을 수립할 경우 레스토랑 관리자는 미래 특정시점에서 기업의 내부 노동시장 현황(자격요건 및 수준, 재직 중인 구성원의 수)과 기업의 외부 노동시장 현황(경제활동 인구, 실업률, 고용동향, 공급가능 인력현황)을 고려하여 다음의 내용을 파악한다.

- 양적 측면 : 특정시점에서 필요로 하는 구성원 숫자
  - 미래 특정시점에 보유하게 될 근로자의 수를 전체 근로자의 수뿐만 아니라 직급별 · 직군별 · 직무별 그리고 근로자의 인구통계적 특성 측면에서 계량적으로 예측
- 질적 측면 : 특정시점에서 구성원에게 요구되는 자격요건
  - 미래에 필요한 인력이 가지고 있는 내부역량의 자격요건(지식, 숙련도, 능력)을 파악하는데 중점
- 시간적 측면 : 인적자원이 요구되는 특정시점
- 공간적 측면 : 특정시점에 인적자원이 요구되는 부서, 직무, 직위 등

(2) 인적자원 모집 및 선발

인적자원 모집활동은 레스토랑 기업이 인적자원 선발을 전제로 하여 피고용인 지원자들을 확보하는 활동을 의미하며, 기업의 인적자원 수요를 충족시켜 줄 수 있는 자격을 갖춘 지원자를 충분히 창출하고 확보하는 것이 모집활동의 주된 목적이다. 선발활동은 모집활동과 구분되며 지원자들 중에서 우수한 인재를 식별하여 누구를 채용할 것인가를 결정하는 활동을 말한다.

레스토랑 기업의 모집활동의 원천이 되는 것은 기업 내부 노동시장과 기업 외부 노동시장이다. 기업 내부 노동시장을 대상으로 모집활동을 할 경우 사내공모제도 혹은 구성원의 기능 목록표를 활용하여 모집할 수 있다. 기업 외부 노동시장을 대상으로 할 경우 기업의 여러 가지 상황(재무적 · 시간적 · 기업 및 직무특성 등)을 고려하여 신문, 잡지 등의 매체광고를 통해 모집활동을 할 수 있다.

이외에도 고용알선기관, 학교, 구성원 추천, 인턴제도 혹은 자발적 지원 등의 방법을 통해 모집활동을 수행할 수 있다. 기업이 효과적 모집활동을 진행하기 위해서는 인력별 구직활동에 있어서 어떤 차이가 있는지, 구직정보 취득경로는 무엇인지, 구직자들의 가장 큰 관심사는 무엇인지 등 다양한 예비인력의 행동과 기호를 이해할 필요가 있다.

선발활동은 모집활동에 지원한 지원자들의 정보를 획득하고 사용하여 누구를 채용할 것인가를 결정하는 활동이다. 레스토랑관리자는 잠재적 구성원의 미래 직무성과를 예측할 수 있게 해주는 요인들에 관한 정보를 기반으로 해서 선발결정을 내린다. 구체적 선발 근거는 역량Competence, 성격과 가치관Personality and Values, 기타 직무수행 위해 필요한 특성 등을 고려하여 누구를 선발할 것인지를 결정해야 한다. 또한 누구를 선발할 것인지에 대한 선발 결정은 배치Placement 문제와 함께 고려하는 것이 원칙이다. 배치란, 직무의 요구와 개인의 능력, 성격, 기호 및 관심을 고려해서 개인과 직무를 서로 부합하게 하는 활동을 지칭한다. 레스토랑 관리자는 선발과 배치활동을 통해서 자격을 갖춘 개인에 대한 조직의 요구와 어떤 유형의 일을 선호하는 개인의 요구를 서로 부합시키게 된다.

- 사람과 직무의 적합성Person-job Fit : 직무의 자격요건과 지원자 개인의 역량점수 비교(지원자의 지식, 숙련, 능력, 인지력)
- 사람과 조직의 적합성Person-organization Fit : 지원자 개인의 성격적 특질과 가치관을 검사하여 조직문화와 비교하는 방법

tip

인지력 15개 차원

- 지도력과 동기부여 능력
- 기획 능력
- 세부적인 일처리 능력
- 주도능력
- 업무 및 관리지향성
- 혁신 능력
- 서면 의사소통 능력
- 인간적 적응력
- 권한 위양
- 조직 능력
- 인간관계 능력
- 업무 및 관리지향성
- 판단력
- 구두 의사소통 능력
- 스트레스 하에서 효과적 일처리

tip

성공적인 레스토랑 운영에 적합한 서비스직원의 자질

- 신뢰성 : 다른 조직원들이 믿을 수 있도록 책임감 있게 업무수행 능력
- 협동성 : 맡은 업무를 수행하는데 있어 다른 직원과의 공동노력을 통해 성취
- 예의 : 고객뿐만 아니라 동료직원들에게 친절하고 정중한 태도
- 지적 능력 : 상품에 대한 올바른 지식과 주문, 계산 그리고 컴퓨터 처리능력 등
- 설득력 : 고객이 상품을 선택하는데 있어서 적극적인 권유판매 능력
- 고객 우선주의 : 고객과 긍정적인 관계를 형성하는 능력
- 의사소통 능력 : 친절하고 예의바른 태도, 그리고 모든 상황에 적절한 어휘를 사용하여 다른 모든 사람에게 신뢰감과 상대를 배려하는 마음을 전달할 수 있는 능력
- 이미지 : 친절한 모습, 환한 미소 그리고 적극적으로 업무수행에 대한 열정
- 자신감 : 자부심과 자신에 대한 다른 사람의 평가를 겸허하게 경청하는 자세
- 유연한 사고 : 레스토랑의 다양한 상황에 신속하게 대처하는 순발력이 있으며, 새로운 지식을 빠르게 습득하고 빠른 상황 판단능력

앞서 열거한 기본적 자질 이외에도 고객만족, 동료직원 만족, 그리고 자신이 속해 있는 조직을 만족시키는 데에 필요한 자질이 요구된다.

2) 인적자원의 개발관리

레스토랑 기업의 인적자원 개발관리활동이란, 확보된 인적자원에 대해 그들의 직무지식, 숙련도 및 업무수행능력을 개발하는 활동을 계획 · 조직 · 지휘 및 통제하는 관리활동을 말한다. 인적자원 개발관리활동은 확보된 종사원의 지식, 숙련도, 수행능력 등의 직접적인 교육훈련 개발활동 이외에도 간접적으로 전환배치, 승진 등을 대비한 경력 개발활동 역시 포함된다. 인적자원의 효과적인 개발관리활동이 이루어지기 위해서는 인적자원에 대한 정확한 평가가 전제되어야 하며, 이는 앞서 언급한 인적자원관리의 개별적 활동이 다른 인적자원관리 활동과 상호유기적으로 영향관계에 있다.

효과적인 인적자원 개발관리 활동이란, 구성원들의 능력증진을 통해 조직의 현재 및 미래의 성과를 향상시키려는 조직의 의도적 노력 활동을 지칭한다. 이러한 종사원의 개발관리 활동에 앞서 훈련과 교육 그리고 개발의 개념부터 확인하는 것이 좋을 듯하다. 우선 훈련이란, 구성원들의 직무와 관련된 지식, 숙련 그리고 능력을 증진시키기 위해 조직이 제공하는 일련의 계획화 된 노력을 말한다. 훈련은 주로 반복적인 연습을 통해 직무와 관련된 특정한 숙련Skill을 습득하게 하는 과정이다. 다음으로 교육이란, 주로 인간의 지적 활동을 활성화시켜 직무와 관련된 일반적이고 개념적인 지식을 습득하게 하는 과정을 말하며, 개발은 훈련에 비해 보다 장기적인 관점에서 피고용인 혹은 경영자의 역량을 증진시키려는 노력을 말한다.

이상의 내용을 정리해 보면, 레스토랑 관리자는 종사원의 교육훈련 및 개발을 통해 두 가지 목적을 달성하고자 노력한다. 첫 번째는, 종사원의 장기근무와 효과적인 근태관리를 목적으로 해당기업의 성공에 대한 구성원의 몰입을 증진시키는 것이다. 두 번째는, 조직성과를 개선하기 위해 현재 혹은 미래의 구성원 직무수행 능력을 향상시키는 것이다.

(1) 인적자원 교육훈련 및 개발관리의 전략적 중요성

효과적인 인적자원 개발관리 활동은 타 인적자원관리 활동과 높은 연관성을 가지고 있다.

- 인적자원 확보활동과의 연관성 : 종사원의 교육훈련 개발을 통해 높은 자격이 요구되는 지원자의 필요성이 감소되며, 또한 신중한 인적자원선발 활동은 종사원의 교육훈련 필요성 감소를 가져오게 된다.
- 인적자원 성과평가활동과의 연관성 : 종사원의 교육훈련 및 개발을 통한 구성원 성과가 개선될 가능성이 높으며, 올바른 종사원의 성과평가는 현재 종사원에게 필요한 교육훈련 및 개발의 필요성을 제시할 것이다.
- 인적자원 보상활동과의 연관성 : 종사원의 교육훈련 및 개발을 통해 종사원의 성과증진은 결과적으로 종사원의 임금상승효과를 가져오게 되며, 또한 금전적 혹은 비금전적 보상은 종사원으로 하여금 교육훈련 및 개발에 대한 관심증가와 교육훈련 및 개발프로그램에 참여를 유도할 것이다.
- 기업과 종사원과의 관계와의 연관성 : 교육훈련 및 개발을 통해 성숙한 종사원의 생산성과 근태가 긍정적으로 개선될 것이며, 결과적으로 관리자의 종사원 통제 문제가 감소될 것이다.

(2) 교육훈련 및 개발의 필요성 확인

성공적인 종사원 교육훈련 및 개발이 이루어지기 위해서는 교육훈련 및 개발프로그램을 실시하기 전 사전작업을 통해 그 필요성을 확인해야 한다. 교육훈련 및 개발의 최종 목적은 현재 혹은 미래시점에 있어서 조직의 성과를 개선하는 것이다. 따라서 교육훈련 및 개발의 필요성은 현재 해당기업이 직면하고 있는 문제해결 혹은 외부환경 변화에 적절히 대응하기 위한 전략적 목적 등 다양한 요구에 의해서 분석되어야 할 것이다.

교육훈련 및 개발의 필요성을 확인하기 위해서는 수준을 먼저 결정해야 한다. 수준 결정이란, 교육훈련 및 개발의 필요성을 조직수준, 직무수준 그리고 개인수준에서 분석하는 것을 말한다. 조직수준에서의 분석이란, 조직의 장기적 목표와 단기적 목표 그리고 이러한 목표 실현에 영향을 미칠 것으로 판단되는 요인, 예를 들어 조직효과성(생산성, 투자수익률, 제품 및 서비스품질, 이직률, 직무만족도 등), 인적자원 수요 및 공급계획, 조직문화 및 분위기 등에 관해서 교육훈련 및 개발의 필요성을 분석하는 것을 말한다. 직무수준에서 교육훈련 및 개발의 필요성 분석이란, 직무수행 담당자에게 요구되는 업무숙련도와 직무행동의 종류 및 직무수행 담당자에게 요구되는 성과기준을 확인하여 구체적 직무와 관련된 직무수행 담당자에게 요구되는 교육훈련 및 개발의 필요성을 분석하는 말한다. 끝으로, 개인수준에서 교육훈련 및 개발의 필요성 분석이란, 구성원 개인의 현재능력과 향후 필요하거나 바람직하다고 판단되는 직무수행 능력과의 차이를 분석하는 활동을 말한다.

교육훈련 및 개발의 필요성 분석을 확인한 후 레스토랑관리자는 교육훈련 및 개발의 필요성을 교육훈련 및 개발목표로 전환해야 한다. 이 때 모든 교육훈련 및 개발의 목표는 아주 구체적인 행동과 숫자 등으로 확인 가능한 교육훈련 및 개발의 성과기준을 제시해야 하며, 구체적 직무행동을 전개하는데 대한 제약조건과 시간적 제약 등을 제시하여 교육훈련 및 개발의 효과성을 확인할 수 있도록 해야 한다.

(3) 교육훈련 및 개발 프로그램 개발

교육훈련 및 개발 프로그램은 크게 인지적 지식Cognitive Knowledge 습득, 숙련의 개선Improved Skill, 그리고 정서적 결과Affective Outcome 향상 등 세 가지로 나눌 수 있다.

- 인지적 지식 : 사람들이 가지고 있는 정보를 조직화하는 방식 그리고 정보를 사용하기 위한 전략을 포함하는 개념이다. 구체적 인지적 지식으로는 첫째, 회사정책과 관행(사규, 사칙, 회사의 정책 및 제도, 안전관리 규정, 근무시간, 휴식시간, 조직의 구조와 역사, 제품 등)에 관한 내용이다. 둘째, 조직이 필요로 하는 업무수행을 위한 기초적 수학이나 통계지식 혹은 외국어 능력, 컴퓨터활용 능력, 대인관계 능력, 세일즈 능력, 조리 능력 등의 기초지식에 관한 내용이다. 마지막으로, 복잡하고 변화하는 환경조건에 적응해서 조직을 변화시키며 전략적으로 조

직을 리드하고 관리하는 일을 수행하는 경영자의 지위에 오르려고 노력하는 구성원은 회사 전반의 조직구조와 조직과정, 제품과 서비스, 경영전략 그리고 변화하는 환경조건에 관한 개념적 지식 등이다.

- 숙련도 개선 : 레스토랑 운영에 필요한 능력, 예를 들어 조리 능력, 대인관계 능력 혹은 개념적 지식능력 등의 숙련도를 향상하는 목적으로 하는 교육훈련 및 개발 프로그램을 말한다. 숙련도의 향상은 종사원 개인의 끊임없는 반복적 연습으로 이루어진다.
- 정서적 결과 개선 : 레스토랑 조직은 조직구성원들의 가족적인 공동체 의식과 X 팀 정신을 요구한다. 따라서 레스토랑경영 관리자는 종사원들의 교육훈련 및 개발프로그램을 통해 구성원들이 조직문화에 사회화시킬 수 있는 정서적 결과 향상을 추구해야 한다. 또한 조직에서 제공하는 교육훈련 및 개발프로그램을 통해 종사원들이 인간적 자신감과 자기효능감 및 완성감을 가질 수 있도록 교육훈련 및 개발프로그램을 개발해야 한다.

레스토랑 조직에서 실시되는 모든 교육훈련 및 개발프로그램은 사후 평가가 실시되어야 한다. 교육훈련 및 개발프로그램의 실시평가에는 분명한 평가기준(예를 들어, 구성원 행동변화가 목표인지, 새로운 업무지식과 정보를 제공하는 것이 목표인지 혹은 조직의 효과성(생산성, 투자수익률, 제품 및 서비스품질, 이직률, 직무만족도 등) 향상이 목표인지 등에 관하여 실시 전 평가기준을 확인하여 공정하게 평가가 이루어지도록 해야 한다. 그리고 평가의 대상, 평가의 시기, 평가자 등 평가 실시 전 모든 평가활동이 공정하고 빠짐없이 이루어지도록 해야 한다.

(4) 인적자원의 경력개발관리

인적자원의 경력개발이란, 한 개인이 조직원으로서 뿐만 아니라 개인의 인생경로에 있어서 차지하는 연속된 일 관련 직위의 집합을 말한다. 경력이란, 한 개인생활에 연속성이 있으며 질서 및 의미를 제공하는 분리된 그러나 관련성 있는 일련의 작업활동이라고 정의할 수 있다. 레스토랑 기업에서 구성원의 경력개발을 목적으로 하는 경력개발 프로그램은 관리직과 전문직 종사원의 근로생활의 질적 수준을 높이며 그들의 성과를 향상시키고 우수한 근로자의 정착률을 높이고자 하는 목적으로 시행되고 있다.

종사원의 경력개발프로그램은 크게 종사원 개인적 관점과 레스토랑 기업 조직관점에서 접근하는 것이 일반적이다. 조직적 관점에서의 경력개발프로그램은 개인과 조직의 적합성을 강조하는 것을 목적으로 조직 내부에서 구성원에게 경력개발 기회를 제공하는 활동으로서 구성원들의 경력계획 수립과 경력개발 과정에 대한 조직의 적극적 지원과 지도를 시행하는 것으로 의미한다. 개인적 관점에서의 경력개발프로그램에 대한 접근방법은 앞서 언급한 조직적 관점에서의 경력개발프로그램의 목적인 개인과 조직의 적합성을 제한적으로 고려하여 구성원 개인 스스로가 자신의 인생 목표와 경력 목표 그리고 적합한 경로를 선택하고 개발하는 활동을 의미한다.

경력개발프로그램에 있어서 가장 중요한 사항은 개인과 조직이 추구하는 경력을 선택하고 경력 목표를 설정하는 작업이다. 개인의 관점에서의 경력개발 계획을 세우기 위해서는 다음의 4가지 단계를 거치게 된다.

- 1단계 : 구성원 자신이 스스로를 분석하고 평가하는 단계
  - 자신의 정체성, 흥미, 역량(숙련도), 가치관 그리고 인생 목표에 대한 철저한 분석
- 2단계 : 구성원이 현재 소속된 조직 내부 혹은 외부에 어떤 직무기회와 경력경로가 존재하는지에 관한 정보수집 후 자신이 추구할 수 있는 모든 경력 대안 조사단계
  - 조직 내 경력개발 상담요원(인사 및 교육담당자)과 개별적 상담, 상사와 의논, 조직에서 요구하는 상세한 직무요건과 역량에 관한 정보, 조직에서 제공하는 직무순환 프로그램 등에 관한 정보수집 및 분석
- 3단계 : 여러 가지 경력대안들을 평가 후 경력과 경력목표 선택
- 4단계 : 경력 목표를 달성하기 위한 구체적 전략 및 계획 수립

조직관점에서 경력개발계획 수립단계는 우선 각 구성원의 현재 어떤 경력단계(경력확립 단계, 경력약진 단계, 경력유지 단계, 경력은퇴 단계)에 있는지를 평가하고 분

석해야 한다. 그리고 각 구성원의 현재 경력단계에 맞는 경력개발 계획을 설정하기 위한 자료를 수집하고 프로그램을 구성하여 구성원으로 하여금 조직에 대한 몰입과 직무효과성을 유도할 수 있도록 해야 할 것이다.

tip

경력개발관리를 위한 자기 질문

자신의 욕구에 관한 질문

• 나의 가치는 무엇인가?
• 나의 생애 목적은 무엇인가?
• 나의 흥미는 무엇인가?
• 무엇이 나를 동기부여 하는가?
• 무엇이 나의 의욕을 감퇴시키는가?
• 나의 삶의 균형을 유지하기 위해 나는 무엇을 필요로 하는가?

자신의 역량에 관한 질문

• 나의 강점은 무엇인가?
• 나의 강점은 조직을 위해 어떤 이익을 제공할 수 있는가?
• 내가 성취한 것, 경험한 것은 무엇인가?
• 나의 경쟁우위는 무엇인가?
• 다른 이와 나와의 차별점은 무엇인가?
• 내가 조직을 위해 제공할 수 있는 것은 무엇인가?

조직에 관한 질문

• 조직의 사명과 목표는 무엇인가?
• 고객이 원하는 것은 무엇인가?
• 나의 직무를 효과적으로 수행하기 위해 필요한 지식과 능력은 무엇인가?
• 어떠한 환경변화가 내가 속한 조직과 나의 성과기대에 영향을 미치고 있는가?
• 조직은 나에게 어떤 성장기회를 제공하고 있는가?
• 조직은 구성원에게 어떤 복지혜택을 제공하는가?
• 조직에서 계속 근무해야 할 이유는 무엇인가?
• 내가 조직에서 효과적으로 근무할 수 있도록 제공되는 것은 무엇인가?

3) 인적자원의 보상관리

인적자원의 보상관리 활동이란, 기업의 종사원이 조직에 제공한 노동력의 대가로 지급되는 금전적보상과 비금전적 보상을 해주는 활동을 말한다. 금전적 보상은 기본급과 인센티브 임금 그리고 복리후생으로 나누어지며, 비금전적 보상은 능력과 업적에 관한 인정, 자기개발과 경력개발의 기회, 의사결정권 및 업무자율성 부여, 책임증대와 승진, 고용보장에 의한 안정적 생활, 유연한 근무시간 등이 있다. 레스토랑 기업의 인적자원 보상관리 활동의 효과성은 인적자원에 대한 정확한 평가와 높은 연계성을 가지고 있다.

(1) 보상의 유형

해당 레스토랑 기업에 소속된 구성원이 조직에 제공한 노동력의 대가로 지급되는 보상은 기준에 따라 해당 종사원에게 직접적 보상과 간접적 보상 그리고 금전적 보상과 비금전적 보상으로 나눌 수 있다. 우선 종사원에 대한 보상의 경우 어떠한 기준으로 보상을 실시해야 종사원의 보상에 대한 만족을 이끌어 낼 수 있을지 레스토랑 관리자는 심각하게 고민해야 한다.

우선 보상의 기준으로는 직무 및 직위를 기준으로 하는 보상, 개인 혹은 팀을 기준으로 하는 보상 그리고 조직원 구성원 누구에게나 해당되는 구성원자격을 기준으로 하는 보상이 있다. 또한 업무성과 등에 대해 해당 조직구성원에게 직접적으로 보상하는 방법과 구성원이 조직에 제공한 노동력의 대가로서가 아니라, 조직구성원 전체에 대해 보상하는 간접적 보상이 있다. 레스토랑 관리자가 어떠한 보상기준을 적용하는 것이 가장 좋다는 결론은 쉽게 내릴 수가 없고, 레스토랑 기업의 경영이념과 철학 그리고 조직문화에 부합하면서 종사원들이 선호하는 보상의 유형을 추구하는 것이 올바른 보상의 유형이라 할 수 있다.

표 5.2 레스토랑 조직에서 금전적 · 비금전적 보상

	기준의 유형	금전적 보상	비금전적 보상
보상유형	직무 및 직위 기준	직무 및 직위 기준 임금	성취감 등 심리적 보상 조직상의 지위 동료와의 인간관계
	개인 혹은 팀 기준	성과 기준 임금 연공 기준 임금 직능 기준 임금	능력과 업적의 인정과 포상 자기개발과 경력개발 의사결정권 · 자율권 부여 책임증대와 승진
	구성원 자격 기준	보험료 등 금전적 복리후생	조직의 명성이 주는 사회적 신분 고용보장 생활안정 쾌적한 작업환경 유연한 근무시간

레스토랑 기업에서 종사원에게 제공하는 보상시스템은 그 유형이 어떠한 형태로 종사원에게 제공되더라도 보상시스템이 성공적으로 운영되기 위해서는 몇 가지 특성을 갖추고 있어야 한다.

- 보상의 합법성Legal
- 충분한 보상Adequate
- 동기부여가 되는 보상Motivating
- 공정한 보상Fairness
- 보상의 보장성Security
- 보상의 안정성Stability
- 비용 대비 편익성Cost-benefit Effective

(2) 보상의 기능과 중요성

레스토랑 기업에서 종사원에게 제공하는 보상시스템 역시 다른 인적자원관리 활동과의 높은 연관성을 가지고 있다. 우선 성공적인 보상시스템은 유능한 인재를 확보하기 위한 요인으로 작용한다는 점이다. 또한 보상시스템은 종사원의 높은 업무성과를 유도하는 긍정적 역할을 수행한다는 점이다.

그 이유로는 높은 수준의 금전적 혹은 비금전적 보상은 종사원에게 충분한 동기부여가 가능하기 때문이다. 이러한 동기부여는 성과에 대한 종사원의 관심유도뿐만 아니라 교육훈련 및 개발에 대한 관심과 참여를 유도할 수 있다. 높은 수준의 종사원의 직무수행능력은 보다 높은 수준의 보상으로 연결되기 때문이다.

끝으로, 성공적 보상시스템은 종사원과 기업과의 긍정적 관계 형성에 영향을 미치므로 레스토랑 관리자는 보상시스템만을 고민하지 말고 보상시스템과 다른 인적자원관리 활동과의 영향관계를 인지하고 성공적인 보상시스템을 구현할 수 있어야 한다.

기업의 보상시스템에 이해는 조직적 관점과 종사원 개인관점에서 접근해야 한다. 조직적 관점에서의 보상시스템에 대한 이해는 비용적 접근이다. 금전적 보상과 일부 비금전 보상에서 발생하는 임금 혹은 인센티브 등의 보상은 조직이 생산하는 제품이나 용역의 총원가 중에서 중요한 부분을 차지하는 인건비의 원천이 되기 때문이다.

레스토랑 관리자는 원가절감 차원과 비용 대비 효과성과 효율성을 고려해야 한다. 또한 보상시스템은 종사원관리에 있어 유용한 도구임을 알아야 한다. 보상의 기준을 설정하는 행위를 종사원에게 조직이 중요하게 여기는 가치와 행동양식이 무엇인지를 알려주는 신호역할을 하기 때문이다. 공정하고 합리적인 보상시스템의 기준마련과 운영은 기업과 종사원 간의 갈등을 완화시켜줄 수 있음을 간과해서는 안 된다.

다음으로 종사원 개인관점에서의 보상시스템 역시 레스토랑관리자는 유의해야 한다. 금전적 보상은 종사원의 중요한 소득의 원천이며 이는 종사원 자신과 그들의 가족의 경제적 기반이며 삶의 질을 결정짓는 중요한 요인이다. 종사원에게 주어지는 금전적 보상과 비금전적 보상은 종사원의 자아실현 욕구와 사회적 욕구 그리고 존경 욕구 등의 고차원 욕구를 충족시킬 수 있는 중요한 요인을 레스토랑경영 관리자는 인식해야 한다.

(3) 보상관리의 공정성

기업 종사원에게 제공되는 보상시스템은 공정성Fairness을 확보해야 한다. 공정성의 실현은 보상관리의 효과성을 보장하는 것이다. 보상시스템의 공정성 확보는 크게 분배 공정성Distribute Fairness, 절차 공정성Procedural Fairness, 상호작용 공정성을 확보해야 한다.

분배 공정성이란, 특정 결과에 관한 지각된 공정성을 의미하며, 절차 공정성란, 특정 결과에 도달하기까지 활용되는 절차와 규칙이 얼마나 합리적이고 공정한 것인지 지각되어지는 정도를 의미한다. 그리고 상호작용 공정성이란, 특정 결과에 도달하는 동안 절차의 정서적 측면을 의미한다. 다시 말해, 기업이 종사원에게 충분한 설명, 공정한 대접, 정직, 성실 그리고 공감대 형성 같은 의사소통의 질적 측면을 가리킨다.

분배 공정성은 외부 공정성과 내부 공정성을 확보해야 한다. 외부 공정성이란, 해당기업에서 종사원에게 제공하는 보상의 수준을 대외적으로 비교하여 가지게 되는 공정성을 의미한다. 조직 외부의 유사기업 혹은 경쟁기업에서 종사원에게 제공하는 보상의 기준과 비교하여 가지게 되는 공정성을 말한다. 그리고 내부 공정성이란, 해당 레스토랑 기업 내에서 다른 직무를 수행하고 있는 종사원들이 받게 되는 보상의 수준이 차등되어지는 것에 대한 공정성을 지각하는 것을 의미한다. 직무기간, 직무경험, 직무수행 능력 그리고 성과 등과 같은 속성 차이에 따라 발생하게 되는 보상의 수준차이를 공정한 것으로 지각하는 것을 말한다.

4) 인적자원의 평가관리

레스토랑 기업 인적자원의 평가관리 활동이란, 기업구성원 개인에 관해 그들의 성과와 잠재적 능력 등에 관하여 측정하고 평가하는 활동을 계획 · 조직 · 지휘 및 통제하는 활동을 말한다. 평가관리는 기업구성원 개인의 직무수행 결과뿐만 아니라 그 결과와 직 · 간접으로 관련이 있다고 판단되는 개인의 특성(성격, 욕구, 가치관 및 능력 등) 및 행동에 대한 측정과 평가를 포함하고 있다. 레스토랑 기업의 인적자원에 대한 평가관리 활동은 타 인적자원관리 활동, 즉 확보, 보상, 개발관리 활동의 효과성을 높이기 위한 중요한 정보를 제공한다.

해당기업의 종사원에 대한 평가는 종사원의 현재의 능력과 유용성뿐만 아니라 잠재적 능력과 유용성을 세심하고 체계적으로 파악할 수 있도록 해야 한다. 평가란, 가치판단이 수반된 활동이므로 측정과는 구분이 되어야 하며, 구성원의 평가자료는 생산자료(작업의 양과 질), 인사자료(인사파일에서 확인되는 정보 : 근태, 중요사건, 교육훈련 참가여부 등) 그리고 평가자들의 판단자료(직장상사 혹은 동료들의 평가)를 근거로 신뢰성과 타당성을 확보해야 한다.

5) 인적자원의 유지관리

인적자원의 유지관리 활동이란, 기업의 인재상에 부합하는 유능한 인재를 정착시키고 유지하기 위한 활동을 계획 · 조직 · 지휘 및 통제하는 활동을 말한다. 인적자원 유지관리 활동은 노사관계, 업무수행상 안전과 건강문제에 의해 크게 영향을 받게 된다. 따라서 효과적인 인적자원 유지관리 활동이란 노사관계관리, 업무수행상의 안전과 종사원 건강관리 그리고 종사원 이직관리 활동을 의미한다.

3. 인적자원관리의 상황적 요소

1) 조직과 직무특성

레스토랑 기업의 인적자원관리 활동은 조직적 특성(기업의 규모, 재무적 상황, 조직의 경영전략, 비전과 경영목표, 조직구조, 기술수준, 기업문화 등)과 레스토랑 구성원의 다양한 직무특성 그리고 종사원 개인특성 등에 의해 인적자원관리 활동은 달라진다. 레스토랑 기업의 재무적 상황이 여의치 않다면 직원들에게 충분한 급여를 지불할 수 없고 종사원의 교육훈련 개발에 대한 투자를 할 수 없다. 따라서 기업의 재무적 상황이 인적자원관리 활동에 중대한 영향을 미친다는 사실에 의심의 여지가 없다.

조직의 경영전략은 제한된 경영자원을 효율적으로 배분하고 기업의 경쟁우위를 창출하고 유지시키는 주요한 의사결정이므로 기업의 경영전략상 인적자원에 대한 중요도에 인적자원관리 활동은 영향을 받게 되며 조직의 구조가 피라미드식 다계층 구조인지 혹은 계층이 축소된 평면조직, 팀조직 형태에 따라 인적자원의 관리활동은 영향을 받게 된다. 날로 경쟁이 치열해지는 레스토랑비즈니스 상황에 있어서 인적자원관리 활동은 레스토랑 기업의 차별화와 경쟁우위를 창출하고 확보하여 기업의 목표전략을 실현할 수 있도록 경영전략 과정 전반에 걸쳐 통합적이고 유기적으로 운영되어야 한다.

2) 인적자원관리의 역사와 환경

기업의 인적자원관리 활동은 해당 국가 혹은 사회시스템의 역사적 발전 과정과 기업의 외부환경에 의해서도 영향을 받는다. 효과적이며 효율적인 인적자원관리 활동을 위해 해당기업 차원에서 인적자원관리 역사에 대한 이해와 더불어 국가별 차원과 세계적 차원에서 시대별 특징을 이해해야 한다.

레스토랑 관리자에게 있어 인적자원관리의 발전과정에 대한 개략적 이해는 해당 기업 종사원에 대한 인적자원관리 전략수립에 있어 효과적일 것으로 판단된다.

① 과학적 인적자원관리

과학적 인적자원관리란, 생산성 향상과 제품품질 향상을 목적으로 직무의 전문화와 표준화 및 단순화 그리고 성공에 대한 상대적 높은 보수, 즉 인센티브 임금제도로서의 차별적 성과급 제도를 주장하며 종사원의 선발과 훈련을 통한 과학적 인적자원 시스템을 말한다. 종사원의 시간동작 연구를 통해 적절한 하루 과업량을 설정하고 재료 및 작업장 상태 등의 작업환경 및 조건 등을 표준화하며 성공에 대한 높은 보수를 약속함으로써 종사원을 동기부여하고자 하였다.

하지만 과학적 인적자원관리의 특징은 종사원을 생산에 필요한 도구적 존재로 취급할 뿐만 아니라 직무의 단순화, 표준화 및 전문화는 종사원의 대체성을 높이고 아울러 종사원의 숙련화를 방해함으로써 인간소외를 발전시킨다는 한계점이 밝혀지게 되어 종사원의 인간적 측면에 대한 배려와 이해가 부족한 '인간 없는 조직관리이론'이라는 비판을 받게 되어 인간관계적 인적자원관리시스템의 출현을 야기하게 되었다.

② 인간관계적 인적자원관리

인간관계적 인적자원관리는 감정의 논리Logic of Sentiments에 의해 지배되는 조직의 인간적 · 비공식적 측면을 특히 중요시 여김으로써 종사원의 감정이 조직 효율성에 결정적인 영향을 미친다고 주장하고 있다. 인간관계적 인적자원관리에서는 '만족한 종사원이 생산적인 종사원이다'라는 명제를 주장하며 종사원을 만족시키기 위한 관리자의 능력, 예를 들어 인간의 행동을 이해하는데 필요한 진단 능력, 상담능력, 동기부여, 리드 등의 대인관계 능력을 강조하고 있다.

이러한 인간관계적 인적자원관리는 두 가지 명제를 조건으로 하고 있다. 첫째, 인간은 신체적 욕구에 따라 움직이는 경제인이기보다는 사회적 욕구에 따라 움직이는 사회인이라는 것이며, 둘째, 조직을 경제적 혹은 기술적 시스템이라 이해하기보다는 사회적 시스템으로 이해한다는 것이다. 인간관계적 인적자원관리는 조직구성원들의 사회적 욕구(소속욕구, 교제욕구, 동료로서 수용되고자 하는 욕구 등)에 의해 동기부여가 이루어진다고 가정하고 있다.

인간관계적 인적자원관리시스템 역시 몇 가지 한계점을 지니고 있다. 첫째, 조직의 인적자원관리에 있어서 종사원의 인간적 측면만을 강조하여 '조직 없는 인간의 이론'이라는 비난을 받게 되었다. 기업의 조직을 단순히 인간적 혹은 사회적 시스템으로 간주함으로써 조직 전체를 파악하지 못하는 한계점을 지니고 있다는 점이다. 둘째, 인간관계적 인적자원관리의 중요한 가정, 즉 종사원을 사회인으로만 가정하는 것 역시 종사원에 대한 전반적 이해를 하지 못하는 한계를 지니고 있다는 점이다. 이러한 인간관계적 인적자원관리시스템의 한계점을 극복하고자 새로운 행동과학적 인적자원시스템이 출현하였다.

③ 행동과학적 인적자원관리

행동과학Behavioral Science이란, 여러 인문 · 사회과학 분야에서 인간행동에 과학적 연구방법을 적용하여 얻은 연구성과를 하나의 통일적인 이론체계로 종합한 학문이다. 행동과학에서 제시하는 인간관은 기본적으로 인간은 복잡인Complex Man이라는 가설을 지지하고 있다. 복잡인 가설이란, 인간은 경제인 · 사회인 · 자기실현인 등의 복잡한 측면을 모두 지니고 있다는 관점이다. 이러한 접근방법은 기존의 인적자원 연구방법의 한계점을 극복하는 접근방법이다.

행동과학적 인적자원관리의 특징은 다음과 같다. 첫째, 종사원을 인적자원으로서 가치를 인식하고 있다는 것이다. 두 번째, 기업의 종사원, 즉 인적자원을 기업경쟁력 확보의 핵심적 요소로 간주한다는 것이다. 세 번째, 종사원은 잠재력을 가진 자원이므로 동기부여를 해야 하며 적극적으로 개발해야 한다는 주장을 하고 있다. 네 번째, 종사원을 비용 요소로 보아 투입비용 기준으로만 평가하지 않고 기업에 대한 공헌가치로 인식하여 종사원을 투자요소로 간주한다는 점이다.

④ 시스템적 인적자원관리

자원변환 과정을 중심으로 기업을 보면 기업시스템은 물적 자원을 중심으로 하는 생산 · 마케팅시스템, 인적자원을 중심으로 하는 인적자원시스템, 재무적 자원을 중심으로 하는 재무시스템, 지식 · 정보 자원을 중심으로 하는 지식 · 정보시스템 등의 개방시스템이다. 이 중에서 인적자원관리시스템은 다른 하위시스템을 형성시키고 통제하는 주체적 기능을 수행한다.

인적자원관리시스템은 인적자원 변환과정과 관리과정을 포함하고 있으며 시스템적 관점에서 인적자원관리는 인적자원시스템을 연구대상으로 하는 과학이며, 구체적으로는 인적자원 확보 · 개발 · 보상 · 평가 · 유지 등의 관리활동과 직무관리활동 등을 연구하는 과학이라는 점이다.

⑤ 현대적 인적자원관리

현대적 인적자원관리는 시스템적 인적자원관리와 행동과학적 인적자원관리를 종합하고 있다. 현대적 인적자원관리는 인적자원관리시스템에 대해서 개방시스템적 관점을 적용한다. 즉 인적자원시스템의 환경으로서 기업 외부환경요소 및 기업 내부요소와의 상호작용관계를 중요시한다. 또한 현대적 인적자원관리는 인적자원 접근에 기반을 둔다. 즉 기업의 지속적 경쟁우위 확보를 지향하고 있다.

현대적 인적자원관리 역시 몇 가지 특징을 가지고 있다.

첫째, 다원화된 고객지향적이다. 현대 인적자원관리시스템이 다원화된 고객 지향적이라는 의미는 기업의 인적자원시스템을 바라보는 다양한 시각에서 출발하고 있다. 자본가는 인적자원관리 활동을 통해 자본효율성을 구현하고자 할 것이다. 또한 최고경영자는 인적자원관리 활동을 통해 기업의 경영철학과 비전을 실현하고자 할 것이며, 중간관리자는 인적자원관리 활동을 통해 구성원관리와 동기부여를 추구할 것이며, 종사원은 기업의 인적자원관리 활동을 통해 자아실현과 자기개발을 추구하기 때문이다.

둘째, 전략적 성과를 지향하고 있다. 과거 인적자원관리 활동은 업무적 성과지향적이었지만, 현재는 기업의 목적을 달성하기 위해 모든 종사원의 행동과 역할이 효과적으로 통합이 요구되어야 기업의 성과달성이 가능하다는 것이다.

셋째, 질적 서비스지향적이다. 전통적 인적자원관리는 통제와 지시 중심이었지만, 현대의 인적자원관리는 종사원의 만족을 통해 기업의 성과가 창출될 수 있다는 인식이다.

넷째, 경제적 가치지향적이다. 과거 인적자원관리 부문은 맡은 업무를 수행하는 원가영역 개념이었지만, 현재는 기업의 전략적 목표를 실현하기 위해 인적자원 활용의 효율성을 제고하여 인적자원을 이익창출과 사업영역으로 이해하고 있다는 점이다.

tip

인적자원관리에 영향을 미치는 환경적 요소

- 고객(Customers)
- 법규(Laws & Regulations)
- 정치적 · 경제적 동향(Political & Economic trends)
- 국가문화(National Culture)
- 노동조합(Labor Unions)
- 노동시장(Labor Markets)
- 기술(Technology)
- 산업(Industry)
- 공급자(Suppliers)
- 경쟁자(Competitors)
- 잠재적인 제휴 파트너(Potential Alliance Partners)

4. 종사원 행동의 이해

조직구성원의 행동을 관리하기 위해서는 조직원 개인의 행동을 먼저 이해해야 한다. 특히 사회 · 문화가 발달할수록 개인의 행동이 조직에 미치는 영향은 더욱 커진다. 따라서 조직을 관리하기 위해서는 종사원 개인의 행동을 정확하게 이해하고 개인으로부터 바람직한 행동을 유도할 수 있어야 한다. 같은 조직 내에서도 각 개인의 행동은 차이를 보이는데, 그러한 원인으로는 개인의 신체적 특성과 능력, 개인의 성장배경 및 사회 · 문화적 요인 그리고 개인의 심리적 특성 등을 열거할 수 있다.

개인의 신체적 · 지능적 특성 등은 개인의 선천적 유전에 의해 개인으로 하여금 독특한 행동을 형성시키는 요소들이다. 사회 · 문화적 요소와 가족관계 등의 규범적 요소와 윤리, 도덕 등의 환경적 요소는 개인으로 하여금 조직의 일원으로서 공통된 행동을 형성하도록 하는 요소를 포함한다. 그리고 심리적 요소는 선천적으로 주어진 성격과 후천적으로 사회환경과의 상호작용을 통해 형성된 성격, 지각, 욕구, 동기 등 개인 고유의 독특한 행동을 포함하고 있다.

이러한 요소들은 개인으로 하여금 주어진 자극에 대응하여 이에 적절한 반응을 일으키게 하고 이것이 개인의 행동으로 나타난다.

1) 개인의 가치관과 행동

가치관이란, 매우 추상적 개념이라 그에 대한 정의를 명확하기 내리기는 힘들지만 가치관은 개인의 선호체계, 개인의 우선체계 그리고 항구성을 띠고 있다. 가치관이 개인의 선호체계라는 의미는 개인적으로 혹은 사회적으로 선호하는 어떠한 구체적인 행동양식과 결과적 상태에 대한 개인의 구체적인 신념과 확신을 의미하는데, 가치관은 여러 가지의 행동 대안이나 여러 가지의 가능한 상태 중에서 어느 것이 더 좋고 어느 것이 더 나쁘다거나 혹은 어느 것이 더 올바르다고 하거나 더 그르다고 하는 개인의 규범적 혹은 윤리 · 도덕적 아이디어, 즉 윤리성을 내포하고 있기 때문이다.

두 번째 가치관이 개인의 우선체계라는 의미는 개인의 가치관이 단 한 가지의 가치만 있는 것이 아니라, 수많은 가치 중에서 자신이 강조하는 중요도에 따라 가치의 우선체계를 형성하고 있다는 것이다. 예를 들어 정직 · 순종 · 독립성 등의 여러 가치 중에서 어느 것을 더 강조하고 중요시 하느냐에 따라 개인의 태도와 행동은 다르게 나타난다. 그리고 가치관의 항구성이란, 개인이 오랫동안 학습을 통해 형성해 온 것이 개인의 확신체계이고, 이는 성격의 한 부분으로서 쉽게 변하지 않는 항구성을 지니고 있다.

조직관리에 있어 개인의 가치관의 이해가 중요한 이유는 개인의 가치관이 개인의 태도 · 지각 · 성격 · 동기 등 개인행동에 영향을 미치는 요소를 이해하는데 기초가 되며 개인행동 이해에 매우 중요한 역할을 하기 때문이다. 조직구성원으로부터 올바른 행동을 유도하려면 우선 그들의 가치관을 이해해야 하며 그들의 가치관이 그들의 행동에 어떠한 영향을 미치는지를 이해해야 한다.

2) 개인의 성격과 행동

개인의 성격은 내성적, 능동적, 이기적, 권위적 등 어떠한 중심행동 경향을 기반으로 단편적으로 표현되거나 혹은 성격이 '나쁘다, 좋다' 등의 평가적 경향으로 표현된다. 하지만 개인의 성격은 여러 가지의 많은 특성과 행동 경향으로 구성되어 있어 개인의 성격을 이야기할 때에는 개인 전체의 관점에서 고려되어야 한다.

성격은 개인이 타고난 선천적인 것과 일상생활에서 학습을 통해 형성된 후천적인 으로 구성되어 있다. 개인의 성격은 몇 가지 특징을 가지고 있는데, 첫째, 성격은 개인의 독특한 개성을 나타내는 전체적 개념이다. 둘째, 성격은 표면적으로 개인마다 어느 정도 안정된 일정한 패턴을 형성하고 있다. 셋째, 성격은 선천적 유전에 의한 생리적 특성을 기반으로 개인이 일상적인 사회문화와 상호작용하는 과정에서 형성되어 간다. 넷째, 성격은 개인의 일반적 태도에서 나타나는 표면적이고 피상적인 측면과 개인의 내면 깊숙이 묻혀 있는 핵심적 측면으로 구성되어 있다.

개인의 성격 분류는 외향성 – 내향성, 독재적 – 민주적, 내재론자 – 외재론자, A형 – B형 등으로 분류되고 있다. 일반적 성격 유형의 하나인 외향성 – 내향성은 주어진 상황에 대해 반응하는 개인의 에너지가 외부와 내부의 어느 쪽을 더 지향하는가를 말하는 것이다. 반응에너지가 외적 행동으로 많이 나타나는 행동경향을 외향성 그리고 반응에너지가 개인의 감정이나 의식 등 내면화하는 행동경향을 내향성이라 분류한다. 독재적 - 민주적 성격 역시 일반화된 성격유형 분류이다. 이에 대한 분류는 권한이나 규율에 대한 개인의 순종성을 나타냄으로써 개인의 지시적이고 통제적인 행동경향을 확인할 수 있다.

내재론자 - 외재론자 등의 성격 유형은 개인이 자신의 운명이나 자신의 일상생활에서 가지게 되는 결과를 자신 스스로가 얼마나 통제할 수 있다고 믿느냐에 따라 개인의 성격을 분류하는 방법이다. 내재론자는 자신을 자율적인 인간으로 보고 자신의 운명과 일상생활에서 처한 상황을 자신이 통제할 수 있다고 믿는 사람들을 말하며, 반대로 외재론자는 자신의 운명과 삶의 결과는 자신이 통제할 수 없고 통제의 원천이 외부에 있다고 믿는 사람을 말한다.

A형 - B형 성격은 개인의 성격을 그의 건강과 관련하여 연구하는 성격 유형으로 원래 의학자들에 의해서 개인의 혈압과 스트레스 그리고 심장병과 관련하여 개인의 성격을 분류하기 생각하였다. A형과 B형은 서로 상대적 개념으로서 심리검사와 면접 그리고 관찰에 의해 측정되는데, 일반적으로 A형은 큰 야심, 경쟁적, 공격적, 낮은 인내심, 동시다발성(한꺼번에 몇 가지 일을 동시에 처리하거나 짧은 시간 내에 많은 일을 하고자 함), 조급성, 과업지향적 등이며, B형은 이와 반대되는 성격을 말한다. 조직관리에 있어 개인의 성격을 확인하는 것은 조직의 직무와 적합한 개인의 성격을 확인함으로써 업무만족도와 생산성을 향상시키는 것을 목적으로 하기 때문이다.

3) 개인의 욕구와 동기

동기는 개인행동을 어떤 목적을 위해 일정한 방향으로 작동시키는 내적 심리상태를 말하는데, 개인의 행동이 실제 이루어지는 과정 혹은 이루어지도록 유도하는 과정으로서 동기부여를 의미한다. 동기는 개인의 욕구에 의해 발생되고 그 강도는 욕구 결핍의 정도에 따라 개인의 행동에 영향을 미친다. 그리고 발생된 동기는 욕구를 충족하기 위해 목적지향적 행동으로 전환되며, 이 때 개인은 주변의 환경적 요소 예를 들어 직무조건 혹은 기업문화 등의 환경적 요소의 영향을 받게 된다. 개인의 동기와 목적지향 정도에 따라 개인의 노력수준이 결정되고 노력은 개인의 능력과 결합하여 성과로 연결된다.

이러한 동기과정을 이해하기 위해서는 동기의 세 가지 측면, 즉 행동 동기의 발생, 행동의 유도, 동기행동의 강화 과정을 이해해야 한다. 동기는 생리적 · 심리적 욕구의 결핍 혹은 불균형을 해소하고자 하는 의식적 혹은 무의식적 행동으로 발생하게 된다. 행동의 유도란, 발생된 행동을 개인의 욕구충족과 조직의 목적달성을 위한 구체적 노력으로 유도하는 것이다. 동기행동의 강화란 개인이 자신이 달성한 성과에 대해 정당한 인정을 해줌으로써 개인이 자신의 성과와 그에 따른 인정으로부터 만족감을 느끼고 이러한 느낌이 자신의 경험으로 작용하여 앞으로도 똑같은 만족감을 추구하는 목적지향적 동기행동이 반복될 수 있도록 이를 강화시키는 것을 말한다.

종사원의 행동을 설명하는데 흔히 적용되고 있는 동기이론들은 크게 두 가지로 분류된다. 하나는 개인의 행동을 작동시키고 에너지를 일정한 방향으로 조정하고 유지시키는 내면적 요인에 초점을 둔 것(내용이론)이며, 또 하나는 개인의 행동이 어떻게 형성되었는지에 관한 연구(과정이론)이다. 여기서는 종사원 행동의 내면적 요인에 관한 이론인 욕구단계론, ERG이론, 2요인이론, 성취동기이론 등을 간략하게 확인하도록 한다.

욕구단계론은 Maslow에 의해 1943년에 발표된 이론으로서, 개인의 행동은 자신의 욕구를 충족하는 과정에서 형성된다고 전제하고 개인의 욕구와 욕구의 단계적 구조를 제시하였다. Maslow는 개인의 기본욕구를 5가지로 제안하였다.

- 생리적 욕구Physiological needs : 개인이 자신의 생리적 균형을 유지하는데 기본적인 의 · 식 · 주에 관한 욕구를 말한다. 이는 조직체에서 구성원의 생리적 욕구를 충족시킬 수 있는 경제적 보상에 대한 관심에서 나타난다.
- 안전욕구Safety needs : 개인의 육체적 안전과 심리적 안정에 대한 요구로서 신체적 보호와 안정된 직업 그리고 자신의 생계보장에 관한 욕구이다. 조직 내에서는

작업환경, 규정, 복리후생, 직장의 안정성 등의 관심으로 나타난다.

- 애정욕구Love needs : 개인의 대인관계에서 나타나는 욕구로서 상호간의 교제, 친분, 소속감 등 서로 정을 주고받고 서로 소속되기를 원하는 욕구를 말한다. 조직 내에서는 집단소속감, 집단관계 등에 관한 관심으로 나타난다.
- 존경욕구Respect needs : 개인이 다른 사람으로부터 인정 혹은 존경을 받고 싶은 욕구로서 이는 개인의 욕구단계에서 상위에 위치하는 욕구이다. 조직 내에서는 직위, 책임감, 상사 · 동료 · 부하직원으로부터의 인정감 등에 관심으로 나타난다.
- 자아실현 욕구Self-actualization needs : 개인 자신이 개발할 수 있는 능력을 충분히 개발하고 발휘할 수 있는 능력을 최대한도로 발휘하고 싶어 하는 욕구를 말한다. 조직 내에서는 자아실현 욕구가 창의적 업무, 자율성, 보람감, 경력개발, 성취감 등에 대한 관심을 말한다.

Maslow는 개인의 5가지 기본욕구는 강도와 충족정도에 있어서 계층적 구조를 형성하고 있다는 것이다. 가장 기본적인 생리적 욕구가 어느 정도 충족되면 안전욕구가 중요해지고, 이것이 어느 정도 충족되면 애정욕구가 중요해지며, 다음으로 존경욕구, 자아실현욕구에 대한 관심수준으로 이동하게 된다는 것이다. Maslow는 보통 성인들의 경우 85%의 생리적 욕구와 70%의 안전욕구, 50%의 애정욕구, 40%의 존경욕구 그리고 10%의 자아실현욕구를 충족시킨 상태라 보고 있다.

동기이론 중 ERG이론은 Alderfer가 Maslow의 단계적 욕구이론의 수정하여 제시한 이론으로, 개인의 욕구를 존재Existence, 관계Relatedness, 성장Growth 욕구로 구분하여 제시하였다. Alderfer의 존재욕구는 Maslow가 제안한 생리적 욕구와 안전욕구에 해당하며 조직에서는 경제적 보상과 안전한 작업조건에 대한 관심으로 나타난다. 또한 관계욕구는 애정욕구와 존경욕구에 해당하며, 이는 조직에서 구성원의 개인 간의 관계와 소속감 그리고 자존감으로 나타난다. 성장욕구는 Maslow의 자아실현욕구에 해당하며, 이는 조직에서 개인의 경력개발과 창의성 그리고 성취감 등으로 나타난다.

Alderfer의 ERG이론과 Maslow의 욕구단계이론의 차이점은 Maslow의 경우 욕구가 저차원에서 고차원으로 단계적 상승으로만 설명하였지만, Alderfer는 욕구의 상승뿐만 아니라 좌절 및 퇴행을 제시하였다는 점이다. 예를 들어, 성장욕구를 추구하다가 개인이 좌절하게 되면 관계욕구의 중요성을 크게 인지하는 경우 고차원욕구보다 저차원의 욕구가 중요하게 작용하는 상황을 설명할 수 있다는 점이다.

종사원의 욕구를 설명하는 2요인 이론이란, Herzberg가 제시한 위생요인과 동기요인을 말한다. 위생요인 혹은 불만족요인은 개인의 욕구를 충족시키는데 있어서 개인의 불만족을 방지하는 요인을 말한다. 예를 들어, 임금, 직업 및 직장의 안정성, 작업환경 및 조건, 대인관계 및 회사의 경영방침 등이다. Herzberg에 따르면, 이러한 요인은 제대로 갖추어지지 않으면 구성원은 매우 불안해져 조직을 떠나거나 낮은 근무성과를 야기한다고 하지만, 이러한 요인이 잘 갖추어졌다 하더라도 구성원이 열심히 자신의 일에 몰두하는 자극은 하지 않는다는 것이다.

다른 한 가지 요인이 바로 동기요인이다. 동기요인으로는 성취감, 인정, 책임감, 성장의 기회, 자기 발전, 보람감, 자아실현욕구 등이 해당된다. 2요인 중 위생요인은 직무 외재적 측면에 관한 것이고, 동기요인은 직무 내재적 성격을 띠고 있다. 2요인이론의 경우 직무요소와 종사원의 만족 – 불만족의 관계에 관한 연구로서 동기와 성과 간의 관계가 명쾌하지 않다는 비판과 국내의 경우 임금과 직위 그리고 인간관계 등의 요인들이 위생요인으로만 작용할 것인가에 대한 의문점이 지적되고 있다.

성취동기이론은 개인의 동기가 사회 · 문화 환경과 상호작용하는 과정에서 형성되므로 개인의 동기는 학습을 통해 개발될 수 있다는 전제 하에 제시되는 학습을 통한 욕구이론이다. McClelland에 의하면, 개인의 욕구 중 사회 · 문화적으로 습득된 욕구들은 성취욕구, 소속욕구, 권력욕구 등으로 종사원의 욕구가 제시되고 있다. 성취동기이론은 행동의 동기가 선천적이라기보다는 사회조직 생활에서 학습을 통해 습득된 행동경향이라는 관점에서 개인의 성취동기 수준을 측정하여 이를 중심으로 개인에게 적합한 목표설정과 성과피드백 그리고 동료관계 등의 개인적 작업환경을 구성하고 개인의 행동과 목표수준을 점차적으로 높여감으로써 개인의 성취동기를 하위수준에서 상위수준으로 개발할 수 있다는 이론이다.

02 인적자원관리의 의의

1. 인적자원관리의 개념

Guest(1989)는 인적자원관리HRM가 '전략계획에 충분히 통합될 수 있음을 확인'시켜 주는데 관심을 두어야 한다고 주장했다. Schuler & Walker(1990)는 "인적자원전략이란, 사업의 필요성에 단기적으로 초점을 맞추는 일이라고 언급하면서 이를 인적자원 담당자와 라인 관리자들이 함께 참여하여 사람과 관련된 과업문제를 해결하는 과정이자 행위"라고 정의하였다. 이러한 논의를 바탕으로 Schuler(1992)는 전략적 인적자원관리SHRM란 "구성원이 사업상 전략적 필요성을 공식화하고 도구화하려고 노력할 때 그 행위에 영향을 주는 모든 활동"이라고 정의하였다. 전략적 인적자원관리에 관한 여러 가지 정의의 공통점은 많은 연구자들이 인적자원관리를 효과적으로 실행하기 위한 내용 구성에 관심을 가지면서 전략적 관점을 강조하고 있다는 사실이다. 또한 인적자원관리의 개념을 확장하여 조직의 내적 · 외적 환경에 의해 영향을 받는 시스템으로 해석하는 관점을 취하고 있다.

전략적 인적관리에서는 최고경영자가 기능적인 전략을 수립할 때 적극적으로 개입하며 전략적 관심의 초점을 개인적 결과보다는 조직 결과에 둔다. 또한 각 개별기능의 활동을 독립적으로 취급하지 않고 통합적인 의사결정 방식을 사용하며, 사업단위의 경영자는 인적자원담당 경영자와 의사결정 과정과 결과를 공유한다(Dyer & Holder, 1998).

2. 인적자원관리의 유형

Miller(1981)는 "유형 구분의 기본 전제는 한정된 범위 내에서의 풍부한 연구실적과 공통의 타입"이라고 하였으며, 합리성을 갖기 위하여 상호 종속적이며 지원적 부분들로 구성된 공통적 유형 내의 내적 논리와 일관성을 지적하였다. 인적자원관리의 유형을 Arthur(1992)는 "몰입과 혁신 관점에서 테일러적 또는 통제 중심의 인적자원관리와 혁신적 또는 조직구성원 몰입 중심의 인적자원관리"로 분류하였다. Arthur는 30개 강철공장의 설문데이터를 근거로 하여 바람직한 인적자원군으로 6가지(Pure-type Contradicters, Confiscators, Inducers, Bargainers, Involvers, Pure-type Commitment Maximizers)로 구분하였다. 이 연구자는 2개의 대분류로 비용절감 유형Cost Reducers과 몰입극대화 유형Commitment Maximizers으로, 그 후 다시 통제시스템과 몰입시스템으로 구분하였다. 통제시스템은 구체화 된 규칙이나 절차를 통해서 직접 인건비를 줄이고 효율성을 향상시키며, 산출물 측정기준에 기초하여 조직구성원에게 보상이 이루어진다. 반면에, 몰입시스템은 조직과 조직구성원 목표를 심리적으로 연계시켜 바람직한 조직구성원의 행동과 태도를 형성하는 것이다.

Ichniowski 등(1997)은 17개 회사에 동일한 종류의 제조공정을 통해 인적자원관리 유형과 생산성 간의 관계를 연구하였다. 인적자원관리 유형은 7가지(동기화 된 임금,

표 5.3 Ichniowski가 분류한 4가지 유형의 인적자원관리

유 형	특 징
A	• 모든 인적자원관리 정책에서 혁신적인 인적자원관리를 실천하고 구체화 함 • 동기유발보수 계획이나 지식에 대한 보상을 하는 동기유발 체제 • 기술적 능력과 팀 문제해결 방안을 직무의 훈련으로서 모색 • 다양한 팀 문제해결 시 조직구성원의 높은 수준 • 가끔씩 순환이 이루어지는 작업 • 규칙적인 정보 공유, 절대적 고용 보장
B	• 정보 공유를 일체화, 팀 작업 실시 • 포괄적인 기술훈련과 팀 내 조직구성원의 높은 수준 • 선발, 직무순환, 동기유발적 임금, 고용보장
C	• 생산자와 관리자 간의 의사소통 증진, 재정적 정보 공유 • 라인관리자와 생산자 대표 간의 규칙적 만남
D	• 보수적인 인적자원관리로 아무런 혁신적인 실천을 포함하지 않음 • 공장은 감독에 의해 면밀히 통제 • 엄격한 작업규칙과 낮은 작업 책임 • 산출물의 양에 근거한 동기유발을 위한 임금 지급 • 팀 작업, 정보 공유, 선발, 형식적인 훈련 전무

자료 : Ichniowski, C, Shaw, K, Prennushi, G.(1997). Theeffectsofhumanresource practice onproductivity : A study finishing line, The American Econommiacn aRgeevmieewnt, 87(3), pp.291-314.

인력모집 및 채용, 팀워크, 고용안전성, 유연한 직무할당, 스킬훈련, 의사소통) 제도를 기준으로 인적자원관리 A부터 인적자원관리 D까지 4가지 유형으로 구분하였다. 가장 협조적으로 가장 혁신적인 경우를 인적자원관리에 가장 비협조적이고 비혁신적인 경우를 인적자원관리 4로 하였다.

양혁성(1998)은 인적자원관리와 조직성과 간의 관계에 대한 장기적 연구(1994년부터 1996년)를 통해 전 산업에 걸쳐 3,402개 기업을 대상으로 최고경영자의 인사철학, 모집과 선발, 내부 노동시장, 직무분석, 보상, 복리후생, 비재정적 보상, 업적관리, 교육훈련, 조직구성원 개발, 정보공유, 조직구성원 경영참여 및 몰입, 고충처리 절차, 법률 · 안정성 · 지원프로그램의 준수, 조직구성원 다양화, 임시노동자의 활용 등에 대한 군집분석을 실시하여 4가지 인적자원관리 유령을 구분하였다.

우리나라에서의 인적자원관리 유형에 대한 연구는 극히 소수에 불과하다. 먼저 신유근(1992)은 우리나라의 사회 · 문화적 특성인 집단주의, 역할 헌신, 유교적 사회원리와 원리의 변화 정도에 따라 인적자원관리 유형을 중국의 특성을 기준으로 전통형과 혁신형으로 구분한 것이다. 그런데 이러한 구분은 기존의 이론들이 제시한 인적자원관리 유형과 비교해 보면 전통형과 혁신형 구분 시 개인주의와 집단주의가 서로 상반되는 차이점이 있다. 즉 기존 이론들은 혁신형 - 집단주의, 안정(전통)형 - 개인주의로 보는 반면, 신유근은 혁신형 - 개인주의, 전통형 - 집단주의로 보고 있는 것이다.

김범국 · 상영순(1994)은 신유근(1992)이 제시한 2가지 외에 전향형을 유형화하여 포함시켰다. 전향형의 특성은 첫째, 전통형에서 나타나는 이기적 집단주의를 공동체 속에서 계층이나 집단을 중시하고 구성원의 평가에 있어서 집단평가와 개인평가를 조화하는 절충주의, 둘째, 인간존중과 현장 중시, 직종별 남 · 여별 격차를 축소하려는 전향주의, 셋째, 참여적 의사결정과 상 · 하향식 상호관계의 상호조화, 넷째, 온정주의를 생활주기에 따른 복리후생 정책으로 만들고, 조직 위주의 공동체적 성과를 강조하며, 다섯째, 속인주의 개인차원의 속인요소와 고과요소의 조화, 조직차원에서의 자질 업적 능력요소의 관리부문별로 전환하며, 여섯째, 전인주의 조기차원에서의 전인성과 전문성을 조화하고, 전문직에 바람직한 승진 급여방식의 개발 방향으로 전환하는 것으로 보았다.

이진규 · 권상순(1997)은 제도파괴형 인적자원관리 유형을 제시하였다. 먼저, 기업이 경쟁력을 갖기 위해서는 심리적 소유감, 비전, 신뢰, 임파워먼트와 같은 혁신을 추구해야 한다는 것이다. 이러한 무형적 에너지는 기업의 인적자원 활동 속에서 일관되게 3가지 원칙(개방주의, 능력주의, 평등주의)이 이루어질 때 생성된다는 것이다.

3. 인적자원관리의 중요성

인적자원관리는 조직체의 인적자원을 관리하는 경영의 한 과정이다. 즉 이것은 경영의 각 분야에서 자원 그 자체가 어떠한 성과를 달성하는 것이 아니고, 이들 분야에서 일하는 조직구성원, 즉 인적자원에 의해서 지향하는 성과와 목적이 달성되는 것이다. 그러므로 인적자원은 모든 경영분야의 공통적인 필수기능이고, 결국 경영 그 자체가 인적자원을 관리하는 것이라는 결론 도출도 가능하다.

또한 인적자원관리는 모든 조직구성원을 대상으로 경영 각 분야에서 성과달성에 발휘되는 필수기능이므로, 조직체의 최고경영층에서 하부의 일선관리자에 이르기까지 경영 각층에서 일하는 모든 실무관리자들의 기본적인 일반관리 기능이다. 즉 경영의 중요한 과정이기 때문에 조직체의 목표를 달성하고 이에 필요한 성과를 거두는 것을 가장 중요한 목적으로 삼고 있다.

이러한 인적자원관리가 조직체의 목적 달성에 기여하고 있는 능률과 생산성, 고객, 자금, 자산의 보전과 비용통제 등 경영 각 기능분야에서 강조되고 있음은 물론 나아가 이들 목표를 달성하기 위하여 조직구성원의 적절한 자질과 능력, 그리고 협조를 필요로 한다는 것을 전제로 하고 있다. 그러므로 인적자원관리는 생산성과 만족감, 그리고 능력개발 등 3대 효과를 동시에 추구하는 성과지향적이고 인간중심적인 경영관리 기능이라고 할 수 있다. 또한 인적자원은 다른 물질적인 시설이나 환경보다는 다른 고유한 특성으로 인하여 인적자원관리의 중요성이 한층 더 높여지고 있다.

외식기업의 경영 또한 본질적으로 인적자원에 의존한다. 모든 기업경영에 있어서 인적자원이 중요하긴 하지만, 외식산업서비스의 특성상 인적자원의 중요성은 더욱 강조된다. 인적자원이 외식산업기업의 경영성과, 즉 목적 달성에 중요한 영향을 미치기 때문이다. 예를 들어, 제조기업에서 직무수행 능력이나 의지가 부족한 종업원이 생산한 불량품은 검사과정에서 발견되므로 생산비용만큼의 실패비용Failure Cost이 발생된다. 그러나 외식기업의 경우 직무수행 능력이나 의지가 부족한 종업원은 생산비용만큼의 실패비용을 유발하는 것은 물론이고, 고객과의 직접적인 접촉에서 고객의 불평불만을 야기해, 기업의 경영성과에 부정적인 영향을 미친다. 이렇게 외식기업 인적자원 관리의 효율성에 따라 외식산업기업의 경영성과가 달라진다.

외식기업의 인적자원으로 성과는 종사원의 직무에 대한 욕구와 동기, 고객에 대한 태도나 행동, 직무활동에 대한 만족감과 안정감에 따라 결정되고 종사원의 동기행동과 만족감은 경영관리에 대한 반응으로 나타난다. 따라서 효율적인 인적자원관리는 외식산업조직의 유효성과 경영성과의 긍정적 기능에 매우 중요한 기능을 수행한다.

03 외식산업 조직구성

1. 외식산업 조직구성

외식산업은 목표를 달성하고 필요한 업무를 분담하기 위하여 많은 인력을 필요로 하는 노동집약적인 산업이다. 과학기술의 발전도 이 근본적 현실을 바꿀 수는 없었다. 일찍이 1960년경, 컴퓨터화 된 주방의 시도도 있었고, 이러한 노력으로 인하여 약간의 자동화와 특별한 장비를 생산하였지만, 어떤 누구도 외식산업이 상당한 수준까지 노동과 장비를 대신할 수 있는 방법을 찾지는 못하였다. 많은 외식산업의 직무는 10년간 변하지 않았고, 앞으로도 본질적인 변화를 기대하기 어려울 것이다.

외식산업의 조직은 경영자, 생산부분, 서비스부분의 세 분류로 나뉜다. 명확히 하기 위해서 종사원과 그들의 관리자와 함께 몇 가지 생산과 서비스 책임자에 관하여 설명할 것이다. 아래에서 언급되는 직책은 다양한 역할을 수행한다. 그러나 기술은 모든 직책과 업무수행에 꼭 필요한 것은 아니다.

1) 생산부서

고객과 접촉이 거의 없는 조리사로 구성되어 있지만, 최근에는 주방이 개방되는 경우가 왕왕 있으므로 고객과 접촉빈도가 점점 높아가고 있다.

(1) 주방장

중역요리사는 주방의 책임자인데, 다른 요리사가 음식을 만드는 동안 오직 관리임무만 실행할 수도 있다. 소규모 식당에서는 중역의 요리사나 상급의 요리사 둘 다 생산직과 관리직을 맡는다. 중역요리사는 레스토랑 관리와 메뉴기획도 한다. 또한 표준적인 조리법을 위해 의무를 다하고 전체적으로 음식의 질과 설명서를 구입하여 메뉴의 개발을 돕고, 매일 요리를 준비하고, 또한 연구개발과 의사결정을 내리며 특별한 행사를 계획 · 감독하여 음식의 생산을 지속적으로 발전시킨다. 그리고 몇 가지 생산작업을 수행한다. 중역요리사는 다른 형태의 요리사들의 직접적인 책임자이다. Sous 주방장(중역 주방장에게 중요한 보좌관)과 주방장, Garde 책임자(Cold업장 주방장)이 등이 있다.

(2) 요리사

요리사는 주방장을 보조하는데 수프와 소스를 준비하고 음식 항목을 기름에 살짝 튀기고, 굽고, 삶고, 찌고, 오래 끓이고, 오븐에 굽고, 고기를 굽거나 기름에 튀긴다. 그들은 고기를 잘라서 나누고 차가운 고기와 해산식품을 준비하며 샐러드를 접시에 담아놓고 차가운 샌드위치와 카나페는 외부에 둔다. 요리사의 유형에는 수프 요리사, 소스 요리사, 생선 요리사, 오븐담당 요리사 등이 있다.

(3) 보조요리사

요리사가 음식을 만드는데 준비하는 것을 돕는다. 그들은 다듬고, 껍질을 벗기고, 씻고, 갈아서 가루로 만들고, 모양을 만들고, 혼합하거나 요리하기 전에 1인분씩 분배하며, 간단한 음식을 만들 때에는 요리사나 주방장의 지도 아래 요리도 한다.

(4) 스튜워드

스튜워드는 식기류, 접시류 같은 주방기구를 식당과 연회 식기실로 조달하는 일을 한다. 또한 이 종사원은 필요할 때는 음료를 준비하고 음식을 차리는 것을 돕는다.

(5) 슈퍼바이저

감독관은 일반적으로 운반인, 접시 닦는 종사원, 그리고 거기에 관련된 사람들을 감독하는 책임자이며 작업에 따른 구매력을 가진다. 공중위생과 깨끗함을 유지하기 위해 청소하는 일을 수행한다. 또한 냄비, 항아리와 냄비 그 밖의 다른 주방기구와 장비를 닦고 씻는다. 부가임무는 식음료분야의 특별한 청소와 그릇, 접시류, 유리, 그리고 관련된 장비, 공중위생의 경과를 받아들일 수 있는 것 등이 포함된다.

(6) 창고와 검수원

창고종사원은 업장에 원료를 공급하며 그것을 점검하고 저장하는 일을 돕는다. 검수원은 납품업자로부터 품질, 규격 그리고 제품명세서를 심사하고, 항목의 가격을 점검하며, 주문한 것은 납품업자의 송장에 정확하게 기록하는 일을 한다.

(7) 제과 · 제빵 담당자

제과 · 제빵 담당자, 베이커, 베이커 보조로 구성되어 있는데, 제과장은 제빵의 모든 단계를 습득하고 레시피Recipe에 따라 다양한 빵을 제조할 수 있는 책임자이다. 베이커들은 빵, 롤빵, 파이, 평평한 케이크 같은 제품을 덜 복잡하게 준비한다. 그리고 다른 일과 함께 제과장을 돕는다. 보조베이커는 제과장과 베이커를 돕는다.

2) 서비스부서

외식산업에 있어서 직위고하를 막론하고 모든 직종은 고객을 중심으로 조직이 구성되어 있다.

(1) 지배인

일반적으로 지배인은 최고관리자, 중간관리자, 하부관리자 세 단계가 있다. 이러한 최고, 중간, 하부관리자 수준의 결정방법과 경영에 대한 각각의 통상적인 의무는 각각의 업장에 따라 다른데, 업장의 책임자가 최고, 혹은 중간관리자인 것은 조직의 규모에 따라 결정된다. 즉 주방장은 업장에 따라서 최고의 관리자이고, 다른 부문에서는 중간관리자인 것이다.

최고관리자는 장기계획과 목표와 관련된 업무를 맡고 있다. 다른 관리자들보다 더욱 일반적인 기업 환경에 집중한다. 최고관리자는 기업 환경의 기회와 위협, 즉 경쟁기업들의 전략적인 변화, 경기침체 상황 등에 주의해야 한다.

중간관리자는 명령체계의 중간에 있다. 그들은 조직의 커뮤니케이션을 상·하로 전달하는 핵심적인 직위인데, 단기목표에 관심을 두고 큰 문제나 기업환경에 관련된 분야에는 덜 관련되어 있다. 그들은 아래의 중간관리자나 하부관리자를 감독한다.

하부관리자는 때때로 연결고리Linking Pins의 역할로, 종업원에게는 상급관리자들을 대표하고 동시에 위로 종업원의 관심과 요구사항을 전달한다. 하부관리자는 경영의 첫 번째 단계이다. 하부관리자들은 일반적으로 다른 관리자보다 더욱더 전문적인 기술 또는 능력이 있어야 하며, 종업원의 근무스케줄을 짜고, 식사시간처럼 주문이 바쁜 시간에는 종업원을 도와주는 등 주로 단기목표와 관련되어 있다.

우수한 지식과 스킬을 보이고, 더 많은 책임감이 주어진 위치를 열망하는 종업원은 종종 하부관리자로 승진하게 된다. 그것은 어떤 사람에게는 복잡한 일이지만 종업원이 그 자리를 열망하면 흥미로운 자리가 될 것이다.

일반적으로, 대규모 체인기업의 최고경영자들은 주주총회에서 선출된 이사회의 일원이다. 이사회는 현재의 기업운영에 영향을 미치는 의사결정을 하고 상위 수준의 평가와 기업의 장기적·전략적 계획에 대한 책임을 진다. 또한 이사회의 업무를 조정할 수 있는 의장을 임명 혹은 선정할 수 있다. 대다수의 기업에서는 이사회와 하부경영자들 사이의 중재자로 일할 수 있는 최고경영자가 있다. 가끔 한 사람이 이사회의 의장직과 최고경영자의 지위를 보유하는 경우도 있다. 외식산업을 소유하고 있는 많은 대기업들은 외식산업에 관심이 없는 일반적인 기업들과 마찬가지로 특정한 기업에 대한 책임을 수행할 최고경영자가 있는데, 이들은 권역과 지역책임자를 감독하는 지역 부사장들을 하부조직에 두고 있다. 지점 등 개별적인 업장을 관리하는 총지배인의 업무를 감독한다.

특정한 외식산업에서 일하는 종업원의 느낌에는 생소할지도 모르지만, 호텔 혹은 외식산업의 총지배인을 최고경영자가 아닌 중간관리자로 부르는 것은 일반적이다. 총지배인은 기업의 조직도에서 비교적 아래쪽에 위치하고 있다. 그러나 기업 수준에 따라서 총지배인들은 그 기업의 최고경영자이다(대규모 체인레스토랑의 경우, 업장 혹은 파트지배인을 오히려 총지배인이라고 부른다. 파트지배인과 총지배인의 책임이 실제적으로 동일하기 때문에, 이 장에서는 총지배인이라는 용어를 사용한다).

총지배인은 레스토랑의 재정을 담당하는 관리자일 뿐만 아니라 다섯 부문의 관리자를 감독한다. 주방장은 음식생산과 관계되고, 서비스의 관리자는 고객서비스에 책임을 진다. 음료지배인은 음료 부문의 책임을 지고, 케이터링서비스 책임자는 연회와 특별한 행사에 관계되는 일을 맡고 있으며 최고관리자가 구매와 공중위생을 처리한다. 업장(레스토랑, 혹은 호텔의 식음료 부문, 혹은 단체급식사업)의 운영에 책임을 지고 있는 사람이므로, 총지배인은 업장 운영의 모든 분야에 기본적으로 책임이 있다. 이러한 업무의 대부분은 목표 수립, 목표에 도달하기 위한 계획 작성, 목표가 어느 정도까지 달성되었는지 평가하는 것이다.

음료담당 책임자는 전형적인 중간관리자로 간주된다. 라인지배인은 조직에서 업장의 매출을 창출하는데 직접적인 영향을 주며, 스텝지배인은 라인지배인을 지원하며, 스텝지배인은 업장의 매출에 직접적인 영향이 없다.

- 최고경영자 : 정기적인 계획과 목표를 설정하고, 주로 전략적인 측면과 정책부문을 담당한다.
- 중간관리자 : 최고경영자와 일선의 감독관과 연결고리 역할을 하며, 주로 단기적인계획과 목표, 하위부서의 일선감독자를 관리 · 감독한다.
- 슈퍼바이저 : 무엇보다 기술, 즉 기능적인 면이 강조되는 관리자이며, 일반직원들과 관리자들의 가교역할을 한다.

3) 관리부서

생산과 서비스 활동을 지원하는 곳으로 경리, 구매, 총무, 마케팅 부서 등이 여기에 포함된다. 구체적인 설명은 다음 장에서 살펴볼 것이다.

04 외식산업의 인적자원관리 활동

1. 인적자원관리 활동의 개념

인적자원관리를 구성하고 있는 문제는 중요한 부분을 차지하고 있다. 학자들마다 구성요소에 관한 견해는 각기 틀리다(박종철, 2008). 인적자원관리의 내용을 크게 나누면 일반적으로 충원, 교육훈련, 성과평가, 보상유지관리, 경력개발로 구분할 수 있다.

인적자원관리의 내용은 크게 채용, 평가, 보상, 교육훈련, 방출과 이직관리로 구분된다. 기업의 전 계층에 걸친 고용의 과학화를 통한 적재적소 배치의 목표와 근로자 삶의 질, 경영성과의 실현 등의 목표를 동시에 추구하는 것이다. 따라서 직무분석과 선발, 배치, 직무평가, 성과평가 등의 기술적 내용이 구성되어야 한다(전순영, 2012).

표 5.4 인적관리의 주요활동

연구자	인적관리활동
Arthur(1992)	직무기술서, 종업원 참여, 공식적 논쟁 해결, 정보 공유, 자율경영팀, 다양한 기술훈련, 다양한 복리후생제도, 높은 임금, 종업원지주제도
Huselid(1995)	유동적 선발, 직무설계, 태도평가, 성과평가, 고충처리 절차, 경영참가, 인센티브 제공, 정보공유, 훈련시간, 능력중심 승진
Delaney et al.(1996)	선별적 고용, 훈련, 성과중심의 보상, 고충처리제도, 권한위임, 내부 노동시장 활용, 고용평등성 보장
Youndt et al.(1996)	선별적 고용, 기술 중심의 훈련, 행위중심의 보상, 기술 중심의 보상, 보상의 외적 공정성

자료 : 전순영(2012). 경영자특성과 인적자원관리가 성과에 미치는 효과, 『기업경영연구』, 19(2) : 149.

인적자원관리는 조직목표를 달성하기 위하여 조직구성원의 적절한 자질, 능력과 협조를 필요로 한다. 그러므로 인적자원관리는 생산성과 만족감, 그리고 능력개발 등 3대 효과를 동시에 추구하는 성과지향적이고 인간중심적인 경영관리 기능이라고 할 수 있다(이학종, 2006). 외식업체의 경영자가 인적자원과 관련된 결정을 내리는 데에는 많은 시간을 소비하고 있다. 그들은 직원 생산성, 업무 동기, 인건비, 인력배치, 승계계획, 고용관련 법규 같은 핵심영역들에 대해 적극적으로 참여하고 있고, 그 영역들에 대한 정보는 항상 입수하고 있지 않으면 안 된다. 그 영역들에 대한 배경과 이해는 회사의 최종 결산수치뿐만 아니라 그 조직의 생산성 및 서비스수준에 지대한 영향을 미칠 것이다.

1) 충원

충원은 모집과 선발의 과정을 포함한다. 모집이란, 유능한 종사자를 외부로부터 구하는 것과 그들이 조직 내의 어떤 직에 응시하도록 자극을 주는 과정이다(Flippo, 1976). 조직이 필요로 하는 인력선발에 대한 의지를 조직 내 · 외부에 공개적으로 알리는 것으로 조직의 인력계획과 가치에 의거하여 조직이 필요로 하는 인력의 수, 형태, 시기 등을 바탕으로 노동시장으로부터 유능한 인력유인활동을 실시한다. 즉 조직에서 인력모집을 할 때 모집방법의 효과성, 모집광고의 정직성, 모집절차의 효율성 문제에 봉착하는데, 이러한 문제들을 고려한 인력모집이 필요하다(Feldman, Doerpin, Haus & Turnley, 1994).

모집은 인력수급 계획에 포함되어 있는 장래 필요한 인력의 수, 모집절차, 모집원칙, 모집시기의 결정 등을 기초로 조직의 내 · 외에서 실제로 유능한 인력을 확보하려는 것이다. 모집에서 가장 먼저 해야 할 일은 직무분석을 통한 인력의 질과 인력수급 계획을 통한 인력의 수를 결정하는 일이다(고결, 2011). 모집을 통해서 지원서가 접수되면 선발과정이 시작된다. 선발은 조직의 여건에 비추어 응모자 중에서 가장 적합한 자격을 갖추었다고 생각되는 사람을 선택하는 과정이다. 선발은 조직의 새로운 이적자원을 선택하는 과정으로 인적자원관리에서 가장 중요한 기능의 하나로 인식되고 있다. 특히 종신고용제를 사용하는 조직의 경우에는 조직목적 달성에 가장 적합한 인력자원을 선발하려고 전력을 기울이며 많은 비용이 투입된다(박성식, 1998).

2) 교육훈련

교육훈련은 인력개발을 위한 도구이며, 교육은 이해력과 지식활동을 활성시킴으로서 지식 및 기능을 습득하는 과정으로, 훈련은 주로 반복적인 연습을 통해 지식 및 기능을 습득하는 과정으로 이해할 수 있다(박경규, 1997). Gluck(1979) 등 대표적인 학자들은 "교육훈련이란, 직무요구에 필요한 지식 습득과정으로 교육, 훈련, 개발의 개념을 포괄하며 기업의 목적과 성장을 위해 필요로 하는 지식, 태도, 기능 등의 훈련"을 말한다.

현대사회에서 교육은 매우 중요한 역할을 하고 있다. 특히 인적서비스를 상품화하고 있는 호텔에서는 교육훈련의 필요성이 대단히 중요하다(김상태, 1988). 그러므로 교육훈련은 현장 또는 말단 종사원에서부터 감독자, 관리자 그리고 경영자에 이르기까지 호텔 내의 모든 사람에게 필요하며, 일정 시기마다 계속적으로 실시되어야 한다.

기업에서 교육훈련 관리를 실시하는 목적은 종사원에게 비교적 영구적인 변화를 가져오게 하여 그들의 현재 혹은 미래의 직무를 더욱 효과적으로 수행할 수 있도록 하는 것이다(Crowing & Mailer, 1981). 즉 첫째, 인재육성을 통한 기술축적이다. 지식과 기능을 전달함으로써 유능한 인재를 육성하고 기업과 기술축적을 하는 것이다.

둘째, 커뮤니케이션의 원활화를 통한 조직협력이다. 교육훈련은 오로지 지식과 기능의 전달만이 아니라 종업원의 태도개발에도 중요한 역할을 하는 것이다. 종업원의 태도개발 및 변화를 위한 교육훈련은 오늘날 경영자의 권한 형성과 조직협력에 중요한 기여를 한다.

셋째, 자기발전의 욕구충족을 통한 동기유발이다. 누구나 자기발전의 욕구를 지니고 있기 때문에 이를 충족시킬 수 있는 주요한 수단이 능력개발을 위한 교육훈련이다. 지식과 기능의 개발을 통해서 종업원은 자아발전의 욕구충족을 기하게 되고, 또 능력개발을 통해서 성취동기를 유발시킬 수 있다(최종태, 2003).

교육훈련을 효과적으로 수행하기 위해서는 몇 개의 단계가 필요하다.

- 첫째, 교육훈련의 필요성 분석
- 둘째, 교육훈련의 설정
- 셋째, 교육훈련의 설계 및 체계 확립
- 넷째, 교육훈련의 방법 결정
- 다섯째, 교육훈련의 유효성 평가 등이다.

세계화, 정보화, 기술고도화의 환경변화는 현대 조직구성원들로부터 많은 변화를 요구하고 여기서 새로운 지식과 기술 그리고 태도와 행동을 개발하기 위한 교육훈련이 필요하게 된다. 따라서 교육훈련의 목적을 구체적인 조직구성원의 변화 목표에 연결시켜 이를 교육훈련 내용과 방법에 반영시킴으로써 타당도가 높은 교육훈련 프로그램을 설계할 수 있다(이학종 · 양혁승, 2005). 교육훈련 프로그램의 타당도를 분석하는데 있어서 교육훈련 내용 및 방법과 프로그램이 지향하는 변화의 내용과의 관계는 교육훈련 타당도에 의해 측정되고, 교육훈련과 실제 성과와의 관계는 성과타당도에 의해 측정된다(Goldstein, 1984). 교육훈련 프로그램의 효과를 높이려면 이들 타당도를 높여야 한다.

3) 성과평가

성과평가Performance Evaluation는 조직구성원이 조직의 목적달성에 얼마나 기여하고 있는지를 평가하는 인적자원관리 기능으로서 구성원의 발전과 보상의 결정에 중요한 기준이 되고 있다. 따라서 조직구성원의 성과에 대한 공정하고 정확한 평가를 위하여 평가방침과 평가요소 그리고 평가방법과 평가자에 대한 훈련 등 성과평가에 많은 노력이 투입되어왔다.

전통적으로 성과평가는 주로 인적자원관리의 상벌결정과 적재적소 배치를 목적으로 수행되어왔다. 그러나 최근에는 인적자원의 개념이 확대되면서 성과평가의 결과는 인력개발과 경력계획 그리고 인사정보의 데이터베이스와 인적자원관리 연구조사 자료로서 그 중요성이 점점 커지고 있다. 일반적으로 성과평가의 목적은 평가결과를 어디에 사용하느냐에 따라서 다음과 같이 여러 가지 목적으로 분류할 수 있다(박성식, 1998).

① 상벌결정

조직은 조직구성원의 성과에 대해 정당한 대우를 해주어야 한다. 따라서 조직구성원의 성과를 주기적으로 측정하여 이를 기준으로 승진, 승급, 강등, 징계 등 적절한 결정을 해야 한다. 성과평가의 결과는 이러한 인사결정에 가장 중요한 자료로 사용된다.

- 적재적소 배치 : 성과평가는 성과에 대한 정확한 인사결정뿐만 아니라 조직구성원과 직무를 결합시키는데 있어서도 유효한 자료를 제공한다. 따라서 성과평가는 구성원의 성격과 능력에 따라서 적합한 직무내용과 직무환경을 모색하는 공식적인 계기가 될 수 있다.
- 인력개발 : 성과평가의 또 하나의 중요한 목적은 직무성과를 통해 구성원의 강점과 약점을 평가하고 구성원의 경력목표도 감안하여 그의 자질개발에 필요한 교육훈련과 실무경험을 결정하는 것이다. 따라서 성과평가는 인력개발과 경력계획에 있어서 필수적인 자료로 활용되고 있다.
- 피드백Feedback : 성과평가의 가장 기본적인 목적은 조직구성원이 얼마나 만족한 성과를 거두고 있다. 조직의 기대수준에 얼마나 접근하고 있는지를 조직구성원에게 알려주는 것이다. 따라서 성과평가는 구성원의 동기부여는 물론 그의 강화시켜 주는 중요한 인적자원관리의 과정이다.
- 기타목적 : 성과평가의 자료는 이외에 조직구성원의 기술목록과 모집, 선발, 개발 등의 타당도분석의 자료로서도 사용된다.

일반적으로 조직의 성과평가 과정은 성과평가제도의 설계, 성과에 대한 모든 정보자료의 수집, 피평가자의 성과평가, 평가결과에 대한 피평가자와의 면담, 그리고 평가결과에 대한 공식화 과정인 최종평가라는 일련의 단계를 거쳐 이루어진다. 체계적인 성과평가는 구성원의 동기부여와 능력개발 그리고 성과증대를 궁극적인 목적으로 하고 있다. 따라서 조직구성원의 동기부여와 성과의 관점에서 볼 때 효과적인 성과평가는 다음과 같은 몇 가지 요건을 갖추어야 한다(이학종, 1989).

- 조직구성원의 노력과 성과를 정확하게 측정할 수 있음과 동시에 그들의 내재적 만족과도 연결된 평가기준의 선정
- 조직의 목적 달성을 위하여 구성원으로부터 요구되는 성과의 구체화
- 평가결과와 보상과의 연결성
- 내재적 만족과 외재적 보상이 동기요인으로 작용할 수 있는 주기적 평가절차
- 타당성 평가자
- 피평가자와의 면담을 포함한 공정한 평가절차

4) 보상 및 유지

보상 및 유지는 유능한 인력확보와 동기부여 차원에서 조직구성원이 조직에 기여한 대가로 제공되는 것이다. 모든 기업이나 조직에는 임금, 복리후생 등 보상제도가 있다. 이러한 보상제도가 없다면 조직의 목표달성이 불가능할 것이다. 조직에서 열심히 일한 대가로 어떠한 형태로든 보상이 주어지기를 기대하고 있는 것이다. 따라서 보상제도는 모든 조직에서 없어서는 안 될 중요한 조직관리의 수단인 것이다.

보상은 근로자생활의 안정, 기업경영의 안정, 국민경제의 안정과 같이 어느 측면에서나 안정을 요구한다. 보상관리에 있어서 현재의 '공정성원리'도 중요하지만 미래의 '안정성원리' 역시 중요하다. 즉 보상의 안정적 기능을 충실히 수행할 수 있도록 하는 노력이 보상관리의 중심대상이 되는 것이다. 또 보상이란, 근로자가 고용관계의 부분으로서 받는 모든 종류의 재정적인 보상과 실제적인 서비스 및 이득을 말한다.

보상제도는 사람들의 행동에 영향을 주고 특히 바람직한 행동에 대해 긍정적인 보상을 해줌으로써 그 행동을 지속적으로 유지하도록 한다. 보상제도는 성과에 의해

결정되기 때문에 높은 성과는 곧 높은 보상을 의미한다. 이러한 보상제도는 경쟁우위를 유지하고 성취하는데 도움을 준다. 종업원이 그들의 직무에 대해 바람직한 태도를 갖게 하기 위해서는 기업이 필요로 하는 행동을 유발할 수 있는 적절한 보상제도를 설계해야 한다(이창대 · 김순기, 2005).

인적자원관리의 전략적 선택 과제로서 구성원 개발차원에서의 기술지향과 성과지향의 보상관리 및 집단적 차원에서의 참여지향 보상관리를 절실히 요구하고 있다(최종태, 2003). 업무성과에 따른 경제적 보상은 물론 이에 대한 기대감과 만족감은 그의 노력을 한층 더 강화시키고, 그 결과로 그의 업무성과는 더욱 향상된다. 그러나 많은 조직체에서 이와 같은 효과를 실제로 얻지 못함으로써 보상관리상에 많은 문제가 나타나고 있다. 경제적 불만감만 보더라도 임금과 복지혜택이 근로자들의 직무불만족의 큰 원인이 되고 있다(이학종, 1997).

가장 실질적인 측면에서 보상은 구성원의 만족감에 많은 영향을 주고, 나아가 직무수행 성과에도 크게 작용한다. Taylor(1911)는 보상을 만족과 성과의 가장 중요한 요인이며, Herzberg(1966)는 보상을 위생요인으로서 불만족의 가장 중요한 요인으로 보았고, Lawler(1981)와 Porter(1968)는 목표 - 경로상의 수단으로서 보상의 동기증진 측면을 강조하였다. 목표 - 경로 관점에서 볼 때 이들 욕구충족과 직무내재적 만족이라는 개인적 목표달성이 보상이라는 수단에 의해 이루어지는 한 보상의 동기적 가치를 무시할 수는 없다(최윤근, 2007).

보상의 중요성은 조직구성원의 만족과 성과뿐만 아니라 그의 불만족과 이로 인한 역기능적 행동에 있어서도 명백히 나타나고 있다. 보상에 대한 불만족은 보상금액 자체뿐만 아니라 보상에 대한 불공정성, 그리고 역기능적 행동은 성과의 저하는 물론 이직과 결근 그리고 불평불만 등 여러 가지 형태로 나타난다. 이러한 역기능적 결과는 여러 연구결과를 통해 입증되고 있다(Wallance & Fay, 1998).

5) 경력개발

경력개발은 조직의 직무분석 및 인력공급 계획을 근거로 조직구성원들에게 향후 경력개발 기회를 알려주고 다양한 경력개발 경로의 존재 등을 의미한다. 인력관리가 보다 효과적으로 실천되려면 조직체의 인력개발 필요성뿐만 아니라 구성원의 경력개발 욕구도 충족되어야 한다. 특히 근래의 조직체 내·외 환경변화와 더불어 개인과 조직체의 통합이 점점 중요해짐에 따라서 인력개발에 있어서 조직구성원의 경력발전 문제가 점차적으로 중요시되어 왔다(Hall, 1996).

경력개발의 목적을 개인적 차원과 조직적 차원으로 나누어 생각해보면, 다음과 같이 생각할 수 있다.

첫째, 개인적 차원에서는 경력이 개인의 삶의 목표에 의해 결정된다. 따라서 이 차원에서는 경력개발의 목표가 자기개발을 통해 일로부터 심리적 만족을 얻는데 있다. 즉 조직구성원에게 경력경로 제시를 통한 승진 가능성을 보여줌으로써 자기발전을 위한 명백한 목표를 가지고 스스로 질서에 따라 노력하는 기회를 마련해 주고 직장에 대한 안정감을 가지고 자기능력을 유감없이 발휘하도록 조직구성원의 성취동기를 유발할 수 있다.

둘째, 조직적 차원에서는 조직목표를 달성하기 위해 필요한 자질을 갖춘 인적자원을 개발하는데 역점을 둔다. 따라서 인적자원을 개발하기 위해서 여러 가지 제도 및 기법을 적용하게 된다(박경문·이용탁, 1999).

경력개발에서는 세 가지의 기본원칙이 있다.

첫째, 명확한 경력경로의 확립을 그 원칙으로 하고 있고, 이 원칙은 기업의 모든 직위는 계층적인 경력 경로로 형성되고 정의된다. 그리고 기술되고 평가되어야 한다.

둘째, 종업원을 적재적소에 배치The Right Man, The Right Pplace하는 것을 원칙으로 하고 있다. 즉 종업원의 적성, 지식, 경험, 기타 능력과 조직의 목표 달성에 필요한 직무가 잘 조화되도록 맞추는 것을 그 골격으로 한다. 이를 위해서 직무의 자격요건과 종업원의 적성 및 개인적 선호에 대한 정보를 충분히 파악해야 한다.

셋째, 기업 내부에서의 후신양성을 원칙으로 한다. 인재를 외부에서 충원하는 것보다 내부에서 자체적으로 양성하는 것을 기본원칙으로 한다. 내부 충원은 종업원에게 성장동기를 부여하고 종업원을 기업에 일착시키도록 한다(최윤근, 2007).

경력개발이란, 경력계획Career Planning과 경력관리Career Management라는 두 개의 차원을 포함하여 개별 종업원들이 경력 목표를 달성하기까지의 방향과 경로를 미리 설정해 주는 것이고, 이러한 계획이 제대로 실행에 옮겨지도록 계속 진행되며, 또 지원하여 개인과 조직의 요구에 맞게 경력을 달성시켜 주는 관리활동이다.

이러한 경력계획과 경력관리는 본인의 노력은 물론 상사와 인적자원 담당부서의 역할이 매우 중요하다. 즉 경력개발의 주체는 궁극적으로는 개인이지만, 경력개발의 양면성 때문에 기업은 물론 해당 종업원의 직속상사가 경력개발의 주체로서 수행해야 할 역할이 강조되고 있다. 경력개발의 성공을 위한 종업원 개인, 그의 직속상사, 기업조직의 역할은 매우 중요하다(임창희, 2004).

2. 인적자원관리의 중요성 및 목표

1) 인적자원의 중요성

기업의 최대 목적은 이윤의 극대화에 있다고 할 수 있다. 생산성을 향상하고 극대화하기 위해서는 종사원의 능력을 최대한 활용함으로써 생산성을 향상시킬 수 있기 때문에 기업의 활동 중에서 가장 중요한 요소가 사람의 관리라고 해도 과언은 아니다.

조직의 인적자원관리는 조직활동의 성과를 좌우하는 활동이다. 조직이 가치를 창조하는 것은 결합하는 인간의 정신적 · 육체적 능력에 의한 것이며, 이들 성과는 조직 내에서 많은 사람들의 협동으로 이루어지는 것이다. 이와 같이 인간이 조직을 통해 각자의 능력을 발휘하는 과정은 경영성과를 높이는데 불가결한 기능이다. 조직은 인적자원에 의해서 성과와 목적을 달성하는 것이다. 이런 관점에서 Appley는 “경영이란 물질의 관리가 아니라 바로 인적자원관리”라고 강조하기도 하였다(조군, 2011).

일본은 지난 30년 동안 지속적인 성장을 기록한 대표적인 나라이다. 일본기업은 극도로 불리한 국제환경 하에서 전자, 자동차, 철강, 화학, 컴퓨터, 반도체 등 여러 산업분야에서 세계적인 경제 강국이 되었다. 일본의 성공요인으로는 기업의 온정적이고 집단주의적인 인적자원관리제도, 구성원들 간의 신뢰감과 공동체 의식, 그리고 공동가치에 기반을 둔 기업문화 등 근면한 인력의 효율적인 인적자원관리와 협조적인 조직분위기를 일본기업은 중요하게 강조되고 있다(이학종, 1990).

인적자원관리가 다른 자원들의 관리보다 중요한 이유는 인적자원관리만 유독 그 나라의 법, 문화, 관습, 경제상황, 시장형태 등 여러 가지 요소와 긴밀한 관계가 있기 때문에 매우 복잡하며 어렵다. 따라서 인적자원관리를 할 때에는 그만큼 많은 변수가 있기 때문에 더 많은 지식과 주의가 필요하다. 오늘날처럼 세상이 계속 급속하게 변하는 경우에는 인적자원의 주도적 역할이 필요하다(임창희, 2004).

외식기업의 인적자원관리는 사람을 대상으로 하는 관리활동이므로 관리하는 측과 관리받는 측의 사고방식과 행동양식에 의해 관리활동이 달라지기도 한다. 외식기업은 서비스가 주활동이기 때문에 고객과 서비스 제공자 간의 직접적이 접촉이 이루어지므로 서비스활동에 종사하는 구성원들의 능력 · 자세 · 활동에 따라 효율성이 달라진다.

외식기업의 경영기본은 인적자원에 의존한다. 외식기업서비스의 특성상 인적자원의 중요성은 다른 산업보다 더욱 강조된다. 인적자원이 기업의 경영성과에 중요한 영향을 미치기 때문이다. 외식산업에서는 인적자원인 종업원에 의해 제품인 서비스가 생산되는 특성으로 인해 인적자원의 중요성은 타 산업에 비해 더 강조된다. 이러한 인적자원의 핵심은 좋은 인적자원을 선발하고 교육하는 것이라고 할 수 있다.

외식기업은 직무수행 능력이나 의지가 부족한 종업원은 고객과의 직접적인 접촉에서 고객의 불평불만을 야기해 기업의 경영성과에 부정적인 영향을 미칠 수 있다. 외식기업의 인적자원으로부터 성과는 종사원의 직무에 대한 욕구와 동기, 고객에 대한 태도나 행동, 그리고 직무활동에 대한 만족감과 안정감에 따라 결정되고 종사원의 동기행동과 만족감은 경영관리에 대한 반응으로 나타나게 된다. 따라서 효율적인 인적자원관리는 조직의 유효성과 경영성과의 긍정적 기능에 매우 중요한 기능을 수행하게 된다(조군, 2011).

2) 인적자원관리의 목표

외식산업에서 인적자원관리 활동들은 고객만족이라는 기업의 목표를 위해서 시행되는 활동들이다. 기업의 목표란 "서비스를 사회에 제공함으로써 이윤을 획득하는 것"

을 말하고, 개인의 인간적 만족이란 "조직생활에의 참여와 노력의 제공을 통해서 그가 보다 높은 수준의 업무생활의 질을 향유하는 것"을 뜻한다. 이들 목표를 보다 유효하게 실천할 수 있도록 조직은 유능한 경영인적 직원을 확보하고, 또 이를 유지시킴은 물론 그들이 가진 잠재적 능력을 개발 활용함으로써 조직의 성장과 개인의 성장을 동시에 기할 수 있도록 해야 한다.

인적자원관리는 인적자원을 확보해서 유지하고, 이를 개발하여 활용함으로써 호텔기업이 가진 목표-성취와 종사원의 목표-만족을 보다 잘 실현하려는 데에 그 주요 목표를 둔다. 따라서 기업이 갖는 목표는 효율적인 생산성과 종사원 자신들이 느끼는 직무만족을 둘 다 확보하는 데에 있다.

Foodservice Operations and Management

외식산업경영학

CHAPTER 06

외식산업의 프랜차이즈

01 프랜차이즈 경영

1. 프랜차이즈의 개념

프랜차이즈의 개념은 '자유를 주다'라는 의미를 가진 고대 프랑스 단어인 'Franc'에서 유래된 것으로 권리, 권한, 면책 등의 사전적인 의미로 사용되었는데, 이들 모두를 포함하는 복합적 의미로 사용되기도 하며, 통상적인 프랜차이즈Franchise는 모든 형태의 상품과 서비스를 분배하는 가장 일반화된 방법 중의 하나로 정의된다(김소영, 2003).

프랜차이즈 비즈니스란, 특정지역 내에서 일정기간 동안 모기업이 비교적 규모가 작은 개인기업에게 자신들의 제품, 서비스, 상호, 노하우 및 기타 기업운영 방식을 계약에 의해 사용하여 영업할 수 있는 권한이나 특권을 허가해 주는 유통형태를 말한다. 여기서 모기업을 프랜차이저Franchisor, 가맹본부라 하고, 특권을 받는 기업을 프랜차이지Franchisee, 가맹점라 한다.

이는 특별한 상표나 서비스 명칭을 가진 소유자가 타인에게 동일한 제품이나 서비스 명칭 등을 판매할 수 있도록 이용하는 특허권을 말하는 것이다. 그리고 프랜차이지는 프랜차이저의 제품이나 서비스 명칭을 판매할 수 있도록 허용하는 특허권을 말하는 것이다. 그리고 프랜차이지는 프랜차이저의 제품이나 서비스 명칭을 판매할 수 있는 권리를 획득한 개인이나 조직, 즉 프랜차이즈의 가맹자를 말하며, 프랜차이저는 프랜차이즈를 소유하여 판매하는 개인이나 조직, 즉 본부를 말한다(James, 1989).

한편, 프랜차이징Franchising이란 프랜차이즈시스템에 의한 산업 또는 사업을 가리킨다. 프랜차이즈 비즈니스는 프랜차이즈 본사와 그 가맹점들이 공동의 영업표식 아래 상품이나 서비스를 판매할 수 있도록 하기 위하여 본부에 의해 구성된 조직으로서의 프랜차이즈 계약에 바탕을 두고 있으므로, 프랜차이징은 프랜차이즈 계약에 의한 거래관계라고도 할 수 있다.

국제프랜차이즈협회International Franchise Association의 정의에 의하면, 프랜차이즈 비즈니스 운영은 "프랜차이저와 프랜차이지 간의 계약관계인데, 프랜차이저는 프랜차이지의 사업에 대하여 자기사업에 있어서의 노하우 및 교육과 같은 분야에서 계속적으로 이익을 제공하거나 유지하는 반면에, 프랜차이지는 프랜차이저가 보유하고 있거나 통제하는 공통의 상호, 양식, 절차에 따라 영업을 행하고 자기자본으로 자기사업에 상당한 자본을 투자한다."라고 정의하고 있다(Adams, 1987).

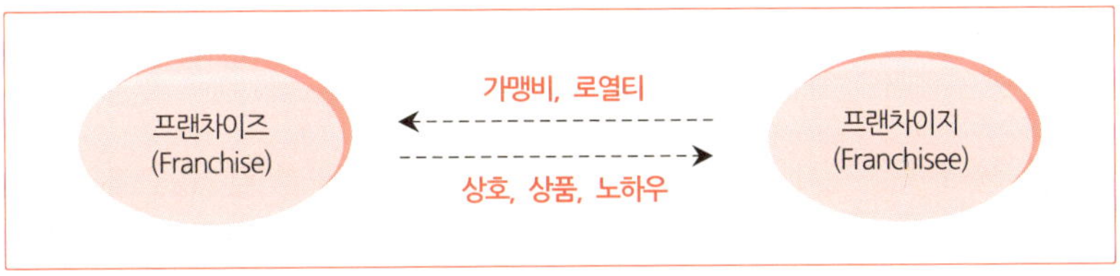

그림 6.1 프랜차이즈 본부와 가맹점 간 관계구도

또한 미국프랜차이즈협회에서 정의한 바에 의하면, 프랜차이저가 프랜차이지에게 부여하는 계약상의 사용허가서Contractual License에서, 첫째, 프랜차이저에게 속하거나 그와 관련된 특별한 명칭Specific Name 하에 혹은 이를 사용하여 특정한 사업을 일정기간 동안 행할 것을 프랜차이지에게 허가하거나 요구하고, 둘째, 프랜차이지가 프랜차이즈의 대상인 영업을 수행하는 방식Manner에 관하여 일정기간 동안 계속적인 통제권을 프랜차이저에게 부여하고, 셋째, 프랜차이저는 프랜차이지에게 프랜차이즈의 대상(경영, 사업조직, 직무교육, 판매활동)인 사업운영에 협력할 의무를 부담하며, 넷째, 프랜차이지는 계약기간 동안 정기적으로 프랜차이저에게 프랜차이즈 사용료, 기타 프랜차이저가 제공하는 재화나 서비스에 대한 대가를 지불할 의무를 부담하며, 다섯째, 모회사와 자회사 혹은 동일한 모회사의 자회사 간 또는 개인과 그 개인의 지배를 받는 사회 간의 거래가 아닐 것이라고 정의하고 있다(이지호 · 임붕영, 1996).

이와 같은 견해를 종합해 볼 때, 프랜차이즈 비즈니스는 본부의 상호, 상표, 경험, 마케팅기술 등을 바탕으로 상품화를 위한 지식 또는 정보에 대한 특권이나 허가를 가맹점에게 계약으로 대여하는 계약제도라고 할 수 있다.

여기서 특권을 대여하는 자를 가맹본부라고 하고 특권을 대여 받는 자를 가맹점이라 하며, 특권 또는 그 자체를 프랜차이즈라고 한다. 대개 하나의 가맹본부와 다수의 가맹점이 계약에 의해 지속적인 사업 형태를 취하는 것이 일반적이다. 따라서 가맹본부는 가맹점과 계약을 체결하여 자기의 상호, 상표, 기타의 특징 및 영업기술과 정보를 사용하여 동일하게 보이는 이미지 아래서 상품판매 등의 기타사업을 행할 권리를 주고, 반면에 가맹점은 그 대가로서 가입비, 보증금, 로열티를 지불하고 사업에 필요한 자본을 투입하여 가맹본부의 지도 및 지원 아래 사업을 행하는 양자 간의 계속적인 계약체계가 이루어지는 것을 프랜차이즈 비즈니스라고 할 수 있다.

그러므로 프랜차이즈 비즈니스는 자본을 달리하는 독립사업자, 즉 가맹본부와 가맹점이 서로 협력하는 형태라는 점에서 보면 본부와 가맹점 간에는 계약된 범위 내에서만 서로 간섭하거나 특정한 요구를 할 수 있다.

이런 측면에서 프랜차이즈 비즈니스의 경영특성을 한마디로 말하면, 계약에 의한 비즈니스이며 시스템 비즈니스라 할 수 있다(김성수, 2004). 여기서 계약관계란, 가맹본부와 가맹점 간의 가맹계약을 의미하며, 시스템 비즈니스란 지식산업에 의한 시스템화를 뜻한다. 따라서 프랜차이즈시스템은 단순화 · 표준화 · 전문화가 전제되어야 하며, 또한 다점포화 된 가맹점을 통일된 이미지로 관리하기 위해서는 현장에서 도입이 가능한 각종 매뉴얼이 구축되고 관리되어야만 프랜차이즈 비즈니스의 전개가 가능하다.

또한 프랜차이즈 비즈니스는 계약 거래인만큼 계약 당사자 간의 올바른 관계 설정과 서로간의 노력 여하에 따라 비즈니스의 성패가 좌우된다. 즉 가맹본부는 어떤 자질과 능력을 갖춘 가맹점주를 양성하고 가맹점주의 성공을 위해 어떻게 지원할 것인가를 고민해야 하며, 가맹점주는 또한 어떤 가맹본부를 선택하여 당사 간에 성과를 향상시킬 수 있을 것인가에 따라 향후 프랜차이즈 비즈니스의 성공을 결정할 수 있다는 것이다. 그러나 프랜차이즈 비즈니스의 성공을 위해 올바를 가맹본부를 선택하고 계약관계를 설정하기란 그리 쉬운 일이 아니다. 왜냐하면, 프랜차이즈 비즈니스의 경영특성상 가맹본부와의 계약관계만으로 일이 끝나는 것이 아니다. 본부는 가맹점에 대한 지속적인 지원과 관리를 수반해야 하며, 가맹점의 경우 독립된 사업체로서 끊임없는 노력을 경주해야만 사업의 목표를 달성할 수 있기 때문이다.

이처럼 프랜차이즈 비즈니스는 상호 윈-윈Win-win 할 수 있는 기업문화의 확립과 정착이 요구된다. 본부와 가맹점이 동반 성장하기 위해서는 무엇보다 상호의 역할을 명확히 하고 규정을 성실히 준수하는 진실한 태도가 필요하다. 특히 본부는 가맹점이 있어야 본부가 존재할 수 있다는 원칙을 잊어서는 안 된다.

따라서 가맹본부에서의 우수한 상품과 시스템을 개발하여 지속적으로 지원하는 등 가맹점에 대한 각종지원과 지도를 아끼지 말아야 한다. 가맹점 역시 본부의 시스템과 매뉴얼을 준수하고 철저한 고객 중심의 서비스를 통해 경영성과 달성에 최선을 다해야 한다.

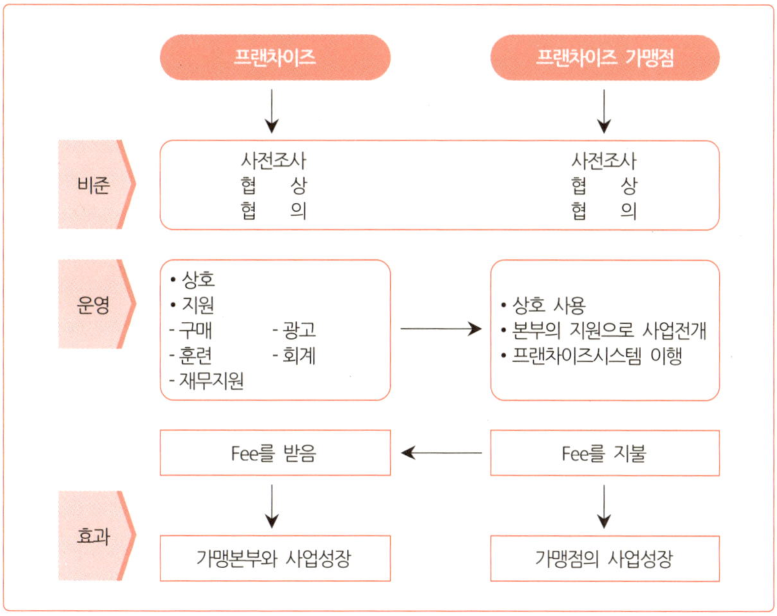

그림 6.2 프랜차이즈 시스템

2. 프랜차이즈 형태

프랜차이즈시스템은 크게 직영점Regular Chain과 자율체인Voluntary Chain, 가맹점Franchise

Chain으로 구분되는데, 프랜차이즈 체인을 택하여 사업을 전개하는 프랜차이즈 체인 Franchise Chain은 상표만 빌려줄 뿐 영업에 관해서는 전혀 관여를 하지 않는 라이센싱 Licensing과는 다른 것으로, 직영점과 자율체인의 장점만을 적절히 혼합하여 만든 경영체제라 할 수 있다.

직영체인은 가맹본부가 신규로 자본을 투입하여 점포를 신축 소유해서 본부 자신이 운영하는 방법이며, 자율체인이란 동일업종의 소매점이 경영의 독립성을 가지면서 매입 · 판매촉진 등의 사업활동을 공동으로 함으로써 규모의 이익과 분업의 효율성을 얻으려고 하는 체인조직이다(프랜차이즈협회, 2004). 프랜차이즈협회는 이러한 프랜차이즈시스템 유형의 형태를 다음과 같이 정의하였다.

(1) 직영점Regular Chain

직영점은 단일자본의 가맹본부가 직접경영을 하는 방법으로 대규모의 자본과 인력을 사용하여 점포마다 직접투자를 하고 본부직원들을 파견하여 직접 관리하는 유통방식으로 철저한 본부 운영시스템에 의거한 단일 매뉴얼을 가동하여 자기의 브랜드이미지를 보다 강력하고 일관성 있는 통제 하에 일반 소비자들에게 좋은 이미지를 남겨줄 수 있는 점포 운영방식이다. 투자자본이 많이 들고 책임 부담이 큰 단점이 있으나, 절대적인 유대감을 형성하여 전국 어디서나 동일한 색깔을 확실하게 낼 수 있는 장점을 가지고 있어 주로 대기업에서 많이 활용하고 있는 체인형태이다.

가맹본부의 충분하고 안정적인 자본력과 운영 노하우를 기본으로 본부와 점포 경영주는 고용주과 직원의 관계가 된다. 본부의 기본전략과 방향이 일사불란하게 수행되기에 본부와 점포 간 결속력은 아주 높으며, 개별점포에서 갖는 자율성은 거의 없다.

(2) 자율적 체인Voluntary Chain

단독점포와 프랜차이즈의 중간 형태인 연합회 형식의 자율적 체인사업은 각 점포가 자발적으로 연합회를 구성하여 공동브랜드나 동일업종을 조합하여 전개해 나가는 체인방식으로, 가맹본부는 최소한의 기능만 하고 점포 경영주가 자기만의 특성을 살려 융통성 있게 경영해 나갈 수 있으며 상호협력 관계를 통한 이미지 통일 및 공동

운영체를 구성하는 점포 운영방식이다.

지역형 점포 이미지를 만들 수 있고, 가격 고정이나 상품 취급 등의 한계를 극복할 수 있다. 하지만 자율은 있으나 가맹본부의 강력한 통제가 미약하여 브랜드 이미지를 만들 수 없다는 단점이 있는 체인 형태이다. 자본이 있는 소매점들이 모여 특정한 기능을 가맹본부에 위탁하여 아래서 위로 체인시스템을 만들어 가는 것이며, 본부와 가맹점 간의 결속관계가 느슨한 수평적 관계의 체인으로 다른 형태의 체인에 비해 결속력과 본부자본력이 낮은 편이다.

(3) 가맹점Franchise Chain

프랜차이즈사업은 특허 · 특권을 지칭하는 말로, 우리나라에서는 일본과 같이 가맹사업이라고 풀이하고 있다. 개인에게 사업의 기회를 주는 방식으로 사업지원형 가맹사업이다.

가장 일반적인 체인 형태로 가맹점을 각자의 독립채산제로 인정하면서 개점에서 판매관리까지 통일된 시스템으로 운영하는 방식으로, 가맹본부가 우선 개점 및 경영에 관한 노하우를 구축해 놓고 계약을 맺은 가맹사업자에게 여러 가지 노하우와 상호, 상품 및 제품의 사용권과 판매권, 지역독점권 등을 주고 영업을 지원하는 운영시스템으로 약정된 계약에 의한 강제성 유대감을 가지고 있다. 그러므로 개인은 가맹본부와 가맹계약을 맺음으로써 여러 가지 지원을 받아 손쉽게 자기사업을 할 수 있다. 그러나 이 방식은 계약에 따라 개인들을 일일이 교육시킴으로써 전국적으로 통일화 작업을 해야 한다는 단점이 있다.

한 점포에서 실수를 하게 되면 한순간에 같은 브랜드를 사용하고 있는 점포들 전체의 이미지가 흔들릴 수도 있기에 가맹본부에서는 보다 강력한 통제와 관리를 해야 하고, 점포 경영주는 본부의 정책 및 방향성에 순응하는 것이 중요하다. 다시 말해, 이 방식은 단일자본을 가진 가맹본부가 자본을 가진 가맹점을 모집하여 운영하는 체인형태로, 단기간 내에 전체적인 유통망 구축이 가능하고 개인이 직접 투자하는 자기만의 사업을 하는 것으로 점주들이 자신의 역량을 150% 이상 발휘할 수 있는 장점이 있으며, 개설지원 시 가맹비, 로열티 등의 부가수입이 따르는 장점으로 최근 가장 호응을 받고 있어 미국, 일본 등 선진국에서는 프랜차이즈가 유통의 꽃으로 소매업 매출의 절반 이상을 점유하고 있을 만큼 중요하며 급속히 발전하고 있다.

체인 종류 중에서 가장 일반적인 것으로, 프랜차이즈 가맹본부에서는 상품이나 경영기법 등의 노하우를 패키지(상품, 인테리어, 경영지도 등)로 구성하여 가맹점에 제공하며, 각 가맹점에서는 이에 대한 대가로 로열티를 지불하는 방식으로 운영된다. 일반적으로 가맹 시 보증금과 가입비를 내도록 되어 있다. 이 방식은 아울러 점포망을 구축하는 방식으로, 이러한 강점 때문에 프랜차이즈 산업은 악화된 경제 환경 속에서 오히려 눈부신 성장과 확장을 지속해 왔을 뿐만 아니라, 세계적 대기업들이 고용을 줄일 때 프랜차이즈업계는 오히려 수 배에 이르는 총생산과 고용창출을 이끌고 있는 산업으로 국내 다른 여타산업에 비해 기대가 되고 있는 산업이다.

3. 우리나라의 프랜차이즈 산업 현황

우리나라 프랜차이즈 산업은 짧은 기간 동안 급속한 양적 성장을 이루었으며, 현재 프랜차이즈 산업의 비중과 중요성이 강조되고 있다. 프랜차이즈시스템은 전 세계적으로 광범위하게 널리 활용되고 있으며, 우리나라에서도 외식업, 서비스업, 도·소매업 등 산업영역이 확대·발전하고 있는 추세이다.

2008년 「가맹사업법」 개정으로 정보공개서 등록제도 시행을 기점으로 양적 성장에서 질적 성장으로 변화하고 있다. 공정거래위원회 가맹사업거래는 가맹사업의 일반 현황을 표 6.1과 같이 보여주고 있다. 가맹본부와 가맹점의 수가 꾸준히 증가하고

표 6.1 가맹사업 일반 현황

(단위 : 개)

구 분	2010년	2011년	2012년	2013년	2014년
가맹본부수	2,042	2,405	2,678	2,973	3,482
브랜드수	2,550	2,947	3,311	3,691	4,288
가맹점수	148,719	170,926	176,788	190,730	194,199
직영점수	9,477	10,155	11,326	12,619	12,869

출처 : 공정거래위원회 가맹정보제공시스템(http://www.franchise.ftc.go.kr)

있는 것을 알 수 있으며, 프랜차이즈 사업은 안정적인 수익창출 및 불확실한 환경에서 보호받을 수 있다는 이점으로 지속적으로 성장하고 있다.

국내 프랜차이즈 업종별 가맹본부와 가맹점수를 외식업, 서비스업, 도 · 소매업으로 구분하여 살펴보면, 가맹본부수, 브랜드수, 가맹점수, 직영점수 모두 외식업이 가장 많은 비중을 차지하고 있으며 계속해서 성장하고 있는 추세로 나타났다. 외식업종의 경우 소자본으로 손쉽게 운영이 가능하고 불황과 소비구조의 변화에도 크게 좌우되지 않기 때문인 것으로 파악된다. 표 6.2에서 공정거래위원회에 등록된 프랜차이즈 산업의 업종별 가맹본부와 가맹점수의 추이를 나타낸 것이다.

표 6.2 업종별 가맹본부 · 가맹점수 추이 (단위 : 개, %)

		2011년	2012년	2013년	2014년
가맹본부수	외식업	1,598 (66.4%)	1,810 (67.5%)	2,089 (70.3%)	2,251 (72.4%)
	서비스	489 (20.3%)	513 (19.2%)	601 (20.2%)	648 (18.6%)
	도 · 소매업	318 (13.2%)	355 (13.3%)	283 (9.5%)	313 (90.%)
브랜드수	외식업	1,962 (66.6%)	2,246 (67.8%)	2,623 (71.1%)	3,142 (73.3%)
	서비스	593 (20.1%)	631 (19.1%)	743 (20.1%)	793 (18.5%)
	도 · 소매업	392 (13.3%)	434 (13.1%)	325 (8.8%)	353 (8.2%)
가맹점수	외식업	68,068 (39.8%)	72,903 (41.3%)	84,046 (44.1%)	88,953 (45.8%)
	서비스	62,377 (36.5%)	60,535 (34.2%)	65,107 (34.1%)	61,374 (31.6%)
	도 · 소매업	40,481 (23.7%)	43,350 (24.5%)	41,577 (21.8%)	43,872 (22.6%)
직영점수	외식업	2,984 (29.4%)	3,235 (28.6%)	3,959 (31.4%)	4,432 (34.4%)
	서비스	3,036 (29.6%)	3,251 (28.7%)	3,006 (23.8%)	2,534 (19.7%)
	도 · 소매업	4,135 (40.7%)	4,840 (42.7%)	5,654 (44.8%)	5,903 (45.9%

자료 : 공정거래위원회(2014년) 정보공개서 등록현황

4. 프랜차이즈의 특징

프랜차이즈는 사업과 관련한 경험 및 지식이 부족할 때 안정적으로 위험을 줄일 수 있는 시스템으로 평가되며, 검증된 선택 대안을 제공한다는 점에서 유용하다(Kaufmann, 1999). 또한 프랜차이즈시스템은 일반적으로 기업이 직면하는 문제인 관리적 효율성, 위험관리, 자원제약의 문제를 해결하는데 도움을 준다. 즉 한정된 자원 하에서 점포확장, 자본조달에 있어 매우 효율적인 수단이며, 빠른 성장수단이 될 수 있다(Rubin, 1978). 가맹점은 프랜차이즈시스템을 사용함으로써 검증된 비즈니스 모델 사용, 상대적으로 낮은 위험, 가맹본부의 선의, 초기 지원, 지속적인 지원, 빠른 창업 절차, 경험축적 가능, 개인적 유대, 금전적 수익 등의 측면에서 이점을 얻을 수 있다(Withane, 1991).

구체적으로 프랜차이즈시스템의 가맹본부 측면에서 프랜차이즈시스템의 특징을 살펴보면, 먼저 가맹본부는 시장에서 검증된 시스템의 제품과 서비스를 적은 비용으로 가맹점을 통해 시장에 빠르게 확산시킬 수 있다. 또한 가맹비, 로열티, 인테리어 수익, 물류수익 등으로 안정적인 사업운영이 가능하다. 둘째, 가맹본부와 가맹점의 상호협력에 의해 위험이 분산되고 가맹점에 대한 적절한 지원과 교육을 통해 공동의 이익을 창출할 수 있다. 셋째, 사업의 규모가 크고 생산과 유통 측면에서 규모의 이익을 실현하며, 공동마케팅 활동에 의해 시장조사에 필요한 시간과 비용을 절감할 수 있다.

가맹점 측면에서의 프랜차이즈시스템의 특징을 살펴보면, 먼저 부족한 지식이나 경험을 가맹본부의 교육 및 노하우 등으로 보완할 수 있다. 그리고 일정한 상품과 서비스의 공급으로 표준화 된 상품을 제공할 수 있으므로 안정된 수익을 창출할 수 있다. 둘째, 프랜차이즈 가맹본부의 브랜드 가치는 특별한 광고 및 마케팅 비용이 들지 않아도 신뢰성을 확보할 수 있다. 마지막으로, 오픈 전에 교육과 훈련, 운영 매뉴얼, 가맹점 위치 선정, 점포의 디자인, 비품 구입 등의 지원을 받고 오픈 후에도 지속적인 지원을 받을 수 있다. 더불어 다른 가맹점과의 네트워크 형성으로 업계의 정보를 얻을 수 있다.

5. 프랜차이즈시스템의 문제점

프랜차이즈를 통한 가맹점 창업 시 프랜차이즈 브랜드의 신뢰성을 바탕으로 가맹본부의 영업 및 교육지원과 안정적인 수익창출을 기대하며 개점한다. 하지만 가맹본부와 가맹점 사이의 갈등과 분쟁과 관련한 피해사례도 갈수록 증가하고 있다.

이는 가맹본부는 매출의 극대화를 가맹점은 수익의 극대화를 추구하는 과정에서 목표가 다르기 때문이다. 또한 프랜차이즈산업이 본부의 입장에서는 자본조달의 원천이 되고, 사업에 대한 경험과 창업자본이 부족한 사업자에게는 비교적 손쉬운 창업수단으로 여겨지기 때문에 프랜차이즈에 대한 경험과 축적된 시스템, 제도적 뒷받침의 미비로 프랜차이즈사업에 뛰어들었다가 실패하는 것은 물론 본부와 가맹점 간에 적지 않은 분쟁을 야기하고 있다(김경현, 2010). 특히 외식프랜차이즈산업의 계약 해지 및 계약 만료 후 재계약의 비중이 가장 적어 프랜차이즈산업의 양적 · 질적 발전을 위해서는 가맹본부와 가맹점이 당면한 문제를 해결해야 할 것이다.

첫째, 가맹본부의 업무능력 부족과 부실경영 문제이다. 외식 프랜차이즈산업은 단순히 음식을 제공하는 차원에서 고객의 욕구를 충족시키고 사회 · 문화적 가치를 부여하는 여가와 문화의 장으로 의미가 변해하고 있다. 하지만 양적 성장에도 불구하고 경영노하우 부족으로 인하여 외식프랜차이즈시장의 질적 성장은 저하시키고 있다(김경현, 2010). 또한 충분한 사업 경험이나 준비 없이 프랜차이즈사업에 뛰어든 가맹본부가 많다는 분석도 나오고 있다. 그 결과 운영시스템이 갖추어지지도 않은 가운데 무리하게 가맹점 모집 및 홍보활동으로 부실함이 누적되어 가맹점의 부실로 이어졌다는 지적이다(김경현, 2010).

둘째, 프랜차이즈 본부의 낮은 신뢰도이다. 프랜차이즈 가맹본부는 프랜차이즈의 브랜드 신뢰성을 바탕으로 관리되어야 하는데, 가맹본부 자체가 그 의무를 소홀이 하는 경우가 대부분이다. 가맹본부는 공정거래위원회의 정보공개서를 활용하여 본부의 신뢰성 및 안정성에 대해 알려야함에도 불구하고 제대로 작성하지 않는 것이 현실이다. 따라서 가맹본부에 대한 신뢰성이 감소하면서 가맹점은 가맹본부와 상호의존적인 관계를 형성하기보다는 계약에 의한 관계로 정립하고 있다. 이는 프랜차이즈에 대한 부정적 인식을 유발하는데, 가맹점의 무분별한 모집, 가맹본부의 가맹점에 대한 횡포 등이 갈등을 심화시키고 있다.

셋째, 메뉴의 동질성 유지 어려움과 글로벌시장 진출이 미흡하다는 점이다. 외식 프랜차이즈의 경우 같은 재료를 공급해도 보관하는 방법 및 환경적 요인과 가맹점의 상황적 요인에 따라 동질적인 맛을 보장하는 것이 어렵다. 또한 국내의 프랜차이즈 기업 중 해외진출에 성공하여 글로벌 기업이 되기에는 국가의 지원과 기업 내부 차원에서의 연구가 병행되어야 하는데 그런 부분이 미진한 상태이다.

넷째, 로열티 과다지출과 불안정한 수익구조이다. 국내의 프랜차이즈는 외국에 비해 많은 부분을 로열티에 지불하고 있다. 이 경우 로열티에 대한 부담 때문에 가맹점 개점을 부정적으로 인식하고 불안정한 수익구조를 갖는다는 시각이 강하다. 가맹본부는 로열티를 주 수입원이므로 이러한 인식을 바꾸기 위해 적절한 로열티 책정과 안정적인 수익구조를 제시해야 한다.

02 프랜차이즈 본부의 통제, 지원, 교육

1. 프랜차이즈 본부의 통제

프랜차이즈시스템에서 가맹본부의 가맹점에 대한 통제기능은 가맹점과 가맹본부의 관계형성에 중요한 역할을 한다. 통제의 범위에 따라 가맹본부와 가맹점이 상생할 수도 있고, 역효과가 발생하여 갈등을 유발하거나 계약해지를 야기하기도 한다.

통제의 범위는 각 사안별로 구분하여 명시하고 있으나 대체적으로 첫째, 가맹점을 경영하는데 필수적이고 객관적으로 인정될 것, 둘째, 통제를 하지 않으면 가맹본부의 상표권을 보호하고 상품 또는 용역의 동일성을 유지하기 어렵다는 사실이 객관적으로 인정될 것, 셋째, 가맹본부가 미리 정보공개서를 통해 가맹점 사업자에게 해당 사실을 알리고 가맹점 사업자와 계약을 체결하는 경우에 한하여 통제될 수 있다(권용덕, 2012).

프랜차이즈는 두 가지의 통제 메커니즘을 갖게 되는데, 계약관계를 중심으로 진행되는 강압적 메커니즘과 운영 노하우에 기초한 비강압적 메커니즘으로 구분될 수 있다. 강압적 메커니즘은 가맹본부와 가맹점과의 계약관계로써 규정되어진 조항에 대해 프랜차이즈 가맹본부가 요구하는 조항에 대해 가맹점이 이행하지 못했을 때 재계약을 하지 않은 것으로 이루어져 있다(김경현, 2010).

Etgar et al.(1976)은 효과적인 경로상의 통제를 위한 구성요소로 소매가격, 소매점 위치 선택, 최소 주문량, 단위믹스 주문, 소매점 광고, 고객에 대한 신용도 제고, 구매능력, 판매원 교육훈련, 판매원 고용, 물리적 환경, 전문가의 참여 및 거래연합, 판매정책으로 제시하였다. 또한 통제의 유형을 보상적 통제, 강압적 통제, 전문적 통제, 준거적 통제, 합법적 통제 등의 5가지로 분류하고, 이를 경로상의 힘과 관련하여 설명하였다.

윤선희(1998)는 프랜차이즈에 있어 통제는 일반적으로 점포의 디자인이나 직원의 복장, 영업시간에 대한 요구, 생산방법과 회계 관행, 가맹점의 참여나 재정지원을 요하는 판촉활동, 입지나 영역에 대한 제한 등으로 제시하였다.

구재군(2000)은 프랜차이즈의 권리 중 검사 · 통제권은 프랜차이즈시스템의 동일성과 통합성을 이루기 위해 반드시 필요하며, 가맹본부의 영업편입 의무와 영업촉진 의무 수행에도 기여한다고 주장하며, 통제는 가맹본부가 사용을 허락한 상호 · 상표 등 영업을 나타내는 표지가 갖는 인지도 · 선호도 · 신용도 등의 경제적 가치를 통제의 구성요소로 보고 이를 유지함으로써 영업의 효율성을 제고하기 위한 수단이라고 주장하였다. 이자형(2005)은 가맹본부의 통제와 지원이 가맹점의 동일성 유지에 미치는 영향을 연구하였고, 간판 · 물품 · 가격 등이 동일성 유지 수준이 높다고 제안하며, 현장 감사, 암행 구매, 경영성과 관리, 가맹점들 간의 감시가 동일성 유지수준에 영향을 미친다고 제안하였다.

구체적으로 현장 감사는 가맹본부가 품질, 서비스, 청결에 있어서 가맹점이 기준을 준수하고 있는지 정기적으로 실시한다. 음식, 서비스, 식사 등의 전체적인 운영 상태를 평가하고 주방의 온도, 음식의 보관시간, 설비의 위생상태, 매뉴얼 등 생산과 관련된 전반적인 과정과 미비사항을 점검하고 평가하며 지도한다. 암행 구매는 평가자가 익명으로 예고 없이 가맹점을 방문하여 고객의 관점에서 식사를 하고 이를 평가하는 것으로, 가맹점의 기회주의적 행동을 감시하기 위해 고안된 제도이다. 또한 암행 구매보고서는 각 점포가 가지고 있는 중요한 문제점을 찾아낼 수 있기 때문에 경영 상태에 대한 충분한 정보를 제공해 주고, 궁극적으로 고객의 관점을 잘 대변해 준다고 할 수 있다.

경영성과 관리는 가맹본부가 가맹점에 대한 경영실적에 관한 정보를 얻는 것이다. 하지만 정확하게 성과에 대한 정보를 얻기가 어렵고, 가맹점의 성과가 직영점처럼 공개적이지 않기 때문에 가맹본부의 규정과 기준을 준수한 근거에 의한 성과인지, 각 가맹점의 상황적 요인이 한계점을 가지고 있다.

가맹점들 간의 감시란, 프랜차이즈 가맹계약자들이 자발적으로 서로를 경계하고 서로간의 필요한 정보를 제공하는 방법이다. 가맹점들 간에 서로 감시하는 것은 비공식적인 방법이지만, 프랜차이즈 본부에서는 통제를 위한 중요한 수단이다. 가맹계약자들은 다른 점포에서 낮은 질의 서비스를 제공하여 전체적인 브랜드 이미지에 해를 끼치거나 본인의 가맹점에까지 나쁜 영향을 미치는 것에 대하여 항상 경계해야 한다. 그렇기 때문에 가맹계약자는 본인의 가맹점뿐만 아니라 다른 가맹점에서의 잘못된 경영에 대하여 주저 없이 비판하고 대안을 찾는 노력을 해야 한다. 이는 프랜차이즈의 신뢰성을 지키고 시스템을 효율적으로 관리하는 것을 가능하게 한다(김경현, 2010).

통제는 외식산업 프랜차이즈에서 각 점포의 운영현황을 점검하고 관리하여 표준화하기 위해 필요한 과정이며 가맹본부의 영업편입 의무와 영업촉진 의무수행에도 기여한다. 또한 통제는 프랜차이즈 가맹본부가 사용을 허가한 상호, 상표 등 영업을 나타내는 지표가 낮은 인지도, 선호도, 신용도 등의 경제적 가치를 유지함으로써 영업의 효율성을 제고하기 위한 수단이다(김경현, 2010). 이를 통해 프랜차이즈 브랜드 이미지 제고, 제공되는 서비스와 제품 품질의 일관성 유지에 도움이 되는 가맹점 통제는 프랜차이즈 전체의 성공을 설명하는 중요한 요인이라고 할 수 있다.

2. 외식산업 프랜차이즈 가맹본부의 지원

프랜차이즈사업은 가맹본부의 영업 내용과 동일한 이미지 확보를 위하여 가맹점의 영업활동을 교육 및 통제하고, 가맹점은 가맹본부의 지원에 따라 영업활동을 하는 수직적 거래관계의 특성을 가지고 있다(Khan, 1993).

외식산업 프랜차이즈시스템에서 가맹본부와 가맹점의 관계에서 지원은 상호 관계의 특성상 가맹본부는 계약과 동시에 가맹점에 지원 의무를 지니게 된다. 가맹본부가 가맹점에게 각종 지원을 제공함으로써 가맹점의 사업에 위험을 줄여주고, 이것이 많은 가맹점 확보를 통한 전체시스템의 빠른 성장을 가능하게 한다는 점이 독특한 경쟁력의 기반이 된다(Sibley and Michie, 1982; 김종훈, 2007). 구체적으로는 가맹점 개업장소의 선정, 가맹점 내의 배치, 점포의 내 · 외장, 제품의 판매, 마케팅 및 회계 등에 대하여 가맹점에게 조언을 하고 개점 시에 필요한 각종 사무용품 등을 매각하거나 무상으로 제공하는 등의 방법으로 가맹점 경영에 도움을 주어야 할 의무를 말한다(구재군, 2000). 따라서 프랜차이즈 가맹본부는 가맹점에게 혁신적인 제품개발과 기술의 보완을 통해 가맹점 사업자가 목표한 사업성과를 이룰 수 있도록 지속적인 지원활동을 해야 한다. 가맹점은 운영 노하우가 부족하고 신메뉴 개발 및 마케팅 활동이 제한적이므로 가맹본부의 숙련도와 기술적 지도가 중요한 성공요인이다.

가맹본부의 지원서비스들 교육훈련, 경영지도, 원자재의 품질 확보, 정보제공이 가맹점사업자의 만족뿐만 아니라 가맹본부와의 관계에도 긍정적인 영향을 미치며, 높은 만족도는 재계약 의도를 향상시킨다는 것을 실증연구를 통해 제시하였다(김상현, 1997; 이행순 · 이수범, 2006; Innis & La Londe, 1994). 이는 프랜차이즈를 시작하는 가맹점 대부분이 외식업체를 운영해 본 경험이 거의 없거나, 혹은 그 경험이 풍부하지 못하기 때문에 프랜차이즈를 선택한다는 점을 상기해 볼 때 가맹점의 만족도와 기대되는 성과를 높이려면 지속적이고 효율적인 지원이 절실하다는 것을 의미한다(Lewis & Lambert, 1991; Stern & El-Ansary, 1992).

Lillis et al.(1976)은 가맹본부는 프랜차이즈의 지원서비스를 통해 지속적인 영업에 대한 동기를 부여해야 한다고 하였다. 또한 가맹본부의 지원서비스에 대한 노력이 많을수록 가맹점의 만족도가 높아지므로, 가맹본부는 영업지원과 물류지원 활동을 적절하게 제공해야 한다고 하였다(Hunt & Nevin, 1974; Doutt, 1984). 이는 프랜차이즈 가맹본부와 가맹점의 경영성과는 물론이고 가맹점 사업자와 생산적이고 우호적이며 장기적인 거래관계를 유지하기 위해 매우 중요하며(이상헌, 2013), 가맹본부의 지원을 통해 가맹점은 상호관계에 관심을 가지고 있고, 앞으로도 관계를 지속하려는 의지가 있다고 본다(Jones & Suh, 2000).

프랜차이즈에서 가맹본부가 가맹점에게 제공하는 지원은 개점 전 지원과 개점 후 지원으로 나뉘는데, 개점 전 초기 서비스에는 개점을 위한 입지분석, 시설배치, 임대자문, 금융자문, 교육, 종업원 선발과 교육 등이며, 개점 후 지속적 서비스에는 매장의 현장지도, 판촉지원, 재교육, 광고홍보, 품질개선, 경쟁정보의 제공과 경영지도, 공동구매, 세무회계 지도 등으로 구분된다(Stern & El-Ansary, 1988). 윤기열 · 허지현(2002)은 개점 전 지원은 프랜차이즈 적격여부를 알아보는 적격성 심사, 개점 입지선정 및 기획, 개점 전 교육으로 구분하고, 개점 후 지원에는 운영과 통제, 마케팅, 자본금 조달지원으로 구분하였다. 신창훈 외(1999)는 가맹본부의 지원활동을 거래 전 지원활동, 거래 중 지원활동, 거래 후 지원활동으로 구분되는 물류 지원활동과 제품 지원활동, 교육 지원활동, 정보 지원활동, 홍보 지원활동으로 구분하는 물류 외적 지원활동으로 차원을 구분하였다. 정현영(2007)은 가맹본부의 지원을 가맹점 사업자의 입장에서 계약을 통해 얻고자 하는 요인으로 분석하고 마케팅효과, 재무효과, 점포운영효과로 구분하였다.

우종필 · 이인호(2011)는 가맹본부의 지원을 사전지원과 사후지원으로 구분하고, 사전지원은 신규외식업 가맹점을 개점하기 전에 행하여지는 서비스로 정의하고 개점 후 사업을 안정적으로 추진하기 위한 창업 준비과정의 서비스로 가맹점의 적격여부 심사, 입지선정과 권리분석, 인테리어와 아웃테리어, 비품배치, 사전교육, 리허설 등 개점 전의 총체적 서비스로 보았다. 사후지원은 개점 후 지원으로 물적 · 영업적인 지원 수준에서 가맹점의 사업을 지속적으로 운영하기 위한 조직화 된 시스템으로, 가맹점 개점 후 주로 발생하는 경영상 문제에 대한 신속한 해결방안 제시 및 경영지도, 브랜드 광고 판촉지원, 안정된 식자재 주문 납품과 적기 운영, 경영지원을 위한 슈퍼바이저 활용도, 전체 프랜차이즈사업의 경쟁력 향상을 위한 신메뉴개발 등의 적극성, 일선 영업지도와 마케팅지원, 재교육 훈련지원 등으로 보았다.

먼저, 상품지원은 가맹점 지원서비스 중 판매상품에 대한 경쟁력제고와 함께 가맹점 수익의 경쟁력 기반을 위해 가장 중요한 요인이라고 할 수 있다(이상헌, 2013). 즉 고객의 만족 및 가맹점의 성과에 영향을 미치는 결정적 변수로 가맹본부의 상품지원은 중요한 역할을 한다(이용기 외, 2005). Schellhase et al.(1999)은 고품질의 상품 유지, 빠른 회전율의 상품 제공, 신상품의 제공 등이 소매업자의 만족에 영향을 주었다고 하였다. O'Neil & Iverson(1991)도 가맹본부가 가맹점에 제공하는 상품의 품질, 제품의 다양성, 신상품 등의 상품관련 요인들이 성과에 직접적인 관계가 있다는 것을 실증적으로 증명하였다. 따라서 가맹본부가 가맹점에 공급하는 상품지원은 소비자의 구매력을 중심으로 공급하며, 경쟁브랜드보다 다양한 상품을 공급해야 하고, 판매가격 대비 가격 · 품질경쟁력을 제고하며 적시에 알맞은 상품을 공급해야 한다(이상헌, 2013).

둘째, 홍보지원은 가맹본부가 광고 및 판촉활동을 함으로써 가맹점 광고 및 브랜드 인지도 증대 차원에서 가맹점을 지원하는 것을 의미한다. 판매촉진은 단기적인 측면에서 매출을 증대시키기 위한 것으로 가맹점 초기부터 적용하는 지원방법이다. 반면, 광고는 장기적인 측면에서 가맹점의 인지도 증대와 이미지를 제고하기 위해 시행된다(박주영 외, 2013). 홍보지원의 종류로는 점포의 형태, 배치, 간판, 점포광고, 칼라의 선택 등 내부 촉진활동과 신문 · 방송을 이용한 광고, 애드벌룬 등의 광고, 특별상품 또는 특가상품 등의 제공, 지역사회의 각종 행사협력 등의 외부 촉진활동이 있다(이상헌, 2013).

셋째, 경영지원은 프랜차이즈시스템의 이용 동기와 관련이 있다. 가맹점 사업자들이 프랜차이즈시스템을 이용하는 중요한 이유는 가맹점 사업자와의 계약에 의해 일정지역 내에서의 독점적 영업권을 부여하는 동시에 경영지도, 판촉지원 등 경영전반에 관한 노하우를 제공하므로(Khan, 1992), 사업 초기에 가맹본부가 사업의 성공을 위해 전략적으로 기획 · 준비된 사업시스템을 활용하여 체계적인 운영을 할 수 있고, 안정적인 수익을 창출할 수 있다는 장점 때문이다(Kaufmann, 1999). 또한 효율적인 가맹점 관리를 위해 경영 전반에 필요한 업무지원과 가맹점에 대한 체계적인 통제는 필요하다(Quinn, 1999).

넷째, 물류지원은 가맹점 사업자가 가맹점 운영 시 주문과 납품, 그 외에 필요한 모든 물적 지원을 의미한다. 프랜차이즈의 제품과 서비스는 표준화되어 있고, 이를 적시에 적량으로 공급하는 체계를 갖추고 있다. 물류지원은 공급하는 물류 · 물품에 대한 가격결정, 하자에 대한 처리 및 결제조건 등이 포함된다. LaLonde and Zinszer(1976)는 물류지원은 주문 수령시간, 제공시간, 주문의 이행 확률, 제품 구색, 소비자의 편리성 등이라고 제시하였고, 물류서비스는 판매자와 구매자 사이의 재화 서비스의 유통에 있어서 시간과 장소의 효용을 창출하는 것으로 정의하였다. Mentzer et al.(2001)은 물류서비스의 품질이 만족에 영향을 준다고 보았으며, 주문 물량, 주문 절차, 정보의 품질, 종업원의 접점 품질, 주문의 정확성, 주문 품질, 주문의 상태, 정시 배송, 주문 오류 처리의 9가지 요소를 의미한다고 하였다.

Anderson & Narus(1990)는 프랜차이즈시스템의 성과를 높이기 위해 가맹본부가 가맹점들에게 제공해야 하는 지원서비스가 가맹점 만족과 성과제고를 위한 중요 요인으로 상대방에게 믿음을 제공하며 안정적인 관계를 유지하게 만든다고 하였다. 프랜차이즈의 특성인 서비스제공, 기회제공, 정보교환, 광고 등 프랜차이즈 본사의 지속적인 지원이 커지면 가맹점의 영업성과가 증대된다는 연구결과들을 고려해 볼 때, 본사의 지속적인 지원은 가맹점의 신뢰와 몰입을 높여 줄 것으로 생각해 볼 수 있다(서상윤 · 장재남, 2012).

3. 외식산업 프랜차이즈 가맹본부의 교육

교육 및 훈련은 기업의 성과와 조직의 경쟁력에 영향을 미치는 기본적인 요인이다(Baker & Sinkula, 1999). 프랜차이즈는 가맹본부가 보유하고 있는 제품, 서비스 및 경영 노하우와 지식을 가맹점에게 제공하고 이를 통해 수익을 올리는 지식기반형 유통사업 모형이다. 따라서 가맹본부가 얼마나 효과적으로 가맹점에게 자신의 노하우와 지식을 제공하고 가맹점이 이를 얼마나 효과적으로 습득하는가에 따라 비즈니스 전체의 경쟁력이 결정되는데, 이러한 첫 번째 요인은 가맹점에 대한 교육이라고 할 수 있다(장인석, 2004).

Crosby et al.(1990)은 가맹본부의 교육 및 훈련은 프랜차이즈 본부가 보유하고 있는 상품 및 서비스와 운영 노하우 및 판매기술을 가맹점 사업자들에게 전수하기 위해 필수적인 요소이며, Lewis & Lambert(1991)는 가맹본부가 가맹점에 제공하는 지원 중 교육 및 훈련이 가맹점의 성과에 긍정적인 영향을 미치는 것을 실증적으로 밝혔으며, 가맹점은 상품판매를 위한 활동이나 서비스 기능의 원활한 순환이 중요하므로 가맹본부는 평소에 교육인력의 확보와 양성에 최선을 다해야 한다고 제시하였다.

가맹점 교육에 있어서 개점 전 · 후의 교육과 지속적인 교육은 가맹본부와 가맹점 간의 만족스런 관계유지 발전을 위해서 매우 중요한 요소이다. 가맹점 교육을 통한 정보교환은 가맹점에서 각자의 역할과 기능을 인식하게 하고 시장 환경에 대한 적응능력과 경영능력을 키우는 것이기 때문이다.

외식산업 프랜차이즈사업의 가맹점교육은 조리교육, 고객응대교육, 홍보교육, 점포운영교육, 재무교육, 위생교육, 주문 및 배송교육 등 전문분야에 필요한 기초적인 지식과 기술을 습득하도록 하는 것이다(이오준, 2010). 가맹점에 대한 교육의 성공요인들의 세부내용을 살펴보면 가맹본부교육, 가맹점교육, 창업지원의 3가지 요인들을 제외하고는 크게 다르지 않음을 알 수 있다. 가맹점의 교육과 훈련은 가맹본부의 교육전담부서의 유 · 무와 그에 따른 가맹사업 개시 전 · 후에 이루어지는 가맹점에 대한 교육 및 슈퍼바이저들의 활동능력 등을 총괄하는 의미이다(장혁래 외, 2013).

가맹점에 대한 교육을 통해 가맹본부와 가맹점 간의 관계는 증진될 수 있고, 교육 및 훈련을 통한 정보교환은 각자의 역할과 기능을 인식하게 하며 시장 환경에 대한 적응능력과 경영능력을 키운다. 따라서 가맹본부가 얼마나 효과적으로 가맹점에게 노하우와 지식을 제공하고 가맹점이 이를 얼마나 효과적으로 습득하는가에 따라 비즈니스 전체의 경쟁력이 결정되는데, 이러한 첫 번째 요인은 가맹점에 대한 교육이라고 할 수 있다(이준재 외, 2007). 가맹본부는 교육훈련 프로그램을 통해 가맹점주로부터 신뢰를 얻을 수 있으며, 가맹점은 체계적으로 구성된 교육프로그램을 통해 본사의 집약된 노하우와 기술을 더욱 효율적으로 전수받을 수 있다(이수범 외, 2014).

CHAPTER 07

외식산업의 창업

01 창업의 정의 및 개인적 특성

1. 창업의 정의

'창업'이란 단어 자체를 풀이하면 "새로운 기업을 설립하는 것"이라고 정의할 수 있다. '창업'에 대한 사전적 의미는 "사업의 기초를 세우고 처음으로 시작함"을 의미하는 것으로, 새로운 제품 또는 관련된 용역을 생산하거나 판매하는 목적을 가지고 건물이나 설비 등을 갖추어 필요한 인원을 배치하는 것을 말한다. 이에 창업은 하나의 조직을 창출하는 과정으로 정의되기도 한다.

창업 단계는 창업자가 사업의 기회를 인지하고 준비하는 단계로, 창업팀의 구성이 완료되고 사업장이 확립되는 단계라고 했다(정대용 · 첨희, 2012). 창업이란 사업 등을 처음으로 이루어 시작하는 것 또는 사업의 기초를 세우는 것이라고 했다(한국벤처학회, 2012). 「중소기업창업지원법」에 따르면 "새롭게 중소기업을 설립하는 것"으로 정의하고 있다. 또한 한국생산성본부(1992)는 "창업이란 재화 또는 서비스를 생산 또는 판매하는 하나의 시스템을 구축하는 일"로 정의하였다. 그리고 일각에서는 창업을 "새로운 기회를 발견하여 사업화하는 것"이라고 정의하였다(동서경제연구소, 1994).

우리나라에서 법률적인 측면의 창업은 1986년에 법률이 제정(법률 제3831호, 1986년 5월 12일 제정 공포)되어, 이후 2001년 3월에 개정(2011년 8월 일부 개정)된 「중소기업청지원법」 제2조 제1항을 통해 확인할 수 있다. 이에 창업은 "중소기업을 새롭게 설립하는 것"이라 정의하고 있다. 제2조 제2항에 따라 창업자라 함은 "중소기업을 창업하는 자 및 중소기업을 창업하여 사업을 개시한 날로부터 7년이 경과되지 아니한 자"라고 정의하고 있다.

연구자들은 창업에 대한 다양한 정의를 보면, 부가적 부(富)를 창출하는 역동적인 과정이며 부(富)의 실현은 자산, 시간 및 직업에 대한 헌신 등 위험을 감수하는 개인에 의해서만 가능하다는 정의가 있다(Ronstadt, 1984). 또한 창업을 위험과 불확실한 상황 속에서 성장과 이윤을 추구하는 혁신적 · 경제적인 조직체의 탄생이라 정의하고 있으며, 창업의 요소 중 창의성, 혁신, 자원의 수집과 경제적 조직체의 설립을 비롯한 이윤추구의 기회 등을 핵심적 요소로 꼽았다. 따라서 기존의 업체를 인수 또는 새로운 회사 대표에게서의 양도와 같은 행위는 창업의 범주에 포함하지 않는다고 하였다. (Dollinger, 1995).

창업을 새로운 작업방법을 통해 기존의 낡은 방법을 파괴하는 창조적 파괴Creative Destruction의 힘이라고 주장하며, 창업을 규정짓는 가장 중요한 개념은 혁신이며, 그 혁신은 새로운 일을 하는 과정이라고 주장하고 있다(Schumpeter, 1934). 성장잠재력이 충분하게 있는 사업의 창조개념으로 정의하며 최초 창업단계에서부터 자생력을 갖는 단계까지를 창업의 모든 과정에 포함시키고 있다(Mc Mullan & Long, 1983).

창업을 완전히 새로운 사업을 시작하거나 타인의 사업을 인수하여 새롭게 사업을 시작하는 것이라고 주장했다(Longenecker.et. al, 1997). 또 다른 연구에 의하면, "창업은 창업자 개인의 성격이 주변 환경 속에서 중요한 사건들과 서로 영향을 주고받으며, 새로운 기업의 창조를 위하여 의사결정을 이루어 나가는 과정"이라고 정의하고 있다(Greenberger & Sexton, 1988). 이외에도 국내 연구에서 "창업이란 다른 사람들이 무질서와 혼돈으로 인식하는 중에서 절호의 기회를 찾아내고, 그러한 기회를 살리기 위하여 자기나 타인이 소유한 자원을 발견 및 보관하고 통제하는 것까지 포괄하는 개념"이라고 주장했다(이장우, 1997).

창업이란, "사업가적인 능력을 보유한 개인 또는 집단이 사업 아이디어를 가지고 이윤창출을 위해 사업목표를 세워 적절한 사업기회에 자본, 인력, 설비, 원자재 등 경영자원을 확보하여 재화의 생산 또는 용역, 서비스를 제공하는 사업체를 설립하는 것"이라고 주장했다(김용식, 2010). 창업이 저성장시대의 적극적인 대안이 되기 위해서는 창업에 대한 근본적인 인식의 개선이 필요하고, 창업에 대한 인식 개선은 효과적인 창업교육과 개인의 심리적 특성을 고려해야 한다(최명길 · 박은주, 2012). 국내 주요연구 중에 제품 또는 용역을 생산하거나 판매하는 사업을 시작해서 이제까지 존재하지 않았던 새로운 기업조직을 설립하는 행위라 하였으며, 창업은 "새로운 기업조직을 설립하는 것은 물론 기존의 기업이 기존과 전혀 다른 새로운 종류의 제품을 생산하거나 판매하는 일을 시작하는 것을 포함한다."고 정의하였다(이석규, 1997).

이외에도 위험과 불확실한 상황 하에서 사업기회를 발견하여 영리추구를 목적으로 새로운 사업체를 만드는 행위가 창업이라 정의하고 있다(박시사, 1997). 창업을 사업의 기초를 세우는 것으로, 창업자가 창업 아이디어와 일정한 사업 목표 아래 생산요소를 적절히 결합하여 제품생산 등에 적합한 기업을 설립하는 행위로서 이를 위해서는 창업자, 창업아이디어, 생산요소라는 세 가지 요소가 필요하다고 정의한다(백형기, 1999). 창업은 돈을 버는 것을 목적으로 여러 가지 요소들인 사람, 기계, 공간, 원료 등을 체계적으로 결합하는 시스템으로 정의하고 있기도 하다(박정기, 2002).

이처럼 창업을 미래에 잠재된 이윤을 목적으로 개인 또는 집단이 사업아이디어를 가지고 자본 등을 집중하여 특정한 상품인 제품이나 서비스 등을 생산 및 제공하는 기업을 세우는 것을 의미한다.

이와 같이 다양한 선행연구를 바탕으로 창업을 정의한다면, 창업자가 영업과 영리추구를 목적으로 기업윤리, 기업이념 및 창업가정신을 가지고 시기적절한 기회에 고객의 만족을 시킬 수 있는 수단과 방법을 새로이 형성하여 이윤을 창출하는 끊임없는 노력이라 할 수 있다.

2. 개인적 특성

창업자의 심리적 특성은 창업자와 창업자가 아닌 사람을 구별하는 특징으로써 또한 성과에 영향을 미치는 개인적 특성으로 주목받고 있다(정성한 · 김해룡, 2001). 기업가 및 창업가의 중요한 특징으로 성취욕구에 중점적으로 연구를 한 것도 있다(McClelland, 1961). 이외에도 다양한 연구들에 의한 기업가의 특징으로는 내적 통제위치, 위험감수 성향, 모호성 인내력 등이 있다(Becherer & Maurer, 1999).

1) 자기효능감

자기효능감은 Bandura(1992)의 사회학습이론에서 비롯한 자기효능감 개념으로부터 발전하였다. 자기효능감의 개념은 보편적으로 특별한 과업을 수행하는데 유발되는 자신감과 같은 심리적 상태를 말한다. Bandura(1997)는 행동의 변화를 설명하고, 보충하기 위하여 인지적 관점의 일부로 자기효능감 이론을 제시하였다. 그는 세부적 자신감을 자기효능감이라 주장하였다. 인간의 행동변화가 결국에는 행위자가 그 행동을 능숙하게 해낼 수 있다는 기대심리 때문에 일어난다는 것을 강조하였다.

심리적인 측면에서는 자기효능감은 과제를 끝마치고 목표에 도달할 수 있는 자신의 능력에 대한 스스로의 평가를 가리킨다(한국심리학회, 2014). 자기효능감 발달의 여러 경로를 심리학에서는 다양한 상황 속에서 나타나는 자기효능감의 역동성 또는 부재, 자기효능감과 자기개념 간의 상호작용, 자기효능감에 도움 혹은 방해가 되는 귀인버릇 등 여러 관점에서 연구되고 있다. 자기효능감이 영향을 미치는 분야는 인간이 기울이는 노력의 모든 영역에 걸쳐 일어난다. 한 사람이 처한 상황에서 자신의 힘이 지닌 신념을 통해 영향을 미칠 수 있는지를 결정하고, 자기효능감은 그 사람이 도전함에 유능하게 대응하는 실제적인 힘과 그 사람이 하는 선택 등에 커다란 영향을 미친다.

자기효능감의 개념을 처음으로 창업에 도입한 학자는 Boyd & Vozikis(1994)이다. 그 후 후속연구에서 자기효능감의 개념이 본격적으로 사용되어 정착되었다(McGee et al, 2009). 이들은 창업에 대한 역할과 과업을 성공적으로 수행할 수 있다는 개인의 신념을 자기효능감의 개념으로 제안하고, 자기효능감이 높은 사람은 창업이 가져다 주는 다양한 도전과 위험에 능숙하게 대처하며 통제할 수 있다는 믿음이 있다고 하였다. 또한 환경 속에서 기회를 찾아 활용할 수 있다는 강한 신념이 있으므로 창업과 가장 관련이 크다고 하였다(Cox et al, 2002).

창업 자기효능감이 높게 나타나는 사람은 다양한 기회들이 주어지는 반면에, 창업 자기효능감이 적게 나타나는 사람은 희생과 위험이 상존하는 환경으로 평가됨에 따라 그 기회가 감소될 수 있음을 도출할 수 있다. 개인들은 불확실성과 위험을 비롯한 어려움에 처한 동일한 현실을 지각할지라도 높은 자기효능감을 가지고 있는 사람은 자기효능감이 낮은 사람보다 현실에 대처할 수 있는 더 많은 자신감을 느끼기 때문에 창업 의도가 높아질 수 있다(McGee et al, 2009).

높은 창업 자기효능감을 가진 사람은 사회로부터의 연정, 심리적 성취감과 같은 보상을 주는 환경과 관련이 있다(Wilson et al, 2007). 반면, 낮은 창업 자기효능감을 가진 사람은 실패와 불명예 또는 심리적 스트레스와 같은 패배의식으로 가득 차 있음을 지적하였다. 이처럼 창업 자기효능감은 어려운 창업의 과정을 극복하여 성공할 수 있다는 창업의욕과 관련이 깊다.

창업 자기효능감은 상대적으로 안정적인 성격 특성과는 달리 교육이나 과거의 경험과 같은 환경요인에 영향을 받는 것으로 알려졌다(Bandura, 1997; Wilson et al., 2007). 특히, 교육적 지원 등 환경적 요인은 학생들로 하여금 창업에 대한 긍정적인 태도를 가질 수 있도록 하고, 창업 자기효능감을 높일 수 있다. 구체적으로 창업능력, 도전과 혁신, 불확실성과 난관을 극복할 수 있는 자신감의 향상을 통해 창업 자기효능감을 향상시킬 수 있다(Wilson et al., 2007). 이와 같이 대학생들에게 효과적인 창업교육은 창업을 선택하여 성공할 수 있다는 자신감을 심어줄 수 있다.

Zhao et al.(2005)는 창업 자기효능감의 향상을 위해 교육의 역할을 강조하였다. 이들은 창업은 불확실한 상황에서 이를 극복하기 위한 다양한 도전과 위험에 능숙하게 대처하는 어려운 과정이며, 창업교육은 창업기술 뿐만 아니라 다양한 체험학습의 기회제공을 통해 자기효능감의 개발에 초점을 주어야 된다는 점을 지적하였다. 이와 같이 대학에서의 교육적 내용이나 방법은 창업 자기효능감을 개발하는데 중요한 영향을 미칠 수 있을 것으로 추정할 수 있다.

또한 창업 자기효능감에 미치는 교육적이며 조직적인 요인 외에도 통제 위치, 가족 역할 모델, 그리고 개인의 전공 등의 개인적 특성을 제안하고 있다(Mueller & Thomas, 2000, Turker & Selcuk, 2009, Pihie, 2009). 창업의도와 같이 대학생 창업 자기효능감에 미치는 개인적 요인으로는 통제 위치, 가족역할 모델과 전공, 환경적 요인으로 교육적 요인과 조직적 요인별로 살펴보고자 한다.

창업 자기효능감은 창업의지에 긍정적 관계를 미치는 것으로 나타났다(McGee et al., 2009; Cox et al., 2002). 창업 자기효능감이 높게 나타나는 사람은 창업이 가져다 줄 수 있는 불확실한 상황에서도 다양한 도전을 두려워하지 않고, 위험에 능숙하게 대처하고 통제할 수 있다는 믿음을 지니고 있다. 또한 어려운 환경에 처할지라도 이를 기회로 이용할 수 있다는 강한 신념이 있기 때문에 창업을 선택할 가능성이 높게 나타날 수 있다.

대학생을 대상으로 한 연구에서 창업 가능성에 영향을 미치는 요인 중의 하나로 실현가능성을 뽑고 있으며 창업은 그 실현가능성에 영향을 받고, 이러한 실현가능성의 평가에 결정적인 역할을 하는 것은 바로 자신감에서 비롯된다고 주장하였다(Pihie, 2009). 따라서 창업에 대한 예비창업자의 자신감은 개인의 창업 의지에 영향을 미칠 것이라고 판단된다.

지각된 욕구Perceived Desirability는 자신의 창업이 주변사람들에 의해 바림직한 것으로 받아들여지는가의 정도를 나타내는 인식이라 말한다. Shapero(1982)는 사업에 대한 개인적인 영역Intrapersonal의 인식뿐 아니라 외부적인 영역Extrapersonal, 즉 주변 사람들의 인식을 통해 사업을 시작하는 것과 관련한 개인이 매력을 인식하는 정도로 정의하였다. 성공가능성에 대한 지각된 실현가능성Perceived Feasibility이라 함은 주변상황을 고려함을 포함한 창업을 성공으로 이끌어 갈 수 있을 것으로 인식 및 판단하는 개인의 신념과 능력을 말한다. 즉 개인적으로 사업을 시작할 수 있다는 느낌이 있는 정도를 의미한다(Krurger et al., 2000).

행동성향Propensity to Act은 의도에 대한 의지를 반영하는 결정에 따라 행동하는 개인의 성향을 말한다. Seligman(1990)와 Krurger et al,(2000)의 주장은 기회에 대한 행동의 성향은 통제의 인식에 따라 다르며 어떤 행동 성향이 배제된 의도의 파악은 어렵기 때문에, 초기의 창업의도와 불확실성 하에 목표지향적 행동의 지속성을 파악하기 위해 내적 통제위치Internal locus of Control가 중요시 되며, 최적화된 학습Learned Optimism을 통해서 안정적인 상황에의 목표지향적 행동Goal-directed에 몰입을 예측할 수 있다고 주장하였다.

2) 성취욕구

성취욕구의 최초 의미는 Murray의 연구를 통해 시작되었다. Murray에 따르면, 성취욕구Need for Achievement는 어떤 것들에 대하여 신속하고 잘 이행하고자 하는 기대로 정의한다(Murray, 1938). 높은 성과를 달성하기 위해 도전적인 목표를 설정하고 달성하고자 하는 욕구를 말한다.

McClelland는 성취욕구가 강하게 나타나는 사람은 목표 설정과 모험성을 중요하게 여기며 도전적인 목표를 설정하여 자신의 일에 몰두하는 경향성을 띤다고 주장하였다. 성취욕구를 다른 사람들보다 높게 가진 사람들은 자신에게 일어나는 일에 대해 스스로 책임지기를 좋아한다. 그는 높은 성취동기를 나타내는 사람들로 구성된 조직이나 사회가 빠른 성장을 보이며, 훌륭한 경영자로 성장하게 되는 가능성이 높다고 주장한다. 또한 높은 성취욕구를 가지고 있을수록 명확한 목표를 수립하고 도전적인 것을 좋아하며 예측 가능한 위험을 감수하고자 한다. 따라서 기꺼이 결과에 대해서도 개인적인 책임지기를 어려워하지 않는다고 규정하였다. 이런 사람들의 특징으로 자신의 과업이 얼마만큼 잘 달성되고 있는지를 알고자 하는 강한 욕구를 가지고 있고 성과에 대한 피드백을 제공받기를 원한다(Mc Clelland, 1961).

창업과 성취욕구의 관계에 관한 연구는 Mc Clelland 이후 다양하고 지속적으로 이루어져 왔다. 창업자들의 성취욕구가 비창업자들보다 상대적으로 높다는 것으로 연구결과 도출되었다(Nandy, 1978). 연구결과들을 보면 창업자는 창업하지 않은 사람에 비해서 성취욕구가 높은 것으로 나타났다.

이와 같은 창업자들의 성향은 창업을 개시하고 운영하는데 긍정적 태도를 배양하게 하며 열정을 갖게 하고, 창업자의 성취욕구는 창업 이후 사업성과에 큰 영향을 미칠 것이다. 성취욕구Need for Achievement는 기업의 존속에 영향을 미치며 전략에도 큰 영향을 준다. 근로자를 대상으로 실시한 일에 대한 만족도 및 성과와 성취욕구 간의 연구조사에서 성취욕구가 높은 근로자일수록 일의 만족도와 목표달성이 더 높았음이 나타났다(Streers, 1975). 또한 기업가의 성취욕구가 일반인의 그것보다 더 높다는 것이 밝혀졌다(Hornaday & Bunker, 1970). 성공한 첨단기술 관련 창업자의 공통적 특성이 높은 성취욕구라는 것이 발견되었고(Komives, 1972), 창업자의 성취욕구와 창업과 관련한 행동 및 성향과의 관계를 다룬 실증 연구결과를 종합 및 재분석하여 성취욕구가 창업과 관련한 행동과 성향에 유의한 영향을 미친다는 것을 입증하였다(Jonhnson, 1990). 다른 연구에서 성공한 창업자들의 심리적 특성을 성취욕구, 즉 도전성에 대해 한국적으로 재정립 후 연구하여 높은 인내심 · 자율성 · 독립심을 보이는 반면, 순응성 분야 등은 낮은 것으로 결과를 도출하였다(이남주, 2011). 이를 종합하면, 창업자는 일반사람들과 비교하여 성취욕구가 높게 나타난다는 것이다.

3) 개인역량

학자들은 높은 수준의 창업지향성을 지닌 기업을 비교했을 때 상대적으로 낮은 수준의 창업지향성을 보이는 기업에 비해 높은 성과가 나타난다고 주장하고 있으며, 창업지향성과 기업성과(창업 만족 및 경영성과)가 상관관계를 갖는다는 유의미함과 긍정적인 영향을 미치는 것을 연구를 통해 입증하였다(이종건 외, 2011). 창업 의지는 창업의 전반적인 과정을 이해하는데 핵심적인 개념으로서(Krueger, 1993) 창업 연구에서 개념적 또는 실증적인 연구가 많이 이루어지고 있다.

어떤 일을 행사함에 있어서 행동을 결정짓는 첫 단계인 의지는 창업에 있어서도 매우 중요한 영향을 미치기에 가장 중요한 변수이다(정지호, 2014). 실제로 창업에 대한 의지 없이는 창업을 계획하는 것도 어렵다. 개인에게 강력한 창업의지가 있을 때 단계마다 오는 고비를 이겨내고 창업 개시 및 성공 창업의 기회가 주어지게 된다. 창업가가 창업을 개시함에 있어 갖는 인구통계적인 특성과 창업마인드에 대한 선행 연구들을 살펴보면, 학력이 높고 성별은 남성이며 40대 이상의 연령대가 창업개시할 때, 사회적 경험이 해당 업종과 일치 및 운영 경험이 있을수록 성공을 획득한 것으로 나타났다(윤성욱 · 서근하, 2003; Buttner & Rosen, 1989). 그러나 창업자들이 똑같은 인구통계학적 조건을 가졌다할지라도 창업가의 정신에 의해 성공과 실패가 다르게 나타날 수도 있기 때문에 이러한 사항이 연구대상이 되기도 한다(주원식, 2014).

창업가의 심리적인 특성으로는 성취욕구, 통제위치, 모험성향, 모호성에 대한 인내력 등이 창업자 고유의 마인드를 보인다(Brockhanus, 1986; Hansemark, 2003). 하지만 현재는 한 단계 더 능동적인 추진과 행동을 요구하는 도전의식, 혁신성, 진취성, 인내력, 위험 및 손실감수 등의 창업가정신 특성을 보이고 있다(주원식, 2014). 또한 창업가정신을 혁신성, 진취성, 위험 감수성으로 구분하여, 이 같은 창업가의 창업가정신이 창업 성공에 유의미한 영향을 준다는 것을 실증분석을 통해 증명하였다(서근하, 2005).

02 창업가정신

세계적으로 창업학이 대두되고 있음을 감안할 필요가 있다. 창업학이 발전했기 때문에 창업이 활성화되었는지, 반대로 창업이 활성화되었기 때문에 창업학이 발전되고 있는지 근본적인 부분을 살펴본다. 서양에서 1인당 부의 생산량과 소득의 성장은 1700년대에 20%, 1800년대에 200%, 1900년대에는 740%로 급격히 경제성장을 하였으며, 이와 더불어 창업가정신도 경제성장과 함께 증가하였다고 할 수 있다.

경영학자들은 창업가정신을 새로운 조직이 설립되어 출현하고, 이에 따른 새로운 자원과의 조합과 활용 등을 포함하는 전략적 관점에서 정의하고 있다. 창업가정신 정의에 관한 다른 관점은 대부분 심리학자들에 의해 이루어져 왔다. 창업가가 일반인 관리자들과는 심리적 특징을 다르게 가졌을 것이라는 가정 하에 창업가의 성취욕구, 위험 감수성과 이의 통제의 소재, 혁신성 등의 특징을 가지고 있다는 주장도 있다.

1. 창업가정신의 정의

창업가Entrepreneur가 최초로 Savary의 〈딕쇼네르유니베르시알르 드 꼬메르쓰〉에서 사용되었으며, 용어로 등장 후 최초로 학문적 정의는 Cantillon이 내렸다고 한다(송기철, 1975). 기업가의 창조적 활동이 처음으로 이해되었던 시대에는 기업가를 프로젝터Projector라고 불렀으며 '안트러프러너Entrepreneur'라는 근대적 용어는 영국에서 처음으로 사용되었다. 그 당시 기업가는 '공공적 음악시설의 지휘자 및 지배인' 또는 '연예회를 개최하는 사람'을 의미하였던 것인데(박재성, 1973), Say에 이르러 비로소 근대

사회의 복잡한 기업활동의 제 기능을 포괄적으로 설명하게 되었다(노재구, 1999). 기업가Enterpreneur 또는 앙트러프러너십Entrepreneurship이라는 개념을 처음으로 경제학에 도입한 것은 1912년에 간행된 슘페터의 저서 『경제발전의 이론The Orieder Wirtschaftlichen Entwicklung』이었다(김영래, 2004).

반면, Evans는 창업가를 슘페터가 주장한 혁신자란 발상을 비판하고, 많은 기업에서는 창업가활동을 실행하는 개인 또는 집단도 혁신적인 활동을 하고 있는 경우 역시 많음을 지적하고, 창업가활동은 가끔 혁신을 실시하지만 창업가는 모든 기업에 필요한 존재이기 때문에 기업가와 혁신자를 같은 의미로 해석하는 슘페터의 생각은 불합리하다고 주장했다. 그리고 창업가의 뜻은 이 좁은 테두리에서 해방되기 때문에 혁신적 창업가, 모방적 창업가, 관리적 창업가 등의 뜻으로 구별하고, 또 많은 연구자가 언트러프러너라는 말을 피하고 비즈니스 리더Business Leader나 톱레벨Toplevel의 의사결정의 연구방향으로 전환했음을 지적하였다(송기철, 1975 재인용).

표 7.1 창업가의 정의

연구자	정 의
Cantillon	불확실한 가격에 판매하고자 하는 제품을 결합하기 위하여 어떤 가격으로 생산수단을 매입하는 사람으로서 스스로 위험을 부담지고 유통을 비롯하여 교환 및 생산하는 사람
Smith	자본을 투자하는 사람
Marshall	모험을 통한 위험을 능히 부담하고, 이에 사업에 필요시 되는 자본과 노동을 결합하여 종합적인 계획을 세우고 전체적으로 관리하는 사람
Potter	수동적 거래를 전통적 상품으로 주로 하는 잡화상과 구분하여 신상품에 대한 새로운 시장을 창조하는 상인을 일컬음
Alexande	경제발전에서 핵심인 혁신적 역할을 하는 사람
Schumoller	비즈니스에서 위험을 부담하고 서비스 및 경제재를 생산할 목적 하에 각종 생산수단을 각각의 독립된 기업조직 안에 도입하는 사람
Galb-raith	근대적 대기업에서 기업기능의 집단적 관리자이며 테크노스트럭처(technostructure)
Schumpeter	정태적인 상태에 놓여있는 경제가 동태적 경제로 발전하도록 혁신을 수행하며 동태적 주체임
Cole	기업이 조직, 관리 및 조정뿐 아니라 통제의 기능을 수행함에 있어 혁신적 정신을 내포하고 있는 사람
Evans	일반적으로 기업가이며 그룹의 일원으로 간주되지 않는 사람까지 포함하는 경영지도의 대부분의 사람

출처 : 노형진(1998). 기업가정신의 발전과정에 관한 연구

창업가정신은 엔터프레너십Entrepreneurship을 우리나라의 사전적 의미로 번역한 것이다. 기업가정신으로 번역되기도 하며, 개인의 '기능' 또는 '활동'을 포함하여 나타내는 포괄적인 창업가의 공통적인 특성의 의미를 포괄한다(Cole, 1946). 창업가정신은 수행을 하다To Nndertaker라는 불어 'entrepreneuriant'에서 유래되었다.

창업가정신은 연구자에 따라 다양하게 정의되고 있어 일반화하기에는 어려움이 있으며(강병오, 2011), 창업가정신의 단일한 정의에 대한 컨센서스가 부족한 탓에 학자들은 자신의 연구 목적에 맞는 창업가정신과 유사한 다양한 용어들을 사용하고 있다(조병근, 2013). 하지만 최근의 경향은 혁신성, 진취성, 위험 감수성의 세 가지 구성요소로 수렴되는 것에 광범위한 합의가 이루어져 있다(Covin & Slevin,1991; 이춘우, 1999). 창업가정신은 기업의 탄생과 유지되며 성장함에 혁신적인 원동력이자 기업의 존속하기 위함에 핵심수단으로 인식되어 통용되고 있다. 뿐만 아니라 창업가정신에는 창업가를 포함, 기업가와 조직의 창의성과 혁신역량, 자원의 획득과 활용 등에 대한 창업의 내용을 포함한다(정영호, 2013).

환경변화에 대한 예측과 이윤추구의 기회인지, 새로운 가치창조의 부분에 있어서도 창업가정신의 의미는 확장되고 있다(신중언, 2010). 기업가정신은 경기하락을 다시 회복시키는 역할을 수행하며, 이것은 '신결합'으로 정의되는 기술혁신을 일으킴으로써 가능한 것이라고 했다(Schumpeter, 1934). Schumpeter는 이후 많은 학자들에 의해 기업가정신은 다양하게 정의되어 사용되어오고 있다(Low & MacMillan, 1988). 예를 들어, 기업가정신을 새로운 조합을 수행하는 것으로 정의하고 있으며(Schumpeter, 1934), 기업가정신은 미래를 성공적으로 예측할 수 있는 능력이라고 정의했다(Knight, 1921).

창업가정신은 경쟁자들에 비해 더 현명하고도 열심히 일할 수 있는 능력으로 정의했다(Leibenstein, 1978). 창업가정신에 대한 개념은 현상을 바라보는 입장에서 영향을 받는다. 창업가정신을 경제학에 기반을 둔 관점에서 바라보면, 시장의 불확실성과 변화에 기반을 두어 위험을 내포한 기회나 기술혁신에 중점을 둔다.

2. 창업가정신의 요소

최근의 연구에서 정의하는 기업가정신은 신규사업을 만드는 것New Business Creation이다(Venkataraman, 1997; Low & MacMillan, 1988). 신규사업을 위한 조직은 어떤 형태건 상관이 없다. 벤처를 시작하거나 대기업이 사내 벤처를 만들거나 또는 조인트 벤처Joint Venture 형태까지 포함한다(Van de Ven & Engleman, 2004). 기업가정신을 '현재 조정 가능한 자원에 구애받지 않고 기회를 추구하는 것'으로 보는 경향(Stevenson, 1983)과 기업가정신을 '기회에 기반을 둔 접근방법과 균형 잡힌 리더십을 바탕으로 사고, 추론, 행동방식'으로 정의하기도 한다(Timmons, 1994).

이처럼 창업가정신을 접근방법 및 사고방식뿐만 아니라 구체적인 행동방식임을 강조하였음을 알 수 있다. 많은 학자들이 창업가정신에 관심을 가지고 지속적으로 연구하고 있으며, 환경의 변화에 따라 창업가정신에 대한 관점도 점점 다양해지고 있다. 창업가정신에 대한 학자들의 정의와 핵심 구성요소를 함께 제시한 연구는 다음 표 7.2와 같다.

표 7.2 창업가정신의 정의 및 구성요소

학 자	정 의	구성요소
Knight(1921)	성공적인 미래를 예측하는 것	위험 감수성, 혁신성
Miller(1983)	진취적이고 위험을 감수하는 혁신적인 조직활동	진취성, 혁신성, 위험 감수성
Gartner(1985)	새로운 조직의 구성	신설 혁신성
Stevenson et al.,(1989)	현재 통제하고 있는 자원과는 무관한 기회추구의 과정	진취성
Hisrich(1992)	재무적 · 심리적 및 사회적 위험성을 가정한 상황 속에서 금전적 보상 및 개인적 만족의 결과를 수용하고, 시간과 노력을 투자하여 가치 있는 것을 창조하는 과정	위험 감수성, 혁신성
Dollinger(1995)	위험 및 불확실성이 있는 상황에서도 이익 또는 성장을 위한 혁신적 경제조직 신설	혁신성, 위험 감수성
Barson & Shane(2005)	새로운 상품과 서비스, 시장, 생산의 프로세스를 만들고 기회를 인식하여 다양한 방식으로 발전해 가는 과정	혁신성, 진취성

자료 : 정희재(2011). 중소기업 CEO의 정신건강이 기업가정신에 미치는 영향

창업가정신의 정의 및 구성요소를 살펴봄으로써 혁신성, 진취성, 위험 감수성에 대해 학자들이 창업가정신의 주요 요소로 공통적으로 삼고 있음을 도출하였다. 창업가에게 창업가정신을 심리상태가 아닌 행동으로 이해하고, 조직차원에서 이에 대한 연구를 시작하면서 창업가정신의 주요 구성요소는 혁신성, 진취성 및 위험 감수성 등 3개로 수렴되었다. 현재 창업가정신은 이 3개 요소로 구성된다는 데에 광범위한 합의가 이루어져 있는 상태이다(Barringer, 1995).

1) 혁신성

혁신성은 Schumpeter(1934)가 처음 도입한 개념으로, 이후 창업가정신의 대표적인 속성으로 널리 인정되고 있다(김춘화, 2013). Schumpeter가 창업가정신의 핵심으로 여긴 혁신성은 오늘날 창업가정신의 원형이라 할 수 있다(강병오, 2011).

혁신성에 관한 선행 연구를 살펴보면 다음과 같다.

최초에 혁신성을 '상례적인 활동에서 벗어나 모든 물적 요소와 힘을 새로이 결합하는 것'이라고 하였다(Schumpeter, 1934). 즉 Schumpeter는 신결합이라 혁신성을 보았으며, 이 같은 바가 경제발전의 원동력임을 주장하였다. 또한 Schumpeter는 혁신의 구체적인 예로 ① 신제품 또는 새로운 서비스의 개발, ② 새로운 생산방식의 도입, ③ 신시장의 개척, ④ 새로운 공급원 획득(원재료 또는 반제품), ⑤ 새로운 조직의 출현을 들었다. 그리고 창조적 파괴를 통해 이것이 발현된다고 주장하였다.

이러한 혁신성은 현재의 기업 환경과 일치하는 이론이며, 창업가정신의 주요한 구성요소 중 하나로 공통적으로 사용되고 있다(윤백중, 2012). 혁신은 창업가의 특별한 도구로 인식되며, 서로 다른 사업과 서비스에 대한 기회로서 변화를 탐구하는 수단으로 간주된다(Drucker, 1985). 또한 혁신성이 시장지향적인 아이디어를 기회로 전환시키는 과정으로 보고 제품의 디자인, 시장조사, 광고 등을 적극적으로 추진하는 경영활동을 나타낸다고 주장했다(Covin & Slevin, 1991).

혁신성은 새로운 아이디어를 사업화함으로써 기업에 새로운 이윤원천을 가져오는 모든 것이라는 개념으로 확장되어 개인 및 기업가와 조직까지 포함하며(노형진, 1998),

지속적인 신기술의 개발 및 개선을 위한 투자활동과 이를 통한 혁신은 경쟁우위를 지속적으로 유지하기 위한 주요한 수단이 될 수 있다(강순빈, 2012).

2) 진취성

진취성에 대하여 Lumpkin & Dess(1996)는 진취성을 "기업이 남들보다 가장 먼저 새로운 제품 혹은 서비스를 도입하고 가장 신속하게 혁신을 추구하는 것이라고 설명하면서, 기업이 새로운 기회를 탐색해 미래의 수요에 대처하고 신제품 혹은 서비스를 개발하여 시장에 출시함에 있어서 주도권을 유지하는 것을 진취성의 속성이라고 하였다. 따라서 진취적인 기업은 시장의 추종자가 아니라 선도자"라고 하였다. 또한 적극적으로 새로운 시장수요에 부응하려는 경영활동으로 설명할 수도 있다(이춘우, 1999).

강병오(2011)는 진취성이란 "기업이 새로운 기회를 탐색해 미래의 수요에 대처하고 신제품 혹은 서비스를 개발해 시장에 출시함에 있어 주도권을 유지하는 것이다." 라고 설명하고 있다. 따라서 진취성은 창업가의 태도 및 행동과 매우 밀접한 관련이 있다. 그리고 기업의 경쟁우위를 창조하는데 효과적인 수단이며 창업가정신의 중요한 구성요소라고 할 수 있다.

표 7.3 진취성에 대한 연구 및 정의

연구자	내 용
Miller(1983)	전략적으로 새로운 의사결정을 함에 미래를 내다보는 미래지향적인 성향을 지닌 기업가가 경쟁자들의 반응보다 먼저 빠르게 시장 변화에 앞장서 적극적으로 행동하는 속성
Buss(1987)	창업가를 환경에 대한 수동적 수혜자가 아닌 환경에 영향을 주는 존재로 인식하였으며, 효과적으로 기업가정신을 설명하는 특성 요인으로 진취성을 주장
Bateman & Grant(1993)	진취성을 개인이 환경의 영향에 대응하는 진취적 활동성향으로 정의
Dess & Lumpkin(1996)	시장 내 경쟁자에 대하여 적극적인 경쟁의지 및 우월한 성과창출의 의지를 보이거나 지위를 변화시키기 위해 경쟁업체에 대해 직접적이고 강도 높은 수준으로 도전하는 자세, 진취성이 높은 창업가는 틀에 박히지 않는 새로운 방안을 제시하여 기존 경쟁방법에 의존하지 않는 의지를 지님

자료 : 박남규(2014)

(1) 위험 감수성

위험 감수성Risk-taking Propensity은 본래 목표했던 성과를 얻기 위해서 위험을 감수하고자 하는 의지를 나타내는 개념이다. 상황에서의 기회를 잡고 위험을 감수하려는 의지에서 일반적으로 사람들의 성과에 차이가 나타난다. 위험 감수성향이 높은 사람은 의사결정을 빨리 내리는 성향을 보이고 기회를 잡고자 한다. 반면, 위험 감수성향이 낮은 사람의 경우, 행동이 조심스럽고 신중한 의사결정을 내리는 성향을 보이며 위험을 최소화하려고 노력한다.

위험 감수성향은 빠르게 변화하는 시장환경에서 적절한 대응을 위해서 필요하다. 그러나 잘못된 의사결정으로 인해 결과적으로 값비싼 대가를 치르기도 한다. 창업자를 단지 극단적인 위험을 무릅쓰는 사람으로 표현하기보다는 계산된 위험을 감수하는 중간 정도의 개념으로 표현하는 것이 정확할 것이다(Kuratko & Hodgetts, 1998). 초기연구 중에는 위험 감수성향이 높은 성향을 지닌 자들을 중간 관리자와 구별되는 창업자의 특성으로 규정하였다. 그러나 위험 감수성향 측면에선 창업자와 관리자 사이에 어떤 차이점도 없는 것으로 나타난 주장들이 있다. 성공적인 창업과 경영에 있어 위험을 피할 수 없는 경우, 창업자가 맞닥친 위험을 얼마나 적극적으로 대처하고 관리할 수 있는지가 중요한 요소이다. 위험감수 성향은 창업자에 있어 중요시 되는 특성 중 하나로, 창업과 경영에 포함된 과정에 내재된 근본적인 특성이다.

창업은 불확실한 미래에 대한 도전이며, 위험부담에는 차이는 있지만 어느 정도 존재한다. 여러 경우의 수를 두고 치밀하게 위험에 대처해야 한다. 즉 성공적인 창업은 위험에 대하여 효과적으로 예측을 하고 대응하는가에 달려있다. 창업자는 위험성을 정확하게 해석할 수 있고 내재된 위험을 최소화 할 수 있는 의사결정을 할 수 있다고 하였다(Palmer, 1971).

그러나 그 후 연구에선 위험 회피성은 고성장을 이끄는 기업가가 저성장기업을 이끄는 기업가보다 더 강하다고 하였다(Smith & Miner, 1983). 재무적 성과와 연관지어 위험 감수성을 연구하기도 하였다. 위험 감수성향이 재무적 성과와 직접적인 관계는 없으나, 위험 감수성향에 대한 창업자들의 서로 다른 프로필에 의해 특징지어질 수 있다고 하였다(Brockhaus, 1982). 창업자는 이러한 위험을 피할 수 없다면 적극적으로 대처하고 위험을 관리할 수 있어야 한다. 이는 창업자의 심리적 안정은 물론 창업 및 운영의 기본적인 요소이다.

창업가정신의 개념을 어떻게 결정하고 연구하는지에 따라 구성요소가 달라진다. 창업가정신을 심리적 요소로서 이해하는 것과, 개인이 지닌 능력과 구체적인 기술 중심의 요소로 나누어 해석하는 것으로 볼 수 있다.

표 7.4 창업가정신에 대한 연구 및 정의

연구자	내 용
Schumpeter(1934)	기업조직의 새로운 결합을 수행하는 것 : 신제품, 원재료의 새로운 원천, 새로운 생산방법, 새로운 시장, 새로운 형태의 조직
McClelland(1965)	온건한 위기 감수성
Drucker(1985)	문제해결 및 시장 확보는 위기를 통해 새로운 기회를 만들어내는 능력
Low & Macmillan(1988)	새로운 기업의 창조
Venkataraman(1997)	새로운 기업의 창조
Timmons(1999)	사실상 무(無)로부터 비전을 창출하는 능력
Morris(1998)	주의 창출, 모험적 사업 창출, 혁신 창출, 변화 창출, 고용 창출, 가치 창출, 성장 창출

자료 : 김희수(2015)

Stevenson(1999)은 창업가정신의 특징을 6가지로 정리하였다. 기업가정신의 특징을 어떻게 기회를 포착하고 추구하는지의 관점에서 보면 첫째, 전략적 성향은 기회에 초점을 두고 있으며, 둘째, 포착된 기회를 적극적으로 추구한다. 또한 자원의 확보하는 방법적 관점에서는 기회포착 후 요구되는 것을 보고 있으며, 셋째, 자원확보방식을 여러 단계에 걸쳐 진행하고, 넷째, 자원관리방식에서 활용을 중요시하며, 다섯째, 수평적 관리방식으로 비공식적인 네트워크의 활용, 그리고 여섯째, 보상체계에 있어 가치창조 중심으로 보고 있다.

3. 창업가적 기회

기회와 창업가는 기회기반 관점에서 창업가정신의 중요한 두 가지 축으로 본다

(Venkataraman, 1997). 창업가정신이 경영학에서 별도의 분야로 발전해가기 위한 중요한 연구 주제로 기회와 기업가 간의 상호작용이 지목되었다(Shane & Venkataraman, 2000). 또한 창업가적 기회를 출현적 관점(emergence perspective)에서는 창업가가 자원의 결합을 통해 새로운 기업을 만드는 과정으로 파악하고 있다. 창업가적 정신으로 무장하고 창업의지를 가진 예비창업자들은 창업가적 기회를 포착하는 타이밍이 매우 중요하다. 좋은 사업의 아이템으로 창업을 개시해도 시기상으로 맞지 않을 경우 실패를 하는 경우를 볼 수 있다. 복고스타일을 촌스럽게 여겼지만, 이가 유행하는 틈을 타서 성공아이템으로 순식간에 변하여 창업 성공의 기회를 주는 사례들도 쉽게 볼 수 있다.

이렇게 창업의 기회를 포착하기 위한 상황의 인식에 대한 중요성을 여러 학자들의 연구를 통해 발견할 수 있다. 기회인식에 대해 검토 전 창업가적 기회의 정의를 살펴보면 이를 이해하는데 도움이 된다.

Shumpter(1934)는 창업의 정의와 중요성에 대해 주장한 초기학자이며 '창업의 아버지'라 불린다. 창조적 결합을 통해 자원들을 시장수요에 만족시키고 가치를 창출하는 가능성이 창업가적 기회라고 정의하였다. 기회의 창조성과 수익성을 강조한 Shane & Venkatarman(2000)은 기업가적 기회는 신제품, 서비스, 원재료 그리고 새로운 결합방식 등이 시장에 소개되어 소요된 비용보다 높은 가격으로 책정하여 매일 적용할 수 있는 상황이라고 하였다(Casson, 1982).

그에 반해, 어느 수익성이 있다는 것은 그 기회가 성공적으로 수행된 다음에 논의할 수 있으며, 실패된 기회였다고 해서 꼭 수익성이 없다고 말할 수는 없다는 주장도 있다(Singh, 2000). 실패한 판별할 수 있는 명확한 이유가 없기 때문이다. 따라서 기업가적 기회를 '혁신적 제품 또는 서비스를 시장에 소개하기도 하고, 기존제품 서비스를 모방하는 것처럼 실행 가능하며 이익을 추구하는 잠재적인 사업'이라고 정의하였다(Singh, 2000).

Shane & Venkatarman(2001)은 Singh(2000)의 정의에 문제가 있음을 지적하였다. 창업가적 기회의 종류를 규정함에 혁신적 제품 또는 서비스를 시장에 소개하여, 기존 제품 또는 서비스를 개선, 수익의 가능성이 있는 제품과 서비스를 현재 포화되지 않은 시장에서 모방하는 것뿐만 아니라 새로운 조직방법 구성, 신재료 도입 등에서 기회가 올 수 있다는 주장이다. 또한 기업가적 기회를 아직 포화가 되지 않은 시장에서 일반적 상업 기회와 구별하여 수익성 여부와 제품과 서비스를 모방하는 것도 제품 중 하나인 것을 주장하였다.

이 밖에도 창업가적 기회의 정의에 대한 학자들의 연구와 주장을 다음과 같이 살펴볼 수 있다.

표 7.5 학자들의 창업가적 기회의 정의

연구자	정의의 내용	강조점
Schumpeter(1934)	자원들을 창조적으로 결합하여 시장수요에 만족하고 가치를 창출하는 가능성	창조성 수익성
Casson(1982); shane and Venkataraman(2000)	신제품, 서비스, 원재료 그리고 새로운 결합방식 등을 시장에 소개되어 비용보다 높은 가격으로 판매할 수 있는 상황	창조성 수익성
Singh(2000)	혁신적 제품 또는 서비스를 시장에 소개하거나, 기존제품 또는 서비스를 개선하거나, 비포화된 시장에서 수익성 있는 제품과 서비스를 모방하는 것과 같은 실행할 수 있고 이익을 추구하는 잠재적인 사업	수익성을 추구하는 의도실행의 가능성
Eckhardt & Shane(2003)	신제품, 서비스, 원재료와 결합방식 등을 새로운 목적과 수단으로 시장에 소개할 수 있는 상태	혁신성

자료 : 한예(2008), 정회도(2012)

창업가적 기회가 존재하는 정보의 비대칭을 원인이라고 할 수 있다. 이는 창업자마다 자원에 대한 판단이 다르다는 것을 보여주는 것이다. 같은 정보라도 수용하는 이와 처한 상황에 따라서 사업적 기회로 인식하기도 하고, 위험요소가 가득한 아이템으로 인식해 이를 지양하기도 한다.

결과적으로, 선행연구들과 같이 여러 학자들은 창업가정신의 공통요인으로 혁신성, 진취성, 위험 감수성을 중요시하고 있다. Gartner(1990)가 '델파이기법'으로 전문가 의견을 수렴한 조사결과에 따르면, 다음과 같은 창업가정신에 대해 여덟 가지의 의미가 제시되었다.

첫째, 창업가를 독특한 개성과 능력을 가진 개인을 뜻한다고 하였다. 둘째, 혁신을 강조하여 새로운 아이디어, 제품 또는 시장, 기술, 서비스를 개척한다고 하였다. 셋째, 조직체를 새롭게 만드는 것이다. 넷째, 가치창출을 창업가정신을 통해 이룬다는 것이다. 다섯째, 영리조직뿐만 아니라 창업가정신이 비영리조직에도 가능성을 지니는지 이윤추구 여부이다. 여섯째, 성과척도로 인식한 성장성을 창업가정신에서 다루었다. 일곱째, 독창적인 것을 만들어내는 과정인 독특성이다. 여덟째, 창업가 겸 경영자로서 창업가이자 동시에 경영에 직접 관여하는 사람을 의미한다.

창업가정신을 창업가의 개인적 행동이나 특성에 국한시키는 것이 아닌 조직 내의 구성원들이나 하위부서 또는 조직 전체의 경영활동 및 성과를 포함하는 현상으로 이해하고자 하는 접근법이 있는데, 이는 사내기업가정신으로 정의된다(Stevenson & Jarillon, 1990). 또한 관리접근법으로 연구되기도 한다. 이런 관점에서 기업가정신은 새로운 조직의 형성이나 조직의 혁신적 경영관리 또는 성장가능성 등으로 이해할 수 있다(이춘우, 1999).

기업가정신의 본질은 사내기업가정신, 사회적 창업가정신 등의 환경적 · 조직적 맥락과 분리해서 새로운 기회를 찾고 실현하는 과정으로 이해할 수 있다(배종태 · 차민석, 2009). 실증연구를 수행하는데 어려움이 있는 것은 창업가정신에 대한 단일화 된 정의를 내리기가 어렵기 때문이다. 각 연구자들마다 창업가정신의 단편적인 면을 고찰 및 주장하고 있기 때문에 전체를 통합하여 이해하기가 쉽지 않다.

창업가정신을 경제학, 사회학, 역사학, 심리학, 인류학 등 학문 분야나 그들의 연구분야마다 달리 정의하고 있는 문제점도 있다(Low and MacMillan, 1988). 비록 문제점이 있더라도 본질에 접근할 수 있기 때문에 다양한 개념적 도구로 이를 활용할 수 있다. 일부 학자들은 창업가정신을 포괄적인 의미로 규정하여 사용하고 있기도 하다. 즉 창업가정신에 입각한 활동들이 단순히 창업에서 끝나는 것이 아니라, 창업 이후 기업의 운영에도 계속하여 지속된다는 것이다.

03 사업계획서의 작성

1. 사업계획서

1) 사업계획서란?

(1) 사업계획서는 무엇인가?

사업계획서라고 하는 것은 사업에 앞서서 사업계획 전반에 걸친 모든 과정을 단지 경험에 의해서 주먹구구식으로 하는 것을 배제하고, 창업자 스스로가 사업의 성패를 좌우하는 모든 과정, 즉 인·허가, 홍보 및 광고, 투자비용, 손익분기, 미래이익예측 등에 대하여 완벽한 계획을 세워 문서로써 작성하는 것이라고 할 수 있다.

(2) 사업계획서의 필요성

사업을 계획하고 있는 사람에게는 하루 24시간도 부족하기 마련이다. 실제 사업을 준비하고 있는 사람들은 틈나는 대로 관련 정보를 얻고 신문기사 하나도 무심코 읽지 않는다. 부동산 정보에도 항상 신경이 집중되어 있고, 자신이 알고 있는 가맹사업가를 찾아 자문과 도움을 얻거나 사람을 소개받기도 한다. 보다 생생한 경험을 얻기 위해 동종업소에서 단기간 근무해보거나 비슷한 업종의 가게도 무심코 지나치는 일이 없다. 또 사업의 필요자금을 확보하기 위해 생활비를 절약하는 것은 물론 사업시작 예정시기에 맞춰 계를 들거나 은행융자 등을 위해 융자가 필요한 조건을 미리부터 늘어놓기도 한다. 그러나 사업을 시작하는데 필요한 모든 일을 주먹구구식으로 해나간다면 대개는 가맹사업을 시작하지 못하게 되거나, 시기를 놓쳐 제대로 준비하지도 못한 채 점포부터 벌여놓고 어려움을 겪게 되는 경우를 자주 보게 된다.

따라서 무엇보다도 사업계획은 항목을 정해놓고 일정에 따라 체계적으로 추진해야 한다. 사업계획서라니까 무슨 거창한 것으로 생각하기 쉽지만, 누구나가 사업을 시작하기 전에 이런저런 준비사항들을 생각해 보는 것을 보다 체계적으로 정리하고 체크할 수 있게 자신의 조건에 따라 만들면 되는 것이다.

체계적인 사업계획서의 작성과 체크로 사업에 대한 추진력도 생기게 되고 경영의 목적을 향해 집중될 수도 있다. 그러나 사업계획서는 창업계획서와는 다르다. 사업계획서는 말 그대로 사업을 결심하고 사업을 시작하기 위한 준비과정에 필요한 계획서로, 이미 업종을 정하고 가게 터를 고르며 어떻게 운영할까를 정하는 창업계획서 작성 이전단계의 것이다.

사업계획서는 반드시 남에게 보여주어 설득하기 위한 것이 아니라, 자신이 체계적으로 준비하기 위해 필요한 것이므로 형식에 구애될 필요는 없다. 단지 각 항목별로 해야 하는 일을 정하고 언제까지 이것을 실행할 것인지 목표를 세워 달성여부를 체크하면 된다. 창업을 하는 모든 사람들이 반드시 필요한 계획서라고 할 수 있으며, 금융기관이나 기타 창업을 지원하는 정부의 산업부처에서는 이들 창업자들의 사업계획서를 정밀 검토하여 금융지원을 해주기 때문에 사업계획서의 작성은 매우 중요하다.

2) 사업계획서 작성 시 필요항목

사업계획서는 크게 나누어 경제성 분석, 시장성 분석, 기술성 분석의 3가지 항목에 입각하여 모든 계획을 세워야 한다. 이는 사업계획서 자체의 의미가 기업의 성패에 달려 있는 관계로, 하나의 상품을 만들기까지의 단계로 비추어 설명을 하면 상품에 대한 원료 자체는 경제성 분석으로써 가능한 한 저렴한 가격대를 추구할 것이며, 또한 원료로 상품을 만들기 위해서는 기술적인 노하우가 반드시 필요하다. 바로 이는 기술성 분석이며, 마지막으로 상품을 만들었을 때 이를 시장에 내다 팔기 위해서는 시장에 대한 소비자를 파악하는 관계로 시장성 분석이 요구된다.

(1) 사업계획서 작성 시 필요항목

① 경제성 분석에 포함되는 항목

원료, 인건비, 감가상각비, 제조경비, 판매비, 영업외비용, 총제조원가, 손익계산서, 관리비

② 기술성 분석에 포함되는 항목

상품의 크기, 상품의 질, 설비투자 계획, 자동화 수준, 품질보증인증

③ 시장성 분석에 포함되는 항목

수입단가, 경쟁업체의 상품가격, 고객수요, 경쟁업체의 수, 동종업체의 재무구조, 공급 및 생산업체, 판매방법, 영업방침

(2) 사업계획서 작성 시 필수 분석항목

① 창업가능성 분석

- 창업자 여건 : 자기의 적성에 맞아야 하고 사업에 대한 전문지식을 필히 습득해야 한다.
- 소요자본 : 순수 자기자본과 타인자본의 비율은 7 : 3이 적당하다.
- 사업장 입지조건 : 유동인구, 주변상권, 고객층, 경쟁점, 접근의 용이성 등을 감안하여 결정한다.

② 사업타당성 검토분석

- 사업가능성 : 업종선택은 1개만 하지 말고 3~5개 범위를 넓혀 비교분석하며 독립 자영업인지 프랜차이즈 체인점인지를 먼저 결정해야 한다.
- 사업안정성 : 선정한 업종의 분포현황과 개별점포의 매출이 긍정적인지 확인한다.
- 사업발전성 : 업종의 발전단계가 쇠퇴기가 아닌 도입기나 성장기의 업종을 선택한다.

③ 수익성 분석

- 현금흐름 : 창업초기의 투자금액이 2년 이내로 회수가 가능해야 한다.
- 대차대조 : 경상비(월 고정지출비)가 너무 과다해서는 안 되고, 인건비를 최소화하고 가능한 한 점주가 직접 경영을 해야 한다.
- 손익계산 : 영업매출 대비 영업이익이 최하 20%, 보통 40%가 보장되어야 한다.

(3) 일반적인 사업계획서 리스트

표 7.6 사업계획서 작성항목 리스트

항목	준비 내용	실행 내용	일 정
주변 여건 조성	가족 동의	특히 배우자나 부모의 동의	사업결단 직후
	보증인 확보	금융기관 이용을 위한 준비	창업 이전
업종 선택과 입지 선정 계획	업종별 사업전망 검토작업	자료수집 및 비교 검토, 주변 접촉대상자 설정, 업종별 운영점포 답사	각 항목별 세부일정 수립
	입지선정을 위한 준비작업	입지에 대한 안목, 입지에 따른 예상자금 규모, 사업희망지역 설정	각 항목별 세부일정 수립
자금 확보 계획 수립	예상 필요자금(예상금액의 1.5배)	실사를 통한 자금 확정 임대료, 고정비, 시설비, 운영자금, 예비비 등	업종결정 직후
	부족자금 확보계획 수립	금융기관 활용계획 수립, 계 등 자금적립 방법 검토, 주변 사채활용 검토	가게터 계약 이전
사업 운영 능력 향상 계획	업종에 따른 사업 노하우 향상	요령, 기술, 자격증, 주의점 등 도움을 줄 대상자 접촉	업종결정 이후부터의 세부일정 수립
	기타 개인사업경영에 필요한 상식	세금, 수표, 어음 상식 교양, 부기 등 입·출금 관리요령, 인력확보 대상자 설정	창업 이전까지의 세부일정 수립

3) 사업계획서 작성의 기본방향

(1) 전략적 측면의 기본방향

사업에서의 전략이라고 하는 것은 이익을 낼 수 있는, 즉 손익분기점 도달 이상으로의 매출신장을 가져올 수 있는 전략을 의미한다. 대부분 창업을 하는데 있어서 전략을 잘 세우는 일은 우선 어떤 품목을 구상하여 시장에다 판매를 해야 하는지, 사업성이 있는 품목, 즉 아이템을 잘 선정하는 것이 전략적 측면에서의 기본방향이라고 할 수 있다. 아무리 전략이 뛰어나다고 해도 바로 아이템에 대한 정확한 전략을 세우지 않고서는 성공을 할 수가 없다. 따라서 아이템에 대한 전략을 주변의 환경적 요인을 충분히 고려한 상황에서 세워야 한다.

(2) 세부항목에 대한 기본방향

자동차의 바퀴가 제대로 굴러가기 위해서는 자동차 내부의 모든 시설이 하나도 빠짐없이 체인이 서로 맞물려 돌아가듯이, 사업에서 성공하기 위해서는 사업을 이끌어 나가는 데에 반드시 필요한 내 · 외부의 환경적 세부항목들이 잘 맞물려 돌아가야 한다.

(3) 경제성 분석에 의한 방향

사업계획서를 작성하는데 있어서 경제성이 전혀 없는 사업계획서라고 한다면, 그런 사업계획서는 전혀 필요가 없다. 아무리 초기자본을 많이 투자하고 인적 구성과 시장분석 등이 완벽하게 짜여있다고 해도, 마지막에 경제성 분석에 의해 이익을 예측하지 못한다면 그 사업계획서는 문제가 발생할 수가 있다. 따라서 사업계획서에는 철저한 시장분석을 통해서 경제성을 분석하지 않으면 안 된다.

(4) 연계성 유지에 의한 방향

처음과 끝이 다른 사업계획서를 작성하는 사람은 아마 없을 것이다. 처음 사업을 시작하였을 때 방향이 설정되었다면 시종일관 연계성을 유지하지 않으면 안 된다. 따라서 사업계획서를 작성하는데 있어서 가장 중요하다고 할 수 있는 연계성은 시스템적으로 모든 과정을 연계시키는 일이다.

4) 사업계획서 목차 작성의 사례

(1) 목차 작성의 사례

표 7.7 사업계획서 개요 작성의 예 1

사업계획서의 개요 1(요약문)

제 1 장	회사의 연혁
	1. 회사의 개요
	2. 회사의 조직
	3. 사업경력
제 2 장	사업계획서에 대한 일반적 설명(사업목표 설정)

1. 경영목표(점포 콘셉트 설정)
2. 경영 방향
3. 생산메뉴의 특성
4. 투자규모 및 자금동원 여부
5. 기대효과(사업에 대한 전망)

제 3 장 **상품에 대한 판매계획**
1. 판매계획팀의 구성
2. 판매방법
3. 지역별 점포개설 전망
4. 연차별 판매예측
5. 연차별 시장 수급현황

제 4 장 **경쟁시장에 대한 분석(동종업계 현황분석)**
1. 경쟁시장의 지역별 점유현황
2. 경쟁시장의 상품현황
   (1) 주력메뉴, 가격, 객단가, 서비스매뉴얼, 마케팅
   (2) 점포 콘셉트, 평균 매장면적 및 종업원수, 수용능력 대상 고객수
   (3) 월평균 매출액 및 평균이익
   (4) 영업일수, 휴가일수, 종업원의 평균급여
3. 경쟁시장에 대한 향후 전망
   (1) 소비자의 반응
   (2) 지점의 점주의견
4. 경쟁시장의 자금현황

제 5 장 **상품에 대한 생산계획**
1. 연차별 생산계획과 수급전망
2. 상품의 재료에 대한 수급실태
3. 공장의 가동계획

제 6 장 **투자계획**
1. 연차별 설비 투자계획
2. 입지전략
   인구수, 세대수, 통행량, 지리적 발전가능성, 접근성, 홍보성, 주변지역의 기능분석, 점포비용과 수익률관계 분석, 고객동향 조사, 도시계획, 환경분석, 도시계획, 수요예측, 법적규제
3. 건축 공정계획(분기별, 연도별)
4. 투자자금에 대한 계획

제 7 장 **사업계획에 따른 인원계획**
1. 각 부문별 인원계획(생산, 건축, 설비, 판매, 총무)
2. 연차별 인원 수급계획
3. 경영진에 대한 인사조직

4. 지역별 점포망에 대한 인원계획

제 8 장 **사업에 따른 경영분석**
1. 연차별 자금계획
2. 연차별 이익계획
3. 분기별 · 연차별 손익분기점 분석
4. 분기별 · 연차별 수익성과 요인분석

제 9 장 **사업의 전망**
1. 상품에 대한 전망
2. 시장에 대한 수급 전망
3. 경쟁회사와의 차별화
4. 연차별 시장점유 전망
5. 해외시장의 전망

※ 기타 사업계획서에 첨부해야 할 자료
1. 경영진의 이력서, 각 부문별 책임자의 경력사항
2. 최근 3년간 결산서류 및 보증 관련서류
3. 정관 및 사업등록증 사본, 법인등기부등본
4. 상품의 보증서류

표 7.8 사업계획서 개요 작성의 예 2

사업계획서의 개요 2(요약문)

제 1 장 **사업의 방향**

제 2 장 **영업계획**

제 3 장 **메뉴계획과 메뉴설명**
1. 메뉴계획
2. 메뉴설명

제 4 장 **인력 운영계획**
1. 인원계획
2. 조직 구성계획
3. 채용계획

4. 교육계획

제 5 장 시설 및 구매계획
1. 점포계획
2. 인 · 허가 사항의 체크
3. 점포 기본 레이아웃
4. 설비업체 일람표
5. 설비 및 비품리스트
6. 식재리스트
7. 점포운영에 필요한 수배사항
8. 오픈 반입 스케줄

제 6 장 운영 관리계획
1. 주방 - 일일 운영 매뉴얼
2. 홀 - 일일 운영 매뉴얼
3. Q.S.C 체크표
4. 영업일보
5. 품목별 판매현황표
6. 식재 발주표
7. 사업 집계표
8. 영업 효율표
9. 식재보관 매뉴얼
10. 주문전표

제 7 장 판매 촉진계획
1. 준비사항
2. 판매 촉진 스케줄표
3. 오픈 직후의 판촉

제 8 장 투자예산 및 수지계획(안)
1. 투자비용의 분석
2. 고정비용의 분석
3. 손익분기 매출의 계산
4. 매출계획
5. 월차 손익계획 표준형 P/L

※ 별첨
1. 오픈 스케줄표
2. 메뉴별 레시피
3. 소스별 레시피
4. 원가계획(메뉴, 식재소스)
5. 교육교재

(2) 목차에 대한 설명

사업계획서를 한눈에 볼 수 있도록 작성한 것이 바로 목차라고 할 수 있다. 대부분의 사업계획서는 목차만 보고도 사업계획서를 제대로 작성했는지를 금방 알 수가 있기 때문에, 사업계획서상의 목차는 상당히 중요하다고 할 수 있다.

목차는 본문의 내용을 순서 있게 정열을 해 놓은 것으로, 각 부분별 핵심적인 내용의 주제를 제목으로 달아놓은 것이다. 따라서 사업계획서에는 우선 사업에 따른 회사의 설명, 상품에 대한 생산과 판매, 시설에 대한 투자, 조직의 구성원과 조직도, 자금관계, 손익분기, 사업의 전망 등에 대해서 제목만 나열해 놓는다. 사업계획서의 내용은 제대로 설명을 해놓고 실제 사업계획서의 핵심인 목차에 대한 부실한 작성으로 경영진에게 바로 거부를 당하기도 한다.

목차 작성 시에는 주된 핵심주제에 대해서는 눈에 확 뜨이게 색깔이나 각종 부호를 인용하는 것도 좋은 방법 중의 하나라고 할 수 있다. 그러나 너무 확 눈에 뜨이게 하려고 요란하게 색깔을 부여한다면 문제가 될 수도 있다.

(3) 사업계획서의 목차에 대한 구체적 설명

사업계획서의 목차에 대한 항목별 자세한 설명이 요구되는데, 이 때 주의할 것은

표 7.9 사업계획서 표지 작성의 예

외식사업계획서

－○○○○ 레스토랑사업－

(작성일 : ○○○○년 ○○월 ○○일)

주　　소 :

작 성 자 :

연 락 처 :

하나의 장별로 별도의 표지를 만들어서 각 장에 대한 구체적 설명을 해야 한다는 것이다. 이렇게 하는 이유는 사업계획서에서는 단지 목차만 나열한 것이기 때문에 구체적인 설명이 반드시 필요하기 때문이다. 따라서 각 목차에 대한 구체적인 설명이 뒤따라야 한다.

① 표지의 작성방법

사업계획서를 작성하는데 있어 제일 처음으로 해야 할 부분 중의 하나는, 바로 표지를 만드는 일이다. 표지는 사업계획서의 얼굴이라고 할 수 있다. 사업계획서의 표지에는 사업의 내용에 대해서 알 수 있도록 제목을 쓴다. 다음으로는 사업계획서가 완성된 날짜를 기록하는데, 정확하게 연월일을 기록하는 것이 좋다.

다음으로는 사업계획서가 개인이 아닌 연구소나 단체의 팀에서 계획서를 작성하였다면, 구체적으로 연구소의 이름이나 명칭을 기록해야 한다. 또한 연구소를 대표해서 대표자 한 사람이 기재되어도 무방하다. 다음으로는 사업계획서의 작성 주체자에 대한 연락처나 연구소의 전화번호 및 E-mail 주소 등을 기록하여 놓는다. 그리고 사업계획서에서 부수적으로 대외비 여부, 회람 후 반환요구, 회신 마감일자, 계획서 일련번호, 제출처 등에 대해서도 구체적으로 기록하는 좋다.

② 서문(요약문) 작성방법

사업계획서에서 요약문은 매우 중요하다. 대부분의 사업계획서는 업종에 따라 다르겠지만, 많게는 수십 페이지에서 수천 페이지까지 내용이 많기 때문에 전체에 대한 내용을 발표하거나 설명을 할 때는 상당한 시간이 소요되며, 사업계획서를 브리핑하는 사람은 물론 그 내용을 듣는 사람도 몹시 짜증이 날 수가 있다. 그러므로 사업계획서의 목차에 대한 설명은 바로 이러한 문제를 해결하기 위해서 필요한 것이다.

사업계획서의 목차에는 다음과 같은 내용이 함축적으로 들어가야 한다. 먼저 사업에서 아이템을 선정하고 그 아이템에 대한 시장으로 진출하기 위해서는 상품을 만들지 않으면 안 되는 것이다. 바로 이 과정에서 자금이 필요한데, 자금을 어떻게 마련할 것인지, 연차적으로 자금에 대한 구체적인 투입관계 등을 언급하는 것이 좋다. 설명한 내용들을 근거로 하여 사업계획서의 전체 내용에 따라 많게는 수십 페이지에 달하는 요약문을 작성하기도 하지만, 대부분의 사업계획서에 대한 요약문은 2~3페이지 범위 내에서 간결하게 작성한다. 그러면 여기서 요약문에 포함된 내용에 대해서 구체적으로 살펴보기로 한다.

표 7.10 사업계획서 요약문 작성의 예

최근 국내에서도 기내식 레스토랑에 대한 관심이 높아지고 있는 추세인데, 이미 1~2개 업체에서 도입을 하여 영업이 진행되고 있다. 미국에서 이미 오래되어 더 이상 항공기로서의 기능을 수행하지 못하는 여객기를 사들여 내부는 실제 비행기의 기내와 유사하게 만들어 놓고 음식을 파는 것이다. 이는 한국인의 약 80% 이상이 항공기를 탑승해 본 경험이 없다는 통계치만 보아도 기내식 레스토랑은 사업성의 면에서 많은 이익을 낼 수 있다고 본다. 기내식 레스토랑의 사업계획서는 크게 3부분으로 첫째, 사업에 따른 고객수요 예측, 둘째, 프로젝트 팀에 대한 인적 구성, 셋째, 사업자금으로 나누어져 있다. 또한 … (생략)

- 발전 가능성
- 인적 구성
- 사업의 설명
- 보편타당성
- 가상의 시나리오
- 자금조달 가능성
- 사업의 아이템 설정 동기
- 국내 시장상황
- 목표시장
- 업체의 차별성
- 미래의 비전

③ 사업계획서의 내용

사업계획서의 내용에 대해서는 자세하게 언급할 필요가 있으며, 이를 근거로 하여 투자의 여부를 판단하기도 한다. 우선 사업계획서의 내용을 복잡하게 하는 것보다는 제3자가 보아도 알 수 있도록 설명이 이루어져야 한다. 우선 창업을 하고자 하는 사업의 명칭부터 맨 위의 줄에 선을 굵게 써서 밝히는 것이 좋다.

제조업인 경우라면 만드는 상품에 대한 연간 생산능력, 시장 점유율, 주요 경쟁업체의 수, 마케팅전략, 공장 가동시간, 공장 시설현황, 투자에 따른 손익분기, 연간 판매수입과 종업원 현황 등에 대해서 언급을 해야 되며, 특히 경영진에서는 손익분기에 대해서는 구체적으로 이해하기를 원하는 경우가 대부분이므로 이에 대한 충분한 자료를 분석하여 데이터를 제시하지 않으면 안 된다. 위의 모든 사항들에 대해서 일목요연하게 한눈에 볼 수 있도록 도표를 이용하여 작성하는 것이 좋다.

대부분의 경영진에서 사업계획서를 보는 과정은 우선 목차를 살펴본 뒤에, 사업계획서의 요약문을 참고하고, 다음으로 사업계획서의 구체적인 내용이 무엇인지를 파악한다.

- 사업의 목적
- 사업에 따른 기대효과
- 상품에 대한 설명
- 상품을 만들기 위한 기술조건
- 상품에 대한 판매계획
- 회사개요
- 창업자의 인적사항
- 가칭 인사조직 기구도
- 주주현황
- 경영진

2. 외식사업계획서의 작성

해외여행을 떠나면서 가슴이 설레는 것을 경험해 본 사람은 아마 해외여행이 얼마나 즐거우면서도 한편으로는 걱정이 된다는 사실을 알게 된다. 그런데 해외여행도 이전에 여러 번 떠난 경험이 있는 사람이라면, 여행을 떠나기에 앞서 무엇을 준비해야 되는지를 한 눈에 파악할 수 있어 자신이 도착하는 목적지에 대한 윤곽도 나름대로의 설계가 가능하다. 그러나 처음 해외여행을 떠나는 사람이라면 단연코 여권, 일정표, 비행기 시간, 내용 등에 대해서 고심을 하고 나름대로 걱정과 설렘으로 잠을 이루지 못할 수가 있다.

처음 해외여행을 떠나는 사람이 걱정을 하는 것과 같이 일생에서 큰 전환기라고 할 수 있는 외식사업을 운영하는데 있어서도 마찬가지다. 그래서 더욱 확실한 준비가 필요한데, 그 준비라고 하는 것이 바로 확실한 사업계획서를 작성하는 일이다. 사업계획서 작성방법을 기초로 하여 외식사업계획서 작성방법에 대해 좀더 구체적으로 알아보도록 한다.

1) 외식사업계획서 작성 시의 6가지 항목

사업계획서를 작성하는데 있어서도 일반 제조업과 마찬가지로 필요한 항목이 있는데, 대부분 6가지 항목으로 나누어서 작성하는 것이 일반적이다. 물론 6가지 항목 이외에도 부가적으로 많은 항목에 대해서 조사가 필요하다. 그러나 실제 사업계획서를 작성하는데 있어서 6가지만 확실한 정보를 가지고 작성한다면, 어떤 사업에서도 자신의 사업에 대한 성공과 실패 여부를 직 · 간접적으로 확인할 수 있다.

사업계획서는 집을 지을 때 기초가 튼튼해야 훌륭한 집이 지어지는 것과 마찬가지로, 사업을 하는데 있어서 가장 중요한 자료라고 할 수 있다. 그러나 대부분의 외식사업을 경영하는 사람들은 단지 자금만 확정되면 모든 것이 순조롭게 진행되는 것처럼 생각하고 외식산업에 뛰어들었다가 실패하는 경우가 많다. 외식사업은 서비스사업이므로 단지 자금만 가지고 되는 것이 아니라, 내 · 외적인 환경요인에 대한 철저한 분석을 시도하여 완전한 사업계획서를 작성하는데 그 성공의 가능성이 있는 것이다.

외식사업계획서 작성에 필요한 6가지 항목에 대해서 알아보면 다음의 표 7.11과 같다.

표 7.11 외식사업계획서 작성 시 6가지 항목

1) 사업개요
사업의 목적과 개요

2) 업종 및 메뉴안내
(1) 업종의 차별성
(2) 판매메뉴의 특성
(3) 재료 및 구매에 관한 사항
(4) 메뉴판매에 관한 사항

3) 장소선택
(1) 장소선택의 구체적 이유
(2) 자가 또는 임대차 계약조건

4) 외식사업 운영에 따른 필요 자금계획
(1) 필요 자금산출(시설자금 및 운영자금)
(2) 자기자본과 타인자본의 구성비
(3) 타인자본에 대한 상환시기 및 방법

5) 외식사업 운영에 따른 손익분기 작성
(1) 손익분기 계산방법
(2) 사례

6) 외식사업의 인적 구성
(1) 사장과 간부들의 약력 및 경력
(2) 인적 구성도(조직의 상 · 하 관계 조직도)
(3) 기타 인적자원의 활용방안(파트타임)

2) 사업계획서의 내용

(1) 사업의 목적과 개요

사업의 목적과 개요는 외식사업 운영자에 대한 확실한 의지를 한 눈에 파악할 수 있는 내용이 되어야 한다. 막연하게 사업을 하고 싶다는 뜻의 내용이 아니라, 구체적으로 사업을 운영해서 어떻게 이익을 발생시켜 어떠한 방식에 의해 자금을 활용할 것인지, 지역사회에서 외식사업이 하는 역할이 무엇인지, 레스토랑을 하게 된 동기가 무엇인지 등에 대해서 자신이 나름대로 생각한 내용을 구체적으로 기술하는 것이다.

예문 ▌ 본 사업은 레스토랑 사업이며 지역사회에서 만남과 사교의 장소로서 구심적 역할을 할 수 있는 공간을 만들어, 한편으로는 공적인 기능과 다른 한편으로는 영업에 따른 수익을 올리는 사적인 기능을 수행한다.

(2) 업종 및 메뉴안내

① 업종의 차별성

업종을 선정함에 따라 자신이 구상하는 업종의 차별성에 대해서 설명이 요구된다. 예를 들어, 자신이 레스토랑을 운영한다고 하자. 그러나 레스토랑이라는 간판을 내걸고 영업하고 있는 숫자는 이루 말할 수 없이 많다. 그렇다면 자신이 구상하는 레스토랑의 차별성은 어디에 있는지를 구체적으로 설명하는데, 그 차별성은 운영 전반에 대한 내용이 될 수도 있고, 단지 한두 가지 정도 차별성에 대한 설명을 할 수가 있다.

사실 업종의 차별성은 쉬우면서도 어려우며, 자칫 기존의 레스토랑과 상당한 갭Gap : 차이이 있는 정도라면 그 파급효과에 대해서도 생각을 해야 한다. 파격적인 레스토랑은 이미 얼마 전 방송에서도 화제가 된 일본의 한 레스토랑처럼 교도소의 감옥과 흡사한 시설을 갖추어 놓고 종업원 역시 교도소의 교도관 복장을 하고 음식을 먹는 장소 역시 교도소 안 철창을 만들어서 식사를 하도록 하는 레스토랑인데, 이 역시 사업계획서상 업종의 차별성으로 대체될 수 있는 내용이다. 업종의 차별성은 사업계획서상의 내용 중 가장 눈에 보일 수 있을 정도로 확실해야 한다.

예문 ▌ 아직도 많은 사람들이 비행기를 타보지 못했다는 통계가 나와 있다. 비행기에 대한 호기심과 경험하고자 하는 욕구 또한 매우 높다고 할 수 있다. 따라서 구상한 레스토랑의 차별성은 기내식과 유사한 서비스를 제공할 수 있는 레스토랑을 운영하는 것이다. 이는 적은 비용으로 비행기에 대한 간접 경험의 만족을 제공할 수 있어 많은 고객을 확보할 수 있을 뿐만 아니라, 고객만족도 또한 매우 높을 것으로 생각된다. 따라서 레스토랑의 차별성은 기내식 레스토랑에 있다.

② 취급 메뉴의 특성

취급 메뉴는 일반 다른 레스토랑과는 차별을 시도할 수 있는 메뉴가 되어야 하는데, 이 역시 사업계획서상에 필요한 자료이다. 자신의 메뉴와 상대 외식사업체와의 차별성을 통해서 특징 있는 메뉴를 설명할 수 있어야 한다. 대부분의 체인외식사업체에서 내걸고 있는 것이 바로 메뉴의 특성인데, 이는 곧 매출액과 직결되기 때문이다.

> **예문 I** 메뉴의 특성으로는 고기가 로스트되면서 기름기가 빠져 맛이 담백한 것이 특징이고, 쉽게 조리하고 간편하게 먹을 수 있다는 것이 메뉴의 특징이다.

③ 재료 및 구매에 관한 사항

재료 및 구매에 관한 사항은 메뉴를 구성하는데 있어서 중요하며, 재료의 정확한 레시피나 재료구입처 등에 대해서도 자세히 언급되어야 한다. 일단 영업이 개시되어 고객이 몰려와 예상 외로 영업이 잘되는 경우, 재료구매에 대한 문제가 발생되면 영업에 큰 지장을 초래할 수 있다. 따라서 본인이 직접 청과물시장이나 수산시장 등지에서 구할 수 있는 재료인지, 체인본부에서 재료를 주기적으로 구할 수 있는 재료인지, 체인본부에서 재료는 주기적으로 납품을 받을 수 있는지에 대해서 언급을 한다.

> **예문 I** 고기 중에서 고기를 뜻하는 많은 종류가 있으며, 고기 뼈 위에 바비큐 한 양념고기를 얇게 썰어 올린 다음, 소스와 야채를 올리고 뼈 국물을 토스트에 살짝 구워 재우게 되는데, 재료에 대한 구매는 체인본부에서 판매되는 양에 따라 즉시 구매가 가능하다.

④ 메뉴판매에 관한 사항

판매에 관한 사항은 일종의 마케팅으로서 어떻게 고객을 끌어들여 매출을 올릴 것인지에 대해 조사하는 것이다. 즉 고객은 내 · 외적으로 발생되는데, 직접 자신의 레스토랑에 찾아오는 고객인 경우에는 고객에게 판매가 가능하다. 외적으로는 외부에서 주문을 받는 경우 배달의 여부들을 조사하는 것이다. 또한 레스토랑에서의 각종 이벤트들을 통해 고객에게 메뉴를 동봉하거나 직접 DM 등을 발송하여 고객들에게 판매하는 방법적인 대안을 제시해 주는 것이다.

예문 I 쿠폰제 실시, 날씨에 따른 각종 이벤트, 고객카드제 활용, 고객을 위한 배달서비스, 대학 주변에 DM 발송의 공모를 하여 자연스럽게 이미지를 부여, 입구 앞에 캐릭터를 제작하여 부착 등

(3) 장소선택

① 장소선택의 구체적 이유

장소는 입지선정과 동일한 의미로서 그 지역을 선정하게 된 동기에 대해 구체적인 서술이 필요하며, 이는 방대한 양의 조사가 필요하다. 즉 상권분석, 입지분석 등을 통해 나타낸 수치를 제시하여 장소선택에 대한 구체적 이유가 설득력이 있어야 한다.

예문 I 입지조사, 통행차량, 주변인구, 전출 및 전입인구, 세대수, 연령별 인구분포, 시간대별 통행인구 및 차량조사

② 자가 또는 임대차계약조건

자기가 거주하는 집에서 직접 사업체를 운영할 것인지, 다른 건물에 임대하여 권리금, 보증금, 월세를 지불하고 영업을 할 것인지에 대해서 구체적으로 임대차에 따른 계약조건까지 제시하여야 한다.

예문 I 권리금 100,000,000원, 보증금 500,000,000원, 월세 1,500만원, 임대계약서

(4) 외식업체 운영에 따른 필요자금 계획

① 필요자금 산출

외식업체를 운영하는데 있어서는 자금이 필요하다. 필요자금이라고 하는 것은 사업자금이라고도 할 수 있으며, 처음 개업하기에 앞서 외식업체 건립에 따른 시설자금과 영업하는데 따른 운영상에서 발생되는 운전자금을 합한 금액이라고 할 수 있다. 물론 필요자금이 많으면 많을수록 좋겠지만, 이와 반대로 자금이 부족한 경우에는 영업에 따른 부작용이 클 수가 있다. 따라서 자신이 계획하고 있는 외식업체의 규모

에 따라 다르겠지만, 대체적으로 다음과 같이 하여 산출하는 경우가 대부분이다.

내용은 영업 후 최소 6개월 적자를 메울 수 있는 자금에다가 예상되는 운전자금의 2배와 시설 투자금액의 2배 정도를 모두 합한 금액이 대부분의 사람들이 사업에서 발생되는 필요자금이라고 할 수 있다. 그러나 이러한 자금은 단지 추정치에 불과하며, 실제 영업상에서 발생될 수 있는 사건이나 사고 및 영업손실 등을 감안할 때 구체적으로 하나하나씩 따져가면서 필요자금을 산출하여야 한다.

설비자금에는 무엇이 소요되는지에 대해서 살펴보기로 한다. 외식사업을 시작하려면 일정한 면적의 업장이 필요한데, 이에 따른 권리금, 보증금, 개업비 외의 설비나 각종 외식관련 집기, 비품의 구입비용 등에 대한 계산된 금액이 산출되어야 한다. 이에 따른 필요자금 대부분은 차입 시, 공사완료 시, 구입 시 등의 시기에 맞추어 그때마다 현금이나 외상으로 지출하게 된다.

다음으로는 운전자금인데, 이는 영업을 해 나가면서 발생되는 비용으로, 우선 재료를 구입하는데 소요되는 비용, 기자재 매입자금과 경비, 생활비 등을 일컫는다. 이 역시 가용할 돈이 충분한 경우에는 즉시 현금으로 지불이 가능하나, 그렇지 않은 경우 어음을 발행하거나 분할로 지불하는 경우가 대부분이다. 그러나 영업을 개시해서 재료나 기타 외식업체 운영에 따른 비용발생 금액을 처음부터 어음으로 지불하는 것은 거래처와의 관계에 따른 문제가 발생되어 재료 구입에 문제가 발생할 소지가 크므로, 처음에는 현금으로 지불하고 나중에 어음으로 지불하는 경우가 대부분이다. 또한 운전자금에도 종업원이나 자신의 급료 그리고 임대료 등이 포함된다.

표 7.12 외식업체 필요자금 산출공식

항 목		기 타
설비자금	(1) 업장(점포), 권리금, 보증금	
	(2) 개업비	
	(3) 주방설비, 각종 비품, 집기류 : (1)+(2)+(3)	
운전자금	(4) 재료구입대금	
	(5) 경비	
	(6) 생활비 : (4)+(5)+(6)	

② 자기자본과 타인자본의 구성비

외식업체를 운영하는데 있어 100% 자기자본으로 하는 사람은 많지 않을 것이다. 일부는 자기자본으로, 나머지는 타인자본으로 해서 마련하는 경우가 대부분이다.

자기자본과 타인자본의 구성비는 어느 정도가 되어야 안정적으로 외식업체를 운영할 수 있을지 궁금하다. 일반적으로 타 사업에서도 초창기 타인자본의 비율이 총자본금의 50%가 넘는 것은 매우 위험하다. 마찬가지로 외식사업은 타인자본의 비율이 50%가 넘는 경우에는 타인자본에 대한 이자비용부담 등으로 인해 실제 영업에서 발생되는 순이익의 상당금액이 금융권이나 기타 친지나 친구로부터 차입한 금액의 원금이나 이자를 갚는데 사용되므로 경영압박이 가중될 수 있다. 따라서 최소 타인자본의 비율은 50%가 넘지 않는 범위 내에서 자신이 구상하고 있는 외식사업을 추진해야 된다.

③ 타인자본에 대한 상환시기 및 방법

은행으로부터 일정기간 일정액을 할부받았다고 해서 그 자금이 모두 자기자금과 같이 생각해서 무분별하게 자금을 사용하면 안 된다. 타인자본, 즉 은행이나 기타 금융관련 기관으로부터 돈을 대부받았을 때는 상환시기와 방법에 대해 처음부터 철저한 계획을 세워두어야 한다. 생환 시기는 몇 년으로 할 것인지, 지불에 따른 이자부담 비용은 얼마인지 등 세심하게 작성하는 것이 좋다.

표 7.13 원리금과 이자상환액(5년)의 사례

예를 들어, 차입금 4,000만 원, 연이율 10%, 상환기간 5년으로 했을 때 연간 이자상환액은 차입금의 연 10%이므로 400만 원이 된다. 이 때 상환기간이 5년이기 때문에 매년 원금 800만 원에다가 이율 10%에 대한 연간 이자금액 400만 원을 합치면 1,200만 원이 된다. 즉 1년간의 원리금과 상환액은 1,200만 원이 된다. 그러면 좀더 쉽게 이해하기 위해서 표를 작성하면 아래와 같다.

항 목	1년차	2년차	3년차	4년차	5년차
원금	800	800	800	800	800
이자	400	400	400	400	400
원리급 상환액	1,200	1,200	1,200	1,200	1,200

※ 금융기관으로부터 4,000만 원 차입, 연이율 10%, 상환기간 5년으로 했을 경우

(5) 외식업체 운영에 따른 손익분기 작성

① 손익분기 계산방법

판매된 총매물액에서 판매에 따른 비용을 제외하고 남은 금액이 총이익이라고 할 수 있다. 이것은 회계의 기본이라고 할 수 있다. 그러나 외식업소마다 이익을 내는 산출방법과 외식업소의 경영기법에 따라 달리 적용할 수 있다.

일반적으로 총이익은 판매에 따라 발생되는 비용, 예를 들면 한우스테이크를 고객에게 판매했을 때 스테이크를 만드는데 필요한 재료를 고려치 않을 수 없다. 따라서 이러한 재료의 구입비를 원가라고 하는데, 이익은 바로 하나의 스테이크를 만들어 고객에게 팔고 이에 대한 재료구입비를 제외한 액수이다. 여기에 외식업 운영에 따라 발생하는 운영비용을 합산하고, 결과적으로 외식업소 운영자가 만족할 만한 수입이 발생하였을 때 이를 두고 이익이 남았다고 할 수 있다.

그러나 운영에 따라 발생되는 비용에는 매출에 관계없이 발생되는 고정비용과 매출의 증감에 따라 비용이 증감하는 변동비가 있다. 이 비용 모두가 전체 매출액에서 제외한 나머지가 바로 총이익이라고 할 수 있다. 외식업소에서 가장 중요하게 여기

표 7.14 A 외식업체의 월이익액 예측

항 목	금 액	근 거
월매출액(A)	9,000,000원	• 월고객수 : 1,500명(1일) • 단가 : 6,000원
매출원가(B)	1,800,000원	• 매출액의 20%로 추산
경비(C)	1,910,000원	• 점포임대료 : 80만원 • 종업원급료 : 80만원 • 전화료 : 5만원 • 수도 · 광열비 : 10만원 • 감가상각비 : 6만원 • 기타 잡비 : 10만원
월생활비(D)	1,000,000원	
월간 자금수치(E)	5,290,000원	• A－B－C－D = E
차입금 원리금 상환(F) 금융기관(연액) 연간 자금수지	1,000,000원	• 은행으로부터 차입금은 연 10%, 상환기간 5년으로 계산 • E × 12－F

※ 금융기관으로부터 4,000만 원 차입, 연이율 10%, 상환기간 5년

는 회계항목 중의 하나가 바로 총이익이라고 할 수 있다. 만약 외식업소를 운영하면서 이들 고정비용과 변동비용을 제외하고도 만족할 만한 이익을 내지 못하는 경우에는 적자가 발생되는 것이고, 이와 반대일 경우에는 흑자가 발생하게 된다. 결과적으로 외식사업에 있어서는 총이익을 대부분 매달 말에 집계하여 결산을 하고 있으며, 총이익에 따라 성패가 달려있다고 할 수 있다.

표 7.14와 같이 손익분기 계산을 하여 A 외식업체의 월이익액을 예측할 수 있다.

(6) 외식사업의 인적 구성

① 사장과 간부들의 약력 및 경력

운영자의 약력이나 경력 등에 대해서 간략하게 소개한다.

② 인적구성도(조직의 상 · 하 관계 조직도)

조직의 상 · 하 관계를 한눈에 파악이 가능하도록 그림으로 설명하고, 각각의 직책에 대해서도 설명해 줄 필요가 있다.

③ 기타 인적자원의 활용방안(파트타임)

성수기 · 비수기에 종업원의 수급방안에 대해서 설명하는 것이 좋다. 실제 예상보다 많은 고객이 레스토랑을 찾는 경우, 인력수급 계획에 문제가 발생되면 영업에 막대한 지장을 초래할 수 있기 때문이다.

3. 외식창업을 위한 사업계획서 사례

1) 사업구상을 위한 정보수집

사업구상에 필요한 정보는 기본적으로 크게 두 가지로 나눌 수 있다. 첫째, 소비자 정보이고, 둘째, 지리적 정보이다.

사업을 시작하면 가장 먼저 찾아오는 것이 고객이다. 바로 이 고객을 파악하기 위해 사업계획서를 작성하는데, 이것에 사업의 성패가 달려있다고 해도 과언이 아니다. 보통 소비자정보라면 고객정보를 말하는데, 먼저 인구통계적 분류로서 10대, 20대, 30대 등 연령층의 분포를 들 수 있다. 거주지역의 구청에 가면 쉽게 연령별 인구분포를 파악할 수 있는데, 이는 업종의 선택에 매우 큰 영향을 미친다. 성(性) 비율로 남성과 여성의 비율이 소비자 선택의 기준에 영향을 미칠 수 있으며, 직업이나 결혼 여부, 가족상황, 종교적 배경 등도 중요한 정보이다.

지리적 정보는 사업구상뿐만 아니라 실제로 업종을 선택하는데 있어서 가장 중요한 정보이다. 특히 음식점과 같은 외식업은 위치나 주변지역의 상황에 따라 매출이 달라진다. 특히 위치를 선정할 때는 현재의 위치도 중요하지만, 잠재적으로 그 위치에 대한 지가상승, 점포세, 교통량 등까지도 고려해야 한다. 입지선정 시 상업지역, 교육지역, 관광특수지역, 주택지역, 공단지역, 아파트 밀집지역 등으로 주차장의 확보문제 역시 매우 중요하다. 그러나 업종에 따라서 주차장이 오히려 불필요한 경우도 있으므로, 여러 가지를 고려해서 결정해야만 한다.

이 밖에 지역주민의 생활수준, 지가수준, 기후, 교통노선 등도 철저히 조사하여 사업을 하고자 하는 지역의 반경 2km, 5km, 10km 내 · 외까지 조사해야 한다. 조사방법에는 여러 가지가 있으나, 사업을 하려면 자신이 직접 발로 뛰면서 하고자 하는 유사업종의 점포를 직접 방문하여 점포주에게 여러 가지를 물어보거나, 지역주민들에게 직접 물어보는 것이 좋다. 특히 그 지역의 부동산을 담당하는 공인중개사 사무실이나 주민들이 자주 가는 슈퍼마켓 주인을 찾아가서 정보를 알아보는 것도 좋다.

시골의 경우, 주민에게 부담이 적은 선물을 하며 문의하면 상세하게 그 지역의 지가나 임대료, 사업구상 시 필요한 정보, 업종 정보 등에 대해 상당한 도움을 받을 수도 있다. 직접 발로 뛰며 처음부터 상세하게 준비해야만 이후에 당황하는 일이 없다.

2) 메뉴의 설정

대부분의 사람들은 외식업소를 창업하려면 우선적으로 생각하는 것이 입지라고 판단하여, 하루 종일 심지어는 몇 개월 입지를 물색하는데 시간을 소비하고 있다. 물로 틀린 절차는 아니며, 또한 입지는 대단히 중요하다. 그러나 아무리 좋은 입지라도 메뉴가 그 입지에 맞지 않는다면 아무 소용이 없다. 즉 쉬운 말로 입지와 메뉴는 상관성이 있기 때문에 항상 같이 따라다니는 공존·공생의 관계에 있다.

아무리 입지가 좋고 거기에 따른 월 임대료, 권리금, 보증금 등이 자신과 딱 맞아떨어질 정도로 환상적이라도, 메뉴항목에서 전혀 상관성이 없다면 백발백중 그 입지는 아무 쓸모가 없는, 그야말로 다른 업종으로 바꾸어 창업을 시도해 볼 수밖에 없다.

예문 ▌ 이러한 사실을 알고 있기 때문에 이미 마음속으로 메뉴를 선정하였는데, 그 메뉴가 다름 아닌 우동을 전문으로 파는 우동전문점이었다.

3) 현재 보유자산의 규모 파악

외식업을 창업한다는 것은 쉬운 일일 것 같으면서도 몹시 까다롭고 성가신 일이다. 그 이유 중의 하나는 다름 아닌 창업에 따른 비용 때문이다. 모든 창업이 그렇듯이, 외식업도 마찬가지여서 자금이 없이는 아무 것도 할 수 없기 때문이다. 또한 자금이 있다고 모든 것이 해결되는 것도 아니다. 왜냐하면, 과연 어느 범위에서 초기투자를 할 것이며, 거기에 따른 자신의 현재 보유자금과의 대비 때문이다.

예문 ▌ 현재 가지고 있는 돈이 6천만 원이며, 전체비용이 약 8천만 원에서 1억 원 사이의 범위에서 우동전문점을 창업하려고 하므로 일단 메뉴를 선정하고, 다음으로는 부동산중개소를 통해서 자신이 구상하고 있는 점포를 알아보도록 하였다. 이처럼 부동산중개소를 통해서 하는 방법도 있으나, 자신이 직접 각종 신문에 등재되어 있는 부동산 매물을 참고로 하여 문의하는 방법도 제법 괜찮은 방법 중의 하나이다. 참고로, 박씨가 현재 보유한 자산이란 우동전문점을 개업하기 위해서 필요한 자산을 의미하며, 기타 자신이 보유한 전재산을 의미하는 것은 아니다.

4) 사업계획서의 작성

외식업에 관심이 있는 사람들을 만나보면 하나같이 입지는 어디가 좋고, 고객에게 어떤 식으로 판매할 것인지 등에 대해 거의 모르는 것이 없을 정도이다. 하지만 본인에게 사업계획서 작성요령을 물어보면 제대로 답변을 하는 사람이 거의 없다.

예문 | 외식업에 관심을 가지고 사업을 하기 위해 사업계획서에 대한 상담을 의뢰한 박씨의 경우도 마찬가지이다. 박씨도 처음에는 자기 나름대로 사업계획서를 작성하여 친지나 금융기관에 가지고 갔으나, 전혀 실효성이 없다는 이야기만 들었다고 한다. 우선 박씨가 관심을 가지고 시작하려는 업종은 외식업이고, 메뉴는 우동이었다. 우동은 평상시 박씨가 매우 좋아하는 음식인데다 만든 것도 복잡하지 않아 우동전문점을 하기로 결정했다고 한다.

장소는 상가가 밀집되어 있는 곳으로 이미 부동산중개소를 찾아가 부탁을 하였는데, 며칠이 지난 후 보증금 6천만 원에 월세 40만 원 하는 곳이 있다고 하여 일단 점포를 직접 방문하여 현장답사를 한 후 부동산중개소를 통해 가계약 형식으로 점포를 잡아놓았다. 내장공사는 전문업체 2~3군데에 의뢰해 본 결과 최고가격이 1,000만 원, 주방설비 역시 1,000만 원 정도가 나왔다. 그런데 박씨가 현재 가지고 있는 돈이 6,000만 원 밖에 없기 때문에 약 2,000만 원이 부족했다. 어떻게 해서든지 금융기관에서 돈을 융자받지 못하면 개점할 수 없기 때문에, 사업계획서를 잘 작성하는 것이 무엇보다 중요해졌다.

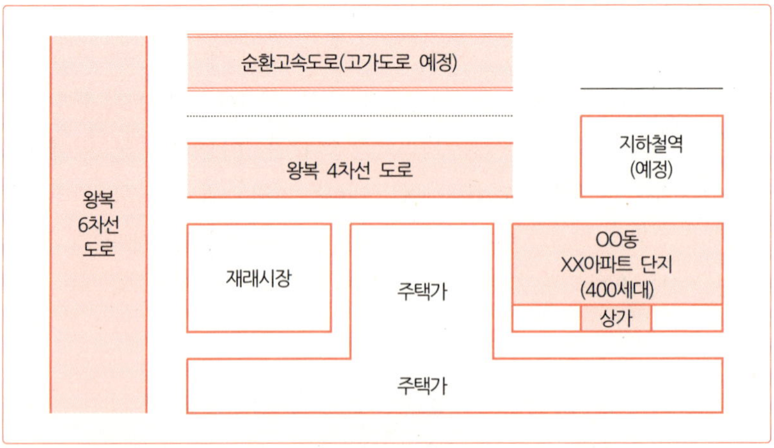

그림 7.1 창업 예정지의 약도

5) 입지조사의 실시

예문 Ⅰ 박씨의 경우 부동산중개업소로부터 소개받은 점포였으므로, 박씨 자신이 직접 점포에 대한 입지조사를 하지 않았다. 단지 통행량이 많은 곳이므로 고객이 많이 올 것이라고 예상하고 있었다. 박씨는 우선 사업을 시작하기 전에 입지조사를 철저히 하지 않았기 때문에 위험의 소지가 높았다. 그러므로 우선 구청에 가서 그 주변지역의 인구 및 주택조사와 주택지도를 찾아보았다. 직접 확인해 본 바에 의하면, 우선 인구가 50,000명 정도 되는 지역치고는 유사업종의 분포수가 그리 많지 않았고, 라면점의 수는 10개 정도가 되었는데 일단은 경쟁을 해볼 만했다. 그러므로 유사업종의 음식가격대를 면밀히 조사하여 우선 경쟁력의 면에서 뒤지지 않도록 하는 것이 필요했다. 또한 200세대 아파트가 2동이면 약 400세대가 거주한다고 볼 수 있는데, 대부분의 사람들이 단독주택에 세 든 사람이기 때문에 개인소득이 그리 높지 않다는 것을 직감적으로 알 수 있었다. 또 한 가지 우동은 대개 40대에서 주로 인기가 있을 것으로 예상되는데, 인구분포상 30~39세가 16,000명 정도 된다는 것도 일단은 메뉴선정을 잘한 것으로 볼 수 있다.

인근 학교와는 거리가 2.5km나 떨어져 있어 학생들이 이용할 확률이 적다. 그러나 주목할 만한 것은 점포와 1km 정도 떨어진 거리에 공장시설이 있다는 것이다. 1km 정도의 거리라면 공장사람들이 퇴근 후 잠시 들러 간단히 식사 정도는 하고 갈 수 있으므로 집중공략하는 것이 좋다. 교통시설로는 앞으로 2년 내에 지하철역이 1km 떨어진 곳에 위치할 확률이 높다고 하므로, 인테리어 비용이 들어가더라도 시설을 잘 해놓으면 나중에 권리금을 붙여 다른 사람에게 넘겨 이익을 낼 수도 있다.

다음은 점포 앞 통행량 조사결과이다. 통행인의 수는 500명 정도인데, 이는 임의로 날을 정해 아침 10시부터 오후 10시까지 조사한 것이다. 그러므로 좀더 구체적으로 조사하려면 요일별, 시간대별, 휴일별로 나누어서 조사해야 더 정확할 수 있다. 또한 밤 10시 이후의 통행인은 조사가 안 되었기 때문에 통행인의 수는 더 늘어날 수 있다. 조사항목 중에서 가장 중요한 항목은 바로 점포 앞 통행인의 수라고 할 수 있다. 이는 사업계획서가 설득력을 갖는데 커다란 포인트가 될 수 있다. 또 한 가지 우동점은 대개 저녁 6시 이후에 고객이 몰리기 때문에 6시 이후의 통행인의 수를 파악하면 대강의 매출을 어림잡을 수 있다.

표 7.15 입지조사 자료표

점검항목	조사결과	비 고
인구	50,000명	남 · 여의 비율은 약 2.5:1로 남자의 비율이 높다. 연령별로는 50대 이상 6,000명, 30~49세 16,000명, 20~29세 10,000, 20대 이하 18,000명
통행차량	5,000대	주로 승용차가 70% 이상을 차지하고, 나머지는 화물차가 통행
통행인	2,500명	임대점포를 기준으로 주변 1km 이내 조사(1일)
상가	상가의 규모는 20~30평 정도 소형상가가 밀집되어 있음	임대점포를 기준으로 반경 2km 이내 조사
학교	고등학교 3 중학교 3 전문대학 1	점포와의 거리는 약 2.5km이며, 실제 점포 앞으로의 통행은 많지가 않음
공장시설	신발공장 1 음료공장 2 차량정비소 5	공장의 규모는 종업원의 50~70명 사이가 2개이고, 나머지는 20명 내 · 외임. 점포와의 거리는 1km임
유사업종	라면집 10개 중국집 10개 칼국수 4개 우동집 3개	2km 이내에는 라면점이 많았으며, 우동을 전문으로 하는 집은 3군데 밖에 없었음
쇼핑센터	슈퍼마켓 4개 백화점 1개 소형점포 15개	100평 이상의 슈퍼마켓은 4개이고, 4층짜리 백화점 1개, 20평 정도의 점포 15개
주요도로	외곽순환도로와의 교차지역 통과	2차선 도로 1개, 4차선 2개
가족형태	2~3인 가족이 주로 소규모 가족을 이룸	다세대주택에 세 들어 사는 사람이 많고, 고향보다는 타향에서 온 사람이 대부분임
아파트	200세대 아파트 2동	17~25평 사이 소규모 아파트가 2동 있음
교통시설	2년 내 지하철 개통지역	지하철역과 1km 떨어져 있음
점포앞 통행인수	500여 명 정도	아침 10시부터 오후 10시까지(1일)

6) 상권 내 예상 월매출액의 계산

입지조사에 나온 통계를 기준으로 해서 상권 내의 월매출액을 예상해 본다. 물론 정확하다고 할 수는 없으나, 주변에 있는 유사업종의 월매출액과 통행인의 수를 안다면 어렵지 않게 구할 수가 있다. 하지만 사업계획서는 단지 예상을 하는 것이지, 예상대로 똑같이 되는 것은 아니므로 오차까지도 감안해야 한다.

구체적으로 점포 반경 1km 이내 통행인의 수와 점포 바로 앞 통행인의 수는 점포 매출액에 직접적으로 연관이 있기 때문에, 이 중 몇 %의 고객이 점포에 내점할 가능성이 있는가를 예측할 수 있어야 한다. 이것을 고객흡인율이라고 하는데, 이는 주변지역에 있는 유사업종의 고객흡인율을 참고로 하면 된다.

주변지역의 유사업종을 대상으로 조사한 결과, 점포 바로 앞 통행인의 수 중에서 약 8~10%를 고객으로 흡수할 수 있는 흡인율로 나타났다. 그러면 8~10%의 사이인 9%로 보았을 때 표 7.15의 입지조사 자료표에 나와 있는 점포 앞 총통행인의 수 1일 500여 명×0.09×30일(한 달) = 1,350명(한 달)이 된다. 이 계산에서 한 달 동안 점포 바로 앞을 지나는 통행인 중 고객으로 흡인될 가능성이 있는 고객의 수는 대략 1,350명이 된다.

입지조사의 자료에 의하면, 점포 반경 1km 이내의 통행인수가 1일 2,500명인데, 이들의 흡인율을 1%로 추정했을 때 2,500명×0.01×30일(한 달) = 750명(한 달)이 된다. 그러므로 이들이 내점하는 수는 한 달에 750명이 된다.

결국 예상고객수는 1,350명+750명 = 2,100명이 되므로 매월 2,100명 정도의 고객을 확보할 수 있다는 계산이 나온다. 이 때 우동가격을 3,000원으로 잡으면 월매출액은 대략 2,100명×3,000원 = 6,300,000원으로 추정할 수 있다.

표 7.16 월 예상고객수와 월 예상매출액

월 예상고객수	• 1일 500명 × 0.09 × 30일 = 1,350명 • 1일 2,500명 × 0.01 × 30일 = 750명 → 1,350명+750명 = 2,100명
월 예상매출액	• 2,100명 × 3,000명 = 6,300,000원

예문 ▌ 일단 월매출액 예상을 630만 원으로 잡고 박씨의 다음 단계 채산계획을 세워보자. 우선 박씨는 자기가 현재 가지고 있는 돈이 6,000만 원이기 때문에 주방시설 1,000만 원과 내장공사 비용 1,000만 원을 합쳐서 약 2,000만 원이 더 필요하다. 차입금에는 부모·친척·친구 등에서 끌어들이는 차입금과 금융기관에서 빌리는 차입금이 있다. 전자의 차입금은 예정액의 이자(이율 각 10%)와 기간(5년 정도)을 상정해 1년간의 평균원리상환액을 계산해 내면 된다.

박씨의 경우 현재 가지고 있는 돈에서 2,000만 원이 부족하기 때문에 차입금 2,000만 원, 연이율 10%, 상환기간 5년으로 했을 때 연간 이자상환액은 차입금의 연 10%이므로 200만 원이 된다. 이 때 상환기간이 5년이기 때문에 매년 원금 400만 원에다가 이율 10%씩에 대한 연간이자 금액 200만 원을 합치면 600만 원이 된다. 즉 1년간의 원리금상환액은 600만 원 정도가 된다.

표 7.17 차입금의 평균 원리상환액

	1년차	2년차	3년차	4년차	5년차
원 금	400	400	400	400	400
이 자	200	200	200	200	200
원리금	600	600	600	600	600

※ 차입금 2,000만 원은 친구 1,000만 원, 금융기관 1,000만 원으로 둘 다 연이율 10%, 상환기간 5년

금융기관에서 차입한 금액도 준비단계에서는 위와 같은 방법으로 계산하면 된다.

표 7.18 사업자의 채산계획

항 목	금 액	근 거
월매출액(A)	6,300,000원	• 월고객의 수 : 2,100명 • 단가 : 3,000원
매출원가(B)	1,260,000원	• 매출액의 20%로 추산
경비(C)	1,550,000원	• 가게임대료 : 400,000원 • 종업원급료 : 800,000원 • 전화료 : 50,000원 • 수도광열비 : 120,000원 • 상각비 : 70,000원 • 그 외 경비 : 110,000원
월 생활비(D)	1,000,000원	
월간 자금수지(E)	2,490,000원	• A－B－C－D = E
차입금 원리상환(F) ▸ 친구(연액) ▸ 금융기관(연액)	6,000,000원 3,000,000원 3,000,000원	〈친구로부터의 차입금〉 • 연 10%, 상환기간 5년 〈금융기관으로부터의 차입금〉 • 연 10%, 상환기간 5년
연간 자금수지	23,880,000원	• E × 12－F

표 7.19 시설비 산출사업계획서 예시

구 분	산출내역	금 액	비 고
전기공사	50평 × 4~5만 원(1평당 4~5만 원)	200~250	
전기증설비	7kw × 6만 원(1kw = 6만 원)	42	상가 4~5kw(식당 12kw)
목수인건비	50평 × 50품(한 품당 10만 원)	500~1,000	
바닥재타일	50평 × 4~7만 원(평당 4~7만 원)	200~300	
에어콘	1대	250	
냉장고	2대	260	소(일반용) : 600,000원 대(영업용) : 2,000,000원
온풍기	1대	130	
집기류		1,000	주방기구
기타	환풍시설	3,000	그 외에도 구체적인 세부항목은 기타에 분류됨
	테이블(소파 2인 1쪽 20~40만 원, 4인 1쪽 40~80만 원)		
	인공폭포 제작, 동굴자재, 나무자재, 화분 등 기타 내부 액세서리 포함		

Foodservice
Operations and
Management

외식산업경영학

CHAPTER 08

외식산업의 관련 법률

01 일반 세무상식

1. 사업자의 종류

1) 개인사업자와 법인사업자

(1) 창업 절차와 설립비용

'개인기업'으로 사업을 할 경우에는 설립 절차가 비교적 쉽고 비용이 적게 들어 사업 규모나 자본이 적은 사업을 하기에 적합한 반면, '법인기업'은 법원에 설립등기를 해야 하는 등 절차가 다소 까다롭고 자본금과 등록세 · 채권매입 비용 등의 설립비용이 필요하다.

(2) 자금조달과 이익의 분배

'개인기업'은 창업자 한 사람의 자본과 노동력으로 만들어진 기업이므로, 자본조달에 한계가 있어 대규모 자금이 소요되는 사업에는 무리가 있다. 그러나 사업자금이나 사업에서 발생한 이익을 사용하는 데는 제약을 받지 않는다. 예를 들어, 사업자금을 사업주 개인의 부동산 투자에 사용하든 자신의 사업에 재투자하든, 혹은 영업에서 발생한 이익을 생활비로 쓰든 전혀 간섭을 받지 않는다.

'법인기업'은 주주를 통해서 자금을 조달하므로 대자본 형성이 가능하나, 법인은 주주와 별개로 독자적인 경제주체이므로 일단 자본금으로 들어간 돈과 기업경영에서 발생한 이익은 적법한 절차를 통해서만 인출할 수 있다. 즉 주주총회에서 배당결의를 한 후 배당이라는 절차를 통해서만 인출이 가능하고, 주주가 법인의 돈을 가져다 쓰려면 적정한 이자를 낸 후 빌려가야 한다.

(3) 사업의 책임과 신인도(愼仁道)

'개인기업'은 경영상 발생하는 모든 문제와 부채, 그리고 손실에 대한 위험을 전적으로 사업주 혼자서 책임을 져야 한다. 따라서 만약 사업에 실패하여 은행부채와 세금 등을 다 해결하지 못하고 다른 기업체에 취직해서 월급을 받는 경우, 그 월급에 대해서도 압류를 당할 수 있다.

'법인기업'의 경우 주주는 출자한 지분의 한도 내에서만 책임을 지므로 기업이 도산할 경우 피해를 최소화 할 수 있다. 대외신인도면에서 개인기업의 신인도는 사업자 개인의 신용과 재력에 따라 평가받기 때문에 법인기업보다는 현실적으로 낮다고 볼 수 있다.

(4) 세법의 차이

① 세율

'개인기업'의 종합소득세율은 8%에서 35%까지 초과누진세율로 되어 있고, '법인기업'의 세율은 13%(과세표준이 1억 원을 초과하는 경우 25%)로 되어 있다. 그러므로 세율 측면만 본다면, 과세표준이 2,700만 원 이하인 경우는 개인기업이 유리하고, 2700만원을 초과하는 경우에는 법인기업이 유리하다.

② 과세체계

'개인기업'의 소득에 대해서는 종합소득세가 과세된다. 사업주 본인에 대한 급여는 비용으로 인정되지 않고, 사업용 고정자산이나 유가증권 처분이익에 대해서는 과세를 하지 않는다. '법인기업'의 소득에 대해서는 법인세가 과세된다. 법인의 대표이사는 법인과는 별개의 고용인이므로, 대표이사에 대한 급여는 법인의 비용으로 처리할 수 있다. 그러나 고정자산이나 유가증권 처분이익에 대해서도 법인세가 과세된다.

2) 일반과세자와 간이과세자

(1) 일반과세자

전년도 1년간 매출액 규모에 따라 연간매출액이 4,800만 원 이상인 일반과세자는 10%의 세율이 적용되는 반면, 물건 등을 구입하면서 받은 매입세금계산서상의 부가

가치세액을 공제받을 수 있고 세금계산서를 발행할 수 있다. 따라서 연간 매출액이 4,800만 원을 초과할 것으로 예상되거나 간이과세로 배제되는 업종 또는 지역에서 사업을 하고자 하는 경우에는 일반과세자로 등록해야 한다.

(2) 간이과세자

전년도 1년간 매출액 규모에 따라 연간매출액이 4,800만 원 미만인 간이과세자는 1.5~4%의 낮은 세율이 적용되지만, 매입세액의 15~40%만 공제받을 수 있으며 세금계산서를 발행할 수 없다. 주로 소비자를 상대하는 업종으로서 연간매출액이 4,800만 원에 미달할 것으로 예상되는 소규모사업자의 경우에는 간이과세자로 등록하는 것이 유리하다.

일반사업자와 간이과세자의 부가세 적용은 다음과 같다.

- 일반과세자 부가가치세 = 매출액 × 10% − 매입세액 − 공제세액
- 간이과세자 부가가치세 = 매출액 × 업종별 부가가치율 × 10% − 공제세액

3) 신규사업자의 과세유형

신규사업자는 직전 1년간 매출액이 없기 때문에 매출예상액이 1년간 4,800만 원(월 200만 원) 이상이면 일반과세자로 사업자등록 신청을 하고, 매출액이 4,800만 원 미만으로 예상되면 간이과세자로 사업자등록을 신청한다. 신규사업자로 1년간 매출액이 4,800만 원 미만으로 예상되어 간이과세자로 신청한다하더라도 간이과세 배제기준에 해당되면 무조건 일반과세자에 해당한다.

4) 과세유형의 전환

일반과세자 또는 간이과세자로 등록했다고 해서 그 유형이 변하지 않고 계속 적용되는 것은 아니다. 사업자등록을 한 해의 부가가치세 신고실적을 1년으로 환산한 금

액을 기준으로 과세유형을 다시 판정한다. 즉 간이과세자로 등록했다하더라도 1년으로 환산한 공급대가(매출액)가 4,800만 원 이상이면 등록일이 속하는 과세기간의 다음 과세기간부터 일반과세로 전환되며, 4,800만 원 미만이면 계속해서 간이과세자로 남게 된다. 처음에 일반과세로 등록한 경우에도 1년으로 환산한 수입 금액이 4,800만 원에 미달하면 간이과세자로 변경되는데, 이 때 '간이과세포기신고'를 하면 계속해서 일반과세자로 남아 있을 수 있다. 특히 초기 개업비용이 많이 들어 일반과세자로 등록하고 부가가치세를 환급받은 경우에는 간이과세자로 변경되며 환급받은 세액 중 일부를 추가로 납부해야 한다.

따라서 이를 감안하여 간이과세 포기신고를 하고 일반과세자로 남아있을 것인지, 아니면 세금을 추가로 납부하더라도 간이과세 적용을 받을 것이지 판단해야 한다. 그러나 간이과세자가 수입금액이 4,800만 원 이상이 되어 일반과세자로 변경된 경우에는 계속하여 간이과세자로 남아있을 수가 없다.

5) 간이과세의 포기

당초에 간이과세자로 등록하였으나 거래 상대방이 세금계산서를 요구하거나 기타 사정에 의해 일반과세자로 변경하고자 하는 경우에는 변경하고자 하는 달의 전달 말일까지 '간이과세포기신고서'를 제출하면 된다. 그러나 간이과세를 포기하면 3년간 다시 간이과세를 적용받을 수 없으므로 충분히 검토해 본 후 결정하는 것이 좋다.

표 8.1 간이과세 배제기준

종목기준	• 서울특별시와 광역시 및 수도권 지역(읍 · 면 지역 제외)에서 다음 종목의 사업을 영위하는 경우에는 간이과세를 적용받을 수 없다. • 음식출장 조달업, 고급음식점, 단란주점, 고급다방 등이 종목기준이 된다.
지역기준	• 간이과세 배제지역으로 지정된 건물이나 장소에서 사업을 영위하는 경우에는 간이과세 적용을 배제한다. • 각 세무서별로 해당지역을 고시하고 있다. • 백화점 · 대형유통상가 · 번화가로 인정되는 특정지역 내의 사업자 등이 종목지역이 된다.

표 8.2 세무달력

세금명	납부일	처리자	납부자
부가가치세	4.25 7.25 10.25 익년 12.25	세무서에서 예정고지 → 고지서로 납부 세무서에 신고 및 납부 세무서에서 예정고지 → 고지서로 납부 다음해 25일 세무서에 신고 및 납부	1.1 ~ 3.31사이 신규개업자 1.1 ~ 6.30간의 사업실적 7.1 ~ 9.30사이 신규개업자 7.1 ~ 12.31간의 사업실적
종합소득세	5.31 11.30	주소지 세무서에 신고납부 세무서에서 중간예납고지 → 고지서 납부	전년도 1.1~12.31 간의 소득 전년도 부담액의 1/2
갑근세 원천징수 신고납부	익월 10일까지	종업원이 있는 사업자	매월 원천징수 세액
일용직 지급조서	4.30까지 7.31까지 10.31까지 익년 2.28까지	1분기(1~3월) 2분기(4~6월) 3분기(7~9월) 4분기(10~12월)	지급조서 제출

02 세금고지서를 받은 경우

1) 정기분 고지서를 받은 경우

(1) 정기분 발송

부가가치세는 1년에 2번(4월 25일, 10월 25일) 예정고지서를 받게 되고, 종합소득세는 1년에 1번(11월 30일) 예정고지서를 받게 된다.

(2) 고지서 발송

부가가치세는 사업소로 발송되고, 종합소득세는 주소지로 발송된다.

(3) 세금 납부기한

부가가치세는 4월 25일, 10월 25일이 납부기한이고, 종합소득세는 11월 30일이 납부기한이다. 납부기한이 공휴일이면 그 다음날이 납부기한이다.

(4) 납부기한까지 미납부 시 가산세액

고지세액의 일수×3/10,000을 계산한 가산세가 부담된다.

(5) 세금 납부장소

가까운 은행 등 수납기관에 납부한다. 체납된 경우 세무서에 납부하거나 고지서를 재발급받아 은행에 납부한다.

2) 정기분 고지 외 수시분 고지인 경우

관련된 문의사항은 고지서에 기록된 담당자에게 전화로 문의한다. 또한 이에 관련하여 고지내용이 사실과 다른 경우 그에 상당하는 소명자료를 제출한다.

03 주류구매 전용카드

음식점 및 주점은 주류구매 전용카드를 통해서만 영업용 주류를 구입할 수 있다.

1) 주류구매 전용카드

일종의 신용카드로 주류회사와 주류도매상이 카드가맹점이 되고, 음식점 · 주점 등이 카드이용자가 되어 주류를 구입할 경우에만 사용하는 카드이다.

2) 회원가입 절차와 구비서류

거래도매상과 계약을 체결한 은행에 계좌개설을 하면, 주류구매 전용카드 발급이 가능하다. 전용카드에 가입한 경우의 세금혜택은 다음과 같다.

- 세액공제
  - 공제세액 : 구매전용카드 결제액×0.3%
  - 공제한도 : 소득세 또는 법인세의 10% 주류구매 전용카드로 주류를 구입한 경우라도 소득세법상 정식장부를 하지 않으면 세액공제를 받을 수 없다.
- 주류유통과정 추적조사 : 면제주류전용카드 사용업체에 대해서는 특별한 조세탈루 혐의가 없으면 주류 유통과정 추적조사가 면제된다.

표 8.3 갑종근로소득세와 4대보험

세금 내용	내 용
갑종근로소득세	• 신고기한 : 다음 월 10일까지 급여지급액 신고 • 일용직 신고종업원이 계속해서 3개월 이상 근무하지 않으면 일용근로자에 해당되며, 일 8만원까지는 세금이 없음
고용보험	• 가입대상 : 종업원이 1인 이상이면 의무가입 대상 • 보험료 부담과 보험료율 : 사업자 0.7% 부담, 종업원이 0.45% 부담 • 납부시기 : 분기별로 납부할 수 있고, 1년분을 한꺼번에 납부할 수 있음
산재보험	• 가입대상 : 종업원이 1인 이상이면 의무가입 대상 • 보험료 부담과 보험료율 : 전액 회사부담, 보험료율은 인건비의 10/1,000 • 납부시기 : 분기별로 납부할 수 있고, 1년분을 한꺼번에 납부할 수 있음
국민건강보험	• 가입대상 : 종업원이 1인 이상이면 의무가입 대상 • 보험료 부담과 보험료율 : 사업자 2.54% 부담, 종업원 2.54% 부담 • 납부시기 : 매월 10일까지 납부
국민연금	• 가입대상 : 종업원이 1인 이상 • 보험료 부담과 보험료율 : 사업자 4.5% 부담, 종업원 4.5% 부담 • 납부시기 : 매월 10일까지 납부

04 기록 및 관리 의무

1. 장부의 기록

1) 복식부기 의무자(매출액 1억5천만 원)

해당 과세기간 중 사업용계좌를 사용해야 할 거래금액, 실제 사용한 금액 및 미사용 금액을 구분하여 기록 · 관리해야 한다.

2) 사업용계좌 미개설, 미사용 시 제재 : 사업용계좌 미사용 가산세 부과

- 거래의 대금을 금융기관을 통해 결제하거나 결제받을 때, 인건비 및 임차료를 지급하거나 지급받을 때에 사업용계좌를 사용하지 아니한 경우
- 사업용계좌를 사용하지 아니한 금액의 5/1,000에 상당하는 금액
- 과세기간의 개시일(사업자등록증 교부일)부터 3개월 이내에 사업용계좌를 개설 · 신고하지 아니한 각 과세기간의 총수입 금액의 5/1,000에 상당하는 금액

2. 부가가치세

사업자가 100원에 물건 등을 구입하여 제조 · 가공 등을 통해 적정한 마진을 붙여 300원에 판매한다면, 이러한 과정에서 200원(300원 - 100원)이라는 새로운 부가가치가 창출되며 이처럼 새롭게 창출된 부가가치에 대해 10%의 세율을 적용하여 납부하게 되는 세금이 바로 부가가치세이다. 그러나 이러한 부가가치세는 200원에 대하여 직접적으로 과세하는 방식을 채택하지 않는다. 사업자가 300원에 물품을 판매하면서

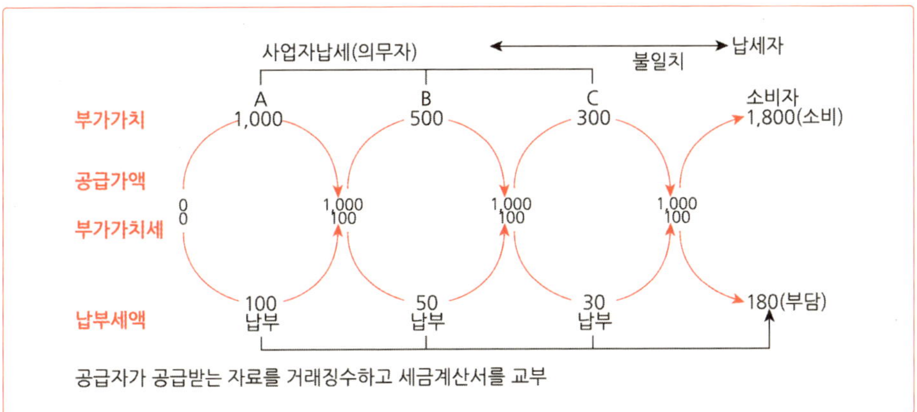

그림 8.1 부가가치세 징수

구입자로부터 30원(300원×10%: 매출세액)을 징수하고 물품을 구입하면서 전단계의 판매자로부터 징수당한 10원(100원×10%: 매입세액)을 차감하여 20원을 납부하는 간접적인 방식을 채택하고 있다.

그림 8.1에서 설명하는 것과 같이 납세의무자인 사업자가 국가에 납부하는 금액은 180원(100원+50원+30원)이고, 이는 결국 최종소비자가 부담하는 180원과 같게 된다. 위와 같이 부가가치세의 납세의무는 사업자에게 있지만, 세금을 부담하는 자는 바로 최종소비자가 되는 것이다.

3. 세금계산서 · 영수증 · 신용카드 · 현금영수증

1) 세금계산서

'세금계산서'란, 사업자가 물품(재화 또는 용역)을 판매할 때 부가가치세를 구입자에게 징수하고 이를 증명하기 위해 구입자에게 교부하는 세금영수증이다. 사업자는 물품을 판매할 때 이 세금계산서를 교부함으로써 구입자에게 부가가치세를 전가시킬 수 있으며, 구입자는 교부받은 세금계산서를 집계하여 요약한 매입처별 세금계산서 합계표를 정부에 제출하여 거래징수당한 부가가치세를 매입세액으로 공제 또는 환급받을 수 있다.

음식점은 원칙적으로 영수증 교부대상자이므로 세금계산서를 발행할 일이 빈번하지는 않지만, 그래도 이를 잘 숙지해 두어야 한다. 세금계산서는 공급하는 사업자가 공급자 보관용(이를 실무상 '매출세금계산서'라고 부른다), 공급 받는자 보관용(이를 실무상 '매입세금계산서'라고 부른다) 각 2매를 발행하여 1매를 교부한다. 세금계산서의 기재사항 중 아래의 필요적 기재사항을 기재하지 않았거나 그 내용이 사실과 다른 경우에는 세금계산서로서의 효력이 인정되지 않아 불이익을 받게 되므로 주의해야 한다.

(별지제11호서식)

세 금 계 산 서 (공급받는자용)	책 번 호	권	호
	일련번호	-	

공급자				공급받는자			
등록번호				등록번호	- -		
상 호 (법인명)		성명	㊞	상 호 (법인명)		성명	㊞
사 업 장 소 재 지				사 업 장 소 재 지			
업 태		종목		업 태		종목	

작 성			공 급 가 액												세 액										비 고
년	월	일	공란수	백	십	억	천	백	십	만	천	백	십	일	십	억	천	백	십	만	천	백	십	일	

월	일	품 목	규 격	수량	단 가	공 급 가 액	세 액	비고

합 계 금 액	현 금	수 표	어 음	외상미수금	위 금액을 영수/청구 함

22226-28166일 96. 2.27 개정

(별지제11호서식)

세 금 계 산 서 (공 급 자 용)	책 번 호	권	호
	일련번호	-	

공급자				공급받는자			
등록번호				등록번호	- -		
상 호 (법인명)		성명	㊞	상 호 (법인명)		성명	㊞
사 업 장 소 재 지				사 업 장 소 재 지			
업 태		종목		업 태		종목	

작 성			공 급 가 액												세 액										비 고
년	월	일	공란수	백	십	억	천	백	십	만	천	백	십	일	십	억	천	백	십	만	천	백	십	일	

월	일	품 목	규 격	수량	단 가	공 급 가 액	세 액	비고

합 계 금 액	현 금	수 표	어 음	외상미수금	위 금액을 영수/청구 함

22226-28166일 96. 2.27 개정

2) 영수증

'영수증'이란, 공급받는 자의 등록번호와 부가가치세액을 따로 기재하지 않은 것을 말한다. 따라서 영수증에 기재된 판매가격은 부가가치세가 포함된 금액, 즉 '공급대가'를 기재한 것이다. 이러한 영수증은 간이과세자 또는 영수증교부 의무자가 주로 최종소비자에게 교부하되, 2매를 발행하여 1매를 교부한다. 이처럼 교부하거나 교부받은 영수증에 대하여는 그 합계표를 정부에 제출할 필요가 없으며, 제출하더라도 매입세액 공제를 받을 수 없다. 또한 그 교부 의무자가 이를 교부하지 않더라도 가산세의 제재를 받지 않는다. 따라서 영수증은 부가가치세법상으로는 아무런 효력이 없으나, 소득세 계산에 있어서는 증빙자료가 된다.

No	영 수 증 (공급받는자용)			귀하
공급자	사업자 등록번호			
	상호		성명	
	사업장 소재지			
	업태		종목	
작성일자	금액합계		비고	
위 금액을 영수(청구)함.				
월일	품명	수량	단가	금액
/				
/				
/				
/				
/				
/				
/				
/				
/				
/				
/				
/				
/				
/				
/				
합계	₩			
부가가치세법시행규칙 제25조의 규정에 의한(영수증)으로 개정				

No	영 수 증 (공급자용)			귀하
공급자	사업자 등록번호			
	상호		성명	
	사업장 소재지			
	업태		종목	
작성일자	금액합계		비고	
위 금액을 영수(청구)함				
월일	품명	수량	단가	금액
/				
/				
/				
/				
/				
/				
/				
/				
/				
/				
/				
/				
/				
/				
/				
합계	₩			
부가가치세법시행규칙 제25조의 규정에 의한(영수증)으로 개정				

tip

공급가액과 공급대가

부가가치세 과세사업자(영수증교부 의무자 또는 간이과세자)가 주로 최종소비자에게 발행하는 영수증(신용카드매출전표, 금전등록기계산서)은 부가가치세가 별도로 기재되지 않으며, 따라서 영수증의 판매가액은 부가가치세가 포함된 것으로 이를 '공급대가'라고 한다. 반면에, 세금계산서에 기재된 금액 중 부가가치세를 제외한 부분을 '공급가액'이라 한다. 그러므로 세금계산서를 발행하는 경우의 부가가치세 과세표준은 '공급가액'이 되며, 이에 10% 세율을 적용하여 매출세액을 계산한다. 그리고 일반과세자가 영수증(신용카드매출전표)을 발행하는 경우에는 부가가치세가 포함된 공급대가이므로 100/110을 곱하여 공급가액(과세표준)을 계산한다.

3) 신용카드

신용카드 사용을 정책적으로 육성하면서 신용카드의 사용이 확대됨에 따라 그 중요성이 크게 부각되고 있다. 따라서 신용카드의 사용이 가장 빈번하게 이루어지는 업종 중의 하나인 음식점의 경영자들은 신용카드의 세제상 운용에 대하여 잘 알아두어야 한다.

(1) 신용카드매출전표 발행 세액공제

영수증 교부의무자(법인제외) 또는 간이과세자가 재화 또는 용역을 공급하고 세금계산서 교부시기에 신용카드매출전표(직불카드영수증 포함)를 발행하는 경우에는 부가가치세 납부세액에서 공제하거나 환급세액에 가산할 수 있다.

신용카드매출전표 발행공제액 = 신용카드매출전표 발행금액 × 공제율(1.3%/2.6%)로써 연간 700만 원을 한도로 한다. 신용카드로 판매한 경우에는 신용카드매출금액을 집계한 '신용카드매출전표 발행집계표'를 제출해야 한다.

음식점업은 영수증 교부의무자에 해당되므로, 신용카드로 매출을 하는 경우 위와 같은 절세를 위해 반드시 챙겨두어야 한다.

(2) 매입세액 공제의 허용

신용카드매출전표는 원칙적으로 영수증으로 본다. 따라서 물품을 구입하면서 신용카드매출전표를 교부받은 사업자는 원칙적으로 매입세액 공제를 받을 수 없다. 그러나 영수증 교부의무자인 일반과세자가 신용카드매출전표에 공급받는 자와 부가가치세액을 별도로 기재하고 확인한 때에는 그 부가가치세액은 매입세액으로 공제가 가능하다. 이 경우 공급받은 사업자가 그 매입세액을 공제받기 위해서는 '신용카드매출전표 수취명세서'를 반드시 제출해야 한다.

따라서 음식점업을 운영하는 사업자가 사업에 필요한 물품을 일반과세자인 영수증 교부의무자(예 : 일반과세자인 소매업자)로부터 구입하면서 신용카드매출전표를 교부받은 경우 위의 요건을 갖추게 되면 매입세액 공제가 가능하다.

(3) 신용카드 사용자에 대한 보상금 지급

국세청장은 재화 또는 용역을 공급받고 신용카드매출전표(직불카드영수증)를 교부받은 자에 대해서는 그 교부받은 신용카드매출전표에 대한 추첨을 통해 보상금을 지급하도록 하고 있다. 이는 신용카드 사용을 확대하여 음식점업과 같은 업종의 수입금액을 양성화하기 위한 조치이다.

(4) 현금영수증

현금(소득공제)
(점심매출)
식별번호 (핸드폰번호)
0100000XXXX
승인번호 237202005
과세물품 90,909원
부가세 9,091원
면세물품 0원
영세물품 0원
합계 100,000원
현금영수증 국세청문의처: 1544-2020
http://www.taxsave.go.kr
02222005090800099900005
900001000000050000000

일정한도의 현금영수증에 대하여 소득공제나 세액공제의 혜택을 주는 제도이다. 현금거래를 명확히 하여 세금을 투명하게 부과하기 위한 제도로 2005년 1월 1일부터 시행됐다. 현금영수증 발행은 건당 5,000원 이상을 대상으로 하되, 신원을 확인할 수 있는 카드나 주민등록증 · 휴대폰번호 등을 제시해야 한다. 이 때 사용되는 카드로는 신용카드와 적립식카드, 기타 국세청장이 지정하는 카드가 있다.

① 현금영수증제도

현금영수증제도를 시행하기 위해서는 판매업소나 음식점 등에 현금영수증 발급장치를 설치해야 한다. 이 때 VAN 수수료가 발생하게 되는데, 정부가 현금영수증 발급장치 설치비와 VAN 수수료를 부담해 가맹점의 부담이 없다. 현금영수증 매출액에 대해서 신용카드와 같이 매출액의 1.3%를 부가가치세 납부세액에서 공제하는 혜택이 부여된다.

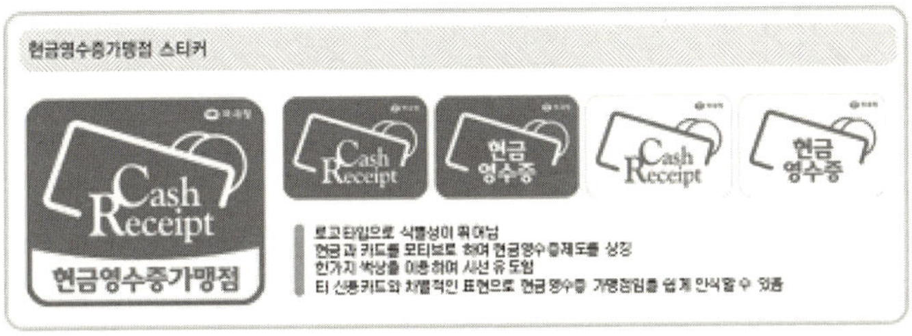

② 매입세액 공제의 허용

사업과 관련하여 '현금(지출증빙)'이 기재된 현금영수증을 발급받은 경우 「부가가치세법」 시행령 제60조 제1항에 의해 부가가치세 매입세액 공제를 받을 수 있다. 단, 「부가세법」 제32조 제2항 '신용카드 등의 사용에 따른 세액공제 등'에 의해서 세액공제 대상에서는 제외된다고 명시되어 있다.

4. 부가가치세 납부세액 계산

1) 계산구조

(1) 일반과세자의 매출세액 계산

과세표준(공급가액) × 세율(10%)

2) 과세표준과 세율

(1) 과세표준 = 과세기간의 매출액을 과세표준으로 한다.

부가가치세 과세기간은 1월 1일 ~ 6월 30일, 7월 1일 ~ 12월 31일이므로 이 기간의 음식점 매출액(공급가액)이 일반과세자의 과세표준이 된다. 이 경우 과세표준은 부가가치세를 제외한 금액이므로 신용카드매출분에 대해서는 발행금액에 100/110을 곱한 금액이 과세표준이 된다. 신용카드매출전표는 판매가액에 부가가치세가 포함되어 있기 때문에 원칙적으로 영수증으로 본다.

(2) 세율 = 세율은 10%를 적용한다.

3) 매입세액 공제

(1) 매입세액이 공제되는 경우

- 거래 시에 증빙으로 세금계산서를 교부받으면 매입세액 공제가 가능하다. 음식점과 관련하여 일반과세자인 사업자로부터 상품 또는 시설자재 등을 구입하거나 용역을 제공받았을 경우, 거래증빙으로 세금계산서를 교부받으면 세금계산서에 기재된 부가가치세액을 전액공제 또는 환급받을 수 있다.
- 일반과세자인 사업자로부터 상품 등을 구입하고, 공급받는 자와 부가가치세액을 별도로 기재하고 공급자가 확인한 신용카드매출전표나 직불카드영수증을 교부받은 사업자는 세금계산서와 마찬가지로 매입세액을 공제받을 수 있다.
- 공제대상 매입세액은 '사용되었거나 사용될' 물품 구입에 대한 세액이므로, 아직 사용되지는 않았지만 사용될 예정인 것도 공제대상이 된다. 따라서 공제대상 매입세액은 구입한 물품 등의 사용 시점에 그것을 구입한 과세기간의 매출세액에서 공제하게 된다.

(2) 매입세액 공제되지 않는 경우

- 매입처별 세금계산서 합계표 미제출 : 부실기재분 매입처별 세금계산서 합계표를 예정신고 또는 확정신고와 함께 제출하지 않은 경우의 매입세액, 제출한 매입처별 세금계산서 합계표의 기재사항 중 거래처별 등록번호 또는 공급가액의 전부 또는 일부가 기재되지 않았거나 사실과 다르게 기재된 경우, 그에 대한 매입세액은 매출세액에서 공제하지 않는다. 다만, 수정신고 · 경정신고 · 기한 후 신고와 함께 제출하거나 경정 시 경정기관의 확인을 거쳐 제출하는 경우에는 매입세액으로 공제받을 수 있다.
- 세금계산서 미수취 · 부실기재 : 세금계산서를 교부받지 않은 경우 또는 교부받은 세금계산서에 필요한 기재사항의 전부 또는 일부가 기재되지 않았거나 사실과 다르게 기재된 경우의 매입세액은 세출세액에서 공제하지 않는다. 다만, 다음의 경우에는 매입세액으로 공제받을 수 있다.
  - 사업자등록을 신청한 자가 사업자등록증 교부일까지의 거래에 대하여 당해 사업자의 주민등록번호를 기재하여 교부받은 경우
  - 필요적 기재사항의 일부가 착오로 기재되었으나, 그 밖의 기재사항으로 보아 거래사실이 확인되는 경우
  - 공급시기 이후에 교부받은 세금계산서로서 당해 공급시기가 속하는 과세기간 내에 교부받은 경우
- 사업과 직접 관련이 없는 지출에 대한 매입세액
- 비영업용 소형승용차의 구입과 유지에 관한 매입세액 = 비영업용 소형승용차라 함은 운수업에서와 같이 직접 영업에 사용하는 것이 아닌 자동차로서 주로 사람의 수송만을 목적으로 제작된 자동차를 말하며, 렌터카를 임차하여 비영업용으로 사용하고 지불한 대가 및 그 유지에 관련한 매입세액도 공제되지 않는다.
- 접대비 및 이와 유사한 비용의 지출에 관련된 매입세액
- 면세사업 및 토지관련 매입세액 = 부가가치세가 면세되는 사업과 관련된 매입세액 및 토지조성 등을 위한 자본적 지출에 관련된 매입세액은 매출세액에서 공제하지 않는다.

- 사업자 등록 전 매입세액 : 사업자등록을 신청하기 전의 매입세액은 매출세액에서 공제하지 않는다. 다만, 등록신청일로부터 역산하여 20일 이내의 것으로서 사업자의 주민등록번호를 기재하여 교부받은 세금계산서의 매입세액은 공제받을 수 있다.

(3) 기타 공제세액

기타 공제되는 세액은 다음과 같은 것들이 있다.

① 의제매입세액공제

부가가치세 납부세액은 매출세액에서 사업자가 물품 등을 구입할 때 부담한 부가가치세, 즉 매입세액을 공제하여 계산하는 것이 원칙이다. 그러나 예외적으로 부가가치세가 면제되는 농산물 · 축산물 · 수산물 · 임산물 등의 원재료를 구입, 이를 제조 · 가공하여 부가가치세가 과세되는 재화 또는 용역을 공급하는 사업자에 대하여는 원재료를 구입할 때 직접 부담한 부가가치세는 없지만, 그 구입가액의 일정률에 해당하는 금액을 매입세액으로 의제하여 매출세액에서 공제받을 수 있도록 하고 있는데, 이를 '의제매입세액공제제도'라 한다.

② 공제요건

일반과세자 또는 음식물을 영위하는 간이과세자가 부가가치세 면제를 받고 구입한 농산물 · 축산물 · 수산물 또는 임산물을 원재료로 사용하여 제조 · 가공한 재화 또는 창출한 용역의 공급에 부가가치세가 과세되는 경우에 적용된다.

③ 재고매입세액공제

간이과세자에서 일반과세자로 변경된 사업자로서 재고품 및 감가상각자산(비품, 가구, 조리기구 등)의 신고를 한 자에 대하여는 재고금액 등에 경과된 기간분과 이미 간이과세자로서 매입세금계산서 세액공제를 받은 부분을 차감한 후 10/110을 곱한 금액을 재고매입세액으로 공제한다. 이 때 일반과세자는 부담한 매입세액에 대하여 전액 공제가 되는데 반하여, 간이과세자는 매입세금계산서 등 세액공제(매입세액× 업종별 부가가치율)를 받기 때문에 일반과세자로 변경되는 경우에는 간이과세자의 지위에서 공제받은 금액을 제외한 나머지 금액을 추가적으로 공제받아야 할 것이다. 즉 재고품 및 감가상각자산은 일반과세자의 지위에서 사용되므로 간이과세자였을 때 구입하여 일정률 밖에 공제받지 못한 것을 일반과세자로 변경하는 경우 전액 공제해 주기 위해 이러한 제도를 두고 있는 것이다.

- 공제대상 자산
  - 일반과세자로 변경되는 날 현재의 재고품 및 감가상각자산(매입세액공제대상인 것에 한함)이 공제대상이다.
  - 재고품 : 상품, 제품, 반제품, 재공품Work in Process, 원재료, 부재료
  - 감가상각자산 : 건물 또는 구축물은 10년 이내에 취득한 것, 기타의 감가상각자산은 2년 이내에 취득한 것에 한함
- 세액계산 방법 : 간이과세자에서 일반과세자로 변경된 사업자로서 재고품 및 감가상각자산(비품, 가구, 조리기구 등)의 신고를 한 자에 대하여는 재고금액 등에 경과된 기간분과 이미 간이과세자로서 매입세금계산서 세액공제를 받은 부분을 차감한 후 10/110을 곱한 금액을 재고매입세액으로 공제한다. 이 때 일반과세자는 부담한 매입세액에 대하여 전액 공제가 되는데 반하여, 간이과세자는 매입세금계산서 등 세액공제(매입세액× 업종별 부가가치율)를 받기 때문에 일반과세자로 변경되는 경우에는 간이과세자의 지위에서 공제받은 금액을 제외한 나머지 금액을 추가적으로 공제받아야 할 것이다. 즉 재고품 및 감가상각자산은 일반과세자의 지위에서 사용되므로 간이과세자였을 때 구입하여 일정률 밖에 공제받지 못한 것을 일반과세자로 변경하는 경우 전액 공제해 주기 위해 이러한 제도를 두고 있는 것이다.
  - 재고품재고매입세액 = 재고금액× 10 / 110 × (1 − 간이과세자의 업종별 부가가치율)
  - 감가상각자산 : 보유 기간에 따라 일정비율을 감액

5. 부가가치세의 신고 · 납부

1) 부가가치세 신고

부가가치세는 프랑스 재무부 관리인 모리스 로레가 고안한 간접세의 한 종류 이다. 재화와 서비스의 거래에서 발생하는 부가가치에 주목하여 과세하는 구조이기 때문에, 서양에서는 VATValue-Added Tax 또는 GSTGoods and Services Tax, 소비세로 불린다. 현대적인 조세로 부가가치세가 그 모습을 나타낸 것은 1954년 프랑스가 최초라 할 것이다.

1954년 부가가치세 도입은 종전 소비세의 불완전한 거래세 · 판매세를 조합한 것을 대신한 것으로, 공업부문만을 대상으로 하는 부분적인 과세제도였다. 이후 1968년에 부가가치세의 과세범위를 도매까지 확장하는 동시에 용역을 부가가치세의 과세대상에 포함시켜 실질적 의미의 부가가치세가 시행되었다고 볼 수 있다.

이 부가가치세 신고는 각 기간(예정신고기간, 과세기간)이 경과한 후 25일 이내에 신고 · 납부한다. 그러나 개인사업자는 원칙적으로 예정신고기간분의 고지서를 발부받아 납부하는 것을 원칙으로 하므로, 대부분 1년에 두 번(7월 25일, 1월 25일) 확정신고 · 납부하면 된다.

표 8.4 일반사업자의 부가가치세 신고기간

구 분	과세기간	예정신고 과세기간 (신고 납부기한)	확정신고 과세기간 (신고 납부기한)
1기	1.1 ~ 6.30	1.1 ~ 3.31(4.25)	1.1 ~ 6.30(7.25)
2기	7.1 ~ 12.31	7.1 ~ 9.30(10.25)	7.1 ~ 12.31(다음 해 1.25)

2) 신고 · 납부

(1) 예정고시

개인사업자에 대하여는 관할세무서장이 각 예정신고기간마다 직전과세기간에 대한 납부세액의 1/2에 상당하는 금액을 결정하여 고지하도록 하고 있다. 다만, 예정신고기간 내에 신규로 개업한 사업자는 예정신고기간 경과 후 25일 내에 예정신고 · 납부한다.

표 8.5 일반사업자의 예정신고

예정신고납부를 할 수 있는 자	① 휴업 또는 사업부진으로 인하여 각 예정신고기간의 공급가액(또는 납부세액) 이 직전 과세기간의 공급가액(또는 납부세액)의 1/3에 미달하는 자 ② 각 예정신고기간분에 대해 조기환급을 받고자 하는 자
예정신고납부를 해야 하는 자	① 직전 과세기간에 대한 납부세액이 없는 자 ② 각 예정신고기간에 신규로 사업을 개시한 자

(2) 확정신고 · 납부

사업자는 각 과세기간(제1기, 제2기)에 대한 과세표준과 납부세액(또는 환급세액)을 그 과세기간 종료 후 25일 이내에 각 사업소 관할세무서장에게 신고하고, 당해 과세기간에 대한 납부세액을 납부해야 한다. 따라서 제1기분은 7월 25일까지, 제2기분은 다음해 1월 25일까지 신고 · 납부한다. 이 경우 예정신고분은 확정신고 시 제외하고 신고한다. 따라서 예외적인 경우로서 예정신고기간(1~3월, 7~9월)분에 대하여 예정신고를 한 경우에는 확정신고 시 그 이후의 과세기간 최종 3월(4~6월, 10~12월)분의 영업실적에 대하여만 신고 · 납부하면 된다. 예정신고기간에 대하여 고지서를 발부받아 납부한 경우에는 과세기간 전체(1~6월, 7월~12월)분의 영업실적에 대하여 신고하되, 예정고지납부액은 차감한 후 납부한다.

3) 일반과세자의 환급

부가가치세는 매출세액에서 매입세액을 공제하여 계산하므로 매입세액이 매출세액보다 큰 경우에는 환급세액이 발생하며, 이 경우에는 해당세액을 되돌려받을 수 있다.

환급에는 일반환급과 조기환급이 있다. 환급신청을 한 경우에는 관련증빙서류 등에 대한 확인절차를 거쳐 환급하게 된다. 조기 환급기간의 환급세액을 조기 환급받고자 하는 사업자는 조기 환급기간 종료일부터 25일 이내에 조기 환급기간에 대한 과세표준과 환급세액을 정부에 신고해야 하는데, 이것을 '조기 환급신고'라 한다. 이러한 신고에 있어서는 조기 환급신고서와 함께 매출·매입처별 세금계산서합계표와 사업설비투자실적명세서를 그 신고서에 첨부해야 한다(영세율로 인한 조기 환급의 경우에는 영세율첨부서류를 제출해야 한다).

조기 환급신고는 그 성격이 부가가치세 신고와 유사하므로 조기 환급신고를 한 부분은 예정신고 및 확정신고의 대상에서 제외하며, 조기 환급신고에 있어서 매출·매입처별 세금계산서합계표를 제출한 것은 예정신고 또는 확정신고와 함께 이를 제출한 것으로 본다.

표 8.6 일반사업의 부가가치세 환급자

	대 상	기 간	비 고
조기환급	• 환급 · 영세율이 적용되는 때 • 사업설비 신설 · 취득 · 확장 또는 증축하는 때(따라서 음식점의 인테리어, 상가분양 등과 관련한 지출은 시설투자에 해당되어 조기환급 대상이 된다.)	• 예정신고기간 중 또는 과세기간 최종 3월 중 매월분 또는 매 2월분을 다음 달 25일까지 신청하면 되고, 신고기한 경과 후 15일 내에 해당세액을 돌려받을 수 있다.	• 수출과 투자를 지원하기 위한 제도
일반환급	• 조기환급 대상이 아닌 경우로서 매입세액이 매출세액보다 큰 경우	• 각 과세기간별로 확정 신고기한 경과 후 30일 내에 환급받을 수 있다.	

6. 기타 절세전략

(1) 개업 전에 비품 등을 구입할 때도 반드시 세금계산서를 받아두어야 한다.

사업을 처음 시작하는 신규사업자들은 대부분 사업 준비단계에서는 사업자등록을 하지 않고 있다가, 사업을 개시한 후에 등록을 하는 경우가 많다. 사업 준비단계에서 지출한 사업소 인테리어 비용, 비품 구입비 등도 사업을 위하여 지출한 비용이므로 당연히 그 매입세액은 공제를 받을 수 있다. 그러나 비품 등을 구입하는 시점에서는 사업자등록을 하지 않았으므로 사업자등록번호가 기재된 세금계산서를 교부받을 수는 없으며, 이 때 사업자등록번호 대신 사업자의 주민등록번호를 기재하여 세금계산서를 교부받으면 매입세액을 공제받을 수 있다.

그러므로 위와 같은 불이익을 당하지 않기 위해서는 사업자등록을 하기 전에 공사대금을 지급하거나 비품 등을 구입하는 경우에도 사업자의 주민등록번호를 기재하여 세금계산서를 받아야 한다. 그러나 이 경우에도 사업자등록 신청일로부터 역산하여 20일이 지난 경우에는 매입세액을 공제받지 못하므로 사업소가 확보되는 즉시 사업자등록을 해두는 것이 좋다.

tip

사례 : 세금계산서, 반드시 받아두어야 한다!

대학가 인근에 점포를 얻은 다음, 음식점 개업 준비를 하면서 A씨는 2007년도에 실내장식비로 3,000만 원, 비품구입비로 2,000만 원을 지출하였으나, 당시에는 사업자등록을 하지 않았으므로 세금계산서를 받아두지 않았다. 다행히 사업은 잘되었는데, 얼마 후 부가가치세를 신고하려고 세금을 계산해보니 3개월치 부가가치세가 무려 400만 원이나 되었다.

A씨는 세금이 너무 많은 것 같아 세무서 납세자보호담당관을 찾아가 상담을 해보았더니, 담당관은 개업 준비를 위해 지출한 비용도 매입세액을 공제받을 수 있지만 세금계산서를 받아두지 아니하여 공제를 받을 수 없다고 한다. 이러한 경우 A씨가 비품 등의 구입시점에서 주민등록번호를 기재하고 세금계산서를 교부받았다면 4,545,455원의 매입세액을 공제받아 오히려 50만 원 정도를 환급받을 수 있었을 것이며, 간이과세자에 해당된다 하더라도 수취한 매입세금계산서에 대한 1,363,636원의 세액공제를 받을 수 있었을 것이다.

(2) 세금계산서를 분실한 경우에는 이렇게 하라.

세금계산서는 사업자가 재화 또는 용역을 공급하고 상대방으로부터 부가가치세를 거래 징수하였다(재화 또는 용역을 공급받고 상대방에게 부가가치세를 지불하였다)는 사실을 확인해 주는 증빙서류이므로 잘 보관해야 한다.

세금계산서를 분실하게 되면 공급자는 공급가액의 1%에 상당하는 가산세를 물어야 하고, 공급받는 자는 매입세액을 공제받지 못한다. 세금계산서를 분실한 경우에는 다음과 같이 처리하면 된다.

표 8.7 일반사업자의 세금계산서 분실

매출세금계산서를 분실한 경우	장부 및 증빙서류에 의해 내용을 확인하여 공급자용 세금계산서만 다시 작성하여 보관하면 된다.
매입세금계산서를 분실한 경우	공급자에게 의뢰하여 세금계산서 사본을 재교부 받아 보관하면 된다. 공급자의 폐업 등으로 세금계산서 사본을 교부받지 못하면 매입세액 공제를 받을 수 없게 되므로, 매입세금계산서는 보다 철저히 보관해야 한다.

(3) 공급자가 세금계산서를 발행하여 주지 않는 경우

- 입법취지 : 경제적으로 우월한 지위에 있는 재화 또는 용역의 공급자가 과세표준이 노출되지 않도록 세금계산서를 발행하지 않는 사례를 방지하기 위한 것이다.
- 매입자발행세금계산서를 발행할 수 있는 사업자 : 일반과세자로부터 재화나 용역을 공급받은 모든 사업자(면세사업자를 포함)는 매입자발행세금계산서를 발행할 수 있다.
- 매입자발행세금계산서 발행 절차
  - 재화 또는 용역을 공급하는 일반과세자가 세금계산서를 발행하지 않는 경우 매입자(신청인)는 거래시기 이후 15일 이내에 거래사실확인신청서에 대금결제 등 거래사실 입증자료를 첨부하여 신청인의 관할세무서장에게 거래사실의 확인을 신청해야 한다. 거래사실 입증책임은 매입자에게 있으므로 대금결제 등 증빙자료(영수증, 거래명세표, 거래사실확인서 등)를 확보해야 한다.
  - 신청인 관할세무서장은 신청인이 제출한 자료를 공급자 관할세무서장에게 통보한다.
  - 공급자 관할세무서장은 신청일의 익월 말일까지 공급자의 거래사실 여부를 확인하고 그 결과를 공급자와 신청인 관할세무서장에게 통보한다.
  - 공급자 관할세무서장으로부터 거래사실확인 통지를 받은 신청인 관할세무서장은 즉시 신청인에게 그 결과를 통지하고, 그 통지를 받은 신청인은 매입자발행세금계산서를 발행하여 공급자에게 교부해야 한다. 다만, 신청인 및 공급자가 관할세무서장으로부터 거래사실확인 통지를 받은 경우에는 매입자발행세금계산서를 교부한 것으로 본다.

- 신청인이 부가가치세신고 또는 경정청구 시 매입자발행세금계산서합계표를 제출한 경우, 매입자발행세금계산서에 기재된 매입세액을 공제받을 수 있다.

(4) 거래사실확인 신청에 대한 건수 · 금액 제한 유 · 무

- 매입자가 세금계산서를 발행하기 위하여 세무서장에게 거래사실확인 신청하는 경우에는 다음과 같은 제한이 있다.
  - 거래건당 공급대가가 10만 원 이상, 500만 원 이하여야 한다.
  - 거래사실의 확인은 월별로 2건의 거래에 대하여만 가능하다(2건을 초과한 거래에 대해서는 그 거래사실의 확인이 거부된다).

tip

매입자발행세금계산제도

세금계산서 교부 의무가 있는 사업자(일반과세자)가 재화 또는 용역을 공급하고 그에 대한 세금계산서를 발행하지 않는 경우, 재화 또는 용역을 공급받은 사업자(매입자)가 관할세무서장의 확인을 받아 세금계산서를 발행할 수 있는 제도이다.

7. 종합소득세

종합소득세는 개인이 지난해 1년간의 경제활동으로 얻은 소득에 대하여 납부하는 세금으로서 모든 소득을 합산하여 계산하고, 다음해 5월 1일부터 5월 31일까지 주소지 관할세무서에 신고 · 납부해야 한다.

종합소득세 과세대상 소득은 사업소득, 부동산 임대소득, 이자 · 배당소득, 근로소득, 기타소득, 연금소득이 있다(분리과세되는 이자 · 배당소득, 분리과세를 선택한 연 300만 원 이하의 기타소득 등과 양도소득, 퇴직소득은 종합소득세 합산신고 대상에서 제외한다).

매년 11월에 소득세 중간예납세액을 납부해야 하고, 다음해 5월 확정신고 시 기납부세액으로 공제한다. 사업에서 손실이 발생하여 납부할 세액이 없는 경우에도 종합소득세 신고는 해야 한다. 신고를 하지 않는 경우에는 특별공제와 각종 세액공제 및 감면을 받을 수 없고, 무신고가산세와 납부 · 환급불성실가산세를 추가로 부담하게 되는 불이익을 당할 수 있다.

8. 소득세 신고방법

소득세를 신고하는 방법은 장부에 의한 방법, 경비율에 의한 추계신고 방법이 있다.

1) 장부에 의한 방법

사업자는 사업과 관련된 모든 거래사실을 복식부기 또는 간편 장부에 의해 기록 · 비치하고 관련 증빙서류 등과 함께 5년간 보관해야 한다. 장부를 기장하는 경우, 스스로 기장한 실제소득에 따라 소득세를 계산하므로 적자(결손)가 발생한 경우 5년간 소득금액에서 공제를 받을 수 있다.

전년도 매출액이 1억5천만 원 이상인 사업자로 대차대조표, 손익계산서, 세무조정계산서, 합계잔액시산표를 반드시 작성하여 신고해야 한다. 이러한 재무제표는 일반인은 작성하기 곤란하기 때문에 세무대리인에게 의뢰하여 작성한다.

만약, 복식장부의무자가 복식장부를 하지 않으면 무신고로 간주하여 무신고가산세로 ① 산출세액×20%, ② 수입금액×0.07%로 ①, ② 둘 중 큰 금액으로 부과되고, 소득세 계산 시 기준경비율에 의한 소득상한율이 적용되어 결과적으로 세금부담이 크게 증가된다.

전년도 매출액이 4,800만 원에서 1억5천만 원 미만인 사업자는 간편장부의무자에 해당되며, 간편장부를 작성하고 간편장부소득금액 계산명세서를 작성해서 신고해야 한다. 간편장부의무자가 간편장부를 하지 않은 경우, 불이익은 세금에 10%의 가산세를 부담하게 된다. 간편장부를 하면 납부할 세금에서 10% 세금을 공제해 준다(한도:

1백만 원). 따라서 간편장부의무자가 간편장부를 하게 되면 결과적으로 20%의 혜택을 보게 된다.

2) 경비율에 의한 추계신고방법

소득세를 계산하기 위해서는 우선 소득금액을 산출해야 한다. 사업자가 장부를 기장하고 있으면 수입금액에서 장부와 증빙서류에 의해 확인되는 필요경비를 공제하여 소득금액을 산출하면 되지만, 장부가 없으면 정부에서 정한 방법으로 소득금액을 추계할 수밖에 없다. 소득금액을 추계할 때 2001년도 소득분까지는 총수입금액에 표준소득률을 곱하여 계산하였으므로 증빙서류가 없더라도 소득금액을 계산한다.

9. 소득세 신고내용

1) 총수입금액 결정

「소득세법」상 총수입금액은 1년에 2번 부가세 확정신고 시 신고한 매출액의 합계액이 된다. 따라서 부가세 매출액 신고는 부가가치세 자체뿐만 아니라 소득세 총수입금액의 크기를 결정하므로 신중하게 신고해야 한다.

부가세 신고 시 신용카드공제를 받은 경우 그 공제액은 총수입금액에 가산된다. 이러한 총수입금액은 세무서에서 매년 5월 31일까지 종합소득세 신고안내를 하면서 안내문에 기재하여 통보해 주고 있다.

2) 필요경비

(1) 원자재

① 농 · 축 · 수산물

농 · 축 · 수산물을 구입하여 원재료로 사용한 금액은 필요경비에 해당된다. 한편,

물건매입 시 부가세가 없는 계산서를 교부받은 것으로서, 부가세신고 시 구입금액의 6/106 금액을 의제매입세액으로 공제받은 경우에는 그 의제매입세액만큼은 원가에서 제외한다.

물건구입 시 계산서를 교부받지 못한 경우에는 간이영수증을 교부받아 경비에 포함하면 된다. 복식장부의무자(전년도 매출액이 1억5천만 원 이상)는 건당 3만 원 이상의 물건 구입 시에는 반드시 계산서를 교부받든지, 아니면 카드로 결제해 주고 신용카드영수증을 보관해야 한다. 간이영수증을 교부받게 되면 그 금액의 10%를 증빙불비가산세로 부담해야 한다.

② 공산품

공산품을 구입하게 되면 부가가치세가 있는 세금계산서를 교부받아야 한다. 이 경우 부가세는 부가세신고 시 전액공제를 받으므로 부가세를 제외한 금액만 경비에 해당된다. 복식장부의무자에 해당되면 건당 3만 원 이상을 구입하게 되면 반드시 세금계산서 또는 카드로 결제를 해주어야만 한다. 만약 간이영수증을 받으면 2% 가산세를 부담하게 된다.

(2) 인건비

종업원에게 인건비를 지급하면 갑종근로소득세 및 4대 보험료 등을 징수하여 납부해야 할 의무가 있다.

(3) 원천징수

신고사업자(원천징수의무자)가 종업원(납세의무자) 등에게 급여를 지급할 때에 종업원 등이 납부해야 할 세금을 미리 징수하여 국가에 대신 납부하는 제도이다. 지급조서는 소득자(종업원 등)의 인적사항, 지급액, 원천징수세액 등을 기재한 자료로서, 상시근로자의 경우에는 지급일이 속하는 연도의 다음해 2월 말일까지, 일용근로자의 경우에는 매분기 다음 달 말까지 관할세무서에 제출한다.

(4) 연말정산

인건비를 지급한 경우, 그 다음해 2월 말까지 연말정산을 한 후 종업원에게 원천징수영수증을 교부해 주고 그 정산서류를 세무서에 제출해야 한다.

(5) 인건비에 따른 각종보험

종업원을 고용하고 인건비를 지급하는 경우 고용보험, 국민연금, 국민건강보험, 산재보험에 가입해야 한다.

3) 임차료

(1) 세금계산서를 교부받은 경우(즉 임대주가 일반과세자인 경우)

음식점사업자가 일반사업자인 경우에는 월세에 대하여 세금계산서를 교부받은 경우, 부가세는 전액공제가 되므로 부가세를 제외한 공급가액만 필요경비에 해당된다. 음식점사업자가 간이과세자에 해당되면 교부받은 세금계산서상 공급가액과 세액 전체금액이 필요경비에 해당된다. 즉 부가가치세도 경비에 삽입한다.

(2) 세금계산서를 교부받지 못한 경우(즉 임대주가 간이과세자인 경우)

임대인이 간이과세자로서 세금계산서를 교부할 수 없는 경우에는 매월 임대료를 통장으로 입금해 주고 경비 등 송금명세서를 제출해야만 임대료로 인정된다. 만약 무통장입금을 하지 않을 경우에는 임대료의 2%를 가산세로 부담하게 된다.

4) 제세공과금

전기료, 수도료, 전화료, 균등할주민세 등을 납부한 경우 납부영수증을 보관한다.

5) 복리후생비

종업원을 위한 복리후생비(식대, 작업복, 직원회식대) 비용에 대해서도 영수증을 받으면 되나, 그 금액이 5만 원 이상인 경우에는 세금계산서를 받거나 카드로 대금을 결제해 주어야만 한다.

6) 고정자산 설치(실내장식 및 시설장치, 비품)

(1) 음식점사업자가 일반과세자인 경우

구입 및 설치 시 세금계산서를 교부받으면 시설투자에 해당되어 부가세를 환급받게 되며, 매입공급가액은 「소득세법」상 고정자산에 해당되어 일정기간 동안 감가상각 과정을 거쳐 경비로 인정받게 된다.

(2) 음식점사업자가 간이과세자에 해당되는 경우

구입 및 설치 시 세금계산서를 교부받더라도 부가가치세는 전액 환급이 되지 않고 납부세액을 한도로 공제되고, 납부세액을 초과하는 금액은 소멸된다. 그러나 부가세를 포함한 매입가액이 「소득세법」상 고정자산에 해당되어 일정기간 동안 감가상각 과정을 거쳐 경비로 인정받게 된다.

7) 차량 및 그 유지비

(1) 8인승 이하 자가용인 경우

부가세를 부담하고 매입세금계산서를 교부받아도 부가세는 환급받지 못하나, 「소득세법」상 고정자산에 해당되어 감가상각을 하게 된다. 유류대 등 차량유지비는 비용에 해당된다.

(2) 화물차량 및 승합차를 구입한 경우

음식사업에 사용하기 위하여 화물차량이나 9인승 이상 승합차를 구입한 경우, 매입세금계산서를 제출하면 부가세를 전액 환급받을 수 있게 되며, 매입공급가액은 「소득세법」상 고정자산에 해당된다.

8) 충당금

'충당금'이란, 당해 연도의 총수입액에 대응하는 비용으로서 당해 연도에 확정되지는 않았지만, 이미 발생하였거나 장래에 지출될 것이 확실한 비용에 대하여는 일정한 기준에 따라 추정하여 비용으로 계상하는데, 이 때 상대항목을 충당금이라 한다. 충당금을 설정하면 설정 연도에는 설정금액에 세율을 곱하여 계산한 금액만큼의 세금을 절감할 수 있다.

(1) 감가상각충당금

고정자산은 시간이 경과함에 따라 그 가치가 점차 감소하게 되는데, 이 감소되는 현상을 '감가'라 하며, 고정자산의 감가현상을 인위적인 계산방법에 의해 합리적으로 추정하는 회계절차를 '감가상각'이라 한다. 세법에서는 고정자산에 대한 감가상각을 강제하지 않고, 사업자가 감가상각비를 비용으로 계상한 경우에 한하여 비용으로 인정하고 있다. 감가상각은 건물 · 자동차 등 유형고정자산뿐만 아니라 영업권 · 특허권 등 무형고정자산에 대하여도 할 수 있다. 실무에서는 '감가상각누계액'이라는 용어를 사용하고 있다.

(2) 퇴직급여충당금

사업자가 종업원의 퇴직급여에 충당하기 위하여 퇴직급여충당금을 장부상 비용으로 계상한 경우에는 일정금액의 범위 안에서 비용으로 인정한다.

(3) 대손충당금

대손충당금 역시 사업자가 외상매출금 · 미수금 · 기타 이에 준하는 채권에 대한 대손예상액을 대손충당금으로 비용계상한 경우에 일정금액의 범위 안에서 비용으로 인정한다. 위에서 살펴본 바와 같이, 충당금은 사업자가 스스로 장부에 계상해야만 비용으로 인정되므로 기장한다.

REFERENCES

강경석 · 김칠구(2007). 학교장의 감성리더십과 교사의 학교조직몰입과의 관계 연구, 『교육행정학연구』, 25(4): 1-24.

강길숙(2010). 「서비스조직 내 감성리더십이 상사에 대한 신뢰 및 직무태도에 미치는 영향」, 서울여자대학교대학원 박사학위논문.

강동희 · 박시사 · 홍성화(2012). 내부마케팅활동 직무만족 고객지향성과의 관계 연구 : 제주지역 관광목적지 마케팅기구 직원을 대상으로, 『관광연구저널』, 26(3): 129-147.

강무근(2005). 「호텔레스토랑의 이미지 · 관여도 · 의견 선도력이 만족과 재방문의도에 미치는 영향」, 경주대학교대학원 박사학위논문.

강무근 · 최주호 · 우문호(2001). 『외식산업론』, 학문사.

강희락(2010). 「조직구성원이 인지한 중소기업 최고경영자의 감성리더십과 조직유효성의 관계 : 종업원 감성지능의 조절효과」, 영남대학교대학원 박사학위논문.

강희락 · 박동수(2009). 조직구성원이 인지한 감성리더십과 조직유효성의 관계에서 신뢰와 조직구성원의 감성지능의 조절효과, 『대한경영학회 2009년도 춘계학술연구발표대회』, 763-786.

계승희 · 문현경 · 정해랑 · 황성희 · 김우선(1995). 한식제공 음식업소의 위생 및 시설조사 연구(2) : 조리기기 기구의 위생관리 및 개인위생 평가, 『한국식생활문화학회지』, 10(1): 1-10.

고호석(2005). 부산지역 패밀리레스토랑 종업원의 직무스트레스와 직무만족 간의 영향관계에 관한 연구, 『문화관광연구』, 7(3): 55-73.

공정거래위원회 가맹정보제공시스템(http://www.franchise.ftc.go.kr).

공정거래위원회(2014). 정보공개서 등록현황.

곽동경(2015). 『단체급식의 이해』, 신광출판사.

구동우(2012). 「호텔기업에서 총지배인의 진정성 리더십에 의한 리더신뢰와 조직신뢰가 정서적 몰입과 이직의도에 미치는 영향」, 세종대학교대학원 박사학위논문.

구승희(1996). 『트러스트』, 한국경제신문사.

권정해 · 김판희(2014). 유아교육기관 원장의 감성리더십 척도개발, 『아동교육』, 23(1): 79-102.

기은혜 · 구본기(2014). 항공사종사원의 신뢰가 직무만족 및 조직몰입에 미치는 영향, 『관광연구』, 29(2): 237-257.

김규리 · 최은수(2014). 컬러테라피 프로그램을 통한 성인학습자의 감성리더십 개발과정 연구: 전환학습 관점을 중심으로, 『한국성인교육학회』, 17(1): 181-212.

김기영(1997). 『주방관리론』, 백산출판사.

김기영 · 유정봉(1994). 관광호텔주방의 조리환경에 관한 연구, 『Tourism Research』, 8(1): 359-384.

김기영 · 추상용(2001). 『연회기획관리실무론』, 기문사.

김기진 · 박성수(2008). 단체급식 유형별 조리종사자의 위생교육현황 및 위생지식에 관한 연구: 대구 · 경북을 중심으로, 『외식경영연구』, 11(4): 115-137.

김대섭(2015). 「호텔주방의 조직문화와 인적자원개발이 조직성과에 미치는 영향 연구: 서번트십을 중심으로」, 남부대학교대학원 박사학위논문.

김도형(2010). 「패밀리레스토랑 직원의 이직의도에 영향을 미치는 요인에 관한 연구」, 세종대학교 석사학위논문.

김두라(2004). 「한국외식산업의 성장요인: 소득변수를 중심으로」, 경기대학교대학원 박사학위논문.

김미화(2015). 「근로자가 인식하는 사회적 기업과 영리기업의 조직문화가 조직성과에 미치는 영향에 관한 연구: 셀프리더십의 매개효과」, 호서대학교대학원 박사학위논문.

김민수(2011) 「호텔기업의 노사파트너십과 보상제도가 조직성과에 미치는 영향」, 경기대학교대학원 박사학위논문.

김석용(2015). 지방정부공무원의 리더십이 조직효과성에 미치는 영향관계에 관한 연구: 조직문화의 조절효과를 중심으로, 『한국자치행정학보』, 29(1): 199-222.

김선정 · 이나영 · 장혜자 · 곽동경(2008). 한식당의 위생관리 현황평가 및 위험요인 중심의 위생교육용 포스터개발, 『한국식생활문화학회지』, 23(5): 582-594.

김선정 · 이나영 · 장혜자 · 곽동경(2008). 한식당의 위생관리현황 평가 및 위험요인 중심의 위생교육용 포스터개발, 『한국식생활문화학회지』, 23(5): 582-594.

김성혁 · 권상미 · 양현교(2009). 호텔직원들의 리더십과 팔로워십 유형이 조직몰입 직무만족 이직의도에 미치는 영향: 서울소재 특급호텔 식음료 직원을 대상으로, 『호텔경영학연구』, 18(3): 81-97.

김순기(2013). 『(K-IFRS)회계원리』, 박영사.

김연성(2002). 『서비스경영』, 법문사.

김영삼(2010). 「학교장의 감성리더십 학교조직문화 학교경영만족도의 관계」, 창원대학교 대학원 박사학위논문.

김영선(2014). 「변혁적 리더십이 조직신뢰 및 조직시민행동에 미치는 영향에 관한 연구 : 장기이식관련기관을 중심으로」, 한성대학교대학원 박사학위논문.

김의근(2017). 『프랜차이즈경영론』, 기문사.

김정림 · 조혜진(2012). 어린이집 교사가 지각한 원장의 감성리더십과 조직문화가 직무만족도에 미치는 영향, 『한국보육지원학회지』, 8(1): 65-83.

김종수(2007). 『행정조직론』, 도서출판 관악.

김진희(2007). 조직문화 조직몰입 및 조직성과와의 관계 : 고용지원센터를 중심으로, 『노동정책연구』, 7(2): 103-134.

김창호 · 최용신(2010). 공기업 전직지원제도가 조직신뢰 및 몰입과 기업성과에 미치는 영향, 『한국인사행정학회보』, 9(3): 99-127.

김철구(2008). 「학교장의 감성리더십과 교사의 감성지능 및 직무만족이 교사의 학교조직몰입에 미치는 영향」, 인하대학교대학원 박사학위논문.

김철의(2008). 「지방공기업의 최고경영자 리더십과 조직문화가 조직혁신 및 성과에 미치는 영향에 관한 연구」, 영남대학교대학원 박사학위논문.

김태균(2009). 「성과관리인사제도가 조직효과성에 미치는 영향」, 창원대학교대학원 박사학위논문.

김현진(2004). 「진주지역 단체급식소에서 미생물검사 및 실사를 통한 안전성평가」, 경상대학교산업대학원 석사학위논문.

김호정(2002). 행정조직문화가 조직몰입과 직무만족에 미치는 영향, 『한국행정학보』, 37(4): 87-105.

나영선(1997). 『호텔서양조리 실무개론』, 백산출판사.

나정기(1997). 레스토랑의 평가기준에 대한 소고, 『개교 50주년 기념논문집』, 517-539.

남봉우 · 서인덕(2010). 육군부사관의 감성지능이 군조직 유효성에 미치는 영향에 관한 연구 : 감정노동의 조절효과, 『한국인적자원관리학회』, 17(4): 197-224.

남정숙(2011). 「감성리더십이 창의성과 업무성과에 미치는 영향 : 자기효능감과 직무몰입의 매개역할을 중심으로」, 성균관대학교대학원 박사학위논문.

노형진(1998). 기업가정신의 발전과정에 관한 연구, 『전문경영인연구』, 1(1): 121-137.

농림축산식품부(2014). 2014년 4분기『외식업 경기동향 소식지』, 한국농수산식품유통공사.
류경(2005). 단체급식 위생관리 개선방안,『산업보건』, 211: 42-46.
류은순 · 장혜자(1995). 단체급식소 급식종사자의 위생습관에 관한 연구,『한국식품조리과학회지』, 3: 274-281.
마태운(2013).「지방공무원의 인사공정성 인식이 정치적 중립성에 미치는 영향분석: 상사신뢰를 매개변수로」, 순천대학교대학원 박사학위논문.
문혜강(2013).「진성리더십이 구성원의 태도 및 행동에 미치는 영향: 상사신뢰의 매개효과 중심」, 영남대학교 박사학위논문.
박경규(2016).『신인사관리: 노동과 자본의 통합이론』, 홍문사.
박기용(2009).『21세기 글로벌경쟁시대의 외식산업경영학』, 대왕사.
박동수 · 강희락 · 장연(2009). 조직구성원이 인지한 감성리더십과 조직유효성의 관계에서 신뢰의 조절효과: 중소기업을 중심으로,『대한경영학회지』, 22(5): 2,741-2,768.
박병렬(1999). 호텔레스토랑 환경의 효율적인 관리에 관한 연구,『관광경영연구』, 4: 145-167.
박병렬 · 조성문(1995). 호텔레스토랑 서비스품질평가에 관한 연구,『관광개발논총』, 14: 75-95.
박병열 · 임붕영(1995).『외식산업 주방관리론』, 대왕사.
박선미(2015).「광고회사의 조직문화인식이 창의성과 개인직무성과에 미치는 인과구조적 영향에 관한 연구」, 홍익대학교대학원 박사학위논문.
박성식(1998). 인적자원개발과 관리에 관한 연구,『대학논문집』, 19: 403-422.
박성희 · 노재민 · 장혜자 · 강영재 · 곽동경(2007). 레스토랑 식중독예방을 위한 위해요소 규명 및 위생교육매체 개발,『한국식품조리과학회지』, 23(5): 589-600.
박슬기 · 황진수(2015). 호텔직원이 지각하는 조직문화가 주관적 웰빙에 미치는 영향: 한국과 미국 비교연구,『호텔리조트연구』, 14(1): 329-345.
박재희(2009). 호텔종사원의 조직 동일시가 조직몰입 및 조직시민행동에 미치는 영향,『문화관광연구』, 11(1): 75-87.
박종철 · 김영태(2011). 호텔종사원들에 있어서 상사에 대한 변혁적 리더십이 신뢰 및 직무만족 조직몰입에 미치는 영향,『관광레저연구』, 23(4): 79-98.
박종철 · 안대희 · 박형권(2008). 호텔기업의 인적자원관리 신뢰조직성과의 구조적 인과관계에 관한 연구,『국제관광산업연구』, 11(1): 11-34.
박찬웅(1999). 경쟁의 사회적 구조기업 내 신뢰의 사회적 연결망과 개인의 조직 내 성과,

『한국사회학』, 33: 778-817.

배성현 · 김미선(2011). 조직공정성과 상사신뢰 직무긴장 이직의도와의 관계 및 조직정치 지각의 매개효과, 『인적자원관리연구』, 16(3): 123-148.

백장호(2014). 「감성리더십이 조직몰입과 직무성과에 미치는 영향에 관한 연구」, 동신대학교대학원 박사학위논문.

삼일회계법인(2015). 『세법(부가가치세, 법인세, 소득세법) 실무 및 사례중심, 세무회계 실무총서』. 삼일회계법인.

서성한 · 박기안(1998). 『마케팅론』, 법경사.

성지현(2012). 「카지노종사원의 경력정체지각이 이직의도에 미치는 영향: 긍정심리자본과 상사부하교환관계」, 경기대학교대학원 박사학위논문.

손재근(2008). 호텔종사원의 역할과 직무만족서비스품질의 관계, 『관광연구』, 23(2): 207-222.

송진구(2014) 「진성리더십과 조직유효성 간의 관계에 관한 연구, 리더와 차상위 리더의 상향 교환관계의 조절효과 및 상사에 대한 신뢰의 매개효과」, 가천대학교대학원 박사학위논문.

식품유통연감(2002). 『식품유통연감』, 식품저널편집부.

신승훈(2012). 커피전문점 비정규직 근로자의 지각된 직무불안정성과 직무만족 조직몰입 이직의도의 구조적 인과관계연구, 『관광연구』, 27(4): 297-315.

신용석(2015). 휴먼서비스조직의 감성리더십이 종사자의 이직의도에 미치는 영향, 『한국콘텐츠학회논문지』, 15(4): 431-442.

신유근(1996). 한국기업 최고경영자의 행동특성과 리더십스타일 성공기업 및 실패기업을 대상으로, 『인사조직연구』, 4(2): 203-233.

신재흡(2015). 감성적리더십 학교조직문화 직무만족 간의 구조관계, 『교육종합연구』, 13(1): 121-142.

안연정(2000). 「외식산업발전을 위한 마케팅전략에 관한 연구」, 경기대학교 서비스경영전문대학원 석사학위논문.

안치성(2014). 「감성리더십이 조직신뢰와 종업원 인게이지먼트에 미치는 영향: 자기효능감의 조절효과를 중심으로」, 경희대학교대학원 박사학위논문.

어금희 · 류경 · 박신정 · 곽동경(2001). 초등학교 급식조리종사자의 위생지식검사를 통한 교육필요성 평가, 『대한영양사협회 학술지』, 7(1): 56-65.

어금희 · 함문훈(2009). 패밀리레스토랑 직원들의 식품위생 및 안전지식에 관한 연구, 『한국조리학회지』, 15(2): 268-281.

우문호(2001). 「거시적 경제환경의 변화가 외식산업에 미치는 영향에 관한 연구」, 동아대학교대학원 박사학위논문.

우문호(2003). 『외식산업론』, 학문사.

우문호(2009). 『세계의 음식과 문화』, 학문사.

우문호 · 강무근(2001). 『관광외식 원가관리』, 효일.

원융희(1992). 「호텔종사원의 직무만족과 서비스제공 수준 및 성과에 관한 연구 : 서울지역 특1급호텔을 중심으로」, 세종대학교대학원 박사학위논문.

원주순(2008). 「서비스산업 종사자의 직무만족이 서비스품질에 미치는 영향」, 이화여자대학교 정책과학대학원 석사학위논문.

월간식당(2000). 『월간식당』, 한국외식정보.

유재훈(1990). 호텔주방설비계획에 관한 연구, 『Tourism Research』, 4(1): 189-200.

윤병우(1996). 「외식기업 식자재유통시스템 운영방안에 관한 연구」, 영남대학교대학원 석사학위논문.

윤상목(2014). 「장애인거주시설종사자의 윤리경영 인식이 조직성과에 미치는 영향」, 대구한의대학교대학원 박사학위논문.

윤선영(2013). 문화적응스트레스가 직무만족에 미치는 영향 : 국내항공사 외국인객실승무원을 대상으로, 『한국항행학회논문지』, 17(4): 449-458.

이덕운 · 정희용 · 이영석(2010). 국제공항종사원의 감성지능이 조직유효성에 미치는 영향에 관한 연구, 『산업경제연구』, 23(6): 2,961-2,979.

이동근(2006). 「국내호텔외식산업의 표적시장과 사업형태에 관한 연구」, 중부대학교대학원 박사학위논문.

이명식(2011). 국가이미지가 관광지 태도와 행동의도에 미치는 영향 : 제주도를 방문하는 중국관광객을 중심으로, 『한국관광학회 학술대회 발표논문집』, 2011(2): 177-190.

이미라(2007). 「교장의 감성리더십과 학교의 조직감성과 조직학습의 관계」, 충남대학교대학원 박사학위논문.

이미혜 · 장혜진(2015). 컨벤션종사자의 조직신뢰가 직무만족과 조직성과에 미치는 영향 연구, 『관광연구』, 30(2): 375-399.

이석열(2006). 교장의 감성리더십 진단척도 개발, 『교육행정학연구』, 24(3): 51-78.

이선희(2008). 직무만족과 개인직무부합도가 청년근로자의 이직결정에 미치는 영향, 『한국심리학회지』, 21(4): 705-728.

이소희 · 김은주 · 박혜숙(2011). 에니어그램을 활용한 감성리더십 프로그램을 통해서 본 아버지 역할의 변화, 『한국가족복지학』, 16(3): 127-154.

이순구 · 박미선(2011) 호텔기업관리자의 감성리더십이 조직유효성과 고객지향성에 미치는 영향, 『관광레저연구』, 23(1): 121-140.

이영균 · 최현묵(2012). 군조직에서의 감성리더십과 직무만족과의 관계연구, 『한국정책연구』, 12(2): 207-229.

이영만(2015). 「조직공정성 인사평가인식 조직문화가 조직효과성에 미치는 영향: 경기도 교육행정기관을 중심으로」, 경기대학교대학원 박사학위논문.

이영석(2003). 「회사신뢰 및 상사신뢰의 결정요인과 효과성에 관한 연구」, 성균관대학교 대학원 박사학위논문.

이영주(2015). 「미용서비스산업 종사자의 조직문화와 조직유효성 관계에서 임파워먼트의 조절효과」, 서경대학교대학원 박사학위논문.

이의경(2008). 『알기쉬운 재무분석』, 신론사.

이정근(2013). 「조직유형별 관리자의 리더십유형과 조직유효성 간의 관계: 학교조직 · 관공서조직 · 기업조직을 중심으로」, 창원대학교대학원 박사학위논문.

이정주(2006). 「지방공기업에서 조직문화가 조직효과성에 미치는 영향에 관한 연구: 지하철공사의 사례」, 서울시립대학교대학원 박사학위논문.

이정한 · 서진우(2005). 『외식사업경영실무론』, 대왕사.

이종호(2014). 호텔종사원의 직무자율성에 따른 감정노동이 직무만족과 고객지향성에 미치는 영향연구, 『관광연구저널』, 28(9): 111-122.

이창욱(2006). 「호텔기업 연봉제시행의 공정성지각과 조직몰입의 관계에 관한 연구: 내재화와 냉소주의를 중심으로」, 경기대학교대학원 박사학위논문.

이학종(1990). 『기업문화와 조직개발: 이론과 기법』, 법문사.

이학종(1997). 『한국기업의 문화적 특성과 새기업문화 개발』, 박영사.

이혜진 · 이창원(2011). 사회복지관장의 리더십유형이 종사자의 조직몰입에 미치는 영향에 관한 연구: 복지관장 감성지능의 조절효과를 중심으로, 『한국정책학회』, 20(1): 213-243.

이호선 · 류은영 · 류병곤 · 이종민(2015). 감성리더십이 조직몰입에 미치는 영향, 『한국조직학회보』, 12(1): 44-79.

이화용(2005). 『감성트렌드 감성적 셀프리더십과 자아실현』, 한솜미디어.

인묘환 · 윤병섭(2014). 절차공정성이 조직시민행동에 미치는 영향조직, 몰입의 매개효과와 조직문화 특성의 조절효과, 『기업경영연구』, 56: 227-252.

임봉영 · 이지호(1996). 『외식산업경영론』, 형설출판사.

임창희(2013). 『조직론: 경영과 행정의 이론과 실제』, 비앤엠북스.

임창희(2013). 『조직행동』, 비앤엠북스.

장혁래 · 이서형 · 조춘봉(2004). 호텔규모에 따른 주방의 업무환경에 관한 연구: 서울소재 관광호텔을 중심으로, 『외식경영연구』, 7(1): 99-121.

전순영(2012). 경영자특성과 인적자원관리가 성과에 미치는 효과, 『기업경영연구』, 19(2): 149-169.

전영배 · 김석영(2006). 호텔종사원이 지각하는 신뢰가 직무만족과 이직의도에 미치는 영향, 『호텔리조트연구』, 6(1): 37-53.

전희정 · 이윤경 · 백재은 · 주나미(1994). 서울지역 산업체급식소의 운영관리 실태조사 및 평가 2: 생산직 급식소와 사무관리직 급식소 간의 잔식량, 위생 및 시설기구관리를 중심으로, 『한국식품조리과학회지』, 10(3): 227-283.

정병헌(2015). 「공유리더십이 조직신뢰와 커뮤니케이션에 미치는 영향: 자기효능감의 조절효과를 중심으로」, 경희대학교일반대학원 박사학위논문.

정연국 · 문혜리 · 석기현(2012) 특급호텔의 거래적 리더십이 종사원의 조직유효성 및 경영성과에 미치는 영향연구, 『관광연구』, 27(5): 501-520.

정은성 · 박재민(2015). 관광리조트 종사원들의 내재적인 심리적 임파워먼트와 직무만족의 영향관계에서의 공동체의식의 조절효과, 『호텔경영학연구』, 24(2): 155-173.

정은정(2014). 「감성리더십이 자기효능감과 조직성과에 미치는 영향연구, 감성지능의 조절효과를 중심으로」, 경기대학교대학원 박사학위논문.

정의선 · 김병기 · 이경수(2014). 외식사업의 유형별 종사자지위별 고용탄력성 추정: 강원도 일반음식점을 중심으로, 『호텔리조트연구』, 13(3): 301-322.

정현영(2006). 「위탁급식업체 종사자의 감성리더십과 감성지능이 조직성과에 미치는 영향」, 연세대학교대학원 박사학위논문.

정홍술(2002). 「분배절차 상호작용 공성정이 상사에 대한 신뢰조직지원, 인식 및 조직시민행동에 미치는 영향」, 전남대학교대학원 박사학위논문.

정효선 · 김미정 · 윤혜현(2007). 외식산업에서 윤리경영실행 정도에 따른 종사원의 직무만족, 『호텔경영학연구』, 16(1): 105-120.

정희재(2011). 「중소기업 CEO의 정신건강이 기업가정신에 미치는 영향」, 고려대학교대학원 석사학위논문.

주윤수 · 한상숙(2013). 간호사가 지각한 리더의 감성리더십과 자신의 감성지능이 조직몰입 및 조직시민행동에 미치는 영향, 『한국간호교육학회』, 19(1): 194-202.

중앙시사매거진(https://jmagazine.joins.com).

최문경(2015). 여성창업가의 기업가정신이 조직성과에 미치는 영향 : 조직문화의 매개효과와 환경 불확실성 및 경쟁강도의 조절효과를 중심으로, 『관광경영연구』, 17(1): 257-274.

최원식 · 이수범(2014). 호텔조리종사원이 인지한 감성리더십이 임파워먼트 신뢰 및 혁신행동에 미치는 영향, 『한국조리학회지』, 20(2): 1-15.

최정길(2006). 『호텔회계학입문』, 21세기사.

통계청(2016). 2016년 한국의 사회동향.

통계청. 한국표준산업분류(http://kssc.kostat.go.kr).

하용규 · 김성대(2013). 감성리더십과 조직충성도의 관계에서 신뢰의 매개.

한국농수산식품유통공사(2014) 한국외식업경기동향 종합보고서.

한국농수산식품유통공사(2016). 2016년도 식품산업 주요지표.

한국외식연감(2011, 2013, 2015).

한금희 · 김수경(2014). 호텔종사자의 감성리더십 인식차이가 조직시민행동에 미치는 영향, 『관광경영연구』, 58: 339-359.

한재숙 · 홍상욱 · 김정숙 · 한준표 · 김능수(1997). 한국인의 식품알레르기 빈도 및 알레르기 원인식품에 대한 연구, 『한국식품영양과학회지』, 26(1): 1-9.

현병무 · 김성종(2015). 조직신뢰가 고객지향성에 미치는 영향, 『한국콘텐츠학회논문지』, 15(4): 443-453.

홍기운(1999). 『최신외식산업개론』, 대왕사.

황순애 · 최정길(2006). 호텔지배인의 리더십 유형이 구성원의 직무만족과 조직몰입에 미치는 영향에 관한 연구, 『컨벤션연구』, 13: 153-172.

Abraham, R.(1999). Emotional intelligence in organization : A conceptualization, genetic, *Social and general psychology monographs*, 125(2): 209-224.

Achua, C. f., & Lussier, R. N.(2010). Effective leadership. South-western.

Allen, N. J. and Meyer, J. P.(1990). The measurement and antecedents of affective, continuance, and normative commitment to the organization. *Journal of occupational psychology*, 63(1): 1-18.

Alutto, J. A.(1972). Personal and role-related factors in the development of organizational commitment. Administrative science quarterly, 17: 555-573.

Anderson, B. W.(1986). Understanding the old testament.

Anderson, N. H. & Butzin, C. A.(1974). Performance = Motivation Ability : an integration-theoretical analysis. *Journal of personality and social psychology*, 30(5): 598-604.

Anderson, T. W.(1984). Multivariate statistical analysis. willey and Sons, New York, NY.

Asay, L. D. & Maciariello, J. A.(1991). Executive leadership in health care, Jossey-bass publishers.

Ashkanasy, N. M. & Tse, B.(2000). Tranformational leadership as management of emotion : A conceptual review, In N. Ashkanasy, C. E. J. Hartel & W. J. Zerbe(eds.), emotions in the workplace : research, theory, and practice, Westport, CT: Quarum books.

Avolio, B. J., Gardner, W. L., Walumbwa, F. O., Lithans, F. & May. D. R.(2004). Unlocking the mask : a look at the process by which authentic leaders impact follower attitudes and behaviors. *The leadership quarterly*, 15: 801-823.

Bai, B., Brewer, K. P., Sammons, G., & Swerdlow, S.(2006). Job satisfaction, organizational commitment, and internal service quality : a case study of Las Vegas hotel/casino industry. *Journal of human resources in hospitality & tourism*, 5(2): 37-54.

Barder, B.(1983). The logic and limits of trust, Rutgers university press., NJ: New brunswick.

Blake, R. R., & Mouton, J. S.(1984). Solving costly organizational conflicts. Jossey-bass publishers.

Bitner(1992). Servicescapes : The Impact of physical Surrounding on Customers and Employee, *Journal of Marketing*, 56: 57-71.

Blau, G., & Boal, K.(1987). Conceptualizing how job involvement and organizational commitment affect turnover and absenteeism. *Academy of management review*, 12: 288-300.

Boss, R.W.(1978). Trust and Managerial Problem Solving Revisited. Group and *Organization*

Studies, 3(3), 331-342.

Broms, H., & Gahmberg(1983). Communicaion to self in organizations and cultures. *Administrative science quarterly*, 28(3): 482-495.

Bryan, T. H., & Bryan, J. H.(1978). Understanding learning disabilities. Alfred Publishing Company.

Buchanna, B.(1974). Building Organizational Commitment : the socializaition of managers in work organizations. *Administrative science quarterly*, 19: 553.

Cameron, K. S. & Quinn, R. E.(1999). Diagnosing and changing organizational culture. New York: Addision wesley inc.

Cameron, K. S.(1978). Neasuring organizational effectiveness in institutions of higher education. *Administrative science quarterly*, 23: 604-632.

Cook J. & Wall, T.(1980). New work attitude measures of trust, organizational *Journal of occupational psychology*, 53: 39-52.

Deal, T. E. & Kennedy, A. A.(1982). Corporate cultures, Reading, Mass : Addison-Wesley.

Dension, D. R.(1990). Corporate culture and organizational effectiveness, Oxford. england: John wiley & Sons.

Dirks, K. T. and Ferrin, D. L.(2002). Trust in leadership : Meta-analytic finding and implications for research and practice, *Journal of applied psychology*, 87: 611-628.

Dulewicz, V., Higgs, M. & Slaski, M.(2003). Measuring emotional intelligence : content, construct and criterion-related validity. *Journal of managerial psychology*, 18(5): 405-420.

Durkheim, E.(2008). The division of labor society. New York: Free press.

Eisenberger R., Fasolo, P., and Davis-LaMastro, V.(1990). Perceived organizational suppet and employee diligence, commitment and innovation. *Journal of applied psychology*, 75: 51-59.

Eldredge, E. P., Holmes, Z. A., Mosley, A. R., Shock, C. C., & Stieber, T. D.(1996). Effects of transitory water stress on potato tuber stem-end reducing sugar and fry color. *American Journal of Potato Research*, 73(11), 517-530.

Ellis, K., & Shockley-Zalabak, P.(2001). Trust in top management and immediate supervisor : The relationship to satisfaction, perceived organizational effectiveness, and information receiving. *Communication Quarterly*, 49(4): 382-399.

Gambetta, D.(1988). Can we trust? in D. Gambetta(Ed). Trust : Making and breaking cooperative relations, Cambridge, MA: Basil Blackwell, 213-237.

Ganesan, Shankar(1994). Determinants of Long-term Orientation in Buyer-Seller Relationships. *Journal of Marketing*, 58(1): 1-19.

Gilbert, J., & Tang, T. L.(1998). An examination of organizational trust antecedents. *Public Personnel Management*, 27(3), 321-336.

Glisson, C. & Durick, M.(1988). Predictors of job satisfaction andorganizational commitment in human service organizations. *Administrative science quarterly*, 61-81.

Goff, R. & Jones, G.(2000). Managing people, Harvard business review paperback.

Goleman, D., Boyatzis, R. & McKee, A.(2002). Primal leadership : Realizing the power of the emotional intelligence. Boston: Harvard business school press.

Gordon, G.(1991). Industry determinants of organizational culture. *Academy of management review*, 16: 396-415.

Gregory, K. L.(1983). Native-view paradigms : multiple cultures and culture conflicts in organizations. *Administrative science quarterly*, 28(3): 359-376.

Harrison, R.(1972). Understanding our organization's character. *Harvard business review*, May-June: 25-43.

Hofstede, G. H.(1984). Culture's consequences : International differences in work-related values. Newbury park: SAGE publications inc.

Humphrey, R. H.(2002). The many faces of emotional leadership, The leadership quarterly, 13: 144-152.

Ichniowski, C, Shaw, K, Prennushi, G.(1997). The effects of human resource practice on productivity : A study finishing line, *The American Econommiacn a Rgeevmieewnt*, 87(3): 291-314.

Jones, G. R., & George, J. M.(1998). The experience and evolution on trust : Implications for cooperation and teamwork. *Academy of Management review*, 23: 531-546.

Kang, H. L. & Park, D. S.(2009). The role of emotional intelligence and trust : emotional leadership and organizational effectiveness. *The Korean academic association of business administration*: 763-786.

Kolter(1973). Atmospherics as a Marketing Tool, *Journal of Retailing*, 51:48-64.

Lewis, D. P. & Weighert, O. A.(1985). Thrust as a social reality. *Social forces*, 63(4): 967-985.

Locke, E. A.(1976). The nature and causes of job satisfaction. In M. Dunnette, Handbook of industrial and organizational psychology, chicago: Rand McNally. 1,297-1,349.

Lodahl, Thomas M., & Kejner, Mathilde(1965). The Definition and measurement of job Involvement. *Journal of Applied Psychology*, 49, 24-33.

Luhman, N.(1979). Trust and Power. Hoboken, NJ: Wiley.

Luhman, N.(1988). Familiarity, confidence, trust : Problems and alternatives. Diego gambetta, ed. Trust : Making and breaking cooperative relations, Cambridge, Massachusetts: Basil Blackwell, 94-108.

Mahoney, T. A.(1976). Managerial perceptions of organizational effectiveness, Minneapolis, MN: University of minnesota press.

Matthai, J. M.(1989). Employ Perceptions of Trust, Satisfaction and Commitment as Predictors of Turnover Intentions in Mental Health Setting. Doctoral Dissertation. Peabody College of Vanderbilt University. In Nyhan, R. C.(2000). "Changing the paradigm : trust and tts role in public sector organizations." *American Review of Public Administration*. 30(1): 87-109.

Mayer, R. C., Davis, J. H. & Schoorman, D.(1995). An integrative model of organizational trust. *Academy of management review*, 20(3): 709-734.

McAllister, D. J.(1995). Affect and cognition-based trust as foundation for inter personal cooperation in organizations. *Academy of management journal*, 38: 24-59.

McColl-Kennedy, J. R. & Anderson, R. D.(2005). Subordinate manager gender combinations and perceived leadership style influence on emotions, self-esteem and organizational commitment. *Journal of business research*, 59(20): 115-125.

McCormick E. J. & Ilgen, D.(1980). Industrial organizational psychology, Englewood: prentice-hall inc.

McCormick E. J. & Tiffin, J.(1974). Industrial psychology. 6th ed. London: George Allen & Unwin.

Miller, A. J., Brown, T., & Call, J. E.(1996). Comparison of wooden and polyethylene cutting boards : potential for the attachment and removal of bacteria from ground beef. *Journal of Food Protection*, 59(8), 854-858.

Miller, K. I. & Monge, P. R.(1986). Participation, satisfaction and productivity : A meta-analytic review. *Academy of management journal*, 29(4): 727-753.

Mishra, A. K. & Morrissey(1990). Trust in employee/employer relationships : A survey of west michigan managers. *Public personnel management*, 19(4): 443-485.

Morrow, P. C.(1983). Concept Redundancy in Organizational Research : The Case of Work Commitment. *Academy of Management Review*, 8: 486-500.

O'Reilly, C. A. & Chatman, J.(1986). Organizational commitment and psychological attachment : The effects of compliance, identification, and internalization on prosocial behavior. *Journal of applied psychology*, 71(3): 492.

O'Reilly, C.(1989). Corporations, culture and comitment : Motivation and social control in organization. *California management review*, 31(4): 9-25.

Paine, S. C.(2007). Th relationship among interpersonal and organizational trust and organizational commitment. Unpublishied Phd, Alliant International University.

Parssuraman, Valarie A. Zeithaml, and Leonard L. Berry, A.(1985). Conceptual Modelof service Quality and Its Implications for Future Research.

Pettigrew, A. M.(1979). On studying organizational cultures, *Administrative science quarterly*, 24.

Pillai, R., Schriesheim, C. A., & Williams, E. S.(1999). Fairness perceptions and trust as mediators for transformational and transactional leadership : a two-sample study. *Journal of management*, 25(6): 897-933.

Podsakoff, P. M., Mackenie, S. B., Moorman, R. H. & Fetter, R.(1990). Transformational leader behaviors and their effects on follower's trust in leader, satisfaction and organizational citizenship behaviors. *leadership Q*, 1(2): 107-142.

Porter, L. W & Steers, R. M.(1973). Organizational, Work and Personal factors in Employee Turnover and Absenteeism, *psychological bulletin*, 80(173): 151-176.

Porter, L. W., Steers, R. M., Mowday, R. T., & Boulian, P. V.(1974). Organizational Commitment, Job Satisfaction and Turnover among Psychiatric Technicians. *Journal of Applied Psychology*: 630-655.

Quinn, R. E. & McGrath M. R.(1985). The transformation of organizational culture A competing value approach, In perter - J. Frost et al.(eds.), Organizational culture Beverly hills. CA: Sage.

Quinn, R. E.(1988). Beyond rational management : Mastering the paradoxes and competing demands of high performance. San Francisco: Jossey-bass.

Rafaeli, A. & Worline, M.(2001). Individual emotion in work organization. *Social science information*, 40(1): 95-123.

Ribiere, V. M. & Tuggle, F. D.(2005). The role of organizational trust in knowledge management : Tool & technology use & success. *International journal of knowledge management*, 1(1): 67-85.

Rogers, E. W. & Wright, P. M.(1998). Measuring organizational performance in strategic human resource management Problems - prospects and performance information markets. *Human resource management review*, 8(3): 311-331.

Rotter, J. B.(1971). Generalized expectancies for interpersonal trust. *American psychologist*, 26: 443-452.

Rousseau, D. M., Sitkin S. B., Burt, R. S., & Camerer C.(1998). Not so different after all : a cross-discipline view of trust. *Academy of management review*, 23: 393-404.

Salovey, P. & Mayer, J. D.(1990). Emotional intelligence. Imagination, cognition and personality, 9(3).

Schein, E. H.(1985). Organizational culture and leadership. San Francisco, California: Jossey-bass Inc.

Schein, E. H.(1992). Organizational Culture and leadership(2nd ed). San francisco: Jossey-bass.

Shea, G.(1984). Building trust in the workplace. New York: AMA membership publications division.

Smircich, L.(1983). Conception of culture and organizational analysis. *Administrative science quarterly*. 28(3): 339-358.

Smith, H. C.(1964). Psychology of industrial behavior: Mcgrow-hill book co, New York.

Snyder, S. H.(1992). Nitric oxide : first in a new class of neuro transmitters. *Science*, 257 (5069), 494-496.

Sztompka, P.(1999). Trust : A sociological theory. New York: Cambridge university press.

Tan, H. & Tan, C. S.(2000). Toward the differentiation of trust in supervior & trust in organization, generic. *Social & general psychology monographs*, 126(2): 241-260.

Tett, R. P. & Meyer, J. P.(1993). Job satisfaction, organizational commitment, turnover intention, and turnover : Path analyses based on meta-analytic findings. *Personnel psychology*, 46: 259-293.

Vroom, V. H.(1964). Work and Motivation. New York: Wiley.

West Lafayette(1970). Indiana: Univ. bookstore.

Whitener, E. M., Brodt, S. E., Korsgard, M., & Werner, J. M.(1998). Managers as initiator of trust : An exchange relationship framework ofr understanding managerial trustworthy behavior. *Academy of management review*, 23: 513-530.

Wong, C. & Law, K. S.(2002). The effort of leader and follower emotional intelligence on performance and attitude : an exploratory study. *Leadership quarterly*, 13(3): 243-274.

Profile

우문호

- 현, 부산디지털대학교 외식조리경영학과 외래교수
- 동아대학교 대학원 경영학박사
- 동아대학교 관광경영학과 졸업
- 동의대학교 외식산업경영학과 초빙교수
- 부산여자대학교 부설 외식경영연구소장
- 부산시 서구 백년송도골목길 먹거리타운 육성사업단장

〈저서〉

- 외식산업론, 주방관리론, 조리경영실무, 글로벌 시대의 세계의 음식과 문화, 관광외식원가관리 외 다수
- 레스토랑 창업 및 컨설팅 등 다수

김병일

- 현, 동원과학기술대학교 호텔외식조리과학과 교수(학과장)
- 영산대학교 경영대학원 호텔관광학 석사
- 양산대학 시간, 겸임, 전임강사
- 서울 프라자호텔, 서울 롯데호텔, 부산 롯데호텔 근무
- 제14회 아시안게임 급식전문위원
- 올림픽 · 월드컵 급식전문위원
- 웰빙식품개발 경연대회 조직위원
- 경남, 울산 요리경연대회 심사위원
- 한국조리사회 학계이사

김옥란

- 현, 한국관광대 외식경영과 교수
- 경기대학교 대학원 외식조리관리학 박사
- 대한민국 국가공인 조리기능장
- 한국조리학회, 한국외식경영학회, 한국식공간학회 이사
- 미국 UNLV 네바다주립대, 미국 CIA 조리학교, 캐나다 Dubrulle International Culinary Hotel Institute of Canada 등 연수

〈저서〉

- 최신서양요리, 서양요리실무, 한식조리론, 건강밑반찬, 호텔 · 레스토랑 메뉴관리론, 조리이론 등 다수

김윤민

- 현, 디지털서울문화예술대학교 조리영양학과 교수(학과장)
- 경기대학교 대학원 외식조리관리 관광학박사
- Best Western Korea 홍보대사
- 토탈파티컴퍼니 스페이스 휴 대표이사
- 경기대, 초당대, 국제디지털대, 백석예술대학, 송원대학, 동아인재대학 외래교수
- 교육부장관상, 농림부장관상, 문화관광부장관상, 한국관광공사장상 수상

〈저서〉

- 고급서양요리, 최신 서양조리기술, 한국음식과 세계음식문화, 조리이론, 슈가크레프트 길라잡이 등 다수

이성윤

- 현, 두원공과대학교 호텔조리과 전임교수
- 세종대학교 조리외식경영학 박사수료
- 제과 · 제빵기능사 실기시험 감독관
- 미국 CIA조리학교 연수
- 인천문예전문학교 전임교수
- JW-Marriott Hotel 근무

Foodservice Operations and Management

외식산업경영학